内蒙古民族文化通鉴·研究系列丛书

蒙古族狩猎经济概论

僧　格　等◎著

中国社会科学出版社

图书在版编目（CIP）数据

蒙古族狩猎经济概论 / 僧格等著 . -- 北京：中国社会科学
出版社，2023.9
（内蒙古民族文化通鉴 . 研究系列丛书）
ISBN 978-7-5227-1343-4

Ⅰ.①蒙⋯ Ⅱ.①僧⋯ Ⅲ.①蒙古族—狩猎—少数民族
经济—概论—内蒙古 Ⅳ.①F127.26

中国国家版本馆 CIP 数据核字（2023）第 031041 号

出 版 人 赵剑英
责任编辑 宫京蕾 周怡冰
特约编辑 芮 信
责任校对 秦 婵
责任印制 郝美娜

出 版 中国社会科学出版社
社 址 北京鼓楼西大街甲 158 号
邮 编 100720
网 址 http://www.csspw.cn
发 行 部 010 - 84083685
门 市 部 010 - 84029450
经 销 新华书店及其他书店

印刷装订 北京君升印刷有限公司
版 次 2023 年 9 月第 1 版
印 次 2023 年 9 月第 1 次印刷

开 本 710×1000 1/16
印 张 18.75
插 页 2
字 数 317 千字
定 价 95.00 元

《内蒙古民族文化通鉴》总序

乌　兰

"内蒙古民族文化研究建设工程"成果集成——《内蒙古民族文化通鉴》（简称《通鉴》）六大系列数百个子项目的出版物将陆续与学界同仁和广大读者见面了。这是内蒙古民族文化传承保护建设中的一大盛事，也是对中华文化勃兴具有重要意义的一大幸事。借此《通鉴》出版之际，谨以此文献给所有热爱民族文化，坚守民族文化的根脉，为民族文化薪火相传而殚智竭力、辛勤耕耘的人们。

一

内蒙古自治区位于祖国北部边疆，土地总面积118.3万平方公里，占中国陆地国土总面积的八分之一，现设9市3盟2个计划单列市，全区共有102个旗县（市、区），自治区首府为呼和浩特。2014年，内蒙古总人口2504.81万，其中蒙古族人口458.45万，汉族人口1957.69万，包括达斡尔族、鄂温克族、鄂伦春族"三少"自治民族在内的其他少数民族人口88.67万；少数民族人口约占总人口的21.45%，汉族人口占78.15%，是蒙古族实行区域自治、多民族和睦相处的少数民族自治区。内蒙古由东北向西南斜伸，东西直线距离2400公里，南北跨度1700公里，横跨东北、华北、西北三大区，东含大兴安岭，西包阿拉善高原，南有河套、阴山，东南西与8省区毗邻，北与蒙古国、俄罗斯接壤，国境线长达4200公里。内蒙古地处中温带大陆气候区，气温自大兴安岭向东南、西南递增，降水自东南向西北递减，总体上干旱少雨，四季分明，寒暑温差很大。全区地理上大致属蒙古高原南部，从东到西地貌多样，有茂密的森林，广袤的草原，丰富的矿藏，是中国为数不多的资源富集大区。

内蒙古民族文化的主体是自治区主体民族蒙古族的文化，同时也包括达斡尔族、鄂温克族、鄂伦春族等人口较少世居民族多姿多彩的文化和汉族及其他各民族的文化。

"内蒙古"一词源于清代"内札萨克蒙古"，相对于"外扎萨克蒙古"即"外蒙古"。自远古以来，这里就是人类繁衍生息的一片热土。1973 年在呼和浩特东北发现的大窑文化，与周口店第一地点的"北京人"属同一时期，距今 50 万—70 万年。1922 年在内蒙古伊克昭盟乌审旗萨拉乌苏河发现的河套人及萨拉乌苏文化、1933 年在呼伦贝尔扎赉诺尔发现的扎赉诺尔人，分别距今 3.5 万—5 万年和 1 万—5 万年。到了新石器时代，人类不再完全依赖天然食物，而已经能够通过自己的劳动生产食物。随着最后一次冰河期的迅速消退，气候逐渐转暖，原始农业在中国北方地区发展起来。到了公元前 6000 年—前 5000 年，内蒙古东部和西部两个亚文化区先后都有了原始农业。

"红山诸文化"（苏秉琦语）和海生不浪文化的陆续兴起，使原始定居农业逐渐成为主导的经济类型。红山文化庙、坛、冢的建立，把远古时期的祭祀礼仪制度及其规模推进到一个全新的阶段，使其内容空前丰富，形式更加规范。 "中华老祖母雕像""中华第一龙""中华第一凤"——这些在中华文明史上具有里程碑意义的象征物就是诞生在内蒙古西辽河流域的红山文化群。红山文化时期的宗教礼仪反映了红山文化时期社会的多层次结构，表明"'产生了植根于公社，又凌驾于公社之上的高一级的社会组织形式'（苏秉琦语——引者注），这已不是一般意义上的新石器时代文化概念所能包容的，文明的曙光已照耀在东亚大地上"①。

然而，由于纪元前 5000 年和纪元前 2500 年前后，这里的气候出现过几次大的干旱及降温，原始农业在这里已经不再适宜，从而迫使这一地区的原住居民去调整和改变生存方式。夏家店文化下层到上层、朱开沟文化一至五段的变迁遗迹，充分证明了这一点。气候和自然环境的变化、生产力的进一步发展，必然促使这里的人类去寻找更适合当地生态条件、创造具有更高劳动生产率的生产方式。于是游牧经济、游牧文化诞生了。

---

① 田广金、郭素新：《北方文化与匈奴文明》，江苏教育出版社 2005 年版，第 131 页。

历史上的游牧文化区，基本处于北纬40度以北，主要地貌单元包括山脉、高原草原、沙漠，其间又有一些大小河流、淡水咸水湖泊等。处于这一文化带上的蒙古高原现今冬季的平均气温在-10℃—20℃之间，年降雨量在400毫米以下，干燥指数在1.5—2之间。主要植被是各类耐寒的草本植物和灌木。自更新世以来，以有蹄类为主的哺乳动物在这一地区广泛分布。这种生态条件，在当时的生产力水平下，对畜牧业以外的经济类型而言，其制约因素无疑大于有利因素，而选择畜牧、游牧业，不仅是这种生态环境条件下的最佳选择，而且应该说是伟大的发明。比起从前在原始混合型经济中饲养少量家畜的阶段，逐水草而居，"依天地自然之利，养天地自然之物"的游牧生产、生活方式有了质的飞跃。按照人类学家L.怀特、M.D.萨林斯关于一定文化级差与一定能量控驭能力相对应的理论，一头大型牲畜的生物能是人体生物能的1—5倍，一人足以驾驭数十头牲畜从事工作，可见真正意义上的畜牧、游牧业的生产能力已经与原始农业经济不可同日而语。它表明草原地带的人类对自身生存和环境之间的关系有了全新的认识，智慧和技术使生产力有了大幅提高。

马的驯化不但使人类远距离迁徙游牧成为可能，而且让游牧民族获得了在航海时代和热兵器时代到来之前绝对所向披靡的军事能力。游牧民族是个天然的生产军事合一的聚合体，具有任何其他民族无法比拟的灵活机动性和长距离迁徙的需求与能力。游牧集团的形成和大规模运动，改变了人类历史。欧亚大陆小城邦、小农业公社之间封闭隔绝的状况就此终结，人类社会各个群体之间的大规模交往由此开始，从氏族部落语言向民族语言过渡乃至大语系的形成，都曾有赖于这种大规模运动；不同部落、不同族群开始通婚杂居，民族融合进程明显加速，氏族部族文化融合发展成为一个个特色鲜明的民族文化，这是人类史上的一次历史性进步，这种进步也大大加快了人类文化的整体发展进程。人类历史上的一次划时代的转折——从母权制向父权制的转折也是由"游牧部落"带到农耕部落中去的。①

对现今中国北方地区而言，到了公元前一千年左右，游牧人的时期业

---

① ［苏］Д. Е. 叶列梅耶夫：《游牧民族在民族史上的作用》，《民族译丛》1987年第5、6期。

已开始，秦汉之际匈奴完成统一草原的大业，此后的游牧民族虽然经历了许多次的起起伏伏，但总体十分强势，一种前所未有的扩张从亚洲北部，由东向西展开来。于是，被称为"世界历史两极"的定居文明与草原畜牧者和游牧人开始在从长城南北到中亚乃至欧洲东部的广阔地域内进行充分的相互交流。到了"蒙古时代"，一幅中世纪的"加泰罗尼亚世界地图"，如实反映了时代的转换，"世界体系"以"蒙古时代"为开端确立起来，"形成了人类史上版图最大的帝国，亚非欧世界的大部分在海陆两个方向上联系到了一起，出现了可谓'世界的世界化'的非凡景象，从而在政治、经济、文化、商业等各个方面出现了东西交流的空前盛况"。① 直到航海时代和热兵器时代到来之后，这种由东向西扩张的总趋势才被西方世界扭转和颠倒。而在长达约两千年的游牧社会历史上，现今的内蒙古地区始终是游牧文化圈的核心区域之一，也是游牧世界与华夏民族、游牧文明与农耕文明碰撞激荡的最前沿地带。

在漫长的历史过程中，广袤的北方大草原曾经是众多民族繁衍生息的家园，他们在与大自然的抗争和自身的生存发展过程中创造了各民族自己的文化，形成了以文化维系起来的人群——民族。草原各民族有些是并存于一个历史时期，毗邻而居或交错居住，有些则分属于不同历史时期，前者被后者更替，后者取代前者，薪尽而火传。但不论属何种情形，各民族文化之间都有一个彼此吸纳、继承、逐渐完成民族文化自身的进化，然后在较长历史时期内稳定发展的过程。比如，秦汉时期的匈奴文化就是当时众多民族部落文化和此前各"戎""狄"文化的集大成。魏晋南北朝时期的鲜卑文化，隋唐时期的突厥文化，宋、辽、金时期的契丹、女真、党项族文化，元代以来的蒙古族文化都是如此。

二

蒙古民族是草原文化的集大成者，蒙古文化是草原文化最具代表性的文化形态，蒙古民族的历史集中反映了历史上草原民族发展变迁的基本

---

① 《杉山正明谈蒙古帝国："元并非中国王朝"一说对错各半》，《东方早报·上海书评》2014年7月27日。

规律。

有人曾用"蝴蝶效应"比喻13世纪世界历史上的"蒙古风暴"——斡难河畔那一次蝴蝶翅膀的扇动引起周围空气的扰动，能量在连锁传递中不断增强，最终形成席卷亚欧大陆的铁骑风暴。这场风暴是由一位名叫铁木真的蒙古人掀起，他把蒙古从一个部落变成一个民族，于1206年建立了大蒙古汗国。铁木真统一蒙古各部之后，首先废除了氏族和部落世袭贵族的权利，使所有官职归于国家，为蒙古民族的历史进步扫清了重要障碍，并制定了世界上第一部具有宪法意义、包含宪政内容的成文法典，而这部法典要比英国在世界范围内最早制定的宪法性文件早了九年。成吉思汗确立了统治者与普通牧民负同等法律责任、享有同等宗教信仰自由等法律原则，建立了定期人口普查制度，创建了最早的国际邮政体系。

13、14世纪的世界可被称为蒙古时代，成吉思汗缔造的大蒙古国囊括了多半个亚欧版图，发达的邮驿系统将东方的中国文明与西方的地中海文明相连接，两大历史文化首度全面接触，对世界史的影响不可谓不深远。亚欧大陆后来的政治边界划分分明是蒙古帝国的遗产。成吉思汗的扩张和西征，打破了亚欧地区无数个城邦小国、定居部落之间的壁垒阻隔，把亚欧大陆诸文明整合到一个全新的世界秩序之中，因此他被称为"缔造全球化世界的第一人"[1]。1375年出现在西班牙东北部马略卡岛的一幅世界地图——"卡塔拉地图"（又称"加泰罗尼亚地图"，现藏于法国国家图书馆），之所以被称为"划时代的地图"，并非因为它是标明马可·波罗行旅路线的最早地图，而是因为它反映了一个时代的转换。从此，东西方之间的联系和交往变得空前便捷、密切和广泛。造纸、火药、印刷术、指南针——古代中国的这些伟大发明通过蒙古人，最终真正得以在欧洲推广开来；意大利作家但丁、薄伽丘和英国作家乔叟所用的"鞑靼绸""鞑靼布""鞑靼缎"等纺织品名称，英格兰国王指明要的"鞑靼蓝"，还有西语中的许多词汇，都清楚地表明东方文化以蒙古人为中介传播到西方的那段历史；与此同时，蒙古人从中亚细亚、波斯引进许多数学家、工匠和管理人员，以及诸如高粱、棉花等农作物，并将其传播到中国和其他

---

① ［美］杰克·威泽弗德：《成吉思汗与今日世界之形成》，温海清、姚建根译，重庆出版社2014年版，第8页封面。

地区，从而培育或杂交出一系列新品种。由此引发的工具、设备、生产工艺的技术革新，其意义当然不可小觑；特别是数学、历法、医学、文学艺术方面的交流与互动，知识和观念的传播、流动，打破了不同文明之间的隔阂，以及对某一文明的偏爱与成见，其结果就是全球文化和世界体系若干核心区的形成。1492 年，克里斯托弗·哥伦布说服两位君主，怀揣一部《马可·波罗游记》，信心满满地扬帆远航，为的就是找到元朝的"辽阳省"，重建与蒙古大汗朝廷的海上联系，恢复与之中断的商贸往来。由于蒙古交通体系的瓦解和世界性的瘟疫，他浑然不知此时元朝已经灭亡一百多年，一路漂荡到加勒比海的古巴，无意间发现了"新大陆"。正如美国人类学家、蒙古史学者杰克·威泽弗德所言，在蒙古帝国终结后的很长一段时间内，新的全球文化继续发展，历经几个世纪，变成现代世界体系的基础。这个体系包含早先蒙古人强调的自由商业、开放交通、知识共享、长期政治策略、宗教共存、国际法则和外交豁免。①

即使我们以中华文明为本位回望这段历史，同样可以发现蒙古帝国和元朝对我国历史文化久远而深刻的影响。从成吉思汗到忽必烈，历时近百年，元朝缔造了人类历史上版图最大的帝国，结束了唐末以来国家分裂的状况，基本划定了后世中国的疆界；元代实行开放的民族政策，大力促进各民族间的经济文化交流和边疆地区的开发，开创了中华民族多元一体的新格局，确定了中国统一的多民族国家的根本性质；元代推行农商并重政策，"以农桑为急务安业力农"，城市经济贸易繁荣发展，经贸文化与对外交流全面推进，实行多元一体的文化教育政策，科学技术居于世界前列，文学艺术别开生面，开创了一个新纪元；作为发动有史以来最大规模征服战争的军事领袖，成吉思汗和他的继任者把冷兵器时代的战略战术思想、军事艺术推上了当之无愧的巅峰，创造了人类军事史的一系列"第一"、一系列奇迹，为后人留下了极其丰富的精神财富；等等。

统一的蒙古民族的形成是蒙古民族历史上具有划时代意义的时间节点。从此，蒙古民族成为具有世界影响的民族，蒙古文化成为中华文化不可或缺的组成部分。漫长的历史岁月见证了蒙古族人民的智慧，他们在文

---

① ［美］杰克·威泽弗德：《成吉思汗与今日世界之形成》（修订版），温海清、姚建根译，重庆出版社 2014 年版，第 6、260 页。

学、史学、天文、地理、医学等诸多领域成就卓然，为中华文明和人类文明的发展做出了不可否认的伟大贡献。

20世纪30年代被郑振铎先生称为"最可注意的伟大的白话文作品"的《蒙古秘史》，不单是蒙古族最古老的历史、文学巨著，也是被联合国教科文组织列为世界名著目录（1989年）的经典，至今依然吸引着世界各国无数的学者、读者；在中国著名的"三大英雄史诗"中，蒙古族的《江格尔》、《格斯尔》（《格萨尔》）就占了两部，它们也是目前世界上已知史诗当中规模最大、篇幅最长、艺术表现力最强的作品之一；蒙古民族一向被称为能歌善舞的民族，马头琴、长调、呼麦被列入世界非物质文化遗产，蒙古族音乐舞蹈成为内蒙古的亮丽名片，风靡全国，感动世界，诠释了音乐不分民族、艺术无国界的真谛；还有传统悠久、特色独具的蒙古族礼仪习俗、信仰禁忌、衣食住行，那些科学简洁而行之有效的生产生活技能、民间知识，那些让人叹为观止的绝艺绝技以及智慧超然且极其宝贵的非物质文化遗产，都是在数千年的游牧生产生活实践中形成和积累起来的，也是与独特的生存环境高度适应的，因而极富生命力。迄今，内蒙古已拥有列入联合国非物质文化遗产名录的项目2项（另有马头琴由蒙古国申报列入名录）、列入国家级名录的81项、自治区及盟市旗县级名录的3844项，各级非遗传承人6442名。其中蒙古族、达斡尔族、鄂温克族、鄂伦春族等内蒙古世居少数民族的非遗项目占了绝大多数。人们或许不熟悉内蒙古三个人口较少民族的文化传统，然而那巧夺天工的达斡尔造型艺术、想象奇特的鄂温克神话传说、栩栩如生的鄂伦春兽皮艺术、闻名遐迩的"三少民族"桦皮文化……这些都是一朝失传则必将遗恨千古的文化瑰宝，我们当倍加珍惜。

内蒙古民族文化当中最具普世意义和现代价值的精神财富，当属其崇尚自然、天人相谐的生态理念、生态文化。游牧，是生态环保型的生产生活方式，是现代以前人类历史上惟一以人与自然和谐共存、友好相处的理念为根本价值取向的生产生活方式。游牧和狩猎，尽管也有与外在自然界相对立的一面，但这是以敬畏、崇尚和尊重大自然为最高原则、以和谐友好为前提的非对抗性对立。因为，牧民、猎人要维持生计，必须有良好的草场、清洁的水源和丰富的猎物，而这一切必须以适度索取、生态环保为条件。因此，有序利用、保护自然，便成为游牧生产方式的最高原则和内在要求。对亚洲北部草原地区而言，人类在无力改造和控制自然环境的条件下，游牧生产方式是维持草畜平衡，使草场及时得到休整、涵养、恢复的自由而能动的最佳选择。我国北方的广大地区尽管数千年来自然生态环境相当脆弱，如今却能够成为我国北部边疆的生态屏障，与草原游牧民族始终如一的精心呵护是分不开的。不独蒙古族，达斡尔族、鄂温克族、鄂伦春族等草原世居少数民族在文化传统上与蒙古族共属一个更大的范畴，不论他们的思维方式、信仰文化、价值取向还是生态伦理，都与蒙古族大同小异，有着多源同流、殊途同归的特点。

随着人类历史进程的加速，近代以来，世界各地区、各民族文化变迁、融合的节奏明显加快，草原地区迎来了本土文化和外来文化空前大激荡、大融合的时代。草原民族与汉民族的关系日趋加深，世界各种文化对草原文化的作用和影响进一步增强，农业文明、工业文明、商业文明、城市文明的因素大量涌现，草原各民族的生产生活方式，乃至思想观念、审美情趣、价值取向都发生了巨大变化。虽然，这是一个凤凰涅槃、浴火重生的过程，但以蒙古族文化为代表的草原各民族文化，在空前的文化大碰撞中激流勇进，积极吸纳异质文化养分，或在借鉴吸纳的基础上进行自主的文化创新，使民族文化昂然无惧地走上转型之路。古老的蒙古族文化，依然保持着她所固有的本质特征和基本要素，而且，由于吸纳了更多的活性元素，文化生命力更加强盛，文化内涵更加丰富，以更加开放包容的姿态迎来了现代文明的曙光。

三

古韵新颜相得益彰，历久弥新异彩纷呈。自治区成立以来的近 70 年间，草原民族的文化事业有了突飞猛进的发展。我国社会主义制度和民族区域自治、各民族一律平等的宪法准则，党和国家一贯坚持和实施的尊重、关怀少数民族，大力扶持少数民族经济文化事业的一系列方针政策，从根本上保障了我国各民族人民传承和发展民族文化的权利，也为民族文化的发展提供了广阔空间。一些少数民族，如鄂伦春族仅仅用半个世纪就从原始社会过渡到社会主义社会，走过了过去多少个世纪都不曾走完的历程。

一个民族的文化发展水平必然集中体现在科学、文化、教育事业上。在历史上的任何一个时期，蒙古民族从来不曾拥有像现在这么多的科学家、文学家等各类专家教授，从来没有像现在这样以丰富的文化产品供给普通群众的消费，蒙古族大众的整体文化素质从来没有达到现在这样的高度。哪怕最偏远的牧村，电灯电视不再稀奇，网络、手机、微信微博业已成为生活的必需。自治区现有7家出版社出版蒙古文图书，全区每年都有数百上千种蒙古文新书出版，各地报刊每天都有数以千百计的文学新作发表。近年来，蒙古族牧民作家、诗人的大量涌现，已经成为内蒙古文学的一大景观，其中有不少作者出版有多部中长篇小说或诗歌散文集。我们再以国民受教育程度为例，它向来是一个民族整体文化水准的重要指标之一。中华人民共和国成立前，绝大多数蒙古人根本没有接受正规教育的机会，能够读书看报的文化人寥若晨星。如今，九年义务教育已经普及，即便是上大学、读研考博的高等教育，对普通农牧民子女也不再是奢望。据《内蒙古2014年国民经济和社会发展统计公报》显示，全自治区2013年少数民族在校大学生10.8万人，其中蒙古族学生9.4万人；全区招收研究生5987人，其中，少数民族在校研究生5130人，蒙古族研究生4602人，蒙古族受高等教育程度可见一斑。

每个时代、每个民族都有一些杰出人物曾经对人类的发展进步产生深远影响。正如爱迪生发明的电灯"点亮了世界"一样，当代蒙古族也有为数不少的文化巨人为世界增添了光彩。提出"构造体系"概念、创立地质力学学说和学派、提出"新华夏构造体系三个沉降带"理论、开创油气资源勘探和地震预报新纪元的李四光；认定"世界未来的文化就是中国文化复兴"、素有"中国最后一位大儒家"之称的国学大师梁漱溟；在国际上首次探索出山羊、绵羊和牛精子体外诱导获能途径，成功实现试管内杂交育种技术的"世界试管山羊之父"旭日干；还有著名新闻媒体人、文学家、翻译家萧乾；马克思主义哲学家艾思奇；当代著名作家李准……这些如雷贯耳的大名，可谓家喻户晓、举世闻名，但人们未必都知道他们来自蒙古族。是的，他们来自蒙古民族，为中华民族的伟大复兴，为全人类的文明进步做出了应有的贡献。

历史的进步、社会的发展、蒙古族人民群众整体文化素质的大幅提升，使蒙古族文化的内涵得以空前丰富，文化适应能力、创新能力、竞争能力都有了显著提升。从有形的文化特质，如日常衣食住行，到无形的观念形态，如思想情趣、价值取向，我们可以举出无数个鲜活的例子，说明蒙古文化紧随时代的步伐传承、创新、发展的事实。特别是自 2003 年自治区实施建设民族文化大区、强区战略以来，全区文化建设呈现出突飞猛进的态势，民族文化建设迎来了一个新的高潮。内蒙古文化长廊计划、文化资源普查、重大历史题材美术创作工程、民族民间文化遗产数据库建设工程、蒙古语语料库建设工程、非物质文化遗产保护、一年一届的草原文化节、草原文化研究工程、北部边疆历史与现状研究项目等，都是这方面的有力举措，收到了很好的成效。

但是，我们也必须清醒地看到，与经济社会的跨越式发展相比，文化建设仍然显得相对滞后，特别是优秀传统文化的传承保护依然任重道远。优秀民族文化资源的发掘整理、研究转化、传承保护以及对外传播能力尚不能适应形势发展，某些方面甚至落后于国内其他少数民族省区的现实也尚未改变。全球化、工业化、信息化和城市化的时代大潮，对少数民族弱势文化的剧烈冲击是显而易见的。全球化浪潮和全方位的对外开放，意味着我们必将面对外来文化，特别是强势文化的冲击。在不同文化之间的交往中，少数民族文化所受到的冲击会更大，所经受的痛苦也会更多。因为，它们对外来文化的输入往往处于被动接受的状态，而对文化传统的保护常常又力不从心，况且这种结果绝非由文化本身的价值所决定。换言之，在此过程中，并非所有得到的都是你所希望得到的，并非所有失去的都是你应该丢掉的，不同文化之间的输入输出也许根本就不可能"对等"。这正是民族文化的传承保护任务显得分外紧迫、分外繁重的原因。

文化是民族的血脉，内蒙古民族文化是中华文化不可或缺的组成部分，中华文化的全面振兴离不开国内各民族文化的繁荣发展。为了更好地贯彻落实党的十八大关于文化建设的方针部署，切实把自治区党委提出的实现民族文化大区向民族文化强区跨越的要求落到实处，自治区政府于2013 年实时启动了"内蒙古民族文化建设研究工程"。"工程"包括文献档案整理出版，内蒙古社会历史调查、研究系列，蒙古学文献翻译出版，内蒙古历史文化推广普及和"走出去"，"内蒙古民族文化建设研究数据库"建设等广泛内容，计划六年左右的时间完成。经过两年的紧张努力，从 2016 年开始，"工程"的相关成果已经陆续与读者见面。

　　建设民族文化强区是一项十分艰巨复杂的任务，必须加强全区各界研究力量的整合，必须有一整套强有力的措施跟进，必须实施一系列特色文化建设工程来推动。"内蒙古民族文化建设研究工程"就是推动我区民族文化强区建设的一个重要抓手，是推进文化创新、深化人文社会科学可持续发展的一个重要部署。目前，"工程"对全区文化建设的推动效应正在逐步显现。

　　"内蒙古民族文化建设研究工程"将在近年来蒙古学研究、"草原文化研究工程""北部边疆历史与现状研究"、文化资源普查等科研项目所取得的成就基础上，突出重点，兼顾门类，有计划、有步骤地开展抢救、保护濒临消失的民族文化遗产，搜集记录地方文化和口述历史，使民族文化传承保护工作迈上一个新台阶；将充分利用新理论、新方法、新材料，有力推进学术创新、学科发展和人才造就，使内蒙古自治区传统优势学科进一步焕发生机，使新兴薄弱学科尽快发展壮大；"工程"将会在科研资料建设，学术研究，特色文化品牌打造、出版、传播、转化等方面取得突破性的成就，推出一批具有创新性、系统性、完整性的标志性成果，助推自治区人文社会科学研究和社会主义文化建设事业蓬勃发展。"内蒙古民族文化建设研究工程"的实施，势必大大增强全区各民族人民群众的文化自觉和文化自信，必将成为社会主义文化大发展大繁荣，实现中华民族伟大复兴中国梦的一个切实而有力的举措，其"功在当代、利在千秋"的重要意义必将被历史证明。

　　（作者为时任内蒙古自治区党委常委、宣传部部长，"内蒙古民族文化建设研究工程"领导小组组长）

目　录

绪　论

狩猎野生动物和采集野生植物以获得食物，是人类从远古时期就开始使用的经济手段，狩猎和采集是人类最早的经济活动。人类经历了漫长的狩猎采集时代，发展到一定历史阶段，便产生了驯化动物的畜牧业和驯化植物的农业。人类及其直系祖先已在地球上生存了400万年，经历了漫长的狩猎社会，直到1万年之前，人类并不是自己生产食物，而是依靠狩猎和采集为生。也就是说，人类诞生以来90%的时间是以狩猎和采集谋生。根据生物学、考古学家得出的结论，迄今为止在地球上共生存过800亿人，其中90%的人口是狩猎者和采集者，6%是农业生产者，剩下的4%才是包括我们在内的工业社会的人。[①]可见，狩猎占去人类社会发展的绝大部分时间。从经济史的角度，运用考古学、人类学、民族学等相关学科的理论方法与丰富的资料，对狩猎进行多层次、全范围的分析和阐释无疑对了解和认识蒙古族狩猎经济具有重要的理论意义。

第一节　狩猎经济社会的一般认识

植物界和动物界不仅是一个自然界的演变体，也是人们生活和生产资料的对象，是人类解决衣、食、住、行的主要物质来源之一。狩猎动物和采集植物，是人类最古老的经济方式和生存策略。狩猎经济（Hunting Economy）从大约200万年或300万年前开始至大约1万年或2万年前为止，贯穿整个石器时代，延续了数百万年。所以，狩猎采集社会及其经济状况

---

① ［美］C.恩伯、M.恩伯:《文化的变异——现代文化人类学通论》，杜杉杉译，辽宁人民出版社1988年版，第146—147页。

一直是人类考察自身发展历史的一个重要内容。

我们认识狩猎在人类的进化及人类社会发展中的重要性，是从伟大的生物学家、古典进化论学者达尔文于1871年发表的《人类的由来》这一名著开始的。他在书中用大量的资料说明早期人类使用的石器狩猎工具，并提出制造狩猎武器是使人类真正成为人的因素之一。人类狩猎活动的终极目标是开拓食物资源，但是它对旧石器时期以来人类的进化和人类社会文化的发展所起的重要作用是无法估量的。直到第一次社会大分工的发生，游牧部落从其他狩猎、采集部落中分离出来。在我国古代传说中，有"构木为巢，以避虫害"的有巢氏，有"钻燧取火，以化腥臊""教民以渔"的燧人氏，"作结绳以为网罟""教民以猎"的包牺氏，都是传说发明农业的神农氏以前的狩猎采集神。

一　考古学研究

马克思主义将人类社会发展的原始社会、奴隶社会、封建社会、资本主义社会和共产主义社会（其第一阶段是社会主义社会）五个阶段称为"社会经济形态"，认为经济形态是经济的社会形态的简称，也就是说和技术的社会形态对应称呼。[①]这样，远古以来的人类狩猎采集生产活动就属于石器时代，是石器技术时代，也是史前考古学研究的主要领域。到距今1万年前后，随着最后冰期的结束，人类诞生以来所依赖的狩猎采集经济渐渐被新兴的畜牧业和农业经济所取代。

石器时代，是石器技术时代，也是史前考古学研究的主要领域。古生物学和考古学通过石器时代人类活动遗留下来的或与人类社会相关的遗迹和遗物的研究，为我们认识古代人类狩猎采集经济活动的状况，提供了最基本的和最可靠的证据，并且使现代人理解了远古以来的这种生存方式。

制作石器工具。人类历史发展阶段上的石器时代，属于原始狩猎时期。制作石器，是原始猎人的第一次技术革命。在狩猎和采集活动中，原始人由使用自然物发展到制造简单工具。打制工具和武器的原料以燧石、石英岩、砂石、水晶和脉石英石为主，石器的制作方法因所采用的石料不同而

---

① 杨堃：《民族学概论》，中国社会科学出版社1984年版，第182页。

有所区别，一般使用石锤直接打击法、碰砧法和垂直砸击法。①远古人类的石制工具，在石器工具的组合上有不同地区的差异，但是工具的用途基本相似。虽然石器时代石器技术的改进和发展非常缓慢，像石斧这样的工具延续了100多万年都没有发生变化，却在石器时代晚期（大约4万年前）迎来了石器工具加工的黄金时代。旧石器时代晚期，人类制造石器的技术更为成熟，除了用直接打击法，还比较熟练地掌握了挖空的技术，制造出各种形式规正、类型分明的石器，适用于不同目的。随着石器工具的数量和种类的增多，人们开始用全新的方法和技术制作各种更加尖利好使的石器，如石刀、石弩、箭头、刮削器以及长矛、标枪等。他们在广泛使用石器的同时，还大量运用木制工具，并使用尖状的兽角、兽骨、象牙等材料进行狩猎。石器、木器、骨器制作的逐步精良，标志着人类智慧的缓慢发展。

到了中石器时代，人类结成群体，进行高强度的狩猎和采集活动，掌握了大量细石器和复合工具，并渐渐离开原始森林和黑暗的洞穴，走向广阔的草原、河流和湖泊。

用火与取火。对火的认识和使用，可以说是人类认识自然、利用自然，改善生产和生活的第一次实践。火的发现、使用及人工取火，为人类社会文化的发展起到了重大作用。关于原始人怎样学会用火的问题，有两种不同的观点：一部分学者认为人类最初利用了自然火，即从山火或火山岩浆中取火，并只会保存大自然赋予的火苗；另一部分学者认为古人在打制石器的过程中认识了火。也就是说，石头与石头撞击会引起火花，人类在无休止地重复并多次火花点燃的情况下学会了人工取火技术。后来又发明了钻木和摩擦取火的方法。

火的掌握对原始人的生活和生产、自身的进化以及社会的发展都具有重大意义。首先，熟食为人体提供营养且容易消化，能减少疾病，同时大大扩展了肉食之外植物类食物的范围。其次，促进了人类大脑的发育和体质的进化。尤其重要的是，在漫长的狩猎时期，人类掌握了火之后，使它保持长燃不息。用火驱寒取暖，相当大的程度上摆脱了寒冷气候的限制；用火防御猛兽的袭击，活动地域就扩大了；后来人类学会用火加工武器和工具，用火制作陶器，用火种地，铁器和铜器的制作也离不开火的掌握。

---

① 杨堃：《民族学概论》，中国社会科学出版社1984年版，第201页。

所以人类把火神圣化，进而加以崇拜和敬仰。后来，火成为一个"家"或"家庭"的标志和象征，对人类社会的进步产生了重大影响。

我国科学家裴文中和法国生物学者德日进等人，于20世纪初发掘并化验北京猿人用火遗迹，得到了学术界的普遍承认。目前已经发现与北京猿人生活时代相当的考古资料中，仅从中国北方发现的用火遗迹就有9处，而且大多数都在洞穴遗址内。但是，北京人是否用火的问题现在还是有争议的。

弓箭的发明与使用。考古学资料表明，弓箭产生于旧石器时代，中石器时代之后已经广泛使用。中国境内最早的石镞发现于山西朔县峙峪村，探测确定年代距今已有28130±1330年，也是世界上目前发现的最早的箭头之一。①虽然从目前考古发掘和民族学资料看，弓箭并不普遍（如澳大利亚土著没有弓箭），但是弓箭的发明和使用，大大地促进了狩猎经济的发展，在人类历史上有着划时代的意义。弓箭比其他工具更灵巧，射程更远，携带轻便而且杀伤力更大。火器产生以前，弓箭是最重要的狩猎武器。恩格斯在《家庭、私有制和国家的起源》一文中说："由于有了弓箭，猎物便成了日常的食物，而打猎也成了普遍的劳动部门之一。……弓箭对于蒙昧时代，正如铁器对于野蛮时代和火器对于文明时代一样，乃是决定性的武器。"②使用弓箭以后，狩猎的范围扩大了，狩猎的效益也提高了，进而推动了人类社会生产力的迅速发展，使生活资料比过去大为增加。

二 民族学／人类学研究

狩猎采集，不只是为人类社会的起源奠定了决定性的基础，而且对人类变成文化的人，起到了决定性的作用。从20世纪60年代开始，西方人类学把狩猎和采集的生活方法与人类的起源联系在一起来研究。1966年在芝加哥大学举行的以"人，狩猎者"（Man, the Hunter）为题的一个重要人类学会议上，与会者压倒一切的高调，就是狩猎创造了人类。也就是从那个时候起，人类学家进一步认识到狩猎是创造人类起源的重要因素，所以强调到当时还在从事狩猎经济的为数不多的狩猎社会中去，进而证明人

---

① 韩国玺：《弓箭杂谈》，《现代兵器》2009年第7期。
② 恩格斯：《家庭、私有制和国家起源》，人民出版社1975年版，第17页。

类早期生产生活的历史。

长期以来，国内外对当时还在从事狩猎的民族进行的直接观察和调查的民族学资料，给我们提供了不少可贵的资料。我们从中不但了解现代（或最近的）狩猎民族的状况，也可以了解原始狩猎社会很多的一般情景。我们通过这些资料，再结合古生物学和人类学的研究成果，对古代人类是如何进行狩猎的，又是如何长久保持这一生活方式的等问题有了一个基本认识。同时，对20世纪以来围绕狩猎经济社会进行的人地关系，即人类与自然环境关系的研究作一个理论性的简单回顾。

（一）狩猎社会的经济特点

狩猎社会的经济同原始猎民社会中的劳动、分工、生产资料的占有、生活资料的分配等情况密切相关，虽然当下的狩猎民族社会受到外部社会变迁影响，但其社会经济基本的运作原理并未发生本质变化，许多经济特点仍旧体现在当代狩猎民族社会之中。

集体劳动。与比狩猎历史更悠久的采集时代那种非常松散的原始经济相比较，进入狩猎社会之后，人类集体合作意识逐渐形成。处于原始阶段的人们，生活在杂木丛生、野兽肆虐的恶劣环境中，他们使用的工具简陋，捕猎十分困难，也不能保证安全。在这种情况下，人们必须联合起来，以群体的力量弥补个人的单薄。每个群体的成员都要彼此协作，集体进行狩猎，合力防御野兽的侵袭，才能勉强维持生存。当组织集体的力量进行狩猎成为群体利益的需求时，实行集体劳动、集体经营的生产方式就成为一种必须遵循的规则。

共同占有和共同分配。早期的狩猎社会里，由于狩猎工具简陋，劳动生产消耗很多时间和精力，而且效率很低，不存在劳动差别，几乎没有剩余产品和个人拥有的工具及产品。这样就没有贫富差别，也没有个人突出的权利，所以就形成了共同占有和共同分配的生产关系。然而，共同占有和共同分配的生产关系，伴随了漫长的石器时代的狩猎经济活动之后，才慢慢让位于新的社会模式——贫富差别的等级社会。①关于共同分配，有不同的解释：一个人把捕猎到的动物肉分给所有人，并不是因为动物太大而吃不完，而是因为不是每一个猎人都有幸猎到动物。另外，"如果一个

---

① 张建华：《经济学——入门与创新》，中国农业出版社2005年版，第66页。

较强或较能干的人超过其他人的话，往往会产生紧张的社会关系。而一个群落的成功应建立在所有成员的共同合作的基础上"。①

社会组织。狩猎作为一种特别的生存策略，不管是极地爱斯基摩人，还是南非和澳大利亚人，只要是狩猎采集社会，他们的共同特点就是小群体和游动方式。这一小群体基本单位特征被称为"游群"或"队群"（band）；因为迁徙游动的社会群体，也叫"活动组合社会"。狩猎社会的这种小规模组织，是取决于他们的流动性特点和赖以生存的自然环境的。近代人类学家对南非桑人和北美爱斯基摩人狩猎采集社会组织的研究表明，社会组织形态的规模，受生态环境的差异、流动的距离和频率等影响，随着季节的变化和社会的改变而变化。人口多者100人以上，甚至几百人，是大型社会组织。再小的游群50人以下。游群组合以核心家庭为基本单位，游群的所有成员都具有亲属或婚姻关系。在有的游群，一个人在一生当中可能会多次转换游群成员身份，如从出生的母方亲属团体搬入父方亲戚所属的游群。有的游群在一年的某些时段四散，以较小规模的人力收集生产资料，之后重新聚集。②这也与食物的来源和季节变化有关系。爱斯基摩人夏天由一两个扩大家庭组成的20人到30人的小群体，迁徙到内地，以捕获产卵期洄游的鱼群和迁徙而来的驯鹿，到12月回到他们在沿海岸建造的冬营。

性别分工。劳动分工一般是以性别和年龄为基础的，但主要还是表现在性别方面。一方面，男人狩猎，女人采集果实和植物根茎，这在几乎所有的狩猎社会中都存在。男女劳动分工的原因，与劳动的性质有关。狩猎本身是极具危险性的，而且劳动强度大。从体质上说男人的力气和忍耐力超过女人，适合从事风险大且体力消耗较大的狩猎活动。另一方面，不断增长的育儿事务，限制着女人的活动范围，她们除了照顾孩子之外，采集住所附近的植物型食物。但是，对维持生计的贡献，到底是男性的大于女性，还是女性的大于男性，一直是争议的焦点。不同的观点也有可能与他们考察的实际情况不同有关。如热带地区采集狩猎民依赖植物型食物的量

---

① ［美］乔万尼·卡拉达等：《史前的奥秘》，王滨滨等译，明天出版社2001年版，第45页。

② ［美］唐拉德·菲利普·科塔克：《文化人类学：欣赏文化差异》，周云水译，中国人民大学出版社2012年版，第78页。

大于动物型食物。所以，女的采集，而且收获比出去打猎的收获更多。但是，在狩猎采集社会经济中，捕鱼一直是维持生存的来源之一，而男人一般不仅要打猎，还要捕鱼，因此男人在维持生存方面的贡献通常要比女人大。然而，干旱且基本没有可食植物的蒙古高原，女人在家制作服装、干家务和照看孩子。笔者认为，在狩猎采集社会，甚至在游牧社会中，性别分工本身，就是工作门类或性质不同而已，基本不存在社会政治地位带来的其他因素。所以没有必要用劳动分工来评价生计贡献的多少。虽然在热带地区的妇女采集的植物型食物远比男人所狩猎而获得的肉类多，而且满足人体需求的热量达到50%，但是肉类含有丰富的蛋白质和脂肪，而这些都是人体必需的。

"原始富裕社会""有闲社会"。长期以来人们认为，狩猎采集者在严酷的自然环境之中，生活十分艰苦，总是处于饥饿的边缘。这只不过是文明社会人们的偏见造成的错误印象。20世纪60年代，哈佛大学理查德·B.李等人类学家的研究成果表明，其实他们的生活在某些方面要比农业发展以后几千年大多数人的生活好得多。理查德·B.李对多比·昆人进行潜心研究的结果表明，多比·昆人生活在大约有500种种类各异的动植物的生态环境之中，而他们食用的植物就将近100种、动物50种。他们为获得食物而投入的精力特别少，一个男人用5—6天打猎，然后休息1—2周。一名妇女一天采集的食物就足够全家人吃3天。剩下的大量时间休息。走访或接待，有相当多的娱乐时间，还每周安排2—3次的通宵晚会。休闲是相对劳动时间而言的，多比·昆人花一个小时削成的木棍，可用于挖掘几个月之久；只用几天制造的弓箭筒就可用上好几年。20世纪70年代初，萨林斯（Marshall Sahlines）批判那些主张用西方经济学概念解释非西方文化的论点，指出现代西方社会与非西方社会存在着根本差别。他认为狩猎采集社会的人们维持生存所需要的劳动时间要比周边的农民所花费的时间少得多，狩猎采集最大限度地获得了自身自由活动的时间。萨林斯批判了长期流行于西方经济学中的进化理论，即认为原始、传统的非西方社会（尤指狩猎采集社会）是生活在饥饿边缘的经济类型，他认为这完全是西方文化中心主义的观点。

这样富裕而休闲的生活的前提，就是不断迁徙、人口密度低、周期性狩猎。狩猎民族所生活的自然环境，也不是一成不变的，它也会受自然本身和人为因素的影响而变化。狩猎民一方面利用自然资源，另一方面懂得怎样保护有限的自然资源为他们长期提供食物。人口密度，指的是人口与土地面积的比例。人口密度低了，可支配的资源就多了。

财产。"财产"（Property）研究在狩猎采集社会研究中占有很重要的地位。财产研究涉及社会关系与社会行为、财产的制造与生产、财产的分配和消费等。狩猎采集社会在研究中被描述成是拥有以下特质的社会：食物共享、平均主义、生产能力低与物质资料积累的匮乏、劳动按照性别分工，这些特质与财产研究是密不可分的。财产研究可以说是狩猎采集社会研究的方法论之一。财产研究同时也可以被用作研究现代社会的参照物，通过狩猎采集社会财产关系的研究来比照西方社会的财产问题所涉及的经济系统与社会系统进行学术反思，如关于萨林斯所提出的"原始的富裕社会"的讨论。英国社会人类学家伍德伯恩（Woodburn）是财产研究的重要人物之一。他在非洲的坦桑尼亚狩猎采集民族哈扎人（hadza）做过民族志的调查，对非洲坦桑尼亚的土著民族的族群进行过比较研究。伍德伯恩认为有两种根据经济和社会组织而进行食物搜集的社会，即：即时回报系统（immediate return）和延迟回报系统（delayed return）。即时回报系统以食物资源的快速消费为基础，延时回报系统以食物资源剩余积累为基础。即时回报系统灵活并依赖多样而可选择的策略，延迟回报系统则拥有大量收获和季节性的资源。即时回报社会与延迟回报社会两者在组织和思想体系上存在着矛盾，这些矛盾中最为突出的是作为狩猎采集社会核心的生活方式的普遍的互惠与作为农耕和放牧的核心生活方式之间的矛盾。

（二）狩猎社会中人与自然关系的相关理论

关于狩猎采集社会的早期研究，留下了丰富的研究成果，如进化论学派摩尔根的《古代社会》、泰勒的《原始文化》、布留尔的《原始思维》、弗雷泽的《金枝》等。这些研究成果以人类社会的起源、形成和发展过程为主线，研究古代狩猎社会组织、宗教信仰、婚姻制度、风俗习惯。因为常冠以"原始""不发达"等语，所以，狩猎采集社会的经济及人类与自然环境的关系往往被忽略。

资本主义市场经济已经渗透到世界的各个角落的当代，西方学者率先开始对远离现代化的沙漠、热带雨林和冻土地带而密切依赖自然生存的狩猎采集社会进行了人与自然之间相互作用的考察研究。究其原因，一是通过人类学田野调查，对以往人类学有关早期社会的研究作反思；二是与目前人类面临的由现代科技与市场经济引起的人与自然环境的紧张关系有关。

1. 生态学（Ecology）

"生态"一词源于希腊文，原意为居住。"生态学"这一术语最早于1870年由德国生物学家海克尔（Ernst Haeckel）使用，当时是用来指生物的聚集。生态学主要关注生物与环境之间的相互关系，其最终目的是运用"整体观"的方法来研究一个有生命体的系统在一定的环境条件下如何表现生命的形态与功能。人类学关于人与自然环境关系的讨论由来已久，朴素的古希腊思想家尝试着进行了气候带与民族性之间的关联性的认识与探索，认为自然环境会对人类的行动或人类历史带来生理性的、直接性的影响。在此基础上产生了"环境决定论"和"环境可能论"等生态学观点。

"环境决定论"（environmental determinism），主张环境对于文化形成和演变具有积极作用，认为环境是文化的原因。环境决定论认为世界文化的诸形态都是自然法则下的结果，也是适应自然条件的结果。"环境决定论"的思想渊源可以追溯到古希腊。希波克拉底（Hippocrates）的体液论是最典型的环境决定论。他认为人体含有4种体液——黄胆汁、黑胆汁、黏液和血液，分别代表火、土、水和血四种物质。这4种体液在人体中所占的比例会造成个体的体格和人格上的差异。柏拉图和亚里士多德两人都把气候与政体相联系，认为希腊的温和气候是民主政体和产生适于统治其他人的民族的理想气候。18世纪中后期，法国启蒙运动的重要代表人物孟德斯鸠（B. de Montesquieu）将这一理论观点运用于宗教的分析，认为炎热的气候易于产生消极的宗教，如印度的佛教；寒冷的气候产生适应个人自由和活力的侵略性的宗教。继承了这一理论，他强调："炎热的气候使人的力量和勇气委顿；而在寒冷的气候下，人的身体和精神有一定的力量使人能够从事长久的、艰苦的、宏伟的、勇敢的活动。热带民族的怯懦常常使这些民族成为奴隶，而寒冷气候的民族的勇敢使他们能够维护自己的自由。"[①]德国人文地理学家K.李特尔（K. Ritter）也认为地理环境尤其是

---

① 　［法］孟德斯鸠：《论法的精神》（上册），张雁深译，商务印书馆1982年版，第326页。

地形和气候对人类文明起着决定作用，人类只是大自然捏造出来的"泥人"。山区居民性格保守，缺乏想象力，酷爱自由，是由崎岖隔绝的环境决定的；温带气候决定了温带人具备天生的创造精神和勤劳勇敢、追求民主的性格。德国地理学家拉策尔（Friedrich Ratzel），以气候、地形等环境因素来解释文化的类型和分布。环境决定论认为，物质环境在人类事务中发挥着"原动力"作用，人格、道德、政治和政体、宗教、物质文化、生物诸方面均与环境有关。人类学在发展过程中，有相当长的一段时间都受着简单的因果关系论思想的统治，即人类社会和文化的特点可以由它们所处的环境来解释。这种理解就是承认环境因素是决定人类社会和文化特点的要素。

"环境可能论"（environmental possibilism），也称"或然论"，是指在人与环境的相互关系中，地理环境并没有直接决定文化，而只是限定了某些文化现象出现的可能性。认为环境与文化的关系并非如此直接，环境只对文化发挥限制或选择的消极性作用，文化的直接原因还是文化。环境中包含着许多可供选择的可能性，至于哪种可能性能够转变成现实性，则取决于人的选择。随着探究人类与环境及其文化的相互关系的深入，从20世纪30年代开始，人类学界对环境的解释由环境决定论转向"环境可能论"。这种转变主要归因于博厄斯（Franz Baos）开创的历史特殊论学派。博厄斯对特殊文化加以强调，而不再说环境直接影响文化，但是，博厄斯并不忽视环境对文化的影响。他认为环境是限制和改变文化的相关因素，但环境与解释文化特征的起源无关。环境的重要作用在于解释一些文化特征为什么没有出现，而不是说明它们为什么一定产生，它们的产生应归因于历史。人类学中，可能论解释最著名的例子或许就是克鲁伯提出的：玉米农作物的分布因其4个月的生长期而受到气候的限制。克鲁伯提供的资料表明，玉米耕作在北美土著居民中的分布情况是受气候限制的。玉米需要4个月的生长期，在生长期中，需要足够的降雨量，而且不能有毁灭性霜冻。关于环境学的这两种观点，美国人类学家唐纳德·L.哈德斯蒂做过这样的区分："环境决定论和可能论有一个共同点，即亚里士多德学派关于人类与环境之间关系的观点。这种观点认为，人类处于一个方面而环境处于另一方面，两者是永不相容的。决定论和可能论的目的都是要确定一方对另一方的作用和影响：决定论观点坚持环境能动地塑造人；而可能论观点则认为环境起一种限制或选择的作用。"①

2. 文化生态学（Cultural ecology）

"文化生态学"是研究文化与环境之间相互关系的科学，是文化学和生态学的一门交叉学科，主要思考文化与环境变量之间的关系，即生态环境、生物有机体与文化要素三者之间的关系。作为用生态环境因素解释文化现象的文化生态学，起源于20世纪50年代，斯图尔德（J. H. Steward）倡导的"文化生态学"理论开辟了人类学研究的新视野。他1955年出版的《文化变迁理论》专著中完整阐述了其主张的文化——生态适应理论。认为文化变迁就是文化适应，这是一个重要的创造过程，重点阐明不同地域环境下文化的特征及其类型的起源，即人类集团的文化方式如何适应环境的自然资源，如何适应其他集团的生存，也就是适应自然环境与人文环境。他本人因此被公认为生态人类学研究的开创者。

斯图尔德通过对美国西部印第安部落——派尤特人、肖肖尼人等狩猎采集民族的研究，总结并揭示了自然环境、地理状况与文化以及社会结构之间的一般关系。他认为生态人类学是探讨自然环境与人类文化之间关系的一门学科，是以社会科学的方法来分析特定社会环境之下文化的适应与变迁过程的。从生态学的角度出发，斯图尔德不满环境可能论者将环境降到纯属第二位和被动的角色。他将文化视为人们适应环境的工具，关心特定环境下特定社会的适应和变迁过程。因此在文化生态学中，文化与环境虽然是相互作用的，但是环境起着最终的决定作用。

斯图尔德强调环境适应对文化的影响时，将与维持生命的活动和经济结构具有密切关系的集团特性称为核心文化，而受随机的变革和文化变迁的影响而产生变化的称为次级文化，并提出了验证核心文化对环境的适应的三个层次。他的这个观点受到理查德·B.李的批评，其主要质疑以下三个方面：第一，只依据技术、经济因素这一标准来对核心文化分类，没有触及重要的社会和观念因素；第二，没有特别提出核心文化内部各种要素间的结构性关系；第三，把在生态学上得不到说明的问题一概归为历史的

---

① 　[美]唐纳德. L. 哈德斯蒂：《生态人类学的理论源流——〈生态人类学〉导论》，郭凡译，《民族译丛》1991年第5期。

原因。①文化生态学研究更多地借鉴了早期人类狩猎采集与环境之间的关系。

3. 社会生态学（Socioecology）

社会生态学是人类社会的生态科学，是研究人类社会与环境（包括自然环境和社会环境）相互关系和相互作用的科学，是从社会角度对生态问题进行考察的生态学理论。社会生态学的兴起，某个方面深受斯图尔德在20世纪30年代首次把适应模式（adaptive model）应用到狩猎采集社会，并基于长期对狩猎采集游群结构的适应模式的研究，把父系游群盛兴的原因归结于男性特有的优势与在狩猎中男性较为重要的地位的影响。社会生态学对狩猎采集民族的研究领域，主要包括"最佳觅食理论"、"互惠"和领土。

最佳觅食理论（Optimal foraging theory），又称"最佳觅食模式"，是动物学研究的一种理论，主要被用来分析动物觅食的习性和活动的规律。最佳觅食策略是一种行为模式，它基于一个前提，即用最少的劳动获得最大食物的机会。这种理论认为，动物觅食一般集中在一种或少数几种猎物上，即所谓的最佳食谱。这种最佳食谱是那些平均食物收获量与平均食物处理时间比值最大的那些种类。换句话说，即是花最少力气或时间而能获得最高回报的那些食品。20世纪50年代，人类学家开始将此理论运用到人类狩猎采集行为的研究。

很长时期以来，人们认为狩猎采集民的生活是不充裕的。但是，理查德·B.李等学者对狩猎采集民的饮食和生产活动所做的调查表明，他们每天劳动的时间是2.4—4.6个小时，而每人每天可得到2000—2140千克的热量，人们主要利用野生动植物中的几种食物，在食用食物时可选择性相当大。这些数据不但改变了以往人们对狩猎采集民的偏见，同时引发了"原始富裕社会""最佳觅食模式"等概念的产生。罗伯特·莱顿（Robert Layton）曾做过这样的解释："试想像一位狩猎采集者整天徜徉在他或她熟悉的一片土地上，在那里可能会找到潜在的各种各样食物，尽管觅食者很难得知哪种东西能在何时何地被发现（一个所谓的'良好获取'环境）。

① ［日］绫部恒雄编：《文化人类学的十五种理论》，中国社会科学院日本研究所社会文化室译，国际文化出版公司1988年版，第118页。

最佳觅食理论致力于预测出觅食者如果打算最有效地支配可利用的时间和
精力的话将在何处停下来发现潜在的食物，以及什么东西将因为占据他们
可能更妥善地利用在获得其他食物的时间而被放弃。"①对于某种生态环境
中的狩猎采集者来说，他们决定利用哪些食物，是根据这些食物的生物量
以及开采这些食物所需的寻找、捕捉、加工的时间而列出不同的利用档次
的，一般来说食物数量多，寻找的时间就少。食物数量也与个体生物量有
关，如草籽等谷物类型，虽然数量多，但是采集加工的时间也多，相对来
说档次不会高。而像牛、马、鹿、羊等动物，虽然寻找时间多，但是处理
时间少，收获效益就大，档次明显就高。根据这一模式可以得出以下推
论：从旧石器时代晚期开始，史前人类从以主要猎取大动物的狩猎采集经
济逐渐向中石器时代渔猎采集和捕捞的广谱经济过渡，最后发展到以农业
为主的新石器时代生产经济。人类这一经济演变过程，明显是从一种收获
高、支出低的觅食方式向收获低、支出高的觅食方式转变，也即从利用高
档食品向利用低档食品转变。由此可见，农业起源并非一种人类乐意尝试
和衷心向往的发展，而完全是在一种外力促使下迫不得已的转变。人类与
动物觅食方式的根本区别，在于人类能运用技术来开拓食物的种类或范
围，因此在各种生态环境中都能够生存。考古学和民族学研究，也支持最
佳觅食理论的成立。②

　　布鲁斯（Bruce Winter Halder）和艾瑞克（Eric Alden Smith）在《狩猎
民的觅食策略》一书中展示了狩猎采集社会在生存策略的经济"合理性"，
并提出了合理性是适应进化的产物的观点。这后来遭到了英戈尔德（In-
gold）等学者的反驳。③但是，这种跨学科研究的努力引起了对于生物、
文化与社会之间关系研究讨论的兴趣。

　　互惠性（reciprocity）。互惠是古代社会经济体制，是社会整合模式的
一种。其实互惠是每个社会都有的现象，是个人帮助他人并期望他人给予
自己利益的相互行为。在不同的时代和不同的社会，作为一种文化现象，
互惠所体现出来的形式和意义也不尽相同。1个多世纪以来，人类学家对

　　① ［英］罗伯特.莱顿：《他者的眼光：人类学理论导论》，罗红、苏敏译，华夏出版社
2005年版，第147页。
　　② 陈淳：《最佳觅食模式与农业起源研究》，《农业考古》1993年第3期。
　　③ 查干姗登：《狩猎采集社会研究述评》，《学术研究》2010年第5期。

狩猎采集民族的互惠现象进行了分类研究，并探讨各类互惠行为的表象、内涵和社会功能。在人类学领域，博厄斯的"夸富宴"（Potlathe）、莫斯的"礼物之灵"（The Spirit of Gift）、马林诺夫斯基的"库拉圈"（Kula ring）、萨林斯的互惠类型（Reciprocal type），都与互惠性的研究有一定的联系。

互惠作为狩猎采集民的经济交换类型的一部分，使我们了解资源在他们之间是如何获得并再分配的。对他们来说，当一个游群的所有男人出去打猎时，每一个人都明白，不是所有的人都能打回猎物。因而，无论是谁打回了猎物，都必须和整个群体分享。如昆人把收获的一切都带到营地供所有居民分享。如果猎到大动物，猎主就按猎队大小把肉分成几份，接受者再把他们所得的肉分给亲友，其亲友又分给亲戚，以此类推，直到人人都吃到肉为止。①但是，互惠随着社会发展也会有变化的。在一些狩猎采集群体中，分享是通过与特定的亲属关系的亲密程度进行调节的，也会由贡献的大小来解决。但是，互惠性作为狩猎采集为生的生存方式的核心，保证了其社会的稳定发展。确切地说，狩猎采集民族中互惠除了经济意义之外，还有着丰富的文化内涵。互惠性表现在经济、政治、宗教和民俗文化等各个方面。但是，笔者认为原始社会或者当代狩猎民族的互惠和义务性的送礼、接受和回赠等互惠交易是有区别的。蒙古族的"失罗勒合"和鄂温克族的"乌力愣"的分配，都是古代社会遗留下来的互惠，其中包含经济、习俗文化和社会制度的因素。

领土（territory）。早期社会学者认为原始社会的狩猎采集民族基本没有领土观念。早期经济学家将原始社会视为"前经济状态"或"无经济状态"，因此认为原始民族的经济生活比较简单，基本上不存在商品和货币交换关系，所以就没有真正意义上的经济。此后马林诺夫斯基等人类学家运用民族志方法研究，同样认为原始经济（当代狩猎民族的经济）只有经济行为，其目的在于维系及完成人与自然之间的关系和责任。因此对于原始社会的经济行为绝不能以现代经济学理论及眼光来看待。从这样一种观点出发，认为原始民族基本上没有领土意识。关于狩猎采集民族的领土观念，后来的研究表明，狩猎采集民通常都会宣称土地拥有权力。他们经常

① ［美］F. 普洛格、D. G. 贝茨：《文化演进与人类行为》，吴爱明、邓勇译，辽宁人民出版社，第145页。

通过宣称对领域之内所有资源的基本权力来解决领土问题。也就是说，当一个个体或群体，在一个区域范围内长期活动并寻觅食物，即会宣称该区域属于他们。然而，不管是生活在热带还是生活在北极的狩猎采集民，都有允许邻近的游群利用彼此的领土的互惠权力。无论如何，狩猎采集者所实行的领土所有类型根据他们生活环境的变化而变化。的确，狩猎部落的领土权力及使用制度，与其自然资源因素有一定的联系，而且十分复杂。例如，领土自然资源相当丰富的两个人群，这边的部落允许另一个游群进入领地分享食物，但是另一个部落对其他困难游群的容忍度最低。同样，处于自然资源特别匮乏地区的狩猎民中，也有这两种情况。以上的现象说明，狩猎者具有一定的领土占有权。

其实，狩猎民的领土权力问题，在古代蒙古人中也十分突出。《蒙古秘史》记载，阿阑·豁阿的父亲豁里剌台·蔑儿干在豁里·秃马惕地区打猎时发生冲突，便迁移到不儿罕·合勒敦山。①史书中的记载表明猎场属于汗王和封建领主。直到16—17世纪蒙古法律文书中出现的"猎场""围场"等，仍都属于蒙古封建领主所占的狩猎区。

第二节　蒙古族狩猎经济的史料与研究状况

一　蒙古族狩猎经济的史料

中国有记录历史的传统，与欧洲古代民族相关资料记载不足相比较，中国保存着几千年宝贵的史料，可作为考古资料的补充。显而易见，蒙古高原及蒙古族狩猎经济的资料具有一定的文献价值。但是，在中国历史文献中，很难看到经济与社会发展关系的记载。正史中虽有《货殖列传》《食货志》等内容，可是真正涉及当时经济状况的记载甚少，何况是对少数民族狩猎经济。虽然《史记》、《汉书》、《后汉书》、《魏书》、《隋书》、《唐书》以及《辽史》、《元史》都留下了鬼方、猃狁、戎、狄、东胡、匈奴、乌桓、鲜卑、白狄、失韦（唐书作室韦）、契丹和蒙古等北方民族的历史记载，但是狩猎经济的记录，基本属于对上一代史书的抄录、补充，

---

① 巴雅尔标音注释：《蒙古秘史》，第9节，内蒙古人民出版社1981年版。

很少有新的内容。所幸宋元明时期出使蒙古政权与元朝使者的奏疏、行记和文人笔记从不同程度上保留了记录当时蒙古地区生产生活的亲身见闻，其中包括蒙古人狩猎情况的记载，如南宋彭大雅的《黑鞑事略》、南宋赵珙的《蒙鞑备录》、元代学者叶子奇的《草木子》、陶宗仪的《辍耕录》以及耶律楚材的《西游记》、李志常的《长春真人西游记》、张德辉的《行记》、明代萧大亨的《夷俗记》等。

众所周知，蒙古族以"蒙古"命名国家之后，成书母语经典《蒙古秘史》（亦称《元朝秘史》），被认为蒙古历史、文学和语言融为一体的经典作品。这部追述蒙古族的起源、发展以及最后完成统一民族历程的"创世纪"意义的史书，留下了不少蒙古族发源以来狩猎（包括渔猎）相关资料。和它同一时代成书的波斯文《史集》和波斯史学家志费尼的《世界征服者史》中也记录了蒙古军队的围猎。还有外国使者和旅行家的游记，如《鲁布鲁克东行纪》、《柏朗嘉宾蒙古行纪》和《马可波罗行纪》等。他们的游记都或多或少留下了有关蒙古人狩猎（围猎）的记载，其中马可·波罗较详细描述了忽必烈皇帝出猎的情景。

二　蒙古族狩猎经济的研究状况

我们能看到的国外关于蒙古族狩猎的研究，是属19世纪后期布利亚特蒙古学者的人类学资料。这里有 M. H. 罕嘎洛夫的《接格格图·阿巴》[1]和 M. H. 罕嘎洛夫、д. 卡列门兹合著《古代布里亚特的围猎》[2]等，对蒙古族围猎的有些情景作了比较详细的描述与分析。他们通过"接格格图·阿巴""阿巴·亥达格"的考察，涵盖了古代蒙古族围猎与当时的社会经济状况、部落迁徙、婚娶、安葬以及狩猎组织和相关的名称，还包括经济发展变化等多方面内容。这对我们探讨有关早期狩猎的种类与围猎组织以及它们相关的名称，是非常有利的民族学资料。还有布里亚特学者 И. H. 瓦木布齐列诺夫的专题研究《豁里·布里亚特的狩猎——亥达格·阿巴》[3]

---

[1]　M. H. Хангалов, Зэгэтэ Аба. Собрание сочинении, Т.1, Улан-Удэ, 1958.

[2]　M. H. Хангалов, д. Клеменц, Общественрных бурят.Собраниесочинении, Т.1, Улан-Удэ, 1958.

[3]　达．贡格尔：《喀尔喀史》（下册），民族出版社1991年版。

和 Ц. Ж. 加木苏仁诺夫的论文《鄂尔多斯围猎》①等，对本书提供了一些相当可贵的资料。

随着 20 世纪初开始兴起的蒙古研究热，出现了诸多有关蒙古族的形成、社会制度和游牧经济的学术著作。苏联著名蒙古学家 Б. Я. 符拉基米尔佐夫的《蒙古社会制度史》是一部研究蒙古社会历史的重要著作。他多处将狩猎与蒙古政治、经济、社会组织相联系起来，提出了非常准确的结论。他说："按照生活方式和经济情况，把 12 世纪的蒙古部落分为两群，即森林或狩猎部落群和草原或畜牧部落群。""畜牧和狩猎仍是主要的生活资料，因此，任何人不能没有牧地和适于狩猎的场所。"

苏联蒙古族学专家莉·列·维克托罗娃的名著《蒙古人：民族起源与文化渊源》②一书，从民族学角度出发，利用各种史籍资料的记载和大量考古资料，分析和论证了蒙古族与在蒙古地区生活过的莫他民族的谱系关系，追溯和研究了蒙古族的历史形成过程。由于文献资料的缺乏，有关蒙古族祖先的狩猎是怎样发展起来的问题，一直是个难题。莉·列·维克托罗娃的这部专著，从考古学角度，结合旧石器时代以来蒙古高原发掘的考古学资料及其研究成果，涉及蒙古高原祖先的狩猎工具的改进、狩猎动物的种类、集体狩猎（围猎）的组织、获猎物的分配、狩猎民食物的来源、衣服的加工、防寒住所的建造等方面。

日本学者岩村忍于 1968 年出版的《蒙古社会经济史研究》③专章论述了古代蒙古的狩猎经济地位和作用，提出蒙古社会经济不只是单一的畜牧业，狩猎自古以来占着重要地位的观点。另外，日本学者吉田顺一的《蒙古族的游牧和狩猎——十一至十三世纪时期》④一文，指出："蒙古族的经济基础，不肖说基本上是游牧，但同时狩猎在经济上也至关重要。从经济方面分别掌握游牧和狩猎的不同点，并同时掌握其相互关系，这两者对理

---

① Ц. Ж. Жамцрано，Облавху Ордоцев，《*Studia Mongolica*》，Tomus I. Fascicuius 6.

② ［苏联］莉. 列. 维克托罗娃：《蒙古人：民族起源与文化渊源》，陈弘法译，内蒙古教育出版社 2009 年版。

③ ［日］岩村忍：《蒙古社会经济史研究》，［日］由涛海节译，朱风校，第一部第一章"古代蒙古的狩猎"，原载《蒙古学资料与情报》1984 年第 4 期；第一部第三章"渔捞"，《蒙古学资料与情报》1985 年第 1 期。

④ ［日］吉田顺一：《蒙古族的游牧和狩猎（上）——十一至十三世纪时期》，原载日本《东洋史研究》第 40 卷第 3 号；冯继钦摘译、冯玉明校，《民族译丛》1983 年第 4 期。

解蒙古族的经济基础是一个基本问题。就古代而言，如何理解它们的这种经济基础成为掌握蒙古政权建立和发展这一问题的关键。"

　　蒙古人民共和国科学院历史研究所于1965年出版的《蒙古人民共和国历史》是一部众多史家集体编纂的鸿篇巨制。该书基于考古、文献和民族学大量资料，对古代蒙古族的生产生活状况（包括狩猎经济）进行的考察，为本书提供了不少资料考证。《蒙古人民共和国部族史》（喀尔喀和卫拉特两卷）也是一部集体劳动成果。这部人类学著作将狩猎作为蒙古族社会经济的一个部门，介绍了当代蒙古人的狩猎工具、狩猎种类和狩猎方法。

　　国内蒙古族狩猎经济的研究，一直处于薄弱的环节。其原因一是相对匮乏而零碎；二是目前在蒙古地区基本上还没有狩猎区域，也没有实地进行的田野调查资料。近期国内学界也出现了重新认识或思考蒙古族狩猎经济地位和作用的文章。如张长利在《狩猎与古代北方游牧社会》①一文中认为，狩猎是蒙古族或北方民族的经济基础，并指出："狩猎是古代北方游牧社会主要的生产方式，古代北方游牧社会的政权，即所谓'汗国'或'帝国'的组织，可以说就是一个庞大的集体狩猎组织，那么是否可以称这个社会是一个狩猎社会？尽管这个社会也有畜牧生产，但我们看到这个社会的种种现象都与狩猎生产相关，看来畜牧生产在古代北方游牧社会中的地位并不像我们传统认为的那样重要，这大概是两千年未见古代北方畜牧经济有显著发展的原因吧。"

　　易华利用大量历史文献、考古学资料和民族学调查资料，在比较系统地梳理蒙古族狩猎经济传统及其历史渊源的基础上，撰写了《逐鹿中原：东亚文化中的蒙古式狩猎传统》②一文。他认为早在上古时期蒙古高原就形成了蒙古式狩猎传统，并且影响到了韩半岛和日本列岛。逐鹿中原，弓箭见证了不同民族数千年来经历的冲突、交流与融合，狩猎深刻地体现了多民族文化共生的特征。狩猎在中国历史发展过程中起过关键作用，蒙古式狩猎传统是东亚文化核心组成部分。以上两篇论文有一个共同点，就是利用比较丰富的历史资料，认为蒙古部成为世界征服者，与早期在广阔的草原上进行的狩猎策略、技术有关。所以狩猎为蒙古部的兴起与发展，打

---

① 张长利：《狩猎与古代北方游牧社会》，载于《内蒙古社会科学》1993年第3期。

② 易华：《逐鹿中原：东亚文化中的蒙古式狩猎传统》，载马永真等主编《论草原文化》第七辑，内蒙古教育出版社2010年版。

下了基础。

中国经济史方面的专著与教材虽多，但较少涉及狩猎经济，遑论蒙古族狩猎生产。国内学者李幹的《元代民族经济史》[①]设立专章梳理蒙古族狩猎经济，叙述内容较为全面，也吸收了国内外一些研究观点，有一定的参考价值。

蒙古族作为北方古代民族，因其自然环境和历史经济文化的原因，他们长期从事捕捉捞取鱼类和其他水产的捕捞活动，但是囿于记载缺失，这方面的研究成果还非常稀少。

第三节　研究目的、意义和研究方法

不言而喻，狩猎经济和原始采集一样，是人类最初生产生活的来源，对人类社会发展起过重要作用。蒙古族因处于独特的地理、气候和特殊的自然环境，狩猎经济长期占据着重要地位，并影响着这一地区的整个社会历史文化。但是，随着狩猎社会的消失，狩猎经济也已成为历史。今天我们要撰写蒙古族狩猎经济，没有实地调查的狩猎社会，除了查干湖冬捕之外也没有直接观察的狩猎民的生活方式。所以，我们对这一历史现象的描述与研究，只能靠考古学、历史文献、民族学史料和不久前尚保有狩猎经济方式的地区进行描述。

一　研究的目的和意义

对蒙古族狩猎经济的纵向历史的发展脉络和横向不同时期的分布做集中概括和总结。具体来说，本书的目的在于，结合考古学资料、文献学资料和民族学研究，认识在蛮荒时期就开始的狩猎经济在蒙古社会的起源和发展的历程。因为，现代蒙古族社会经济文化土壤的游牧经济，是在该地区非常繁荣活跃的狩猎的基础上发展起来的。这已经由在该地区延续了100多年的考古学所证明。现代伦理思想影响下，狩猎行为越来越多地受到限制，但作为一种经济形式和文化载体，在漫长的狩猎年代中发展形成

---

① 李幹：《元代民族经济史》，民族出版社2010年版。

的一整套有形和无形的文化得以传承下来。在国家启动中华各民族物质文化和非物质文化遗产保护的大形势之下，我们将蒙古族狩猎经济文化放在一定的地位，开展深入研究，应该对于蒙古族的起源、民族文化的传承及当代草原文化的认识，都具有一定的历史意义。

狩猎经济是蒙古族早期经济的主要形式，经历了漫长的历史时期，直至19世纪中期，其在偏远地区仍为辅助经济来源之一。蒙古族因处于独特的地理、气候和特殊的自然环境中，其生产生活更为明显地受到狩猎经济影响，狩猎经济方式贯穿于蒙古族形成、发展和演变的整个历史过程，至今仍影响着蒙古地区的社会和文化。蒙古族狩猎经济不仅为其后蒙古族游牧经济的形成奠定了直接的物质基础，也对蒙古族的世界观、人生观和价值观以及思维方式的形成起过重要的模塑作用，并且在蒙古族社会制度、宗教信仰、风俗习惯以及知识体系、文化艺术等形成过程中产生重要影响，它对蒙古族精神和心理方面的影响绵延至今。但是这方面的研究长期被忽视。因此，对蒙古族狩猎经济进行比较全面的分析和阐释，无疑对了解和认识蒙古族经济的发展历史过程中狩猎所起的作用、狩猎经济的形态与特点，都具有一定的现实意义。

二　研究思路与研究方法

对本书研究的主要思路而言，经由两条线索脉络对蒙古族狩猎经济发展做出了梳理。其一是以历史唯物主义为指导思想，综合吸收百年以来蒙古高原的环境地理与考古研究成果，系统地介绍蒙古高原生态环境及石器时代、青铜时代有关狩猎文化的遗存，同时结合蒙古高原岩画等所反映的蒙古高原古代狩猎，探讨该地区原始居民的狩猎生活，及其在此基础上产生的文化成果和社会特征，勾勒蒙古高原民族狩猎经济的基本面貌；其二是以狩猎经济文化类型为研究对象，紧密结合蒙古族狩猎经济各构成要素，系统地论述蒙古族狩猎经济形态、发展阶段及其受制因素等问题。可以得出如下结论：同世界其他地区和民族的历史一样，狩猎在蒙古高原从远古时代持续下来。蒙古族形成的漫长历史，一直是由狩猎向游牧发展的过程。但是，蒙古高原历史上的各个阶段的自然生态条件不同，这在许多方面决定了区域范围内进行的狩猎经济活动及其文化特征。远古时期的狩猎经济，在不同区域的不同人群中保留，并作为习俗和语言特点代代相传，直到不久前仍在以狩猎为主要经济来源的部族中保存下来。

本书基于考古学的成果和文献史料及地方志史料，结合中外有关研究成果和田野调查资料，采用人类学跨文化、跨学科的宏阔视野及理论方法，考察狩猎对蒙古族经济和社会文化的产生发展所做的独特贡献和历史作用。在研究中尽量做到以下三个方面：一是文献研究。蒙古族狩猎经济相关研究文献较少，所涉及的资料多散见于《史集》《蒙古秘史》、蒙古源流》《蒙古黄金史》等史学文献中，在收集、分析、整理相关资料时尽量与现当代地方志进行比较。二是遵循客观的梳理和论述蒙古族狩猎经济的历史发展过程的原则。三是纵向分析与横向比较相结合。课题在比较分析中，采取纵向分析方法厘清蒙古族狩猎经济发展的历史线索，总结其自身发展的动态特征；采用横向比较方法，则能够更为明晰地把握研究对象在社会历史发展过程中的独有特征。在时空上，时间跨度大、地域范围广，以整个蒙古高原为背景，并包括了旧石器时代以来的漫长历史时期。同时，以历史唯物主义的观点指导全书，对狩猎经济生产的地理环境和社会条件以及相继出现的游牧社会文化之间的关系，从物质、精神到时空环境方面做出辩证分析。

第一章　蒙古族狩猎经济概说

　　从人类源起至旧石器时代结束，人类历史的90%以上时间里没有种族和民族的区分，虽然新石器时代部落集团林立，也还不能与近代以来形成的现代民族概念相等同。从历史的发展历程来看，蒙古高原上的历史文化所取得的成就，成为中国光辉灿烂的五千年文明史不可缺失的一部分。狩猎长期以来是蒙古高原先民生活的主题，对塑造现今的蒙古族文化面貌起过至关重要的作用。经济文化类型，既有时间概念，又有空间概念。因此在撰写蒙古族狩猎经济时，有必要从地域观念对蒙古高原的自然环境做一番描述。

　　在广阔的亚欧大陆上，有一条带状分布的大草原，西起欧洲多瑙河下游，经罗马尼亚、俄罗斯、蒙古国，直达中国东北，绵延2.1万多千米。人们把它称为亚欧大草原带。在这块草原的东部有一片狭长的草原地区，是从匈奴到蒙古族活动地带，史称"大荒"或"外荒"。近代地理学家承认它为一个独特的地理单元，并把它与历史上最后驰骋在这里的族群——蒙古族联系起来，一致命名为蒙古高原。将这一地区称为蒙古高原，不只是疏通了它的名称来历，而且也反映出它的实际状况：这里确实有蒙古人居住；它的很多山川湖泊、原野沙漠也确实是以蒙古语命名的。

第一节　蒙古高原的自然环境

　　蒙古高原（Mongolian Plateau）位于中国北部边疆，其范围还包括今蒙古国全部、俄罗斯南部。从地域位置而言，北与西伯利亚相毗连，南至阴山山脉，西起阿尔泰山山麓，东以大兴安岭为界。由于深居亚洲大陆的中部，四周山岭环抱，内陆面积广阔，距海洋较远，受海洋的影响较小，无论是太平洋上南来的风，还是北冰洋上吹来的水汽，都难以到达这里。因此，形成温带极端大陆性干旱与半干旱气候。冬季严寒漫长，蒙古国最冷可降至零下45°C；夏季炎热短暂，无霜期短，降水稀少，年均气温低。高原地面坦荡完整，起伏和缓，风沙广布，年降水量少而不均，除东部边缘年降水量达450毫米，大部分地区在150—250毫米，寒暑变化剧烈，这就为包括稀树草原在内的耐旱植被的发育创造了有利条件。地表结构主要以山脉、草原、森林、戈壁和沙漠为主。

山脉。蒙古高原山脉占总面积的30%，从西向东，绵延着阿尔泰山、唐努山、萨彦岭、杭爱山、肯特山、狼山、乌拉山、大青山、贺兰山、灰腾梁山、大兴安岭。蒙古高原西部的准噶尔盆地，夹在东西走向的天山和由西北向东南走向的阿勒泰山这两大山脉之间。所以，该地区的自然景观，大体上体现的是山脉与盆地。由于独特的自然环境，阿尔泰地区蒙古族的狩猎经济保留时间较长。这些巍峨的群山孕育了众多源远流长的河流和明镜般的湖泊。

河流和湖泊。主要河流有鄂尔浑河、色楞格河、克鲁伦河、土拉河、鄂嫩河、石勒喀河、额尔古纳河、黄河、西辽河、黑河。其中黄河、西辽河孕育了大窑文化、萨拉乌苏文化、兴隆洼文化、红山文化、夏家店文化等远古文明。鄂尔浑河、色楞格河、鄂嫩河流域，一向为漠北乃至北方草原的主要政治中心地带，匈奴、突厥、回纥、蒙古无不在此建立龙庭。此外，这一带水草丰美，淡水河谷特别宜于放牧畜群尤其是马群，而马是游牧民族重要的财富和主要实力的标志。较大湖泊，漠北有乌布苏诺尔湖、库苏古泊、吉尔吉斯湖、乌留诺尔湖、哈腊湖；漠南地区较大的湖泊，有居延海（嘎顺诺尔）、苏古诺尔、乌梁素海、岱海、查干诺尔、察尔森湖、达赍诺尔、呼伦湖、贝尔湖。其中，呼伦湖、察尔森湖与其他地区蒙古居住区的湖泊，如新疆博斯腾湖（巴彦郭楞州）、乌伦古湖（阿勒泰，乌伦古蒙古语，意为云雾）、查干湖（吉林前郭尔罗斯旗）、连环湖（黑龙江杜尔伯特旗）等成为我国北方著名的几大冬捕淡水湖。可想而知，蒙古族的祖先在千百年的捕猎活动中掌握了在严冬人工凿冰窟捕捞肥美的鱼类的经验。

草原。蒙古高原纵横的河流和星罗棋布的湖泊，滋润着绿草丰盛而一望无际的草原。草原是蒙古高原的主体。因为地形平坦，到处是茫茫大草原，微波起伏，由东北向西南斜伸。有呼伦贝尔草原、科尔沁草原、乌兰察布草原、锡林郭勒草原和鄂尔多斯草原，漠北杭爱山流域辽阔而富饶的草原、克鲁伦河流域大草原，其中呼伦贝尔草原和锡林郭勒草原是世界著名的大草原。

森林。蒙古高原的森林主要分布在东部的大兴安岭，北部的唐努山、萨彦岭，直到贝加尔湖，西部的阿尔泰山，南部的阴山诸山脉。这些山岭覆盖森林，郁郁葱葱，水草丰茂，生息着各种野生动物。阿尔泰山是蒙古高原历史上最后的狩猎部落——"林中百姓"生活的主要区域。

戈壁和沙漠。蒙古高原漠南和漠北交界处，还分布着固定和半固定的沙地和砾石组成的戈壁、浩瀚无际的沙漠。戈壁（蒙古语Говь）的音译为沙漠，在蒙古语中指砾石荒漠、干旱半干旱草原，与沙漠不同。著名的沙漠从东向西依次为浑善达克沙漠、腾格里沙漠、库布其沙漠、乌兰布和沙漠、毛乌素沙漠、巴丹吉林沙漠，自然景观荒渺苍凉，形成了中国北方难以通行的天然屏障。[①]

第二节　蒙古高原的狩猎经济概说

如前文所述，人类出现至今在90%的时间里依靠狩猎和采集策略谋生，历史上的任何一个民族和一个部族都经历过狩猎经济阶段。曾经历过辉煌的狩猎时代，随着社会的发展逐渐式微，但它并未退出历史舞台，而是延续至今。

一　蒙古高原史前狩猎经济

蒙古族祖先的狩猎经济与广阔的蒙古高原自然气候、地理环境有着密切的关系。蒙古高原是古代人类的摇篮之一，国内外考古学者在这里陆续发现了大量的石器时代人类居所的遗址，表明狩猎是蒙古高原地区远古人

---

① 参见陶克涛：《毡乡春秋》，人民出版社1987年版，第3页；林幹：《中国古代北方民族通论》，内蒙古人民出版社1996年版，第11页。

的经济生活的基础。史前的先民们在这里生存，并创造了丰富多彩的物质文化和精神文化，留下他们原始生产和生活的足迹。

世界史前史研究者布赖恩·费根讲述史前人类活动和发展轨迹时说："在冰期晚期，东至西伯利亚贝加尔湖（Lake Baikal）的大部分干草原—苔原地带都有人居住，但并不是通过主动的迁徙，而是由觅食者的自然生活动态所致。这些地带的猎人们生活在高度机动的小型游群中。随着一代代的繁衍生息，这些游群逐渐联合起来，子孙后代们便迁徙到了附近尚无人居住的河谷中……现代人向中亚、中国北方和最遥远的东北部扩散，是一个最晚在4万年前就已经开始了的复杂过程。直到距今3.5万年前，位于干旱的蒙古草原上的黄河流域出现一些人类居住的迹象。类似这样空旷的环境以及干草原—苔原地带供养群居性最弱的觅食社会，那种高度依赖移动性和便携式工具的人群，是冰期晚期最早创造出细石器的人群之一。"①

在15万至10万年前，从中亚的捷希克—塔什到蒙古高原居住着一些人类。人类的这些远古代表会用火，居洞穴，以狩猎为生。猎鹿是在季节性迁徙过程中在河边渡口进行的。由此可见，这个期间居住在蒙古高原的几批狩猎民和采集民也会用火，也十分熟悉动物的习性及它们的行动时间和路线。因此，在蒙古国境内已经消失的河流岸边或当初曾是食草动物渡口和季节性草场的宽裕河谷地多次发现石斧和其他工具，就不是偶然的了。蒙古境内的旧石器时代晚期（4万年至1.2万年前）是由冰川期转向现代地质带的过渡时期。气候转暖为原已大多死亡，有时可与猛犸、长毛犀、大角鹿、羚羊、野牛等更北地区动物一起发现的南方动物品种（盘羊、鸵鸟）向中亚迁徙提供了可能。动物的增加和气候的好转也为人类的进一步发展和人类活动的完善创造了良好条件。投枪式专门武器的出现为远距离命中提供了方便，而捕网的运用又提高了狩猎业的生产率。旧石器时代人类生存的基本手段是狩猎和采集可食的植物。由于采集者—狩猎民群是随着动物的季节性迁徙而游动的，因此，在亚洲境内发现如下两类与原始人类的生活方式和生活居住地有关的遗存，就是毋庸置疑的了：（1）

---

① ［美］布赖恩.费根：《世界史前史》，杨宁等译，世界图书出版公司2011年版，第118—119页。

蒙古人民共和国和毗邻地区境内十分常见的临时性遗址；（2）供寒冷季节居住的洞穴和山下有遮掩的地方。[①]

在内蒙古鄂尔多斯萨拉乌苏发现的"河套人"或"河套文化"，属于距今4万年前的旧石器时代。由于是在大冰河期前，气候比较温暖，林木和水源丰富，所以有水牛、大象的化石。当时的猎人主要猎取羚羊、鹿、大象、野驴、牛等草食动物。还发现了鬣狗、诺氏驼、河套大角鹿、王氏水牛、原始牛、蒙古野马、赤鹿、普氏小羚羊等动物的化石30余种，出土了尖状器、刮削器、砍伐器和石球等狩猎工具。而且在萨拉乌苏发现的动物化石，因种类繁多而闻名，有哺乳动物33种、鸟类11种，单一种类的数量也不少，仅在邵家湾就发现了300多个羚羊角。羚羊是萨拉乌苏人猎取的主要对象。因此，有人称萨拉乌苏古人为"猎取羚羊的人"。[②]

位于呼和浩特市东北郊大青山下发现的大窑文化遗址，是世界上已经发现的最大的石器加工场。大窑文化遗址是一处从旧石器时代早期到晚期，持续时间达50万年的石器制造场。在这里发现的石制品有石核、石片、石球等；器形以刮削器为多，龟背形刮削器是典型制品。此外，还发现了大量普氏羚羊、原始羊、赤角鹿、披毛犀等捕肉动物的骨骼化石。大窑文化遗址的主人一直过着以狩猎为主、采集为辅的定居生活。

整个石器时代的石具，是狩猎历史的证据。石头是原始人类和野兽斗争时用得最早、时间最长的武器。他们开始用自然的石头，后来砸击、研磨，认识到石头的材质和用途。但是，进入新石器时代，古人的活动范围比以前广阔多了。在蒙古高原发现的新石器时代遗址广，且文物的数量也很可观，主要分布在沙地荒漠、干涸盆地或江河旧道沿岸地带，其共同特点是大都在燧石多的地方。这里突出的是，蒙古国前杭盖省博格达苏木的阿尔查博格达、苏和巴托省乌素太布日嘎苏等地出产质地优良的燧石。人数的增加和猎物的减少，迫使他们掌握不同于过去而优于过去的一种新的技能，就是燧石的开发利用。在辽阔的蒙古高原分布广而丰富的燧石，作为革新改造的器具，由于轻便好使，提高了捕猎的成效，也相对保证了自身的安全。

---

① ［苏联］莉.列.维克托罗娃：《蒙古族形成史》，陈弘法译，内蒙古教育出版社2009年版，第15—16页。

② 李荣：《河套人与河套文化》，载《内蒙古文物古迹散记》，内蒙古人民出版社1987年版。

二 历史记载中的蒙古族狩猎经济

根据许多史学家的意见，我们将匈奴的祖先或蒙古高原的原住民，可以说成夏的狁，商殷时期的鬼方、土方，西周时代的荤粥、犬戎，春秋时代的白狄、赤狄，战国期的胡。《礼记》将西方和北方族体的特征概括为："西方曰戎，被发衣皮，有不粒食者矣；北方曰狄，衣羽毛穴居，有不粒食者矣。"①虽然只是指出食与穿两个方面的特征，但已反映了他们共同的游牧游猎经济生活与风俗习惯。从古代史书中有关商朝、周朝与戎、狄之间的长期摩擦、矛盾或戎、狄的入侵历史，可知双方主要是为了草牧场或狩猎场的归属权。田继周先生写道："殷朝与北方游牧民族所以经常发生入侵和战争事件，很可能与这些游牧民族的社会发展和经济特点有关。他们经常需要游动以寻求新的牧场和狩猎场所。"②他正确地解释了古代游猎人、牧人向外扩张的行为。

从远古直到匈奴时代，牧场和狩猎场是北方民族与中原汉族之间一切矛盾冲突的主要根源。狄人与周朝的一切矛盾冲突的根源，都在于狩猎放牧场地，这种情况同样也存在于匈奴与其邻国之间。在匈奴强盛时期的冒顿单于时代，虽然畜牧业得到极大发展，但当时他们还是经常组织大型的围猎，服务于饮食和服饰。就如《汉书》所载："臣闻北边塞至辽东，外有阴山，东西千余里，草木茂盛，多禽兽，本冒顿单于依足其中，治作弓矢，来出为寇，是其苑囿也。"③苏联著名考古学家C. N.鲁金科说："尽管畜牧业在匈奴的经济中占主导地位，但狩猎仍然一直存在于匈奴的经济中，特别是围猎。毫无疑问，匈奴人的祖先是狩猎的部族，只是在公元前一千纪初或稍早他们才开始经营畜牧业。"④

鲜卑和乌桓民族因其所处地理环境，早年主要生产是畜牧和射猎捕鱼。尤其西拉木伦河东部系山陵森林，宜于狩猎，因而当时鲜卑主要生活在林木葱郁、水草茂盛而人口稀少的地区，从事狩猎兼游牧。乌桓人居住

---

① 杨天宇撰：《礼记译注·王制篇》，上海古籍出版社2009年版，第155页。

② 田继周：《先秦民族史》，四川人民出版社1988年版，第271页。

③ 《汉书》卷九十四，《匈奴传》。

④ ［苏联］C. N.鲁金科：《匈奴文化与诺彦乌拉巨冢》，孙危译，中华书局2012年版，第26页。

在当时辽河以北的草原与森林地带，除了食用兽肉以外还用其皮毛作缝纫和编织。据当代学者的文献研究，鲜卑占据老哈河及其以南地区以前，主要生产方式是畜牧和射猎捕鱼，这与它所处地理环境密切相关。辽河及其以北地带可划为两个部分：西部系草原和湖泊，宜游牧；东部系山陵森林，宜狩猎。至于南边的老哈河流域则宜种植和渔业。关于拓跋鲜卑的狩猎，考古发现很好地证明了历史记录的真实性。在今呼伦贝尔市鄂伦春族自治旗嘎仙洞发现的许多狩猎石器及在陈巴尔虎旗的完工和扎赉诺尔发现的墓葬出土的骨镞、铁镞都反映了拓跋鲜卑的狩猎生活。从嘎仙洞出土了牙獐、麈子、鹿、罕达罕、野猪等野兽的骨架，而没有发现牛、马、羊等家畜的骨架，说明西部鲜卑人居住在兴安岭原始森林，狩猎是他们生活的主要来源。①关于这方面，史学家林幹先生认为："嘎仙洞发现的动物骨架，却是以野猪、野鹿和野羊为主的。可见拓跋鲜卑在南迁至'大泽'之后（完工和扎赉诺尔都在'大泽'附近），畜牧业已很发达，较之嘎仙洞时期以狩猎为主，大不相同了。"②

关于蒙古各部的先人——室韦—达怛（又作"鞑靼"）的社会经济状况，史书有很简略的记载，基本上是与狩猎有关的描述。《魏书》说他们"颇有栗麦，唯食猪鱼，养牛马，俗又无羊，夏则城居，冬逐水草，衣多貂皮……用角弓，其箭尤长……男女悉衣白鹿皮襦袴"。③《隋书》说，白室韦"为九部落，绕吐纥山而居……饶獐鹿，射猎为务，食肉衣皮，凿冰没水中而网取鱼鳖。……俗皆扑貂为业，冠以狐貉，以衣鱼皮。俗皆捕貂为业，冠以狐貉，衣以鱼皮"。④狩猎所获野生动物的皮毛，是室韦人的主要物质资源，也是主要交易品。北朝时期，室韦人居住在河流湖泊多、野兽丰富的森林地区，所以野兽提供了他们的所有生活需要。《后汉书》载："其兽异于中国者，野马、羱羊、端牛。端牛角为弓，世谓之角端者也。又有貂豽、鼲子，皮毛柔蠕，故天下以为名裘。"⑤

室韦人世居深山老林，经营狩猎，在逐步强盛壮大的同时，创造了适

---

①　僧格：《人类学视野下的蒙古狩猎文化》，民族出版社2015年版，第30页。

②　林幹：《东胡史》，内蒙古人民出版社2007年版，第85页。

③　《魏书》卷八十四，《失韦传》。

④　《隋书》卷八十四，《室韦传》。

⑤　《后汉书》卷九十，《乌桓传》；《三国志》卷三十，《乌丸鲜卑传》。

应自己环境的文化。在冬季，冰雪覆盖的森林里主要使用的交通工具滑雪板、雪橇，就是典型例子。《北史》中记载："地多积雪，惧陷坑穽，骑木而行。"①这里说的"骑木"是指滑雪板。雪上行走的木有两种：一种是套在脚上在雪上步行的，为的是防止陷进雪里；另一种是至今还在普遍使用的在雪上快速滑行的交通工具。

宋辽金时期，蒙古以"萌古""朦骨""盲骨子""蒙古里""萌古斯"等不同译称见于汉文史籍。《松漠纪闻》记载："盲骨子，其人长七八尺，捕生麇鹿食之。"②另据《契丹国志》记载："（契丹）正北至蒙古里国，无君长所管，亦无耕种，以弋猎为业，不常其居，每四季出行，惟逐水草，所食惟肉酪而已。不与契丹争战，惟以牛、羊、驼、马、皮、毳之物与契丹为交易。"③这说明，辽宋时期蒙古人的主要生产活动是狩猎，兼营畜牧业，并用狩猎产品与契丹进行交易。

蒙古高原北部，东起贝加尔湖（大泽）之东，西至额尔齐斯河（也儿的石河）流域，属于狩猎的森林各部落，史称"林中百姓"。在这些地区生活着斡亦剌惕（卫拉特）、布里亚特、巴尔忽、兀儿速惕、合布合钠斯、森林兀良合惕、泰赤兀惕等部落和部族。由于生活在拥有多种野生动物的自然环境中，直到12世纪，他们当中的大部分仍以狩猎渔捞为主，衣食住行都离不开狩猎。元朝政府对北方森林的某些地区开辟屯田，大量征索海东青、貂皮等，同时允许居民"各仍其俗"，"设官牧民随俗而治"④，所以依然保留原有的生产生活方式。蒙古时代的森林部落占据着由松花江、黑龙江下游及贝加尔湖周围直到额尔齐斯河的森林地区，他们"逐水草为居，以射猎为业"。

关于蒙古政权与元朝的围猎，同一时期的外国史学家、使者和旅行者，如拉施特、志费尼、鲁布鲁克、柏朗嘉宾、马可·波罗都留下了所见所闻，有的描述得特别详细。同样，我国宋元时期使者和文人也有一些围

---

① 李延寿撰：《北史》卷九四，《室韦传》。

② （宋）洪皓撰：《松漠纪闻》，载《中国少数民族古籍集成》第18册，四川民族出版社2002年版。

③ 贾敬颜、林荣贵的点校本《契丹国志》卷二二，《四至地理远近》，上海古籍出版社1985年版。

④ 《元史》卷五十九·志第十一，《地理志二》。

猎的场面记述，且多数是符合实际情况的。

《大统帅成吉思汗兵略》一书作了这样的描述："参谋军官们视察森林，决定进行森林地区的境界线，决定各自的狩猎场。军团展开以后，战士们展开第一二线的散兵线，去保卫制定的森林。打鼓敲锣，大声喊叫，从各方面向狩猎场前进。从这个时候起，所有的野兽根本不可能逃出这片土地……军官骑马走在列兵的后面，监视列兵们的任何步伐和所有行动……列兵们跳过狭隘的窄路，攀登陡峭的绝壁，爬过高山，滑下山坡，泅渡河山。到了夜晚把指定地区用火堆围起来。这个包围圈，每日以四到五里的速度日益缩小……这样，野兽类的情况一天比一天恶化，因为生存圈在急紧地缩小。大汗（成吉思汗）自身经常到最困难的地方去，细微地观察他的军队战术训练。这样到了最后阶段，广大地区的全部动物都集中到了一个狭小的包围圈内。包围动物的死亡圈是不可逾越的。突然间，包围圈上敞开一条路，乐队奏起雄壮的狩猎的曲子，乐曲声发出如同地震般的声音，野兽这时则呈现惊慌万状。这时大汗带领诸首长和随从人员，进入包围圈的中心。大汗亲手用刀或弓箭先杀一只虎或者大熊、野猪，就是这场狩猎战斗开幕了……"①

生活在宋元之间的学者周密言："北方大打围，凡用数万骑，各分东西而行。凡行月余而围始合，盖不啻千余里矣。既合，则渐束而之小，围中之兽皆悲鸣相吊。获兽凡数十万，虎、狼、熊、麋鹿、野马、豪豕、狐狸之类节有之。特无兔耳。猎将竟，则开一门，广半里许，余兽得以逸去，不然，则一网打尽，来岁无遗种矣。"②

从以上的描述可以看出蒙古人大规模围猎的场面之壮观、包围圈之广大、参与人数之多、持续时间之长，可谓惊人。西方教皇的使者也对围猎做过记录："当他们要猎取野生动物时，就聚集许多人，把了解到有动物的地区包围起来，并逐渐缩小包围圈，直至把有些动物围在他们中的圆圈里面，然后用箭射它们。"③

---

① ［法］布鲁丁、［俄］伊万宁：《大统帅成吉思汗兵略》，都固尔扎布、巴图吉尔嘎拉译，内蒙古人民出版社1991年版，第176—177页。

② 周密《癸辛杂识》续集上《大打围》，吴企明校，中华书局，1988年。

③ ［英］道森编：《出使蒙古记》，吕浦译，周良宵注，中国社会科学出版社1983年版，第118页。

围猎与古代传承下来的那种狩猎形式是不可比较的，它是特殊历史时代的产物。所以"狩猎一般地被看成是一种高尚娱乐，围猎差不多总是远征、战争和袭击的同伴物，军队借此获得食物和实行演习"。[①]这种围猎形式，原先是由蒙古各部的首领组织，后来便由皇帝主持。成吉思汗的后代，如窝阔台、忽必烈都十分热衷打围猎。元皇帝每年去上都避暑，都举行几次大规模的围猎活动，为此还建立了三处称为"凉亭"的狩猎区，"其地皆饶水草，有禽鱼山兽，置离宫，巡守至此，岁必猎校焉"。[②]

宋朝使臣彭大雅在讲当时的蒙古饮食时说："凡打猎时，常食所猎之物，则少杀羊……其食肉而不粒，猎而得者曰兔、曰鹿、曰野猪、曰顽羊、曰黄羊、曰野马、曰河源之鱼……火烧者十九，鼎烹者十二三。"[③]《元史》记载撼合纳部的生活状况："其境……山水木樾，险阻为甚，野兽多而畜字少。贫民无恒产者，皆以桦皮作庐帐，以白鹿负其行装，取鹿乳，采松实，及劚山丹、芍药等根为食。冬月亦骑木马出猎。"[④]

Б. Я. 符拉基米尔佐夫说："游牧狩猎民不同于'森林'狩猎民的地方，主要在于他们拥有羊群，而照管羊群，对纯粹的狩猎民来说，似乎是难以应付的事情。其次，他们的最大区别是在居住方面。"[⑤]那么，他们的居住又是什么样的呢？《史集》中写道："从来没有帐篷，也没有天幕"，"用白桦和其他树皮筑成敞棚，并以此为满足"。[⑥]13世纪的史家，用"天幕"和"敞棚"来区别牧人和猎人的住所。仔细研究蒙古族的起源，野兽的皮骨起到了很大作用。Б. Я. 符拉基米尔佐夫说："值得指出，蒙古的叙事诗，例如西北蒙古卫拉特人的英雄史诗，有时记述英雄们所住的帐幕说，它的骨架不是用木料做成，而是用兽骨制成的；它上面覆盖的不是毛

①　［苏联］符拉基米尔佐夫：《蒙古社会制度史》，刘荣焌译，中国社会科学出版社1980年版，第64页。

②　（元）周伯琦：《立秋日书事物首》，《近光集》卷一。

③　（南宋）彭大雅：《黑鞑事略笺证》，载《王国维遗书》第13册，上海古籍书店，1983年版。

④　《元史》卷五九，《地理志》。

⑤　［苏联］符拉基米尔佐夫：《蒙古社会制度史》，刘荣焌译，中国社会科学出版社1980年版，第67页。

⑥　［波斯］拉施特主编：《史集》，第一卷第一分册，余大钧、周建奇译，商务印书馆1986年版，第203页。

毡，而是兽皮。"①古代居所，除骨架以外，它的材料和结构都与猎民的生产生活环境、知识经验以及从事的经济有直接的关系。

　　说到林海雪原中森林百姓的狩猎，狩猎工具极其重要。13世纪波斯史学家拉施特的《史集》介绍蒙古族一重要成员森林兀良合惕时写道："因为他们国内，山和森林很多，而且雪下得很大，所以冬天他们在雪面上打到许多野兽。他们制造一种叫察纳（janeh）的特别的板子，站立在那板上；用皮带作出缰绳，［将它栓在板的前端，］然后手拿着棒，以棒撑地，［滑行］于雪原上，有如水上行舟。他们就这样用察纳［滑雪板］驰逐于原野上下，追杀山牛等动物。除自己踏着的察纳外，他们还拖着连接起来的另一些［滑雪板］走，他们将打杀的野兽放在上面。……受过训练的人则奔驰得极其轻快。没有见过的人，谁也不会相信这点。"这一详细的记载，使我们认识到《北史·室韦传》》中的"骑木而行"的真实性。这位著名史学家说"没有见过的人，谁也不会相信"，说明他在别处没见到过。我们从《鲁不鲁乞东游记》中也看到这样的记录："那里还有兀良合人（Orengai），他们把光滑的骨头捆在他们的脚下，在冰雪之上滑行，其速度如此之快，以致可以猎取鸟兽。"②根据欧洲体育研究记载，北欧人在10—11世纪才发明了滑雪板。蒙古人发明的叫"察纳"的滑雪板，早于西方4个或5个世纪，至今仍在阿勒泰蒙古人的民间体育比赛中使用。

三　蒙古族狩猎经济功能

　　我国古代的狩猎经济源远流长，尤其在北方阿勒泰系民族中更为显著。如果说匈奴、柔然时期狩猎经济有了一定的发达，那么到了辽金宋时期，狩猎经济在蒙古先民的经济结构中仍然占据着十分重要的地位，但主要限于皇家猎苑中的贵族骑射娱乐。我国狩猎经济的全盛时期，在蒙古政权和元朝时期，统治者重视狩猎经济的程度，远超过以往朝代的帝王。虽然成吉思汗和忽必烈汗本人都十分喜欢狩猎，但是他们把狩猎经济视为整个国民经济的有机组成部分，如将围猎等狩猎活动与军事后勤供给、军事

---

　　①　［苏联］符拉基米尔佐夫：《蒙古社会制度史》，刘荣焌译，中国社会科学出版社1980年版，第66页。

　　②　［英］道森编：《出使蒙古记》，吕浦译，中国社会科学出版社1983年版，第188页。

演习、牧民的饮食生活和灾年食品补充结合起来，用狩猎经济来满足和改善百姓的生活和生产。同时也注意这种经济的延续以及这种经济活动与生态平衡之间的关系。其主要表现有以下几个方面：第一，因顺岁时，按季节而渔猎。第二，明辨雌雄，禁猎待产孕兽；区别老幼，不捕兽仔。第三，驯养禽兽，以禽兽猎禽兽，提高狩猎生产的效益，保证狩猎人员生产活动的安全。第四，重视边疆与内地的狩猎经济活动。第五，不许因狩猎影响农业和其他经济事业的发展。第六，建立和完善各类狩猎管理机构。第七，遇到灾年，开放皇家猎苑，让受灾牧民入苑捕捉禽兽，以解决饮食之困。①蒙古人狩猎的主要目的就是以狩猎所得来代替家畜的消耗。鲁不鲁乞说：“他们通过打猎获得他们的食物的一大部分。”②军队狩猎是经常的。王汗、铁木真和札木合联军打败蔑儿乞部后，在班师途中，王汗率领部队沿着土兀剌河的黑林且猎且行。③军队“食羊尽则射兔鹿野豕为食”。④这种做法既可减轻辎重，简化后勤工作，从而增加军队的机动性；又可代替军事训练，以保证战斗力。马可·波罗说：“数作一月行，不携粮秣，只饮马乳，只食以弓猎得之兽肉。马牧于原，盖其性驯良，无需大麦燕麦草料供其食也。”⑤张翥诗云：“大军北庭来……行行且射猎，雉兔不复存。”⑥这首诗虽然道出了狩猎在蒙古经济中的重要地位，但是“雉兔不复存”，显得比较荒唐。即使是在元朝时期的围猎，也为了长久获得猎物资源，法令也禁止一网打尽，并且明确规定着狩猎季节。宋朝周密《葵辛杂识》的“猎将竟，则开一门，广半里许，俾全兽得以逸去，不然则一网打尽，来岁无种矣”⑦就是这个例子。也有野生动物怀胎时捕猎禁止，《通制条格》规定：“自正月至七月，为野物的皮子肉歹，更为怀羔儿的上头，普例禁约有。”⑧这种季节性狩猎的古老习俗，在现代蒙古地区普遍

---

①　陈喜忠：《中国元代经济史》，载《全球通史》第13卷，人民出版社1999年版，第58页。

②　［英］道森编：《出使蒙古记》，吕浦译，中国社会科学出版社1983年版，第188页。

③　巴雅尔标音注释：《蒙古秘史》第115节，内蒙古人民出版社1981年版。

④　《蒙鞑备录笺证》，载《王国维遗书》第13卷，上海古籍书店1983年版，第15页。

⑤　《马可波罗行纪》，冯承钧译，上海书店出版社2001年版，第155页。

⑥　（元）张翥：《蜕庵集·前出军五首》，《元诗选》初集庚集。

⑦　（宋）周密撰：《葵辛杂识》续集上，吴企明校《大打围》，中华书局1988年点校本。

⑧　《通制条格》卷二八，《围猎》，参见方龄贵《〈通制条格〉校注》，中华书局2001年版。

存在。

狩猎作为一种经济，有它的历史延续性。元朝时期，蒙古人的大规模的围猎是举世闻名的。围猎的主要目的就是以狩猎所得来代替家畜的消耗。此外，还有军事（战术）训练、获取珍贵皮毛和娱乐等方面的意义。拉施特《史集》记载："在冬营地汪吉用木桩和泥筑一长达二天路程的围墙。在其中修一些通道并名之为只喜克。在打猎时，不断告诉四周的军队，要他们全体围一个圆圈，向围墙行进，并把野兽驱赶到那里。预先已经通知了一月途程内的［四周居民］，把猎物赶进了只喜克。军队排成一个圆圈，肩并肩地紧密站立着。可汗带着一群近臣先进入猎围，打猎为戏，玩上个把时辰，厌倦之后，便到围场中央的高处。诸王和异密们，然后是普通战士，依次入内打野兽。"①元朝灭亡以后，蒙古人大部分退居漠北，仍然盛行大规模的狩猎活动。《夷俗记》上曾记载："乃至秋风初起，塞草尽枯，弓劲马强，兽肥隼击，虏酋下令大会芯林，千骑雷动，万马云翔，校猎阴山，十旬不返，积兽若丘陵。"②在大规模的围猎活动中，蒙古人猎取了大量的飞禽走兽，获得了大量的肉食和皮张，为畜牧业经济提供了补充。

我们知道，畜牧业是一个比较脆弱的经济。蒙古高原的"白灾""黑灾"给畜牧业带来严重损失。遇到这样的年份，会围猎来补充食物。明英宗正统十年（1445年）九月，瓦剌也先部因岁饥，曾遣人于红崖子山（今内蒙古赤峰市东北）围猎；明神宗万历七年（1579年），察哈尔部大雪，牲畜大批死亡，又缺粮食，他们也是靠狩猎生产渡过了难关。当然，类似的事例十分普遍，也并不仅限于明代。新中国成立后，尤其是1959—1962年，在很多牧区，各机关单位、各公社大队组织专业打猎队，从事狩猎活动。狩猎对象主要是野牛、野马、黄羊、岩羊等食草动物。

---

① ［波斯］拉施特主编：《史集》第二卷，余大钧、周建奇译，商务印书馆1986年版，第71页。

② （明）萧大亨撰：《夷俗记》，载薄音湖、王雄编：《明代蒙古汉籍史料汇编》第二辑，内蒙古大学出版社2006年版，第243页。

第二章　蒙古族狩猎经济发展阶段

　　狩猎是人类最古老的经济生活方式，整个人类历史的绝大部分时间都与狩猎经济有着密切关系。蒙古高原是蒙古族重要的发源地，在这片广袤的土地上曾经生活着许多古老的族群，他们在漫长的历史岁月中经历聚合、瓦解、分化与融合，为蒙古族输送了新鲜血液，因而这些古老的族群亦是蒙古高原狩猎经济的重要参与者。从考古资料和文献记载来看，蒙古族狩猎经济的历史是十分悠久的，从遥远的旧石器时代直到20世纪中叶，狩猎生产从未中断过。由于狩猎经济的长期存在，对蒙古族的经济结构、政治、军事、法律和传统文化都产生了极为深远的影响。可以说狩猎经济贯穿了蒙古族发展的始终，狩猎经济的历史演进和地位变化真切地反映了蒙古族历史的发展历程。

　　以时间为主线，梳理蒙古族不同历史阶段中狩猎经济的发展变化状况，大致可以分为以下几个时期：第一，蒙古高原是人类文明发展传播的重要舞台，在人类有文字历史记载之前就有原初的居民在此生活，蒙古高原的先民选择狩猎为主要生计方式，对后来的蒙古族经济起着重要作用。第二，蒙古族形成之前，蒙古高原先后兴起的几个民族所建立的强盛政权，法国历史学家格鲁塞将其概称为"草原帝国"，这些政权皆以狩猎经济作为主要生产手段，随着其后游牧经济的崛起，狩猎与游牧相结合的形式，并且一直在蒙古族的历史中延续保留下来。第三，元朝时期，在政治因素影响下狩猎经济的地位开始下降，狩猎经济的影响和作用在其他领域依旧明显。第四，明清时期蒙古族的活动重心重新回到蒙古草原，狩猎的经济作用再次凸显，特别是清代随着清朝统治者对蒙古各部的赈济等政策的完善以及蒙古地方农业的发展，狩猎经济的补充作用淡化，狩猎活动经济意义也被淡化。狩猎活动就逐步内化为蒙古族的社会习俗，成为蒙古族文化中的重要内容。第五，晚清民国以降，随着西方殖民势力逐步深入我国内陆地区，蒙古族生活地区的政治形势愈加复杂，脆弱的草原经济受到冲击，日益被卷入资本主义市场体系，由于市场需求旺盛，狩猎经济一度呈现繁荣态势，由于缺乏健全的狩猎制度约束，这一时期的狩猎对蒙古高原的生态平衡造成了一定程度的负面影响。

第一节　蒙古高原早期的狩猎经济

一　石器时代的狩猎经济文化

　　蒙古高原是位于亚欧大陆腹部的一块广袤无垠的土地，囊括今天的蒙古国全部、俄罗斯南部和中国北部、西北部分地区，历史上即是蒙古族繁衍生息的摇篮。按照近世中国汉文古籍的记载，将蒙古族活动的区域大略分成漠南、漠西与漠北三部分。漠南地区即今内蒙古自治区所辖大部地区，是蒙古族重要的发源地，东起大兴安岭，缘阴山、乌拉山、贺兰山、祁连山一线，至天山山脉。区内高山绵延、大河激荡，历数千万年冲击而形成的山川平原土质肥沃，植被繁茂，物产丰盈，为远古时期的先民提供了必要的生存资源。漠南地区气候差异巨大，东部大兴安岭一带虽然年平均温差大，但因接近海洋，属寒温带湿润气候，地区内降水丰富，适宜动植物生长。中部山地高原地区属典型的温带大陆性气候，降水呈季节性变化。西部则是戈壁、沙漠和沙地交错的干旱少雨地区，约占漠南地区面积的1/4，除了自然界改变形成河流改道、湖泊干涸等地貌变化外，这片土地严重的沙漠化更是由于人力过度耗竭资源导致生态失衡所致。漠西地区位于亚洲大陆的中心，东部是准噶尔盆地边缘，西部是塔克拉玛干沙漠，北部是天山山脉，南部有阿尔金山、昆仑山。漠西地区地势开阔，河湖交错，水草丰茂，适宜畜牧。漠北地区在今蒙古国境内，为典型的高原地貌，总面积156.5万平方千米，平均海拔1500米以上，南部的戈壁与漠南分隔，北部连接西伯利亚，气候十分严寒，有肯特山、阿尔泰山、杭爱山等著名高山，吐拉河、克鲁伦河、色楞格河等20余条河流。

　　蒙古高原上很早就出现了人类的足迹。大自然孕育了生命，人类的出现在整个世界物种历史上是晚近的事，但作为"万物的灵长"，人类经历了较快的进化阶段，从180万年前尝试制造和使用工具开始，标志着人类经济方式的产生，人类有意识改造自然界。虽然这开始的第一步作用甚微，但正如摩尔根所说："这一生产上的技能，对于人类的优越程度和支配自然的程度具有决定的意义；一切生物之中，只有人类达到了几乎绝对控制食物生产的地步。人类进步的一切大的时代，是跟生活来源扩充的各时代多少直接相符合的。"[1]根据考古资料所示，距今70万年前，内蒙古阴山山脉南麓（今呼和浩特东北郊保和少乡大窑村）出土了石核、石球、石片等加工器具，在与石器同期地层中发现了原始羊、普氏羚羊、披毛犀、赤角鹿等哺乳动物化石，证明在旧石器时代早期蒙古高原上已经有人类活动，并从事以狩猎为主、采集为辅的经济生活。[2]在内蒙古鄂尔多斯萨拉乌苏河畔所发现的"河套人"，距今35000年左右，属于旧石器时代晚期的文化遗存，在"河套人"遗址中，发现了鬣狗、原始牛、王氏水牛、诺氏驼、赤鹿、河套大角鹿、蒙古野马、普氏小羚羊等动物化石30余种，出土了尖状器、砍伐器、刮削器和石球等狩猎工具。迄今在萨拉乌苏河地区发掘出人类骨骼化石23件，经过分析比对，河套人体质上接近现代蒙古人种，但仍保留某些古代人种特征。[3]20世纪以来俄罗斯与蒙古国考古工作者也在漠北地区开展考古发掘，认定从旧石器时代晚期向新石器时代过渡阶段，本地区有多处人类遗迹。这些证据均表明："从旧石器时代起，蒙古、西伯利亚、满洲的一部分地区毫无疑问就已经有经营狩猎的人类居住了。"[4]

在漠北地区今蒙古国的色楞格、乌日戈诺尔、鄂尔浑、图拉等河湖附近与戈壁省的温都尔希里、耶尔黑乌拉等地发掘出的旧石器时代砾石器，大多是砍砸器等粗制加工工具，有学者认为这些器具制造年代早于尼安德特人。而大窑出土的石器型制更加多样，除了石核、石片、砍砸器外还有多件刮削器，其中龟背刮削器独具特色，是该文化的典型器具。萨拉乌苏

---

①　恩格斯：《家庭、私有制和国家的起源》，人民出版社1999年版，第20页。

②　《文物考古工作三十年》，文物出版社1979年版，第69页。

③　卫奇：《萨拉乌苏河旧石器时代考古史》，《文物春秋》2005年第6期。

④　［日］江上波夫：《北亚西亚的史前时期》，载《蒙古史研究参考资料》第十二辑，内蒙古大学蒙古史研究室编印，1980年版。

的石器以型制小而平滑弯曲、刃面锋利为特点，适于剥皮和刮削猎物油脂，反映出蒙古高原早期先民制造工艺已达到较高水准。在内蒙古海拉尔发现的细石核与细石叶出现了一些特点：部分细石核磨去其一端或两端，只保留中间平坦部分，说明其镶嵌于骨木制柄上，作为刀刃使用。部分细石叶尖端经过加工十分锋利，便于穿刺。这些器型的出现不是孤立现象，而是与当地生产生活条件紧密相连，"中石器时代人类的经济生活是以渔猎和采集为主要来源，海拉尔松山遗址也是这样。从遗址的地理环境来看，当时这里是一处水草丰美的湖泊地带，是适于渔猎和采集活动的良好场所。如嵌石刃的骨刀和刮削器等，都与切割和刮制兽皮有关，作为进步的狩猎工具如矛头和铁的出现，标志着狩猎活动比旧石器时代有了更进一步的发展"。[1]此类加工技艺出现在旧石器时代晚期，说明当时狩猎经济发展到很高水平。过去苏联学者如奥克拉德尼可夫曾提出细石器发源于亚洲腹地的蒙古高原，这一假设随着后来考古发现而被推翻。但正如安志敏所说："尽管细石器可能发源于中国的华北地区，但它的使用和发展决不局限于某几个族的共同体所独有，主要是在相同的生产经济的基础上使这种工艺传统流行于亚洲和美洲的广大地区。这一工艺传统代表了古代人类劳动创造的共同财富，也反映了文化交流上的密切联系。"[2]事实上，细石器的出现和使用表明狩猎和采集在当时中国北方地区是主要的经济方式，随着生产力发展，农业经济逐渐取代了狩猎，细石器也被逐步取代，蒙古高原因其特有的气候地理条件使得细石器传统延续时间较长，反映出蒙古高原古代先民长期以采集、狩猎为生的现实，成为旧石器时代至新石器时代的一项主要文化因素，也深刻影响了周边其他地区。

新石器时代是根据自然变迁和考古学发现所作的一种文化划分，以距今8000年至4000年前为界。这时人类像天上的繁星一样散布于全球各地角落，点燃了崭新的文明之火，针对自然而日益发展的技术和人类社会组织方式都发生了根本性变化，这就是新石器时代的本质特点。今天我们很难全面了解新石器时代蒙古高原上的先民生产生活的具体情况，实际上对那

---

[1]　安志敏：《海拉尔的中石器遗存——兼论细石器的起源和传统》，《考古学报》1978年第3期。

[2]　安志敏：《海拉尔的中石器遗存——兼论细石器的起源和传统》，《考古学报》1978年第3期。

个时代的任何一个区域目前都没有办法得出精确定论。过去100多年在该地区不懈努力的中外考古工作者和地质工作者们通过一点一滴的发掘和考察，拼接了当时人们的生活图景。"可以证明，内蒙古的新石器时代的居民都聚居在河沼泽附近。他们是捕猎民族，也用石器来挖掘植物的根，并从事一种最原始的农业。在一些被沙堆掩埋的地方，或完全沙化的地方，在有些长着植物的凹地中，时常可以发现石器及陶器碎片。在这些地区，地下水离地面很近，蒙古自新石器时代以后也许日渐干旱，也许是一个很迅速的气候变化，使新石器时代的生活方式突然转变为游牧生活。蒙古不能像中国那样产生一个农业社会，不一定是气候变干的原因，相反是由于沙堆一直延伸到古代沼泽的边缘，也没有河流来浇灌广大土地上的精耕作业。"[1]对于这种论断，我们要根据不同区域和不同时期做进一步的考察。实际上，新石器时代蒙古高原古代居民的生产方式已经出现巨大的差异。中国的考古学者对内蒙古东部的西喇木伦河流域的12处新石器时代遗址进行发掘，得到石器、陶器残片150余件，发现了石锄、石犁、石磨盘和磨棒等农业生产器具，而很少发现石或骨制箭镞和其他细石器，可知在新石器时代农业较狩猎在当地居民的生活中占据更重要的位置。[2]而在内蒙古东乌珠穆沁霍尔赤根河北岸发现新石器时代精细加工过的雕刻器、刮削器、石镞、石核等，其中石镞打磨的有光泽，两边稍微凸起，底部平直，呈等腰三角形状，两边有锋利的锯齿，可见是当时猎取动物的武器。[3]内蒙古北部东苏旗达日罕乌拉公社附近，新石器时代有许多季节性小湖泊，现已经干涸，在浅层地表发现了多件新石器时代的工具，其中有一件残长23毫米的乳白色半透明燧石箭镞，通体压制，制作精良。小型刮削器、石叶和斧形器也多有分布，边缘都有仔细加工的痕迹，有的至今还很锋利，当是作为切割器使用的。[4]蒙古国前杭盖的博格达庙的阿尔查博格达、苏赫巴托省的乌苏太布日嘎苏等地出产相当数量的优质燧石，燧石质地坚硬、结构细密，断裂时产生锋利的刃口，更适宜作为狩猎工具原料。

---

① 　[美]拉铁摩尔：《中国的亚洲内陆边疆》，唐晓峰译，江苏人民出版社2005年版，第53页。

② 　汪宇平：《西喇木伦河流域的新石器时代遗址》，《考古》1955年第5期。

③ 　刘华：《内蒙东乌珠穆沁旗霍尔齿根河新石器时代的遗物》，《考古》1960年第6期。

④ 　刘志雄：《内蒙古北部地区发现的新石器》，《考古》1980年第3期。

　　"弓箭对于蒙昧时代，正如铁剑对于野蛮时代和火器对于文明时代一样，乃是决定性的武器。"[①]对蒙古高原上的先民来说，狩猎工具的进化具有划时代的意义，精良的器具增强了捕杀猎物的能力，同时将狩猎的风险降低了，狩猎者自身的安全有了相对保障。在蒙古高原上分布着数量众多的燧石器，旧石器时代粗糙的砍砸器被经过磨制的带柄轻型石斧、石矛尖替代，特别是代表了那个时代最有力的武器——燧石箭镞的广泛存在，证明了当时人与野兽斗争过程中狩猎武器得以优先革新改造。

　　蒙古高原上的新石器时代遗存较多，这为我们了解古代居民的生产生活提供了便利，既然狩猎采集一度是人类赖以生存发展的根本经济方式，那么先民是如何看待他们的生产对象的？这一问题可以从蒙古高原广泛分布的岩画中寻找答案。岩画是原始艺术遗存，起源于旧石器时代晚期。古代初民以尖状石器刻画于岩石洞壁上，再以矿植物颜料涂抹着色，反映了原始人类生产生活、思维及宗教信仰内容。岩画在相当长的历史时期中发展演变，以独有的艺术表现形式将客观生活与主观认识结合在一起，生动地体现了人类绵延至今的生活主题。起初，人们开始将生产对象作为主要题材，例如，最早的法国拉斯科岩画与西班牙阿尔塔米拉岩画中出现了受伤的野牛、野猪、狼与鹿等形象。蒙古高原上的岩画目前所见最早的是新石器时代中期开始涂绘，位于蒙古国科布多省蛮汗苏木西南25千米处的辉特—青格尔洞穴壁画。洞穴四壁绘满了野羊、野马、野牛、野象和野骆驼，还有一些展翅欲翔的大鸟，以及抽象盘在一起的蛇造型，图形笔法简洁，这些动物静态的各自分布在不同区域，但可看出不同动物的体貌特征，绘画者注意到对象的体态特征和比例，这时的壁画中还没有人的形象。辉特—青格尔洞穴古代岩画的目标指向非常明确，通过这种敬献方式祷告狩猎成功。"岩画是古代草原和沙漠居民祈求狩猎成功的魔法手段。"[②]蛇在萨满神话和仪式中扮演重要角色，岩画中的抽象蛇造型与其他写实动物有鲜明对比，十分引人注目。

　　新时代中晚期在内蒙古地区分布着众多岩画，其中以阴山岩画和乌兰察布岩画最为著名。阴山岩画的创作年代早于乌兰察布岩画，从前者辨别

---

　　① 　恩格斯：《家庭、私有制和国家的起源》，人民出版社1999年版，第20页。

　　② 　［蒙古］迈达尔：《蒙古历史文化遗存》（节译），载陈弘法编译《亚欧草原岩画艺术论集》，中国人民大学出版社2005年版，第5页。

出了40种动物，后者有35种。学者们认为："从以上两处动物群落比较不难看出，乌兰察布岩画中竟少了6种大型食草偶蹄类，而它们都是远古人类狩猎的重要对象和主要肉食来源。占大约四分之一的大型食草类在乌兰察布岩画中的消失，究其原因，不大可能是岩画作者没有描绘它们，而是与自然环境的变化密切相关。其中的种类如麋鹿从此在那里绝迹了，有的迁徙到比较适合于它们的环境去了，如驼鹿、单峰驼、藏羚、牦牛和黑熊等。麋鹿在乌兰察布岩画中的消失，正是气候转冷的证据之一，因为这种动物对气候的适应能力较差。"①阴山和乌兰察布岩画中都出现了人的形象，有多幅岩画表现手执弓箭的猎人驱赶一群动物的画面，有的学者解释为神灵将动物驱赶至人类处所，但在我们看来这些画幅无疑更具写实主义风格，它们表现的正是古人射猎的场景。岩画作者已经注意到细节上的差异，猎人射飞禽的箭描绘的一种浑圆的箭头，依靠箭的物理性撞击鸟身而不是直接贯穿，钝圆箭头不致使鸟的羽毛被血污染，在获得猎物同时又得到装饰用的羽毛。作者还对不同猎物的形态特征有细致的描绘，如阴山岩画中羚羊、盘羊、黄羊、石羊等动物，它们犄角的长短粗细、弯曲程度、分叉情况都有不同表现。动物足迹的描摹也很生动，阴山岩画中多次出现在一种动物旁边或下方刻画其足迹，有学者推测这是为了让狩猎者学习辨别而作。②我们发现在早期蒙古高原岩画中很少出现大型猛兽的形象，或许是当时的狩猎工具还达不到捕猎猛兽的要求，这也从侧面证实岩画是一种写实风格的创作，它们揭示了从石器时代开始蒙古高原先民的狩猎经济以及他们对环境的认知、文化传习和原始崇拜思维等重要因素。除了岩画，墓葬、房舍遗迹中也存在早期猎民思维的具体表现。从塔姆察格布拉克遗址的一个墓葬中，发现死者遗骨及随葬器具上有赭石浸染的痕迹，体现了古代猎民的灵魂崇拜意识。"往死者身上撒赭石粉的习俗新石器时代在现在的蒙古地区普遍存在过，古代人的这种习俗产生于狩猎活动，红色代表着动物的血。也许最初往死者身上撒的是血，这应该有已经死去的意思。也有专家认为，撒血是出自令死者复生的愿望的一种仪式。无论如何，应当承认，撒赭石粉的礼节开始在猎民之中，后来在畜牧氏族中传承了很长的时

---

①　盖山林：《乌兰察布岩画》，文物出版社1989年版，第325页。

②　僧格：《人类学视野下的蒙古狩猎文化》，民族出版社2015年版，第79页。

期。"①在一些墓葬和房舍中发现有完整的狗的骨架和兽类碎骨，有的兽骨经过人们的加工，被制作成精美的饰品，例如，用野猪獠牙做的项链、旱獭的犬齿、野兽的指甲等。这类饰物反映了古代猎民的生命观与趋利避害的心理祷祝。狩猎者与野兽搏斗时最容易为利爪或毒牙所伤，遂对爪牙产生畏惧之感，进而产生崇拜敬畏心理，这两种心理因素相互作用，使得猎者向外寻求强有力的寄托和保护。通过佩戴利爪、毒牙饰物，猎者获得心理上的安慰，将猎者身前佩戴的饰物陪葬，能使逝者灵魂得到安顿。从古代蒙古高原初民的习俗中，清晰可见狩猎经济在文化中镌刻的痕印。

红山文化是新石器时代蒙古高原出现的极为光辉璀璨的文化类型，位于内蒙古赤峰地区的红山出土了大量精美的玉石器物。玉器的最大功用不在于充当生产工具，而在于其精神内涵。掌握玉器制作技术既标志社会生产力的提升，也表明先民的物质生活水平有所提高，否则不会投入大量精力在非生产生活领域。红山玉器许多都是以动物造型为主，体现了当地狩猎经济文化的重要地位。中国其他文化类型中的玉器多是玉璧、玉璜、玉珏等礼仪性用具，其造型是工整的、抽象的，红山文化中的玉器虽然也有礼仪功用，但造型上明显看出具有鲜明而质朴的动物特征，玉龙、玉蛙、玉鸟等具有"北方"和"草原"风格的玉器反映了狩猎者的思维意识，它们成为当时社会经济繁荣背景下社会阶级分层之后占据统治地位的上层精英为强调阶层身份的象征性物品。

玉器最初作为狩猎生产辅助工具并非不可能，但随着社会的发展，生产力水平的提升，社会分层的确立与社会制度的改变，玉石找到了服务上层的途径，"这时的玉石就有了魔力，从自然的物品上升到了平衡、解释人与人、人与社会、人与神、人与鬼之间关系的象征物。红山文化的墓葬中出现的众多玉器正是反映了这种意识"。②宗教思维对先民的影响非常巨大，当狩猎先民将收获的成败希冀寄托于神灵祖先的保佑，必然会以猎物作为取悦的供奉进行献祭，红山文化中众多的动物造型玉器或许是这种宗教思维的抽象延续，否则就很难解释红山地区祭坛、神庙、石冢遍布与成批成套玉制礼器出土的现象。

---

① ［蒙古］那旺：《古代蒙古历史文物》，内蒙古人民出版社1992年版，第56页。
② 僧格：《人类学视野下的蒙古狩猎文化》，民族出版社2015年版，第30页。

二　青铜器时代的狩猎经济文化

青铜器时代赓续石器时代，是人类社会发展到重要阶段的产物，从公元前5000年至前4000年开始，世界上多数地区从狩猎采集经济转入畜牧与原始农业经济。蒙古高原的先民也经历了社会分工和阶层分流，靠近东部地区出现了农业经济，若干氏族也开始经营畜牧，然而"派生出畜牧业的狩猎经济没有失去它的意义而成为辅助性的营生，打猎更顺利了。如围猎时的乘骑、追击、跟踪和驮载收获物等，都开始利用家畜了。打猎有了新的武器，由于利刃强劲，猎人不再空手而归"。[①]正是由于自然环境与社会实际状况的不同，蒙古高原上普遍存在不同程度的狩猎活动。正因如此，蒙古高原上出现的青铜器明显保留了狩猎文化的共同特征，与世界同期青铜文明有了鲜明的区分。

蒙古高原一度流行被称为"北方系青铜器"的青铜文化，该类型也被称为"鄂尔多斯风格青铜器"，它广泛分布在蒙古高原南部地区，以鄂尔多斯为中心，向东经过赤峰到达沿海之滨，向北越过戈壁到漠北蒙古腹心地区，向西跨过河套、祁连山麓直至巴里坤草原。国外学者将欧亚大陆草原青铜文化联系起来，命名为"斯基泰—西伯利亚文化"，这些分布广泛的青铜器反映了蒙古高原古代狩猎者活动区域和经济文化交流的影响。

早期鄂尔多斯式青铜器的分布地点，除鄂尔多斯地区、山西北部地区和陕西北部外大都集中在北纬40度的北方长城沿线。蒙古高原东部的夏家店文化是这种青铜文化的典型。夏家店上层文化体现了北方民族的青铜文化，出土了大批青铜剑、青铜刀及仿陶器的青铜鼎、豆、鬲等。而内蒙古西部伊金霍洛旗境内的朱开沟文化还出土了较多的小型青铜器，有铜锥、铜针、铜镯等，说明其铜器铸造水平有了很高的发展。而同一地区的墓葬显示当地社会分层已经非常明显，出现女性和小孩陪葬的情况。从现今学者对鄂尔多斯古代环境的研究来看，朱开沟文化经历了从森林草原到草原环境的演变，在对该地区发现的各层孢子分析后得出结果，距今4200年前，这一带尚分布着大型乔木，到了公元前3800年左右，出现以松柏和蒿草为主的植被。从出土的豹子、熊、各种类的羊、马鹿等骸骨和青铜

---

① 　[蒙古] 那旺:《古代蒙古历史文物》，内蒙古人民出版社1992年版，第61页。

刀剑的情况看，鄂尔多斯青铜器的起源较早，应是在狩猎经济繁荣发展的阶段产生的。考古学者推测鄂尔多斯式青铜器起源于包括朱开沟在内的鄂尔多斯地区，其传播范围远至外贝加尔湖地区。"这些地区的生态环境均属半湿润气候类型。这样的自然条件，既适合于畜牧经济的发展，也适合于农业耕种。自古以来这里就是畜牧民族和半农半牧民族繁衍生息的场所。由于他们所处的生态环境相似，决定了他们经济活动和风俗习惯的相似，就使直接或间接的文化传播得以顺利进行。"①

青铜时期蒙古草原狩猎经济的繁盛可以从各地广布的青铜狩猎工具遗存清晰地表现出来。在内蒙古鄂尔多斯地区发现的青铜武器中，箭镞是数量最大的，如前所述，早在新石器时代猎人们就使用过精细加工的燧石箭镞，在青铜时代这一技术获得质的飞跃，根据狩猎目标的不同，各种箭镞被生产出来，有猎射飞禽的钝头圆形箭镞，也有猎取移动速度较快动物的尖锐箭镝，在此基础上还出现了三角、四棱等变异，这种技术可以使箭杆与箭镞结合更加牢固，同时也减小了受力面积，提高了射速。宽翼和棱鼓平衡了射出的轨迹，使得命中率大为提高。青铜的坚硬质地对猎物的伤害更加致命，而且箭镞的使用寿命也延长了，这样猎人们可以节省出更多的工具生产时间用于狩猎，无形中也提高了收获的概率，更多的物质保障间接促进了社会经济的进一步发展。除了箭镞，还有大量的青铜斧、刀、剑、布鲁。青铜斧形状类似今天的金属锛，是从石器时代的斧子发展演进形成的，与前代粗糙的石器相比金属锛被改进得轻巧灵便了，这是因为石斧边缘锋利程度和斧头本身的牢固程度有限，为最大程度对猎物形成伤害，不得不增加武器本身的质量，以便在挥动时产生更大的加速度。到了青铜时代，金属牢固和锋利程度远非昔日可比，质量轻巧的斧头能够造成的伤害或者要成倍，并且质量的减轻、体积的缩小更利于狩猎者携带和长途跋涉。布鲁也是同理，它是从石球发展而来，是原始人对顺手的石头、木棒进行加工制成的工具，根据石头的严密程度，作为抛掷物或中间钻孔插入手柄制成锤形武器。鄂尔多斯出土的青铜布鲁不仅体量较小，而且出现了几个特点，一是外形上更加多样，有梯形、菱形、方形、锥形等造型，当是针对不同猎物进行的改造；二是表现均匀分布金属凸起，甚至同

---

① 田广金：《鄂尔多斯式青铜器的渊源》，《考古学报》1988 年第 3 期。

一布鲁上不仅有插入手柄的孔洞，也有捆系长索的边眼，功能趋于多样化。今天的蒙古族仍然热爱布鲁，将它作为日常防身器具，甚至赋予其护身符一样的功能。布鲁也是蒙古人的文体娱乐工具，人们用它来比赛，从那些体育活动中仍能看出先民们早期狩猎的痕迹。

青铜刀是从远古石头或骨头加工的利刃发展而来，最初的刀刃和把手是连成一体的，刀刃短而把手长，这是因为早期技术所限，刀刃过长容易摧折，把手较短容易在运动中伤到自己。早期的刀除了猎取小型动物，主要是作为切割工具使用。青铜时代的刀刃变长，而且宽度增加了，刀柄变厚，进而有了木质或者金属的把手，刀柄都有圆孔，适宜佩挂，但是还没有发现刀鞘。青铜刀具工艺进步体现在刀身的弧度，宽而弧形的刀刃符合人体力学要求，使用起来更加顺手和省力，刀柄的加厚便于攥握，使用安全系数增加了。青铜剑起初也是从应付或者抓捕野兽的石钺和骨矛基础上发展而来的，所以它最初是细直的，鄂尔多斯青铜剑除了直刃还有弧形刃，表明当时的铸造生产技术达到一个相当的高度，或许这种对称的弯刃是从动物角的形状发展而来。铜剑的柄尾也有系挂的长环，剑身也开始变宽，有几件还有血槽的设计。与刀相比，剑的狩猎意义小于装饰意义，它逐渐演变成象征使用者身份的礼仪性器物。

青铜时代出土的另一些器物则表明畜牧业出现后对狩猎经济产生的辅助作用。夏家店文化下层发掘出不少车马器，马衔和马镳数量最多，可以分为衔镳一体和衔镳分离两大类。衔镳一体的造型数量最多以双节马衔为主，也有一定数量的直棍式单节马衔。马镳一种是没有向内的钉齿凸起的，有的呈管状或短柄三圆环，有向内的钉齿状凸起，是一种专门用来驯服烈马的器具，只要马头偏离方向，骑乘者就可以调整马镳使钉齿刺激马口，达到驯服的目的。[①]蒙古国杭爱省科布多苏木特布希山发现的岩画中发现了车马图形，在一块玄武岩石面上刻有一辆四轮马车，马车前部有四匹驭马。车上有旗子，旁边还有山羊，车下的人引弓欲射。阴山岩画里也有多幅场景表现骑马的人追逐猎物或在马上弯弓射向山羊，马的身后或两侧还刻有猎狗的形象。不可否认家畜的驯化对蒙古高原狩猎经济产生了巨大的意义。蒙古族狩猎先民依靠武器的进化扩大了狩猎对象的范围，以往

---

① 田广金、郭素新：《北方文化与草原文明》，载《内蒙古文物考古文集》第二辑，中国大百科全书出版社1997年版，第8页。

不敢触碰的肉食猛兽在强弓硬弩和锋利的斧钺刀剑下纷纷成为猎物，但面对速度占优的动物，人类还只能依靠驱赶、设置陷阱等办法加以捕获。马与狗的驯化使速度型动物的优势不再明显了。猎人乘骑在马背上，依靠马的速度能够轻易追逐善跑的羚、鹿，对于那些体态轻盈、善于在山岩树丛间躲避的羊和兔，狗的灵活和耐力又得到突出体现，依靠马和狗，猎人弥补了自身缺点，单个捕猎的能力获得提升，狩猎方式更为灵活机动，捕猎的效率大大提高。

随着生产力的发展、社会分工的出现，早期先民在物质生活水准提高之后，有了更充裕的时间去从事器物的制造，并且在其中加上浓郁特色的纹饰，这些纹饰体现着当地自然环境的条件和社会经济水平的高度。"选择不同的经济发展方向代表着对自然资源利用的方式和程度，生产方式在很大程度上决定着各族人民的物质文化特点，决定着他们的居住地和住房类型，交通工具和搬运重物的方式，以及饮食和用具、衣服、鞋帽和装饰等。"[1]在蒙古高原发掘的青铜器有自己的特点，首先，器型较小，与同期的商文化相比，极少发现重达千钧的青铜鼎以及其他重器，这或许受蒙古高原金属矿产分布和冶炼技术水平所限。其次，以实用性器物居多，虽然也有少量青铜礼器出土，但大部分是生产工具、武器和装饰用具。最后，器物上出现了表现当地文化风貌的纹饰，其中动物纹饰占有十分重要的地位。这些动物形象采用浮雕、圆雕、线刻和镂刻的方式装饰于各类器具上，主要图案有鹿、牛、羊、马、驼等食草动物和虎、豹、熊、狼、野猪、鹰隼等飞禽猛兽。这些纹饰器具发现地主要有"桃红巴拉的饰品，阿鲁柴登雕有狼衔羊繁荣金饰和雕有虎逮鹿、虎扑羊的饰品，西岔沟的青铜饰物腰带上双双牛羊、马驼和狗扑咬马、狗扑咬鹿、鹰虎斗画雕以及用各种野兽牙齿、犄角制作的几何形饰物"。

综合各地出土的动物纹饰，分单体和群像等几类，单体动物有侧影、头部、全身等几种形象；群像分猛兽捕食牲畜、飞禽与走兽搏斗、牲畜互相抵角、多种动物混战等。当是古代猎人观察野兽捕食和争斗后，采用艺术手段将之再现，今日我们看到这些动物装饰，仍能被其栩栩如生的造型或抽象而出的艺术美感打动，人类在生产劳动中创造了美，美是物质生活

---

① 林耀华主编：《民族学通论》，中央民族学院出版社1990年版，第50页。

的抽象体现。附着在器物上的纹饰具体作用为何？它先从直观视觉上感染着人们，进而让观者进入场景中，发动他们的思维，不单纯是复原图案上的场景，而是因每个人思维的不同创造更多的图景，人类的思维在循环往复的锻炼过程中得以升华，文化的生成和层累赖此演进。

以上所见蒙古高原文化遗存，传递着丰富的信息，展示了本地区人类社会经济情况及所达到的文明程度。青铜时代的蒙古高原上虽然也出现了农耕和畜牧经济因素，但仍是以狩猎经济为主导，并且达到了狩猎经济的鼎盛时代。

第二节　蒙古族形成之前的狩猎经济

一　匈奴时期的狩猎经济

民族是一个历史范畴概念，有其产生、发展和消亡的历史规律，不能将蒙古高原上所有的居民看成一个民族，也不能套用单线进化论的观点认为蒙古高原古代居民一定是血缘上一脉相承的单一民族不同历史阶段，蒙古族的来源十分复杂，学者们利用考古学、民族学、体质人类学、历史语言学等不同学科研究方法，提出"形成蒙古族的核心部落是原蒙古人——室韦—达怛人，蒙古语是在室韦—达怛人的语言基础上经过突厥化过程而形成的。就地域而言，原蒙古人是从东胡后裔历史民族区（主要是内蒙古东部地区）向整个蒙古高原扩散，同突厥铁勒人和其他各民族结合，固定在蒙古高原的。就人类学因素而言，蒙古族在形成过程中吸收各种外族的人口，其中包括一部分非蒙古人种居民。在民族文化方面，畏吾儿体蒙古文成了民族文字，产生了独特的文学和艺术。就经济生活而言，游牧经济一直到晚近，几乎是整个蒙古族的主要生产专业"。[①]13世纪蒙古族的兴起是奠定今日蒙古高原社会经济文化格局的起点，而在此之前的中古时期，相继兴替的部族政权是蒙古高原上经济文化史重要的组成部分，不同历史阶段的部落氏族在不断的交流碰撞中相互融合，其文化特征被传继下

①　亦邻真：《中国北方民族与蒙古族族源》，载《亦邻真蒙古学文集》，内蒙古人民出版社2001年版，第581页。

来。我们所说的蒙古族狩猎经济，一定是与蒙古族兴起之前的若干族群经济一脉相承。

早期中国文献中将活动于黄河流域北方的民族统称为"胡人"，这一概念既是强调双方生产方式不同，也是文化心理的区分。包括了占据甘肃地区的义渠，内蒙古中部的匈奴和东北地区的东胡。在青铜时代晚期中原地区的诸侯国相继向北拓展疆域，逐渐与蒙古高原居民产生比较密切的联系。大约在中原进入"战国时代"以后，铁器开始被广泛使用，黄河流域的秦、赵、燕等方国出于对农耕土地和马匹牲畜的需要加快向北方的推进，与当地的原初居民发生冲突，经过短暂的战争，中原方国占据了优势，他们在新获的土地上修建边墙，将从事畜牧狩猎的居民向北驱逐。匈奴人原居于鄂尔多斯地区，苏联学者曾认为他们是蒙古人古时的族名，这种土著论的观点已经证明是错误的。义渠戎在战国时代晚期被秦国吞并，民族主体人群也逐渐与秦人融合。分布在东北地区的东胡民族被认为是满—通古斯人的祖先，他们的语言与后来的鲜卑、契丹和室韦—达怛人相近，是典型的蒙古人种，与蒙古族的联系更为紧密。公元前3世纪末，匈奴征服了东胡各部，将他们归于左贤王治下。在此之前，匈奴与秦人长期争夺义渠故地，并在秦王朝灭亡后占据了甘肃西部地区，将其归于右贤王治理麾下。因此我们要将匈奴人和匈奴人建立的草原政权区分开来，前者是有共同的语言、地域和风俗习惯的民族共同体，后者是匈奴贵族统治下的复杂的军事行政联合体，其疆域西部到达新疆一带，东部到达辽东地区，北接西伯利亚地区，南至河套平原和山西北部，包括形形色色的不同部落、民族和语言。[①]这其中当然包括与蒙古族相当密切的古代部族。

匈奴社会的经济情况，《史记》中有如下记载："匈奴，其先祖夏后氏之苗裔也，曰淳维。唐虞以上有山戎、猃狁、荤粥，居于北蛮，随畜牧而转移。其畜之所多则马、牛、羊，其奇畜则橐驼、驴、骡、駃騠、騊駼、驒騱。逐水草迁徙，毋城郭常处耕田之业，然亦各有分地。毋文书，以言语为约束。儿能骑羊，引弓射鸟鼠；少长则射狐兔：用为食。士力能毋弓，尽为甲骑。其俗，宽则随畜，因射猎禽兽为生业，急则人习战攻以侵

---

①　亦邻真：《中国北方民族与蒙古族族源》，载《亦邻真蒙古学文集》，内蒙古人民出版社2001年版，第549页。

伐，其天性也。其长兵则弓矢，短兵则刀铤。利则进，不利则退，不羞遁走。苟利所在，不知礼义。自君王以下，咸食畜肉，衣其皮革，被旃裘。壮者食肥美，老者食其馀。贵壮健，贱老弱。父死，妻其后母；兄弟死，皆取其妻妻之。其俗有名不讳，而无姓字。"[1]从其中可见至少在公元前2世纪中叶以前，匈奴社会主要经济基础已确立为畜牧业，其民逐水草而居，没有修筑城郭过定居生活，但不同部落种群游牧的范围还是有限定的，无故进入他人的"分地"，便要受到一定的惩处。《汉书·西域传》中曾记载匈奴属下的乌孙曾颁布法令，"告民牧马畜无使入牧"，考虑到当时乌孙与匈奴习俗相近，匈奴当也有类似规定。然而从匈奴儿童自幼骑羊习射的习惯来看，狩猎在匈奴社会仍是非常普遍的现象，"其俗，宽则随畜，因射猎禽兽为生业"，说明狩猎与畜牧在平日里具有同等的重要性。汉宣帝甘露三年（公元前51年），匈奴呼韩邪单于向汉朝归附，西汉王朝将其部众安置在近塞之处，并发兵助其击败对手。于是呼韩邪单于"民众益盛，塞下禽兽尽，单于足以自卫，不畏郅支，闻其大臣多劝单于北归"。[2]《汉书·匈奴传》的这条重要旁证也说明狩猎在匈奴社会经济中的重要地位，否则在河套近塞地区游牧，又有汉庭转输"边谷米糒"万斛，为何还要猎取野物，以致"塞下禽兽尽"。而匈奴头曼、冒顿、且鞮侯单于都有率众射猎的记载，且鞮侯之弟於轩王也不时于贝加尔湖一带游猎。因此狩猎在匈奴社会中绝不像有的学者所认为的那样，"猎获物……仅仅是一种次要的补充食品。故狩猎业也降到不甚重要的地位，有时且变为士兵休息和练习骑射的手段"。[3]

　　匈奴社会由狩猎采集经济到狩猎与畜牧经济并重，经历了一个漫长的过程。苏联著名考古学家鲁金科在其著作中说过："尽管畜牧业在匈奴的经济中占主导地位，但狩猎仍然一直存在于匈奴的经济中，特别是围猎。毫无疑问，匈奴人的祖先是狩猎的部族，只是在公元前一千纪初或稍早他们才开始经营畜牧业。"[4]我国著名学者吕光天谈到原始狩猎向畜牧业过渡

① （汉）司马迁撰：《史记》卷一百一十《匈奴列传》，中华书局1959年版，第2879页。

② （汉）班固撰：《汉书》卷九十四《匈奴传》，中华书局1999年版，第2809页。

③ 林幹：《匈奴史》，内蒙古人民出版社2007年版，第125页。

④ ［苏联］C.N.鲁金科：《匈奴文化与诺彦乌拉巨冢》，孙危译，中华书局2012年版，第26页。

时说："早期活动在我国北方色楞格河流域的古代居民，是较早猎取野马、野牛的古部落。这种动物驯养业的萌芽，是他们把野生动物驯养为家畜的证明。把野生动物驯养成家畜，提供了稳定的乳和肉等生活资料来源；但是由动物驯养业发展成畜牧业是一个相当漫长的过程。而且各部落之间的发展也是不平衡的，直到公元8世纪初，居住在鄂嫩、土拉、克鲁伦河及大肯特山一带的蒙古部落，才开始由狩猎经济向畜牧经济过渡；到9世纪左右，尽管还有某些部落以狩猎为主，但动物驯养业已相当发展，具有一定规模，大概这时已发展成借助马的力气奔跑做骑乘工具。"[1]从目前所发现的考古资料中我们也发现了这种过渡的痕迹，伊尔加城发现的动物骸骨中有7.5%是狍子、羚、鹿等野生动物的骨骼。[2]在较为晚近的匈奴时期遗址中则发现更多的马、羊、狗等畜养动物骸骨。

由于有着发达的狩猎业和畜牧业，毛皮加工在匈奴社会经济中占有重要的一席之地。《史记》中说匈奴人自君王以下，咸食畜肉，衣其皮革，被旃裘；《汉书》中说匈奴请降时帐幔毡裘堆积得像小山一样高；《后汉书》中多次记录匈奴向东汉朝廷贡马及裘；匈奴墓葬中也出土了陶制纺轮，都说明当时匈奴社会皮革和毛纺加工的发达程度。与毛皮经济相匹敌的制造业还有匈奴的武器。在青铜时代的匈奴墓葬中出土了刻饰精美动物图纹的青铜刀剑，而公元前3世纪前后，铁器也开始在匈奴人中流行，匈奴工匠所制的弓矢刀剑十分精良，盛名远播西域和汉庭。其中所谓的"鸣镝"相传是冒顿单于所制，"冒顿乃作为鸣镝，习勒其骑射，令曰：鸣镝所射而不悉射者，斩之。行猎鸟兽，有不射鸣镝所射者，辄斩之。已而冒顿以鸣镝自射其善马，左右或不敢射者，冒顿立斩不射善马者。居顷之，复以鸣镝自射其爱妻，左右或颇恐，不敢射，冒顿又复斩之。居顷之，冒顿出猎，以鸣镝射单于善马，左右皆射之。於是冒顿知其左右皆可用。从其父单于头曼猎，以鸣镝射头曼，其左右亦皆随鸣镝而射杀单于头曼，遂尽诛其后母与弟及大臣不听从者。冒顿自立为单于"。[3]冒顿单于的故事在史书中留下浓墨重彩的一笔，后世也从这段记载中了解到匈奴狩猎习俗已

---

① 吕光天：《北方民族原始社会形态研究》，宁夏人民出版社1981年版，第137页。

② 马利清：《原匈奴、匈奴历史与文化的考古学探索》，内蒙古大学出版社2005年版，第329页。

③ （汉）司马迁撰：《史记》卷一百一十《匈奴列传》，中华书局1959年版，第2888页。

深刻融入其经济文化之中，狩猎不仅是生产生活的必要组成部分，也是匈奴社会军事政治生活重要的部分。

二 鲜卑时期的狩猎经济

匈奴建立的草原政权在经历了内部分裂和汉朝的持续打击下分崩离析，一支向西迁徙，剩下几个部族向南归附于中原王朝。原先被匈奴征服的东胡各部继之而兴起，他们进入匈奴故地，将遗留下来的10多万匈奴部众也一起吞并。东胡诸部中乌桓和鲜卑是两个最大的部落集团，乌桓原分布在内蒙古的老哈河流域，与其相邻的鲜卑人生活在西拉木伦河、老哈河流域至大兴安岭地区。乌桓人居住的地区土质肥沃，适宜发展农耕，且乌桓所居之处临近汉地，在生产上容易受到中原影响。苏联学者认为乌桓的经济基础是农业与畜牧业结合的形式，他们根据历法上季节的不同来安排农业、畜牧和狩猎活动。狩猎在乌桓的经济中占有显著地位。[1]汉籍记载说乌桓"俗善骑射，随水草放牧，居无常所，以穹庐为宅，皆东向日。……弋猎禽兽，食肉饮酪，以毛毳为衣……俗识鸟兽孕乳时以别四节。耕种常以布谷鸣为候。能做白酒……米常仰中国"。[2]在日常生活中狩猎所得的肉、畜牧所得的乳酪，以及耕种所收获的青秫一类作物是重要的食物来源。毛毡与兽皮是他们向匈奴进贡或同中原地方交换粮食物品的物资。在东胡各部中乌桓的经济发展水平较高，女子能刺韦做绣、擀制毛毡，男子能制做弓箭、鞍鞯，锻造镔铁刀剑。因此社会阶层分化也比鲜卑发生的早，部落联盟中的上层称为"大人"，掌控上述手工业的生活资料，对部民有生杀予夺的权力，其法律中规定："大人"有所召呼，部民不敢违犯，违"大人"言者可以被处死。乌桓的社会组织偏重军事化，这既是与狩猎畜牧经济形态相适宜，又与其所处的地域相关，乌桓与匈奴和中原如此紧邻，为争夺土地、山林爆发过多次战争。正如马克思所说："战争成为由占领生存的客观条件，或者由保护或永久保持这种占领物所要求的一种重要的共同任务，一种巨大的共同工作。这就是为什么这种由家族组成的公社最初时期

---

① ［苏联］莉·列·维克托罗娃：《蒙古族形成史》，陈弘法译，内蒙古教育出版社2008年版，第45页。

② 马长寿：《乌桓与鲜卑》，广西师范大学出版社2006年版，第109页。

是按军事方式组织成的，像军事组织或军队组织一样，而且这样的组织是公社所有者资格而存在的条件之一。"①尽管乌桓表现出令人生畏的战斗力，在历史上仍数次被周边更为强大的政权征服，公元207年曹操击败乌桓后将其内徙，分散安置，并把青壮年编入行伍，号"天下名骑"。没有南迁的乌桓残余部众后来被鲜卑融合。

　　鲜卑作为继匈奴后起的强大部落集团，按照部落起源的地区和同其他部落融合的情况大致上可分为两种，一种是东部鲜卑，起源于蒙古高原东部的西拉木伦河一带，是古代东胡部落集团重要的组成部分，在被匈奴击败后迁徙到辽东塞外，公元4世纪初东部鲜卑的慕容部、段部相继进入华北平原，利用西晋内乱之际得以发展建立了许多小政权。另一种拓跋鲜卑居住在额尔古纳河流域，在匈奴西迁后进入到匈奴故地，融合匈奴余部后有了"拓跋鲜卑"之名。②鲜卑人在内陆亚洲的历史上影响深远，他们将民族上同源的部落统合在一起，进而向外拓展，不断地将新的部族纳入其管控之下，公元2世纪晚期鲜卑首领檀石槐建立起西至新疆，东至辽东，南到甘肃、青海一带的强大政权，虽然为时短暂，却对后来蒙古族的形成产生巨大影响，古代蒙古史诗塑造的英雄人物，从故事情节到叙述手段都依檀石槐的生平业绩为范例。拓跋鲜卑在中国历史上也赫赫有名，他们在公元5世纪时建立北魏政权，并逐步统一了中国北方黄河流域的广大地区。拓跋鲜卑自蒙古高原东部山区发展壮大，原本即以狩猎为根本经济手段，史籍记载其先祖发迹的历史："国有大鲜卑山，因以为号。其后世为君长，统幽都之北，广漠之野。牲畜迁徙，射猎为业，淳朴为俗，简易为化，不为文字，刻木纪契而已。"到拓跋推寅担任首领的时期，"南迁大泽，方千余里，厥土昏冥沮洳。谋更南徙，未行而崩"。到拓跋诘汾当首领的时代，下决心向南迁徙。"山谷高深，九难八阻，于是欲止。有神兽，其形似马，其声类牛，先行导引，历年乃出。始居匈奴之故地。其迁徙策略，多出宣、献二帝，故人并号曰推寅，盖俗语云钻研之义。初，圣武帝尝率数万骑田于山泽，欸见辎軿自天而下。"③

　　《魏书》的记载反映了拓跋鲜卑早期的社会经济形态，狩猎应当是社

---

① 马克思：《资本主义生产以前各形态》，人民出版社1956年版，第8页。

② 马长寿：《乌桓与鲜卑》，广西师范大学出版社2006年版，第160页。

③ （北齐）魏收撰：《魏书》卷一《帝纪序》，中华书局1974年版，第1—2页。

会生活中主要的经济手段，畜牧业得到一定程度的发展，为了获取更多的食物要不断进行迁徙。部落首领被称作"推寅"，即因为他们身负部落生存和发展的重要职责，必须殚精竭虑地钻研环境，提出迁徙方向，率领族人前往资源丰富的游牧射猎区域。拓跋诘汾能够率数万精骑进行田猎，可见鲜卑人狩猎活动的规模之盛。内蒙古陈巴尔虎旗扎赉诺尔所发掘鲜卑人墓葬中出现大量骨制、石制箭镞，还有小型兽类的陪葬骸骨，及少量铁器，考古学家推断，"出土数量较多的镞、矛以及弓囊等武器，说明其善于骑射……此种民族是以游牧狩猎为主"。[1]当他们移居阴山南部匈奴故地时，畜牧业的规模比以前扩大了，从筑造盛乐城的情况来看，定居方式可能代表鲜卑接受和引入了农耕方式，但狩猎的传统也依然在继续，拓跋猗卢率领族众"大猎于寿阳山，陈阅皮肉，山为变赤"的记载或有夸张，亦说明狩猎在北魏建国之前的规模之盛大，不难想象其在鲜卑生计中所占的重要比例。

公元386年拓跋珪于代北建立北魏政权，拓跋鲜卑也由氏族部落联盟发展而成为封建制国家，在上层建筑演变过程中，经济基础发生了一些变化，农业生产规模扩大，但并未取代畜牧狩猎的地位，狩猎作为一个重要的经济部门存在，并在国家生活中占据明显的比重。北魏前期的国家机构中有"游猎曹""鹰师曹"，前者负责皇帝外出游猎相关事宜，后者负责饲养和训练鹰隼、鹘子等捕猎工具以供王室狩猎需要。这些司曹隶属于内廷机构，属于直接为皇帝服务的部门，担任司曹长官的也是皇帝亲近的人，如功臣穆崇之孙穆泰，娶了章武长公主，以驸马都尉的身份管理游猎曹事务。[2]司曹属官为"猎郎"，选取京畿地区良家子弟中善于骑射的人充任，猎郎跟随皇帝一起游猎，很容易成为帝王亲近信任的人，而获得更快的提拔重用。例如，古弼"初为猎郎，使长安，称旨。转门下奏事，以敏正著称，太宗嘉之，赐名曰笔，取其直而有用，后改名弼，言其辅佐材也。令弼典西部，与刘洁等分缉机要，敷奏百揆"，后来做到大司徒的官职。[3]除专职的"猎郎"外，还有各种"从官及典围将校"随侍狩猎。其中有武职如"内幢将""内都将"等，文职如"内行令""奏事中散"等，有的只是

---

① 内蒙古文物工作队：《内蒙古扎赉诺尔墓群发掘简报》，《考古》1961年第12期。
② （北齐）魏收撰：《魏书》卷二十七《穆泰传》，中华书局1974年版，第663页。
③ （北齐）魏收撰：《魏书》卷二十八《古弼传》，中华书局1974年版，第689页。

"给事帐下"的内侍亲信，他们都在帝王狩猎时随侍左右，保卫帝王之安全，因从猎有功或受到皇帝的赏识而得到奖赏和擢升。①除了专门设立狩猎管理机构，北魏朝廷还建了不少苑囿圈养野兽，如鹿苑、野马苑、虎圈等供王室成员游猎取乐，蓄养的野兽也可随时供王室享用或赏赐之用。这些苑囿大小不一，其中以鹿苑规模最为可称，"太祖自牛川南引，大校猎，以高车为围，骑徒遮列，周七百余里，聚杂兽于其中。因驱至平城，即以高车众起鹿苑，南因台阴，北距长城，东包白登，属之西山"。②

北魏前期皇帝出外游猎的次数很多，除作为娱乐活动的小型狩猎活动外，大规模的围猎也见诸史乘。其狩猎范围几乎囊括北魏全境，但仍以京畿地区为主，史载太武帝拓跋焘一次围猎就动用上万人，"车驾畋于山北，大获麋鹿数千头，诏尚书发车牛五百乘以运之"，说明北魏境内野生动物数量之巨大，因此狩猎的收获量也很丰富。北魏前期的狩猎有明显的经济目的，太武帝时期诏问公卿："赫连、蠕蠕征讨何先？长孙嵩与平阳王长孙翰、司空奚斤等曰：'赫连居土，未能为患，蠕蠕世为边害，宜先讨大檀。及则收其畜产，足以富国；不及则校猎阴山，多杀禽兽皮肉筋角，以充军实，亦愈于破一小国。'"③可见在当时的统治集团眼中，狩猎与攻伐小国所获收益等同，狩猎可以补充军备，具有重要的军事和经济价值。

皇室之外，当时的官僚贵族也性好游猎，官员元坦家中常备鹰犬数百只，狩猎工具堆积了好几大车，几乎无日不出，"秋冬获禽兽，春夏捕水族"。竟达到"自云宁三日不食，不能一日不猎"的程度。《齐民要术》中也记载当时山东、华北地区的百姓经常能吃到鹿肉、熊肉和野猪、野禽的肉。拓跋鲜卑统治时期向民间征收禽兽作为税赋的一种，充分说明狩猎经济在社会经济中的重要影响，狩猎与农工商业并列成为北魏政权的财政来源之一。

4世纪末，拓跋鲜卑建立的北魏王朝呈现衰弱迹象，蒙古高原上兴起了雄踞翰漠两个世纪之久的柔然汗国。柔然的首都木末城位于昔日匈奴单于王庭龙城附近，统治着阿尔泰山、鄂尔浑山和色楞格河地区的各个突厥部落和鄂嫩河、西拉木伦河、兴安岭山前地带的鲜卑部落。柔然汗国的主

①　黎虎：《北魏前期的狩猎经济》，《历史研究》1992年第1期。

②　（北齐）魏收撰：《魏书》卷一百三《高车传》，中华书局1974年版，第2308页。

③　（北齐）魏收撰：《魏书》卷二十五《长孙嵩传》，中华书局1974年版，第643页。

体——柔然人，源出于东胡，与拓跋鲜卑都是鲜卑与匈奴融合后形成的古代民族。柔然汗国兴起之前，屡屡向北魏贡献牲畜、貂皮，北魏史书中也说："西海北垂，即是大碛，野兽所居，千百为群，正是蠕蠕射猎之处。"说明畜牧狩猎经济在其生产生活中占据主要地位。射猎活动训练了柔然军队的机动性，所获猎物既能补充生活所需，又能通过贸易换取生产资料，是柔然汗国经济的重要补充。

三　突厥、回纥、契丹时期的狩猎经济

公元6世纪，蒙古高原兴起另一个疆域广袤的突厥汗国，汉地的记载说突厥人居住在阿尔泰山之阳，因所居处山形有似兜帽，因此得名突厥，并称突厥是匈奴别种，主体的一系姓阿史那，是狼的后裔，阿史那家族长期保持着对突厥汗国的统治。前文已经提及匈奴与鲜卑融合产生新的部族，"某些古代蒙古部落渗入古代突厥人之中，逐渐被同化，然而却保留了自己的氏族名称和起源传说。由此，突厥人中出现了以蒙古语赤那命名的狼家族"。[①]突厥人原居住在叶尼塞河上游地区，5世纪前期，柔然征服突厥，使之迁徙到阿尔泰山地区，因为突厥人善于锻造金属器物，故柔然人称之为"锻奴"。突厥人潜心发展了自己的锻造工艺，并凭借金属器物沟通了周边的铁勒部落，在与西魏和中亚的贸易刺激下，原本弱小的部落生产力获得飞速提升，突厥不断壮大，最终取代了柔然汗国。公元8世纪，突厥汗国被其统治下的回纥取代，蒙古高原又一次更换了主人，回纥人也是突厥语系民族，他们建立的汗国维持时间更短，到9世纪中期就分崩离析了。突厥与回纥的社会经济形态相似，皆是以畜牧业为主。《周书》称："突厥其俗被发左衽，穹庐毡帐，随水草迁徙，以畜牧射猎为务。"

而回纥部落也是"居无恒所，随水草流移"，其地盛产马，其人善骑射。《旧唐书》称："回纥人每日食羊半只计，每年则需1800万头。"没有发达的畜牧业，想要维持这种生计是不可想象的。虽然少有记载，但可想见狩猎在突厥和回纥社会中仍占一定的地位，突厥与回纥王室每年也要举行大型围猎，所捕获的珍贵兽皮也用于同中原地区交易。突厥、回纥与中

---

① 　[苏联]莉.列.维克托罗娃：《蒙古族形成史》，陈弘法译，内蒙古教育出版社2008年版，第83页。

原的联系比之前代加深了，马匹与绢帛、茶叶在双方贸易中成为大宗，原来作为畜产的马和生产工具的刀剑锋镝，这时已经出现商品化的趋势了，这是由时代进步生产力发展带来的结果，也从侧面表明突厥系民族更加擅长于贸易。

契丹人原居于西拉木伦河流域，与鲜卑人同源。辽西的鲜卑8个部落组成早期的部落联盟，契丹是其中的一部。公元4—6世纪，契丹为首的部落联盟由于战争的失利被迫进行了数次迁徙，6世纪时契丹向突厥汗国臣服，在之后的两个世纪，契丹各部逐渐壮大，与周围的突厥、高句丽和唐王朝都发生过战争。契丹所居住的地域自然资源非常丰富，所以契丹人的经济形态较为多元，在山林地区，契丹人以狩猎为主，在河湖附近则以渔猎为生，平原地区的契丹人也从事农业生产，除了种植黍麦，还广植桑麻，种植蔬菜瓜果。在耕种的同时契丹人的畜牧业也很发达，养殖牛、羊、狗、鸡、猪各类杂畜。在草原地带，与契丹同源的奚人"逐水草畜牧，居毡庐，环车为营，以射猎为资"。《辽史》卷五十九《食货志》载："契丹旧俗，其富以马，以强以兵。有事而战，阔骑介夫，卯命辰集。马逐水草，人仰湩酪，挽强射生，以给日用，糗粮刍茭，道在是矣。以是制胜，所向无前。"[1]

值得注意的是，狩猎在早期契丹部落联盟的政治生活中具有突出作用。每个部落除独自游猎之外，还要举行集体围猎。举行集体围猎需要有一套严密的组织，要有人安排部署围猎位置，各部动员参加的人数分配，以及围猎行动的次序。早期各部轮流主持围猎，到生产力发展到一定阶段，势力最强的部落开始垄断围猎主持权，各部落之间出现分化，出现了长期的权力争夺，最后耶律氏族的首领胜出，并且主持了最初的国家制度建设，这时契丹具备一个王国的雏形，它的发展轨迹与之前的草原汗国有明显的不同。

10世纪初，契丹走上对外征服之路，数十年间占据了黄河以北到阿尔泰山的整个蒙古高原，924年兵锋直达辽东地区，将疆域扩展到邻太平洋。乘着中原王朝更迭、军阀混战之机，契丹占领了长城以南的山西、河北，建立中世时期东方最大的辽王朝。契丹军队的战斗力除了有较为发达

---

[1] （元）脱脱等撰：《辽史》卷五十九《食货志》，中华书局1974年版，第923页。

的经济做后盾，还与他们在长期狩猎生活中锻炼出的能力分不开。《契丹国志》记载辽太祖耶律阿保机"好骑射，铁厚一寸，射而洞之"，从侧面说明契丹兵器制造的精良和军事人员素质的高超。

辽与中原王朝有诸多不同，体现在官制、礼制、刑法等许多方面，中原儒家诟病的畋猎习俗，作为契丹国俗一直延续到王朝终结。《辽史》中专设游幸表，表文曰："朔漠以畜牧射猎为业，犹汉人之劝农，生生之资于是乎出。自辽有国，建立五京，置南北院，控制诸夏，而游田之习，尚因其旧。太祖经营四方，有所不暇；穆宗、天祚之世，史不胜书。今援司马迁别书封禅例，列于表，观者固足以鉴云。作游幸表。"①表中列举了历代辽朝皇帝畋猎的时间、地点，猎物主题等，虽然也提出引以为鉴的意思，但在总体上还是认可了狩猎习俗。辽朝不尚治城郭，虽然有五京设置，皇帝并不长期在宫室中居住，而是随季节流转迁徙到不同地方，行营所到之处就是国家行政中心所在，辽代成为四时捺钵。《营卫志》云："有辽始大，设制尤密。居有宫卫，渭之斡鲁朵；出有行营，谓之捺钵；分镇边围，谓之部族。有事则以攻战为务，闲暇则以畋渔为生。无曰不营，无在不卫。立国规模，莫重于此。"②春季行营在鸭子河泺，"皇帝正月上旬起牙帐，约六十日方至。天鹅未至，卓帐冰上，凿冰取鱼。冰泮，乃纵鹰鹘捕鹅雁。晨出暮归，从事弋猎。鸭子河东西二十里，南北三十里，在长春州东北三十五里，四面皆沙锅，多榆柳杏林。皇帝每至，侍御皆服墨绿色衣，各备连锤一柄，鹰食一器，刺鹅锥一枚，于泺周围相去各五七步排立。皇帝冠巾，衣时服，系玉束带，于上风望之。有鹅之处举旗，探骑驰报，远泊鸣鼓。鹅惊腾起，左右围骑皆举帜麾之。五坊擎进海东青鹘，拜授皇帝放之。鹘擒鹅坠，势力不加，排立近者，举锥刺鹅，取脑以饲鹘。救鹘人例赏银绢。皇帝得头鹅，荐庙，群臣备献酒果，举乐。更相酬酢，致贺语，皆插鹅毛于首以为乐。赐从人酒，遍散其毛。弋猎纲钩，春尽乃还"。夏季没有固定地方，较多时在吐儿山，"吐儿山在黑山东北三百里，近馒头山。黑山在庆州北十三里，上有池，池中有金莲。子河在吐儿山东北三百里。怀州西山有清凉殿，亦为行幸避暑之所。四月中旬起牙帐，卜

①　（元）脱脱等撰：《辽史》卷六十八《游幸表》，中华书局1974年版，第1038页。
②　（元）脱脱等撰：《辽史》卷三十一《营卫志》，中华书局1974年版，第361页。

吉地为纳凉所，五月末旬、六月上旬至。居五旬。与北、南臣僚议国事，暇日游猎。七月申旬乃去"。秋季所在之处称为伏虎林，"七月中旬自纳凉处起牙帐，入山射鹿及虎。林在永州西北五十里。尝有虎据林，伤害居民畜牧。景宗领数骑猎焉，虎伏草际，战栗不敢仰视，上舍之，因号伏浇林。每岁车驾至，皇族而下分布泺水侧。伺夜将半，鹿饮盐水，令猎人吹角效鹿鸣，既集而射之。谓之抵碱鹿，又名呼鹿"。冬季在广平淀，"在永州东南三十里，本名白马淀。东西二十余里，南北十余里。地甚坦夷，四望皆沙碛，木多榆柳。其地饶沙，冬月稍暖，牙帐多于此坐冬，与北、南大臣会议国事，时出校猎讲武，兼受南宋及诸国礼贡。皇帝牙帐以枪为硬寨，用毛绳连系。每枪下黑毡伞一，以庇卫士风雪。枪外小毡帐一层，每帐五人，各执兵仗为禁围"。①从各捺钵的描述可见辽帝一年大致的活动，除了皇帝和后宫成员，必然还有大批中央官员、宿卫人员和服务人员伴随，如此频繁的移动所需的供给是非常庞大的。在史料中并未见到捺钵周围有大型畜场的记载，那么除了周围州县定时送去食物，每日狩猎捕捞是食物的主要来源。皇帝身边的宿卫是辽的精锐部队，每日的狩猎活动也为训练提供实效，狩猎竟成为辽王朝鲜明的特征。

如果说辽因狩猎而勃兴的说法十分片面，那么辽因狩猎而衰亡的归结则似很有道理。《辽史·天祚帝纪》详细记载了辽朝灭亡的始末，因其过分压迫辽东女真各部落，搜括捕猎天鹅的海东青鹘，逼反了女真首领完颜阿骨打。女真在建立国号为金的政权后在极短时间内取代辽朝，契丹的这套游猎制度不能有效地动员战争资源而迅速败亡，教训值得后人深思。

第三节　元朝时期的蒙古族狩猎经济

一　元朝时期的蒙古族狩猎经济

蒙古族的源流问题是一个复杂的学术问题，中外学者对此作出长时间的研究和探讨，目前能够采信的是属于东胡鲜卑后裔诸语言的部落，在中国史书中以室韦、达怛等名称出现的这些部落是原蒙古人主要的组成部

---

① （元）脱脱等撰：《辽史》卷三十二《营卫志》，中华书局1974年版，第373—375页。

分。室韦是鲜卑人的一支，《隋书》记载："室韦，契丹之类也，其南者为契丹，在北者号室韦，分五部，不相总一，所谓南室韦、北室韦、钵室韦、深末怛室韦、太室韦。"①达怛来源于呼伦贝尔草原的塔塔儿部，原本是室韦的一部分，后来一些非室韦部或者与室韦有密切关系的其他部落也自称或被称为达怛。②这在《资治通鉴》得到了部分证明，"达怛者，本东北方之夷，盖靺鞨之部也。贞元、元和之后，奚、契丹渐盛，多为攻劫，部众分散，或投属契丹，或依于渤海，渐流徙于阴山。其俗语讹，因谓之达怛"。③室韦部落原来在额尔古纳河与黑龙江上游居住，后来一部分逐渐向西方发展，到了色楞格河、土拉河、鄂尔浑河流域，一部分向南发展，最南到达辽西、河北一带。9世纪中叶，室韦大量迁徙到蒙古高原和阴山地区，逐渐遍布于蒙古高原。

从室韦—达怛人的地理分布可见其经济形态，最初在黑龙江上游的山林河湖间居住，必然是以狩猎、捕鱼为主，史料中记录早期的室韦人性好射猎，"时聚弋猎，事毕而散"，主要猎取獐、鹿、狐、貂等中小型动物，除了野味，主要食用猪和鱼，男女都穿着鹿皮缝制的裤褥，与周边部族贸易多是山货、兽皮。随着室韦的迁徙，经济生活也相应发生着变化，畜牧业发展最快，迁居蒙古高原的室韦很快适应了草原游牧生活，迁居纬度较低的辽西、河北平原的室韦人也经营农耕。室韦人的手工业也有长足发展，从原初狩猎工具、马具皮舟到后来掌握了金属冶炼制造工艺，《辽史》中言太祖耶律阿保机吞并室韦，其地产铜、铁、金、银，其人善作铜、铁器。又记室韦有一部落名叫曷术部，"曷术"，契丹语意思是铁。以铁为部落名称，可见其地多产铁矿，其人对铁器加工也当十分熟稔。

8世纪之前，一支名为蒙兀室韦的部落从额尔古纳河迁徙到斡难河流域，在此繁衍生息，蒙古族伟大的缔造者成吉思汗的先祖就出生在这里。根据《蒙古秘史》的记载，"成吉思汗的先世，是奉上天之命而生的孛儿帖·赤那，他的妻子是豁埃·马阑勒。他们渡海而来，在斡难河源头的不尔罕山前住下，生了巴塔·赤罕"。④关于该部落迁徙的传说，《史集》中

---

① （唐）魏徵等撰：《隋书》卷八十四《室韦传》，中华书局1973年版，第1882页。
② 张久和：《原蒙古人的历史：室韦—达怛研究》，高等教育出版社1998年版，第1页。
③ （北宋）司马光等撰：《资治通鉴》卷二五三，中华书局1956年版，第3376页。
④ 札奇斯钦译注：《蒙古秘史新译并注释》，中国台北：联经出版社1979年版，第3页。

有详细描述。"古代被称为蒙古的那个部落，与另一些突厥部落发生了内讧，终于引起了战争。据值得信赖的贵人们的一则故事说，另一些部落战胜了蒙古人，对他们进行了大屠杀，使他们剩下了两男两女。这两家人害怕敌人，逃到了一个人迹罕至的地方，那里四周惟有群山和森林，除了通过一条羊肠小道，历尽艰难险阻可达其间外，任何一面别无途径。这些山间有良好的草和良好的草原，这个地方名叫额尔古涅昆。……那两个人的名字为，捏古思和乞颜。"后面又说，"各部落起源遁于额尔古涅昆的两个人，由于生息繁衍，其氏族人数渐众。蒙古一词成了他们氏族的名称。"①迁徙到斡难河流域的孛儿帖·赤那，即是成吉思汗的第二十代祖先。大约从那时起，蒙古部落缓慢地开始由游猎经济逐渐转向游牧经济。北方色楞格河流域多产野马野羊、各种鱼类，在射猎捕捞之余，动物驯养业的萌芽也在产生，将野生动物驯养为家畜，能够提供比较稳定的生活资料。比起狩猎业，畜牧业更利于积累财富，牲畜的不断繁殖促成了部落内部的贫富和阶级分化。孛儿帖·赤那的子孙有一个叫脱罗豁勒真·伯颜的，他的家产里包括一个仆人和两匹骏马，在部落中便有富人（伯颜）之称。伯颜的孙子朵奔·蔑尔干用三岁牝鹿的一条后腿，换回了伯牙兀歹氏的一个男孩做奴隶。蒙古史著名学者亦邻真注意到突厥语系民族对早期蒙古社会经济的影响，他说："9—12世纪，原蒙古人经历了深浅不同的突厥化过程。额尔古纳河流域的原蒙古人，最初是以游猎为主，并从事原始农耕，养畜业的。《魏书》中说室韦'无羊少马'是可信的。蒙古语中绵羊一词显然借自突厥语khony，原蒙古人正是从突厥铁勒人学会养羊，所以才在词汇中有这种反映。蒙古语畜牧业中突厥语借词特多。学会畜牧业的过程也就是占有畜群的过程，而原来的畜群所有者和生产者有很大一部分是留在蒙古高原的突厥语族居民，他们同畜群一起落在原蒙古人手里，融合在原蒙古人的部落氏族之中。同突厥铁勒人混合，原蒙古人的民族学面貌进入变异过程。……生活方式也改变了，毡帐代替了皮棚。"②

　　畜牧的积累是一个缓慢的过程，特别是蒙古族社会经济发展的前期，

---

　　①　［波斯］拉施特主编：《史集》第一卷第一分册，余大均、周建奇译，商务印书馆1983年版，第251、261页。

　　②　亦邻真：《中国北方民族与蒙古族族源》，载《亦邻真蒙古学文集》，内蒙古人民出版社2001年版，第577页。

狩猎仍是日常生活物资最主要的来源，早期的蒙古部落为争夺狩猎区域时常采取联合或对抗手段。脱罗豁勒真·伯颜有两个儿子，都哇·锁豁儿和朵奔·蔑尔干。朵奔·蔑尔干的岳父"豁里剌儿台·蔑尔干在自己的豁里—秃马惕有貂鼠、灰鼠和其他野物的地方，互相禁猎，彼此交恶，自立为豁里剌儿氏。听说不儿罕山的野物和可猎之物甚多，地方又好，就迁徙到不儿罕山的主人们洒赤·伯颜，和兀良哈的地方来"。①新的氏族由迁徙生成，因追逐猎物到达新的地界，与当地的部落氏族相联系，早期的蒙古部落就是不断进行这样的聚合，以血缘亲疏分成尼鲁温和迭列列斤两大部落集团，依照居住环境和狩猎内容又分了许多氏族部落。尼鲁温蒙古有孛儿只斤部、合答斤部、泰赤兀部、札答兰部、赤那思部、主儿乞部等，迭列列斤蒙古有兀良哈部、弘吉剌部、伯牙兀歹部、许兀慎部等。其中不少部落以某种动物作为自己的氏族名称，把一些动物当作自己氏族衍生起源，体现了浓厚的狩猎社会遗风。例如赤那思部得名于狼，是蒙古语中赤那（狼）接上复数形式后缀而成。其余如双呼尔（海东青）、克列以惕（乌鸦）、布日古德（鹰）、巴尔楚勒（老虎）、额里耶歹（鹛）等，不再赘述。还有一些氏族名来源于狩猎经营方式，如蒙古史籍中所说的林木中的百姓（兀良哈人）分了许多姓氏，叫布拉合臣的意为捕貂鼠的人，叫克列木臣的意为捕青鼠的人。又如鄂尔多斯蒙古族有一支叫哈里古沁，据《金轮千幅》载"该氏系内蒙古鄂尔多斯右翼十一部之一。源于沿着江河流域捕猎哈里古（即水獭）为生的人们的姓氏"。②

公元1162年，蒙古族乞颜部孛儿只斤家族首领也速该的妻子生下一个男孩，起名叫铁木真，这就是后来统一蒙古高原的成吉思汗。铁木真幼年丧父，部众离散，他自己也几次差点死于世仇部落之手，但凭借出众的领导才能，他逐渐聚拢蒙古部众，通过和克烈部首领王罕、札答兰部首领扎木合结盟，打败了塔塔儿部等仇敌。随着蒙古部的强大，铁木真的联盟出现分裂，在经历数十年浴血奋战之后，蒙古部先后吞并札答兰、克烈、乃蛮、兀良哈等部，剩下以汪古部为代表的一众部落也向其投诚，自此铁木真统一了蒙古高原。1206年春，铁木真在斡难河源头召集各部首领、那

---

① 札奇斯钦译注：《蒙古秘史新译并注释》，中国台北：联经出版社1979年版，第15页。

② 僧格：《人类学视野下的蒙古狩猎文化》，民族出版社2015年版，第108页。

颜们举行忽里儿台大会，被推选为成吉思汗，随后他推行了一系列措施，如颁布大扎撒，分封万户千户等，建立"也可·蒙古·兀鲁思"即蒙古政权。在此之前，蒙古部只是众多蒙古部族中的一个，这时候各部都统一了，按照千户的组织形式整合起来，共同使用"蒙古"作为他们的总称，统一的蒙古族共同体登上了历史舞台。成吉思汗的一生都在征战中度过，统一蒙古高原只是其梦想的第一步，他率领蒙古铁骑向南攻伐女真民族建立的金和党项民族建立的西夏，迫使他们臣服纳贡，其后又向西攻灭了西辽、花拉子模，占据了新疆到中亚里海附近的大片领土。他将家产分给诸子及母亲、兄弟，几个儿子都得到广阔的封地。他身故后的几任继承人窝阔台汗、贵由汗、蒙哥汗继续开疆拓土，直至忽必烈汗时期统治了从漠北草原到南中国海之间的全部领土，国号也易名为"大元"。

　　蒙古族建立的元朝疆域极为辽阔，其统治下的民族呈现多元化面貌，各种经济类型汇集在一起，但在蒙古人活动的区域范围内，仍是以畜牧业为主。在畜牧经济之外，狩猎经济仍有不可替代性，伴随蒙古政权与元朝整个时期存在。蒙古高原东北部是成吉思汗分封给兄弟合撒儿、别勒古台、铁木格斡赤斤的封地，他们领地治下属民有许多赖狩猎经济为生，世代以渔猎为业的水达怛曾是室韦的劲敌，他们生活在乌苏里江、黑龙江边，吃鱼肉、穿鱼皮，从事典型的渔捞经济。被称为兀者诸部的通古斯语部落，他们平日里猎获獐鹿或貂鼠，食肉寝皮，养鹿作为出行工具，也捕捉一些水产动物如海豹、海牛、海狗等。元朝政府向他们征纳貂皮、水獭皮和海狗皮，后期也索取海东青。元顺帝时，因为过度索取海东青，还激起了兀者各部的反叛。蒙古高原西北至中亚河间地区是成吉思汗封给其子察合台、窝阔台的领地，分布在天山南北的畏吾儿人主要从事农牧业，秋冬季定居在平原城郭附近做农活，春夏则赶着牲畜随时迁徙，也不时进行打围射猎的活动，与畏吾儿人习俗接近的哈剌鲁人能骑善射，兼营农、牧、猎三种经济。元朝曾经颁布诏谕，"敕畏吾地春夏勿猎孕子野兽"，切实证明狩猎活动在其经济生活中存在。吉里吉思部属突厥语族，"庐帐而居，随水草畜牧，颇知田作，遇雪则跨木马逐猎。土产名马、白黑海东青"。《元史·地理志》也提到一处名为撼合纳的谷地"山水林樾，险阻为甚，野兽多而畜少。贫民无恒产者，皆以桦皮作庐帐，以白鹿负其行装，取鹿乳，采松实，及取山丹、芍药等根为食。冬月亦乘木马出猎"。①这里说的木马大概是用马拉的木头雪橇一类，借以乘骑捕杀雪后出外觅食的小型猎物。

蒙古高原腹地是蒙古人分布的核心区域，畜牧狩猎是其日常生活形态。《长春真人西游记》载一行人抵达克鲁伦河地区，"渐见大山陡拔，从此以西，渐有山阜，人烟颇众，亦皆以黑车白帐为家，其俗且牧且猎，衣以韦毳，食以肉酪，男子结发垂两耳"。其打猎常在秋冬季节，《黑鞑事略》记录："其食肉而不粒，猎而得者曰兔、曰鹿、曰野彘、曰黄鼠、曰顽羊、曰黄关、曰野马、曰河源之鱼。"凡打猎季，只要有所猎获，全家都吃猎物，绝少杀畜养为食。法王路易派遣出使蒙古的修道士鲁布鲁乞在其见闻中言道："他们通过打猎获得他们食物的一大部分。"②蒙古人与匈奴习俗相似，孩童从小学习骑射，"其骑射，则孩时绳束以板，络之马上，随母出入；三岁索维之鞍，俾手有所执射，从众驰骋；四五岁挟小弓、短矢；及其长也，四时业田猎，凡其奔骤也，跂立而不坐，故力在跗者八九，而在髀者一二。疾如飙至，劲如山压，左旋右折，如飞翼。故能左顾而射右，不持抹鞅而已"。③男子外出放牧狩猎，妇女儿童除了整理帐房、挤奶制酪、缝衣做毡之外，加工捕猎兽皮，晾晒兽肉干脯也是日常工作内容。蒙古高原北部贝尔加湖一带，叶尼塞河与额尔齐斯河流域森林密布，这里生活的兀良哈、斡亦剌蒙古部落被称为"林中百姓"，主要从事狩猎业。《史集》记载了林中各部的生活状况，他们居住在白桦树和其他树皮搭建的小屋里，以白桦树汁代替饮用水，他们不饲养牲畜，把牧羊看成是可鄙的工作。他们穿着用兽皮缝制的衣服，冬天踏着滑雪板捕杀动物，随身拖曳的雪橇上能轻易地放上几千斤的猎物。④林中各部在被成吉思汗征服后编成一个万户，元代隶属岭北行省管辖，元朝统治者向他们征缴兽皮和其他土产，他们也同周围的游牧民交换物品，受其影响也开始养马。

狩猎在元朝时期不仅是一种经济形式，在国家政治生活中也具有非常

---

① （明）宋濂等撰：《元史》卷六十三《地理志》，中华书局1976年版，第1571页。

② ［英］道森编：《出使蒙古记》，吕浦译，中国社会科学出版社1983年版，第118页。

③ （南宋）彭大雅撰：《黑鞑事略》，明嘉靖二十一年宋刻本。

④ ［波斯］拉施特主编：《史集》第一卷第一分册，余大均、周建奇译，商务印书馆1983年版，第202—203页。

重要的意义。蒙古政权与元朝由部落发展成为国家，狩猎在其政治生活中留下多处烙印。盟誓是蒙古政权与元朝组建结构中重要的维系纽带，在《蒙古秘史》中提到铁木真最初被族人阿勒坦、忽察尔、撒察别乞拥戴为首领，众人誓词中说："铁木真你做了可汗啊！众敌当前，我们愿做先锋冲上阵去。……围猎狡兽，我们愿给你上前围堵，把旷野的野兽围在一起，肚皮挤着肚皮，把谷中的野兽围在一起，后腿挨着后腿！"①众人以围猎起誓，以此明确君臣职分。当铁木真与王罕结盟的时候，以一件黑貂皮裘作为象征物奉献，而不是以牛羊驮畜，王罕欢喜言道："黑貂裘的酬答，把你那失散的百姓给你聚合起来。貂裘的酬答，把你那背离的百姓，给你统合起来。"②成吉思汗的爱将哲别、速不台、者勒蔑和忽必来号称"四狗"，便因猎狗在蒙古人日常狩猎中起到不可替代的作用，其忠诚与悍勇都是蒙古人看重的品质。

元人王恽说："国朝大事，曰征伐、曰蒐狩、曰宴飨，三者而已。"蒙古政权与元朝以军事立国，狩猎与征伐经常结合在一起。首先，搜狩和围猎是解决蒙古军队食物来源的手段之一。大规模的军事行动所耗给养非常庞大，在健硕男子全部从军的情形之下，日常畜牧生产必定受到影响，蒙古高原的经济基础如何能够支撑大军的行动是一个应该考量的问题。中外史籍都对蒙古军队的机动效率赞叹不已，因其无辎重之负累缘故。以战养战是蒙古军队作战的特点，除了从战败一方获得物资和食物，行军途中的狩猎亦不可或缺。例如，《蒙古秘史》里讲到成吉思汗为王罕所败，"顺着和勒合河移动的时候，计有两千六百人……一面打猎储备食粮"。③其次，围猎带有军事操练性质，是蒙古政权与元朝军队日常演习的手段之一。"成吉思汗极其重视狩猎，他常说，行猎是军队将官的正当职司，从中得到教益和训练是士兵和军人应尽的义务，（他们应当学习）猎人如何追赶猎物，如何猎取它，怎样摆开阵势，怎样视人数多寡进行围猎。因为，蒙古人想要行猎时，总是派探子先去探查有什么野兽可猎，数量多寡。当他们不打仗时，他们老那么热衷狩猎，并且鼓励他们的军队从事这一活动：这不单为的是猎取野兽，也为的是习惯狩猎锻炼，熟悉弓马和吃苦耐

---

① 札奇斯钦译注：《蒙古秘史新译并注释》，中国台北：联经出版社1979年版，第144页。
② 札奇斯钦译注：《蒙古秘史新译并注释》，中国台北：联经出版社1979年版，第102页。
③ 札奇斯钦译注：《蒙古秘史新译并注释》，中国台北：联经出版社1979年版，第227页。

劳。"①围猎之时，"挑土以为坑，插木以为表，维以撬索，系以毡羽，犹汉兔罝之智，绵亘一二百里间。风飙羽飞，则兽皆惊骇，而不敢奔逸，然后蹙围攒击焉"。②从蒙古军队野战的技术来看，许多战役都是围猎活动的翻版。如蒙古灭金的关键一战——三峰山战役，拖雷所率的蒙古军队先借道南宋，绕开金兵严防死守的潼关，迂回到开封南边，面对金朝优势兵力，采取尾随不击的策略，待金兵疲劳焦躁、斗志消泯，故意放开一条道路令其逃走，然后四面设伏，全歼敌人。蒙古军这种以少胜多的经典战例在西征过程中屡见不鲜。蒙古政权与元朝的历代君主皆热衷行猎，窝阔台汗大病未愈仍坚持外出射猎，结果死在行营之中。元世祖忽必烈亦多次行猎，据马可·波罗记述，大汗豢养豹子、山猫、狮子和金雕用来捕捉野猪和其他凶猛的野兽。每年三月至十月间，忽必烈行猎的范围内禁止臣民猎取山兔、牝鹿、牡鹿和獐鹿。③

元朝时期的帝王、王公、那颜们经常举办飨宴活动，宴席中少不了野味。《饮膳正要》中提及的宫廷菜肴有熊汤、狐肉汤、鹿头汤、鹿蹄汤、炒鹿汤、盘兔、烧雁、烧驼峰、攒熊掌、野鸡羹、獭肝羹数十种。皇帝还会将黄羊、天鹅等赏赐给大臣享用。除了野味，皇帝的赏赐还有珍贵野兽毛皮，世祖忽必烈就曾赐灭宋功臣伯颜、阿术等青鼠、银鼠、黄鼬、只孙衣，其余功臣也获赐豹裘、獐裘及皮衣帽不等。

二　元朝时期蒙古族狩猎经济的变化

随着蒙古部的兴起及元朝的不断发展壮大，蒙古族在这一时期形成、巩固。狩猎这种生计方式，在蒙古贵族的钟爱和推崇下，本身也在发生着改变。这一时期最主要的体现就在于：（1）狩猎变成一个职业，专职狩猎者出现；（2）狩猎的经济地位弱化，赈济作用凸显。

（一）狩猎者的职业化

在中原王朝早就有身份、地位与匠户类似的打捕户的存在，其主要职

① ［伊朗］志费尼：《世界征服者史》，何高济译，内蒙古人民出版社1980年版，第29—30页。

② （南宋）彭大雅撰：《黑鞑事略》，明嘉靖二十一年宋刻本。

③ 《马可波罗行纪》，冯承钧译，上海书店出版社1999年版，第345、253页。

责就是为皇家和贵族官僚狩猎打捕。如唐代的五坊户及其管理机构《新唐书·百官志》："闲厩使押五坊，以供时狩。一曰雕坊，二曰鹘坊，三曰鹞坊，四曰鹰坊，五曰狗坊。"①

1. 职业狩猎者的来源及组成

蒙古政权建立后，狩猎者逐渐职业化，成为和其他手工艺人一样的职业者，其中最典型的就是"昔宝赤"，"昔宝赤"是指元朝时期为皇帝和诸王豢养鹰隼的人。"昔宝赤"等执役的管理机构就是打捕鹰房。根据《元文类》卷四十一《经世大典序录·鹰房捕猎》中记载："自御位及诸王，皆有昔宝赤，盖鹰人也；及天下一，又设打捕户。"②打捕鹰房户分为打捕户和鹰房户，其职责是从事打猎和放鹰。

天下州县所设猎户：早在元朝建立之前，专门从事狩猎以供给皇室贵族的人户就已经出现，多数是一般蒙古部属人户充当，但尚未有机构专门负责管理。元世祖中统三年十二月诏令天下行省诸路分管州、府、司、县及鹰坊。元武宗至大三年（1310年）河南行省设立打捕鹰坊，秩正四品。③元朝地方逐步将鹰坊设为一级地方建制，主要可分为两大类：一类是行枢密院下所设的各州县所下辖各路打捕鹰房总管府的打捕鹰房户，另一类是宣徽院下辖的打捕鹰房户。

综上，对打捕鹰房户的管理，从中央到地方有着严密的组织机构。打捕鹰房户成为众多诸色人匠中的一类，有着专门的人员定额、执掌事务。这些都体现着狩猎已经不再是蒙古族"自春徂冬，旦旦逐猎，为其生涯"的生活方式。职业化的狩猎者和对这些狩猎者严密的管理，恰恰是这时蒙古族政治地位的变化所带来的对经济发展的影响。

2. 打捕鹰房户的职责与赋役

其一，专门供给祭祀、御膳等所需野物。在国家级的宴飨之上所需要的食物"必以兽人所献之鲜及脯鱐，折其数之半"，祭祀同样也如此"凡祀，先期命贵臣率猎师取鲜獐、鹿、兔，凡供脯臡醓醢"。这些都是由打捕鹰坊负责采办。

---

① （北宋）欧阳修撰：《新唐书》卷四十六《百官志》，中华书局1975年版，第875页。

② 《元文类》卷四十一《经世大典序录·鹰房捕猎》。

③ （明）宋濂等撰：《元史》卷二十三《武宗本纪》，中华书局1976年版，第528页。

　　其二，输纳皮货。史料对其记载较少，但从相关材料上可以看到元政府对皮货的需求量是十分巨大的，设有专门的打捕鹰坊总管府，让其管领下打捕鹰房户输纳皮张。

　　元的狩猎经济职能的弱化，从职业化狩猎者处境直接体现出来。狩猎原本是主要的衣食来源或保护畜牧业经济的重要保障，但随着蒙古族政治地位的变化，统治疆域的广大，多种生产方式并存，尤其是在畜牧和农业经济发展和促进下狩猎经济逐步变化，狩猎也由蒙古族由人人都会的生活技能转变成职业匠户的一种。打捕鹰房户除承担着职业猎户进贡猎兽、皮张，缴纳税赋，又要与普通民户一样负担科差、和雇和买及杂泛差役，还有服从兵役、镇守地方的军士多重身份。这与蒙古政权与元朝并未进行完全汉化，存在于蒙古旧俗和满足统治者娱乐的需要有关。但归根结底还是农业和畜牧业的发展，导致狩猎经济丧失了作为游牧经济的补充作用。

（二）狩猎的赈济作用

　　元朝是历史上自然灾害多发的时期，元朝政府和民间采取了多种举措频繁赈恤，根据学者统计仅仅从世祖即位（1260年）到顺帝至正八年（1348年）的88年间，元朝政府的各种赈济就达到了808起，平均每年9.2起。[①]狩猎也在元朝的救灾、减灾和赈灾中发挥着其作用。

　　狩猎、采集、渔猎的主要对象都来自于自然界的动、植物，往往百姓遭受自然灾害，生活生产难以维继的情况下，其就成为谋生的手段。这种做法，蒙古族早已有之，在食物缺乏的时候，"惟三五为朋，十数为党，小小袭取，以充饥虚而已"。实际赈济中北方"弛猎禁"救济，在元朝减灾、赈灾中起到了一定作用。

　　以至元二十八年（1291年）的饥荒为例。面临同一时间、多地爆发的大灾造成数万饥民，国家救济力量一时不能完全顾及或不能及时救济之时，狩猎和渔捞就成了先期度荒的重要临时手段。

　　狩猎的赈济还用在因灾荒军队供养不足的情况下，"至元十九年，冬十月，庚寅，以岁事不登，听诸军捕猎于汴梁之南"。[②]以达到减灾、赈灾的效果。渔猎这种方式却刚好满足了赈济的要求，相对政府官方救济而言，

---

① 陈高华：《元朝赈恤制度研究》，《中国史研究》2009年第4期。

② （明）宋濂等撰：《元史》卷十二《世祖本纪》，中华书局1976年版，第247页。

既可以在一定程度上填补政府救济运作的时间长，能使百姓及时得到救济，又可以减轻政府负担。而且蒙古族在灾年或食物缺乏时狩猎、渔捞等以充饥虚的做法古已有之，是蒙古统治者利用蒙古族旧俗在治国中的体现。

第四节　明清民国以来的蒙古族狩猎经济

一　明清时期蒙古族狩猎经济的表现

14世纪中叶，随着社会危机的加深，淮河地区义军纷起，元朝的统治被农民起义推翻，元顺帝妥欢帖木儿从北京退往蒙古高原，迁往应昌，史称北元。在明朝的不断打击下，北元先后失去甘肃、辽东、云南等藩篱，大汗的权势被大为削弱，其属下的封建领主分裂为瓦剌、鞑靼、兀良哈三个集团，彼此间争权夺利，在蒙古内部形成了长期分裂的局面。三大集团中鞑靼是东部蒙古，其首领为孛儿只斤氏后裔，被蒙古人视作正统。瓦剌是西部蒙古，即原来"林中百姓"，占据叶尼塞河上游地区，地域辽阔。兀良哈邻近中原，最先归附明朝，后移居辽东地区。明朝前期，瓦剌势力最强，曾经控制鞑靼，慑服兀良哈，短暂的统一了蒙古各部。并因通贡问题与明朝交恶，一度南下击败明军，俘获明英宗。但在其首领也先死后，东西蒙古再度分裂。15世纪末，鞑靼首领达延汗统一蒙古，将领地分左右六翼万户，分封给诸子。蒙古政治中心移到了漠南，汗庭位于察哈尔万户境内。达延汗之孙俺达汗（阿勒坦汗）时期，因封贡问题再次与明朝爆发战争，隆庆和议之后，俺达汗接受明朝的册封，与明朝恢复友好往来，瓦剌也通过鞑靼与明朝保持一定程度的贸易联系。

15世纪以后，东部蒙古的畜牧经济已经十分发达，其与明朝的马匹、牲畜、毛毡贸易密切而频繁。俺答汗时期"倡修白塔与八大板升，令种谷薯和众多果木、种植美味食物于蒙古地方，倡导种植之情如此这般"，与明朝修好之后更是修建呼和浩特城，招徕汉地移民前往开垦土地，发展农业经济。①15世纪初，瓦剌由叶尼塞河流域经往阿勒泰地区，抵至准噶尔盆地北缘，随自然环境变化，其经济迅速向畜牧业转化，但狩猎经济仍有

---

　　①　《阿勒坦汗传》，珠荣嘎译注，内蒙古人民出版社1990年版，第55页。

重要地位，瓦剌人生性喜欢射猎，其技巧的高超在周边民族间享有盛名。封建领主围猎的组织规模甚为壮观，围猎时间有时长达百日。所获堆积的像小山丘一样高，依照身份高低而分配猎物，这是不变的法则。①瓦剌在法律上对围猎作了一些规定，明知是禁猎区而射杀野山羊，要罚没许多牲畜；破坏围猎规定的，视情节轻重罚没不同价值财产；隐匿别人射杀或射伤的猎物的，一经发现罚没五只羊或者一匹马。②

　　捕猎豹、狐、猞猁、獭、鹿、貂、银鼠、灰鼠等野兽。野生动物皮毛是其重要的副业之一，在与明朝贸易之时，瓦剌一次就交易"青鼠皮十三万张，银鼠皮一万六千张，貂鼠皮二百张"。③面临自然灾害时，狩猎也是度过荒年的主要手段。寻常百姓经常在冬夏外出捕猎，为时不长，猎物也以小型动物为主。

　　清代蒙古各部已分为漠南、漠北、准噶尔（漠西）三大部，漠南蒙古就是明代鞑靼各部，其共同尊奉的首领林丹汗为清太宗皇太极所败，在向西逃亡的路上死去。漠南蒙古率先向满洲臣服。漠北喀尔喀部的首领们也是达延汗的子孙，他们在驱逐瓦剌部的过程中迁徙到克鲁伦河与杭爱山之间的土地上，逐渐脱离了察哈尔的影响。漠西瓦剌各部经过长时间的发展变化，最终形成准噶尔、杜尔伯特、土尔扈特与和硕特四部，清代文献一般统称为厄鲁特。清初，土尔扈特部西迁到伏尔加河下游地区，和硕特部也向东进入青海游牧。1640年，准噶尔部首领巴图尔洪台吉在塔尔巴哈台召集喀尔喀与厄鲁特各部首领参加会盟，颁行了《卫拉特法典》，使准噶尔部成为厄鲁特蒙古的政治中心。巴图尔洪台吉死后，准噶尔部经历了短暂的内乱，最终噶尔丹夺取了汗位，并开始向邻近的和硕特、喀尔喀蒙古发动战争。在准噶尔的重压下，和硕特、喀尔喀蒙古先后投附清朝，清朝与准噶尔之间也开始长达67年的军事对抗。1755年，清朝在准噶尔辉特部首领阿睦尔撒纳引导下灭亡了准噶尔汗国。1756年，阿睦尔撒纳起兵反清。1757年，清军再入伊犁，阿睦尔撒纳兵败逃亡俄罗斯，准噶尔彻底被征服。1771年，土尔扈特部东归，清朝将其安置于北疆。自此，蒙古各部

　　①　（明）萧大亨撰：《北虏风俗》，载薄音湖、王雄编《明代蒙古汉籍史料汇编》第二辑，内蒙古大学出版社2006年版，第243页。

　　②　白翠琴：《瓦剌史》，吉林教育出版社1991年版，第212—213页。

　　③　《明英宗实录》卷一三六，正统十年十二月丙辰条。

人口土地全部纳入清朝治下。

清代蒙古经济形态与明代时期相似，都是以畜牧业为主，农业与狩猎经济为辅。在《卫拉特法典》中有许多内容涉及狩猎，如对春季围猎捕杀野狼保护人畜有明确的奖励，对杀狼保护羊群的人，"三十头取中等羊一头。百头取上等羊一头或中等羊二头。若羊超过百头，亦循此例取给"。①对如何分配猎物也有清楚的规定，"射死野兽者应得奖物的前后腿，跑在最前面的猎人应该得到干得筋疲力尽的狐狸，但若狐狸在阿勒寅帐幕前被杀，或被碰上的牧人或捡干牛粪的所杀，恰在此时头一名追赶者赶到，则此狐应归原主"。②

除了马匹，狩猎所得皮张是准噶尔蒙古与清朝进行贸易的大宗收入来源。清代档案记载，噶尔丹统治时期准噶尔部向清朝派出的商队人数少则一次数百人，多至上千人甚至数千人。康熙二十二年（1683年），准噶尔部一次向清朝贡马四百匹，骆驼六十头，贴金牛皮五张，貂皮300张，银鼠500只，猞猁狲皮3张，沙狐皮100张，黄狐皮20张，活雕1只，厄鲁特鸟枪四杆。③如此多的野兽皮张，除了准噶尔贵族围猎的获取，更多来自普通百姓缴纳税赋。准噶尔对其属下部落索取非常严苛，"住在托木、鄂毕两河上游一带谷地和草原上的，经营狩猎、畜牧和原始农业的突厥系各族，同样处在准噶尔王国的压迫之下，被课以重税……托木河上游的塔塔儿族，则以黑貂皮和铁制品作为贡赋。特列乌达族还向准噶尔进献大麦、黑貂、兽类、铁制品等物品"。④其他蒙古各部也同样向属民征纳猎物，法国传教士古伯察在察哈尔蒙古地区旅途行见蒙古的百姓用枪或弓弩猎杀狍獐、狐狸、野鹿和山鸡，经过交谈得知"一般要将野味奉献给他们的王爷"。⑤

清廷在热河行宫附近圈定猎场，皇帝定期前往围猎，称作"木兰秋狝"。其目的除了避暑消遣，演练八旗士卒外，更在于怀柔蒙古。清朝前期诸帝围猎时多邀请蒙古王公随行，借围猎而增进情感交流。例如1771

---

① 余大均译：《北方民族史与蒙古史译文集》，云南人民出版社2003年版，第913页。
② 余大均译：《北方民族史与蒙古史译文集》，云南人民出版社2003年版，第915页。
③ 《准噶尔史略》编写组：《准噶尔史略》，人民出版社1985年版，第95—96页。
④ 佐口透：《准噶尔部历史与社会经济概述》，载《民族史译文集》（一），中国社会科学院民族研究所1977年版，第25页。
⑤ ［法］古伯察：《鞑靼西藏旅行记》，耿昇译，中国藏学出版社1991年版，第66页。

年，乾隆帝在热河行宫接见东归的土尔扈特汗渥巴锡一行，除赐宴、观灯、礼佛之外，还一起随围观猎，并将所获野味赏赐给了同行的蒙古首领。①清帝这样做，无疑是非常清楚共同的经济方式所形成的文化心理纽带比纯粹的物质给予更有力量。

二　明清蒙古族狩猎经济的作用演变

随着元朝在中原统治的结束，蒙古族的政治、经济、文化重心又回到了蒙古高原。一方面，由于蒙古族在入主中原的百年时间，并未完全汉化，旧的国俗一直保存延续，使得蒙古族很快又适应了畜牧经济为主要生计方式的状态，狩猎经济的重要补充作用又一次体现出来。而且与明朝和蒙古各部之间的战争使得畜牧经济遭到破坏，自然灾害频度高、破坏力大也在此时更加凸显了狩猎经济的补充地位。另一方面，在蒙古贵族的支持下，农业经济大致于现在内蒙古地区得以快速发展，以板升聚落的发展为基础，建立了许多农业城市。同时与畜牧经济互为补充。因此在蒙古地区形成了且耕且牧、且牧且猎的经济特征。

北元初期，畜牧业经济主要来自社会动荡和战争的破坏，使得牲畜数目大减，尤其是与明朝交战的地域，在明军的打击下牲畜散失数以万计。仅仅1388年蓝玉袭击脱古思帖木儿的斡耳朵就获马4.8万匹、驼4800余头、牛羊10.2万余头，仅此3项就达到30万头。②另外，中原汉地的丢失，蒙古失去了农业经济补充，使得畜（游）牧抵御自然灾害的能力更差，畜群难以扩大，一旦灾荒几乎无处救济。还有明朝初期，实行的"犁庭"锁边的政策，以困厄蒙古。商路停滞不行，使得"蒙古和文明国家的贸易，当时几乎完全停顿了。商路荒废了……从前工匠和农民的居住地也完全消失了，交易地点被盗匪占据"。③此时间蒙古族经济艰难。由于狩猎和采集的资源取于自然界兽禽和植物，政治和军事对其影响并不大，有着相对稳定性。正是这种稳定性保证了狩猎经济的补给作用更加显著，狩猎经济在

① 《准噶尔史略》编写组：《准噶尔史略》，人民出版社1985年版，第236页。

② 阿岩、乌恩：《蒙古族经济发展史》，远方出版社1999年版。

③ ［苏联］符拉尔基米佐夫：《蒙古社会制度史》，刘荣焌译，中国社会科学出版社1980年版。

蒙古族经济中的地位又获得了重视。

狩猎经济地位的重新提高与明代（北元）时期蒙古地方的自然灾害发生的频度亦有很大关系。据学者研究，在276年里发生的自然灾害441次，频次也达到每年1.6次，为之前历史时期之最。但由于自然条件的限制，狩猎依旧不能满足蒙古日益滋生的人口，加上自然灾害和明朝对蒙古的军事打击，不得不频频南下寇略，以渡困厄。

高自然灾害发生率对畜牧业造成了很大损失，而且各部之间的相互攻战，使得畜牧业和狩猎难以维持，蒙古屡屡出现困厄，只得频频南下侵扰。通过武力入关抢掠，"虏每入寇，亦必非本"但往往得不到便宜，通过互市和朝贡贸易获得生产资料的需要就变得格外迫切。为迫使明朝答应互市和朝贡贸易，也先甚至不惜引兵南下，通过武力迫使元朝政府开关互市，史称"庚戌之变"。

随着互市和朝贡贸易的建立发展，对蒙古族社会经济的发展具有积极的作用。正如当时宣大总督王崇古所说："许以贸易，以有易无，则和好可久，而华夷兼利。"狩猎经济也随着互市和朝贡贸易体系的建立发展，产生了新的变化。主要表现为狩猎物不仅再单一的作为补充衣食需要，还提供了朝贡、互市贸易中的重要交换物。主要以皮张为主，而且每次市易数量都十分巨大，例如，仅在1438年，蒙古与明在大同开设互市贸易市场的第一年，蒙古就向明廷贡奉马1583匹，驼3峰，貂鼠皮2932张。到1439年，蒙古向明廷贡奉马增加至37525匹，驼13峰，貂鼠皮3400张，银鼠皮300张。以1439年到1452年十余年间的蒙古族与明朝贸易为例，见表2-1。

表2-1　1439—1452年十余年间蒙古族与明朝贸易

年份	1439	1440	1442	1444	1445	1447	1452	合计
马驼	3738	17640	2537	3092	800	4379	40000	56310
皮张	3700	320			140000	120000		2640020

在1445年和1447年的贸易中皮张就以十万计，可见狩猎在蒙古地区的重新兴盛，但不再是单纯为食肉衣皮的基本生计需求，而成为主要提供重要的流通、贸易物。

清朝时期蒙古族狩猎经济地位的重新提高，与蒙古族政治地位的变化有着很大的关系。具体而言，是蒙古在中原统治的结束，狩猎经济对畜牧经济辅助作用又一次体现出来。其后随着蒙古与明朝的朝贡贸易的发展，皮张成为重要的贡、贸物品，无疑提高了狩猎经济的地位。不可忽视的是，这种短暂的发展并不十分稳固，狩猎不可避免地要受其他诸如自然环境、政治发展等条件的制约。诸多制约条件下的平衡一旦被打破，狩猎经济的地位又会发展变化。明末清初，随着互市、朝贡贸易的作用的弱化，以及蒙古地区农业的发展，使得蒙古族经济呈现出且耕且牧、且牧且猎，尤其是如河套等宜农区出现了耕牧猎相结合的经济生产方式并开始逐步稳固下来。

清朝政府一直对蒙古采取怀柔和羁縻政策。一方面，利用蒙古各部矛盾，划分游牧区域，同时隔绝与中原汉地的交往；另一方面，重视蒙古地区，建立了一整套完善的赡养和救济政策，使得蒙古在自然灾害或饥荒之年得以稳定。杜绝了千百年来，蒙古高原因自然灾害或战争等难以生存，少数民族部族而南下寇略的条件。还进一步在蒙古因地制宜地推广农业，保证蒙古地区能够自给。以上治蒙政策极大地改变了蒙古地区的经济结构，大规模的游牧区域被盟旗制度的限制而缩小，农业的推广和完善的救济制度使得蒙古地区逐步变成了半农半牧为主体，农业、半农半牧、游（畜）牧业相互依存的经济结构。[①]此时，狩猎的经济职能已经淡化，逐渐演化为一种社会习俗。

狩猎经济之所以能够长期存在，这与狩猎对象取之自然、受到政治等因素影响较小有关。这一定程度上弥补了畜牧业和农业面对自然灾害的脆弱性，狩猎经济对蒙古族赖以生存的畜牧业经济以及后来发展起来的农业经济都发挥着独特的辅助作用。但狩猎经济又受限于自然环境承载量等因素，导致其补给能力十分有限，而且并不十分稳定。到明清时期，随着农业经济的推广和发展，半农半牧的经济方式逐步形成稳固，加上清代逐步完善的蒙古赡养政策，让蒙古族在天灾、战争之时能够得到及时救济，使得狩猎的补充作用不能发挥出来。另外，得益于蒙古地区的赡养政策，农牧业经济获取得长足发展，相比之下，狩猎经济在蒙古族经济结构中的地位已经衰落。因此，狩猎经济在明末以后的社会生产中渐渐淡化。

---

① 刑莉：《内蒙古区域游牧文化的变迁》，中国社会科学出版社2013年版，第421页。

总之，清代对蒙古族的赡养政策中除了赈济之外，推广农业是一项很重要的政策。与明代推动内地汉族群众在内蒙古地区进行垦种推动农业发展不同的是，清代积极鼓励和支持蒙古族在宜农地区进行农业生产，而且建立起了一套比较完整的推广机制，包括前期的试点、中期的扶持政策，出现灾害后及时的救济等，都保障了蒙古地区农业的发展，同时使得蒙古族农业在蒙古族经济结构中的地位更加稳固。清朝统治者运用鼓励农耕和扶持畜（游）牧业的手段，加强了农牧业经济的联系，改变了蒙古高原游牧经济结构，导致逐步形成了农业、半农半牧、游牧业的经济形态互相依赖。尽管面对自然灾害的抵御能力依旧不足，但是清王朝的高效完善的赈济政策刚好弥补了这一不足。更为重要的意义在于，清代依靠对蒙古的赡养政策，不仅成功地避免了北方游牧民族因困厄而南下寇略中原的历史规律，而且通过赈济加深了对其清王朝的依赖，对民族团结和维护国家北部边疆稳定有具有重大的历史意义。

清王朝的统治政策可以说对蒙古族影响是巨大的，经历自 17 世纪以来到清朝灭亡，260 多年的历史对传统的蒙古族政治、经济、社会结构和思想文化等领域的改变也是不言而喻的。但对清代蒙古族狩猎经济而言，能够长存在于蒙古族社会经济中的一个重要原因是其取之自然，对畜（游）牧业、农业等都有一定的补充作用。最重要的是狩猎经济受政治、自然灾害等方面的影响较小，在蒙古族政治和军事失利或受到自然灾害之时，可以作为临时的度荒手段。清代对蒙古赡养政策的建立和成熟使得狩猎经济的作用日益淡化。

三　晚清民国以来的蒙古族狩猎经济

1840 年，随着第一次鸦片战争爆发，清王朝被迫打开国门，中国历史自此进入近代阶段。西方殖民势力的步步蚕食，使中国一步步沦入半殖民地半封建社会，成为世界资本主义市场的原料提供产地，在边疆地区清朝的统治力量日趋下滑，沙俄将触手伸入蒙古族地区，给近代蒙古社会带来诸多影响。在经济上，资本主义势力的侵入和商品交换关系的发展，破坏了原有的封建领主制经济，畜牧业和其他部门的商品生产有所扩大化。随着清朝放松对蒙古族的封禁，内地商帮大量进入蒙古地区开展贸易活动，逐渐形成了"京帮"和"西帮"两派。"京帮"是聚集在北京永定门外从事蒙古货物贸易的商业团体总称，他们的商号从张家口延伸到多伦、恰克图等城镇，盛时有五六十家。"西帮"的势力则更大，他们以山西祁县、太原、大同等地的商人为主，早在清初就随军队进入到蒙古地区，势力遍及内、外蒙古，资本雄厚，同沙俄商人也建立了联系，民国时期"西帮"在蒙古地区的商号达到四五百家。它们把内地生产的布匹、绸缎、茶叶、粮食、瓷器、金属器皿和金银首饰等物品输入蒙古，换回牲畜、皮毛、药材和野兽皮裘等物品运回内地销售，每年的交易额达数千万银两之多。

　　1860年之后，中俄签订了一系列不平等条约，沙俄获得了在内、外蒙古和新疆贸易不纳税的特权，俄国商人跨过阿尔泰山到乌里雅苏台、科布多开设商栈，竭力与中国商人争夺贸易主动权。到19世纪末，俄国在蒙古地区的贸易额逐年增长，外蒙古人向俄国输出的畜产品增加了6倍以上，出口货值达800万卢布。俄国人更利用条约在张家口等地开设银行，他们利用蒙古地区币值不一、交通不畅的特点大肆发行纸币，操纵物价，套取黄金白银等贵金属，又向蒙古王公贵族放贷，利用附加条款大肆掠夺牲畜、皮毛、矿产和森林资源，进一步控制了蒙古地区的经济。

　　沙俄的凶残掠夺刺激了蒙古地区脆弱的经济生态，改变了旧式的供需关系，动物毛皮的出口量激增使得狩猎成为有利可图的事情，蒙古地区以外的人开始进入蒙古地区打猎，一些蒙古族人也加入到狩猎风潮当中，因这一时期国家积贫积弱，没有力量对原有的狩猎秩序施加影响，当时的人们也没有意识到过度捕猎的危害，导致了情况持续恶化，过度狩猎对蒙古地区的生态环境造成了相当负面的影响，直到新中国成立人民政府颁布相关法令，情况才得以好转。

　　中华民国成立之初即已效法西方建立法律法规，并逐渐推进健全完善，民国三年（1914年）北洋政府农商部颁布中国历史上第一部专门针对野生动物问题的法律《狩猎法》，明确指出受保护之鸟兽，一律禁止狩猎；出于学术研究等原因的情况，经警察官署核准的则不在此限。狩猎法确定狩猎期为每年10月初至次年的3月底，并划定禁猎地点，严禁采用炸药、毒药、剧毒药或陷阱捕获鸟兽，对违法者处以罚金。民国十年（1922年）又公布了《狩猎法施行细则》。细则要求各地方官署应将该地保护鸟兽之种类分别列表，各按程序转报农商部备案后，在各地发禁捕的布告。狩猎者必须申请获得狩猎证书，所用的狩猎器具要遵守各地方所规定的种类及限制。民国时期的历届政府虽然制定了保护野生动物资源的法律法规，但大都变成一纸空文，在蒙古族生活的地方更是如此，保护法规和措施从来未能认真实行。

第三章　蒙古族狩猎经济文化类型

蒙古高原的经济形态演进始终伴随着生产力水平的发展与气候地理环境长时段的变化，换言之，蒙古族对经济方式的选择是主、客观两方因素共同作用的结果。前者在纵向历史阶段中得以表现，史学研究者常以不同的社会发展阶段将其区分；后者则属文化人类学关注的范畴，即在一个长时段内考察居住者与生存环境的互动关系，以及在此关系中产生的文化表征。经济是文化的重要表征之一，分布在蒙古高原不同区域的蒙古族对其生存环境的适应与调整，形成了各具特色的蒙古族狩猎经济文化类型。

第一节　草原狩猎经济文化

一　经济文化类型的概念

狩猎活动曾经是人类获取生存物资的主要手段，也是人类社会发展初期每个民族繁衍壮大的必经阶段。人类的早期阶段通过猎杀小型动物和采集食物维持物种延续，到40万年以前，才发展出追捕大型动物的技术，通过使用火、陷阱和其他工具，人类增强了生存能力，并在狩猎活动中发展了社会组织功能。狩猎经济在人类社会形成的早期起到如此重要的作用，以至于后来的某些人类学家对此抱有深深的敬意，他们认为采集狩猎的生计方式无疑是人类历史上最成功的经济活动，狩猎民族并非如现今想象的那样贫困，他们实际上在"丰裕"社会中悠闲度日。在进化论者看来，这种看法令人感到费解，狩猎采集当然是极度粗放的生计方式，原初社会的成员无法保证每天都获得猎物，特别是寒冷的冬季，人们为了食物历尽艰辛，这样的生活很难以悠闲概括。以上两种差异巨大的认识基于不同的观察体验得出，或许我们应当引入一种理论进行解释。

经济文化类型理论是苏联著名民族学家托斯托夫、列文和切博克萨罗夫在20世纪50年代提出的一个民族学理论，苏联学者把经济文化类型定义为居住在相近自然地理条件下，具有相似社会发展水平的各个民族在历史上形成的经济和文化特点的综合体。其主要内涵包括：经济文化类型是经济和文化相互联系作用的综合体；经济文化类型在空间上超越了地区性；每一类型的文化特征首先取决于该类型所处地理条件所规定的经济发展方向；经济文化类型是历史过程的产物，随着时代变迁产生更替或进化现象；各种经济类型产生时间不同，有各自的历史年龄。[①]1957年，切博克萨罗夫在北京中央民族学院讲学期间与中国著名的人类学家林耀华一起合作完成《中国经济文化类型》，这篇论文首次将经济文化类型理论运用于中国民族研究，经过多年研究和实践，最后中国学者对该理论进行修订，重新给予定义。"经济文化类型是指居住在相似的生态环境之下，并操持相同生计方式的各民族在历史上形成的具有共同经济和文化特点的综合体。"[②]新定义用"相似的生态环境"替换了"相近自然地理条件"，用"相同生计方式"取代了"相似社会发展水平"，更加突出了人类与环境的亲密关系。至于用生计方式替代社会发展水平，有学者提出了不同看法。

李伟等学者认为："如果将人类社会作为中心体，那么'生态环境'与'自然地理条件'即为同义词的等义置换。如果将中心体定义为某一具体民族，则生态环境必将族际间人的交流关系包含在内。姑且不论各族间相互交往的程度、强度、速度是否具有相似的可能、是否具备分类的可操作性，仅就经济文化类型概念提出的本意而言，用生态环境取代自然地理条件就已经背离了经济文化类型理论的初始思想。所以用生态环境取代自然地理条件无疑是扩大了这一分类概念中首要条件的外延，所表达的语义必然模糊不清。而社会本身即为一事理系统，宏观的描述、定性的判别本身就构成民族学的语言环境。如果将'生计方式'理解为谋生手段，并以此取代'社会经济发展水平'这一限制条件，则大大缩小了其内涵。"[③]邓

---

① 林耀华主编：《民族学通论》，中央民族大学出版社1997年版，第80页。

② 林耀华主编：《民族学通论》，中央民族大学出版社1997年版，第86页。

③ 李伟、杜生一：《对经济文化类型理论的再认识》，《兰州大学学报》2002年第5期。

红等学者则认为，我国学者在对经济文化类型概念进行修改的时候并没有充分注意到苏联经济文化类型理论的研究重点，硬把"精神文化"和"工业文化类型"引入理论的实践当中。通过改变原来概念中的两个限制条件——自然地理环境和物质生产方式的外延，人为地强调了人与环境之间的关系，侧重从经济学角度研究民族问题，或者单纯地探寻不同民族在不同的生态环境中产生的文化特质，并没有将原有的研究推向深入。换言之，就是修订后的概念违背了原理论的研究初衷，降低了其实践结果的参考价值。①以上的争鸣对经济文化类型概念的界定起到了积极作用，但经济文化类型作为一种分析工具和理论方法，应用于不同研究对象之时是否应做适度调整，随着人们对理论方法的认识加深，对理论本身的发展也会产生影响。苏联学者在经济文化类型理论之后又提出"历史民族区"的概念，用来补充前者因过于强调物质文化而忽略了精神文化对一个民族的影响。中国学者通过转换表述方式表达了同样的意思，不再单纯强调地理环境和民族二者的相互作用关系，而是把民族、文化与生态三种因素结合起来加以考量。杨庭硕在《民族文化与生境》中提出：一个民族的自然环境与社会环境，组成了一个纷繁复杂的物质与精神的随机组合。每一个民族为求生存就必须凭借其自身文化，向围绕其外的自然和社会环境索取生存物质，或者寻求精神上的支持来换取自身的存续和发展。在求存和发展过程中，行为主体是民族本身，该民族特有的文化成为加工工具，自然环境和社会环境则成为加工对象。经过加工后的对象变成了与该民族文化相适应的内容，能够为行为主体所利用的外部空间体系。这个经由特定民族文化加工，并与特定文化相适应的外部空间体系，包括自然和社会两大组成部分，叫作该民族的生存生境。它与一个民族所处的客观外部环境之间有着原则性的区别，这是由它的特征所决定的。民族生存生境具有三项特征：首先，民族生境具有社会性，因为一个民族对其客观外部环境利用有限度，不可能百分之百地利用到。他们只能按照本民族自身的文化特征，有选择地利用外部环境中容易利用的部分。其次，生境具有了文化的归属性，因为生境的社会性根植在本民族的文化中，与民族文化中其他组成部分共同作用。最后，受民族生境的文化归属性影响，这个民族与周边的外

---

① 邓红、李天雪：《对前苏联"经济文化理论"的再研究》，《广西民族研究》2006年第3期。

部环境中其他组成部分的关系呈现出层次性差异，这种差异就是该民族生境的系统性。①民族具有主观能动性，在外部环境的限制或者影响下，一个民族不是被动地适应环境，而是主动作出选择，文化是因选择而呈现的结果。因此出现了在相近自然地理条件下不同的民族文化类型，这些民族也许在生计方式的选择上有微小的差别，但在整个民族文化的呈现上具有各自鲜明的特点，这也就有力地弥补了单纯套用经济文化类型理论所不能解释的案例。

经济文化类型也是一种认识工具，通过运用该理论对民族文化进行分类，有助于深入认识该民族的文化。林耀华先生将我国少数民族分为渔猎采集经济文化类型、畜牧经济文化类型和农耕经济文化类型；学者张海洋将各个民族的经济文化分为狩猎采集、斯威顿耕作、畜牧、农业、工业五大类；学者李毅夫等人又有七种经济文化类型分类法，即分为原始渔猎类型、游牧类型、刀耕火种农业类型、锄耕山地农业类型、畜耕灌溉农业类型、机耕农业工业类型、现代工业农业类型。分类的标准不同，所分的类别也出现很大差异。蒙古族因为战争、迁徙、融合等缘故分布得相当分散，在生计方式的选择上多有变化，若不考虑时代因素，仅就狩猎经济这一经济文化类型而言，可粗分为草原狩猎经济文化、森林狩猎经济文化和渔捞经济文化三个子项类型，渔捞经济文化较为特殊，它通常与森林狩猎经济方式紧密联系在一起，但是在草原地区的河流和湖泊沿岸，蒙古人仍然沿袭了先民的传统做法，将捕鱼作为一种重要的经济补充。

二 草原狩猎文化的物质基础

经济文化类型的内容由物质基础、社会组织形式及制度和意识形态组成，这也囊括了文化的全部组成要素。草原狩猎文化类型是蒙古族狩猎文化类型的子类型中最主要的类型方式，其物质基础包括狩猎场所和狩猎工具。蒙古高原分布着各类草原，如依照气候和降水量不同形成的高原草甸、被河流平川分隔的优质草原和植被稀疏的荒漠草原，不同的草原繁衍的动物也不尽相同，高原草甸上多善于攀缘的岩羊、山羊，平川草场上有善于奔走的野马，荒漠草原则生活着能够极度忍耐饥渴的野驼，小型动物

---

① 杨庭硕：《民族文化与生境》，贵州人民出版社1992年版，第21—35页。

如土拔鼠、野兔等，蒙古族先民最早驯养的牲畜与它们的生长环境紧密联系在一起。起初的狩猎是个体行为，草原上地旷人稀，上古时期野生动物数量较多，凡是能够获取猎物的地方均是狩猎场。等到蒙古高原上出现了政权组织之后，阶层分化出现了，某些优质的猎场成为普通猎民的禁区，上层权贵则定期于中狩猎嬉戏，有的猎苑面积十分惊人。

蒙古族是擅长狩猎的民族，在长期的狩猎活动中他们形成了对地理环境和猎物习性的丰富知识，能够因地制宜地使用各种工具进行狩猎。在草原上，蒙古族最常用的猎具无过于弓箭。弓箭的出现远早于蒙古族的形成，蒙古高原上大量出土的青铜箭镞证明"蒙古的青铜时代的器具反映了以狩猎为主的部落所拥有的的物质文明"。①蒙古族的弓箭具有鲜明的民族特点，他们制作的弓被称作复合弓或者反曲弓，弓身大约有90多厘米，主体部分由木头削制而成，弓身的外缘由动物的腱覆盖，弓身的内缘用野兽或者家畜的角制成，据说这种弓在公元1000年前后被发明出来，并迅速风靡、传播广泛，史料中有鲜卑人粘贴牛角做弓的记载。而实际的发明历史恐怕要更早，蒙古人对自己的工具十分珍视，即使损坏也不会随意丢弃，复合弓或许就是在修补残损的猎弓时被发明出来，猎人们很早就认识到兽角具有一定的弹性，而野兽的筋腱不仅具有弹性，经过加热还是很好的黏合材料，于是他们把兽角置于木弓内缘，用腱来作为黏合剂，在重要的受力之处缠缚兽筋，做出的弓伸展挤压性能较之前大大增强了。弓弦材料也经过多种尝试最终确定了皮质，经过处理的皮条不仅结实耐用，手感也优于其他材质。经过长期的磨合和改良，猎人们掌握了这种工具的最佳配比，他们同时也成为熟练的工匠，将复合弓推广到整个蒙古高原上。明代的萧大亨在书中详细记录了复合弓的做法："弓以桑榆为干，角取诸野牛黄羊，胶以鹿皮为之。体制长而弱，外若六钧三石之强也。矢以柳木为之，粗而大，镞以铁为之，有阔二或者三四寸者，有似钉者，有似凿者。然阵中人不数矢，矢不虚发也。弦以皮条为之，粗而耐久也。其弓弱，其实强，彀之极满。至二三十步发之，辄洞甲贯胸，百不一失，但不能射于五十步之外。"②复合弓性能优越，射程可达到400多米，在运动加速中的

---

① ［蒙古］贡格尔：《喀尔喀史》（下册），民族出版社1991年版，第465页。

② （明）萧大亨：《北虏风俗》，载薄音湖、王雄编《明代蒙古汉籍史料汇编》第二辑，内蒙古大学出版社2006年版，第249页。

穿透力很强。蒙古族的箭就地取材，多以桦木削制，箭头以金属打造，镂空的箭镞减小了空气阻力，因而速度更快，蒙古猎手还在箭头上涂上草乌制作的毒药以杀伤大型猎物，这种弓箭的出现对提高狩猎成绩具有相当重要的意义。13世纪的宋人彭大雅目睹了蒙古高原上的日常生活，在其笔记中记录说蒙古人"三岁索维之鞍，俾手有所执射，从众驰骋；四五岁挟小弓、短矢；及其长也，四时田猎"。[①]意大利传教士柏朗嘉宾也说："蒙古男子除了从事造箭或者照顾畜群的某些轻微劳动之外，一般不参加任何劳动。但他们有时也从事狩猎和练习骑射。他们所有人，从最为幼小者到比较年长者，统统都是优秀的射手。"[②]与其他山林狩猎的民族选择用弩箭相比，蒙古族复合弓的射速可能不及弩，但胜在射程长远，因为在草原上野兽视线没有遮拦，为了弥补速度上的差距，防止猎物迅速逃走，加强弓箭的射程就十分必要了，这也是适应外部环境的一种最优选择。

与弓箭配合使用的一种投掷猎具叫作扎枪，与长矛相似，也是一种古老的武器，扎枪的木柄比战场上使用的长矛短，这是为了便于携带，扎枪的金属头很尖锐，与野兽近身肉搏时候可以作为防身工具，且在较短的距离内投掷扎枪造成的伤害大于弓箭，狩猎效果更好。

蒙古族狩猎工具中还有一种较有特色的狩猎工具，叫作布鲁。蒙古语词典中解释为"一头有疙瘩的短木棍"、"可击打和棒打的木棍"或者"有弯头的木棍"。蒙古族使用的布鲁有好几种，名称多且复杂，没有挂件的叫翁吉布鲁，有挂件的叫都经布鲁。我们在博物馆中见到一件斜扁布鲁，弯度比较大，棍面宽而扁平，上面没有金属镶嵌物，这种布鲁可以用来投掷，运行弧度大，利用空气回旋原理可以有效命中猎物，犹如澳洲原住民使用的飞去来器；图古立嘎布鲁和海木拉布鲁是在弯曲的顶端刻出两道槽，用铅及其他金属灌铸形成箍环，或者在弯曲的柄首镶嵌锡铁做成的头，这似乎是原初居民使用的带柄石锤的升级版，用以击打野兽，也能用来防身。还有一种洪熬布鲁的弯头上钻着小孔，一端用皮绳拴在孔上，绳子另一端绑系球状的金属物件，这种布鲁重量很大，可以用来击杀黄羊、狐狸和狍子一类较大的野兽。据说布鲁在1300多年前成为蒙古族狩猎和

① （南宋）彭大雅撰：《黑鞑事略》，明嘉靖二十一年宋刻本。

② 耿昇、何高济译：《柏朗嘉宾蒙古行纪鲁布鲁克东行记》，中华书局2002年版，第44页。

防身的工具，具体出现的时间已不可考，但其前身应是早于弓箭出现的。布鲁的使用方式无非手持和抛掷两种，抛布鲁一般用来对付奔跑中的猎物，后来发展成为蒙古族一项传统的体育项目，通常在山水祭祀、敖包祭典仪式后举行的比赛活动中能够见到。布鲁的制作工艺不复杂，却可以做出不同特色，是蒙古族群众心仪的实用工具，蒙古家庭每户都存有好几把布鲁。

地弩，蒙古语称为撒阿里，系由弓箭发展而来的狩猎工具。这个猎具是蒙古族先民发明弓箭之后，掌握了精湛的射箭技术发展而来的，它的作用原理依靠机括，当野兽经过地弩埋设的路线时，触动了机括上的导线，机括发动导致飞箭射中猎物。与地弩相近的另一种工具是签子，用竹子或柳条做成，一端削尖另一端埋在野兽经过的路上，利用天黑或者草丛的掩护刺伤野兽，签子一般会设置好几道，用来捕猎野兔之类的小动物。

套索，蒙古语叫作哈吉，是一种古老的捕猎工具，居住在草原或者戈壁的蒙古族狩猎者常用它猎取黄羊、兔子一类动物。与之相似的是称作斡个西的套网。蒙古各地制作套索或者套网的材料和方法都有差异，常用的是木、石、皮绳，以套网为例，一般由两根立起来的木杆架起直径大约70厘米的网兜，兜子口用一根长绳做套，当猎物经过张开的网兜触套入毂则很难逃脱，也有一说套索能打断或打伤猎物的腿。

猎夹，蒙古语叫作哈布哈，用铁制成，适合在草原和戈壁地区捕猎各类动物，是常用的狩猎器具。"用于猎鹿的猎夹子的架子低环呈四边形，系有两条铁链的锚钩，夹弓粗宽，夹簧又长又宽且很坚固。所以要根据捕猎的对象而确定制作铁夹的大小、弓力的强弱、锚钩的轻重。在我的家乡台吉乃尔蒙古地区，20世纪80年代初还在用哈布哈米捕捉猞猁和狗熊。此猎具由底圈、弓、簧、踏板、铁链和锚钩等部件组成。使用时，猎夹子埋在野兽过往的小路或洞口，依其形状挖成小坑，将猎夹子安置于坑中，并用马粪和软土盖好。野兽只要踩到踏板，别弓脱落，半圆形铁环片合拢，将野兽的腿夹在中间。"①猎夹后的铁锚是防止大型动物拖动夹子逃走而设计的装置，具有蒙古地方特色。

---

① 僧格：《人类学视野下的蒙古狩猎文化》，民族出版社2015年版，第265页。

三　草原狩猎文化的组织形式

随着狩猎工具的不断更新，蒙古族狩猎技术日臻纯熟，在个人狩猎基础上形成了目的明确、组织严密的多人合作狩猎形式，以生计为目的组织逐渐发展成为初级社会组织，狩猎在蒙古社会缓慢的形成过程中扮演了重要的角色。根据民族志材料我们知道当下的蒙古族猎人如何进行狩猎合作，从中亦可管窥狩猎组织发展的每一过程。

最初的合作是围捕中等大小的野兽，这些兽类或者善于攀缘奔跑，或者天性狡猾，又具有一定攻击性。例如猎取狐狸，人手不需要多，但要有一名熟悉狐狸生活习性的猎手作为领导者，安排大家统一行动。当发现狐狸踪迹后，众人先发出呼喝，分头从四面包抄，把狐狸向一个方向上赶，另一些人守在狐狸奔跑来的方向，差不多时一起现身呼喊，狐狸受惊后掉头逃走，这样反复几次，使狐狸精疲力竭就容易被捕到。正所谓困兽犹斗，当包围圈渐渐缩小，狐狸凶性暴露，这时贸然上前有受伤之虞，猎人放出猎犬与之周旋，待二者缠斗之时，猎手再上前用布鲁或弓矢致其死命。捕猎黄羊也是一样，有经验的猎人将目标锁定带头公黄羊，采取分段追击的办法，黄羊虽然善跑，但猎人们轮番追击，黄羊得不到休息，很快就会力竭，这时埋伏在附近的猎人突然出现便可一举成功。参与合作的猎人越多，投入的狩猎成本也越高，所获猎物必然要值得投入那样多的时间精力，所以大型围猎必然是针对大型猛兽或者兽群发生。围猎是一个大工程，需要精确设计和稳步执行，对组织要求更高。围猎前要准备好马匹、猎犬、猎具，要有组织者计算参加人数和围猎范围，告诉猎人担负的任务，若干人负责某一围段，要求在约定的时间聚围合拢，如果个人恣意妄动，大声呼喝或者随意动手先打了猎物，破坏了围猎计划大局就会招致众人谴责。围猎开始后，猎人们逆风而行，先形成一个较大的包围圈，然后逐渐缩小范围，通过合围、整围、轰围、紧围等一系列环节使得猎物惊惶恐惧、疲于奔命，最后束手就擒。早期的围猎组织由氏族首领或者大家公认的聪明善猎者领导，他带领众人成功围猎之后可获得"阿巴图布齐"称号，意为"坐中者"，即大家公认他在狩猎中的领导地位。除了指挥者，还要有前期探查野兽踪迹的"扎黑兀勒"，为猎队带路的"嘎札尔齐"，以及负责两翼合围的执行者，称为

"苏布格""吉古儿"。两翼之众后来在蒙古辞书中多次出现，"狩猎的两边叫奥忒"，"奥忒，眼之前部、狩猎先锋部、往巢穴小洞里灌烟火等，在秤杆上指示斤两，瞄准时缺口对准星……"。①被称为奥忒的两翼猎手负担着围猎中大多数工作，起到中坚作用。

　　为了使狩猎活动有序进行，在狩猎活动中逐渐形成了大家共同遵守的习惯和规则。蒙古各地关于狩猎时间的规定不同，元代蒙古统治者规定春季不得行猎，《通制条格》里以正月到七月为限，认为这时段里野兽的皮和肉都不好，而且是兽物怀胎的时间，只准在九月到十一月这三个月进行捕猎。《元典章》里也规定从正月初一到七月二十，谁要是在这期间打猎就是违反法律。冬季人们闲余时间较多，一般打猎也安排在这个时间，民间有"九月狐狸十月狼"的说法，意思是初冬打猎正合时宜。元代蒙古皇室有"冬狩"的习惯，名臣耶律楚才曾作《癸巳扈从冬狩》记录他随从窝阔台汗打猎的场景，诗里写道："天皇冬狩如行兵，白旄一麾长围城。长围不知几千里，蛰龙震慄山神惊。长围布置如圆阵，方骑云屯贯鱼进。前群野马杂山羊，赤熊白鹿奔青獐。壮士弯弓殒奇兽，更驱虎豹逐贪狼……"一次围猎捕杀的猎物堆积如小山，为使动物恢复元气以便来年有兽可捕，春季禁猎当然十分必要。但在科尔沁地区，"每年春季为狩猎旺季，狩猎旺季一般从农历正月十六开始到五月十五日止，在这个季节狩猎达要根据自己掌握的野兽（猎物）的活动规律及天气情况布狩猎日期，狩猎日期一般选定在每月的一、三、五、七、九或一、五、九日，狩猎日一旦确定，狩猎活动要按确定的日期和有关要求进行"。②大概春季围猎与蒙古族打狼的活动有关，虽然蒙古族狩猎习俗有不打哺乳期动物、不打幼崽和怀孕的母畜的规定，但打狼是个例外，春季是狼繁殖的季节，猎人们采用包围策略将狼群控制住，年轻人策马冲入狼群，用套马杆套住狼脖子将其缢杀，或者挥动布鲁将其击毙，更有勇敢的人用随身蒙古刀将狼捅死。除了打狼围，还有熏狼洞、掏狼崽的行动，对母狼和狼崽也绝不留情。

　　猎物分配是围猎活动结束后最紧要的工作，蒙古族对于猎物分配有约

①　［蒙古］释迦编：《蒙古语词详解辞典》，民族出版社1994年版，第121页。
②　白德林：《蒙古族的狩猎文化考述》，《内蒙古民族大学学报》2006年第2期。

定俗成的方式，小型猎物一般谁打到就归谁，猎人们有时会互相赠送猎物表达友好之情。大型猎物分配按贡献大小来处理，例如分黄羊，贡献第一名的得到肩架部分，第二、第三名得到后腿，第四、第五名得到前腿，第六、第七名索要脊背肉，第八、第九名索取肋骨部分，再往后的分到内脏，亲手打死或者生擒黄羊的猎手还能得到羊头和整张羊皮。当众人产生纠纷之时，一般要进行调解，调解无效的情况下找一个老人或者小孩讲清条件，由中间人把猎物摆放在一定的距离之外，叫有争议的双方轮流用自己的布鲁打三次，全中的可以得到猎物，如果双方都是三次不中，猎物就归老人或者小孩所有。蒙古族风俗淳朴，一般见到别人在兽道布置陷阱、兽夹、索套后就不会再去重复布置，见到带伤垂死的野兽，如果猎物身上有别人的箭矢，也不会把它据为己有。对盗取别人猎物的行为大家十分憎恶，轻则受到谴责，重则勒令赔偿家畜，惩罚极重。

四　草原狩猎文化的深层意识

　　蒙古族狩猎文化是蒙古族传统思维方式在现实生活中的反映，体现出他们对所居环境的认识，这种思维方式反过来长期影响着蒙古族的精神生活风貌。狩猎活动是各种复杂因素综合作用的结果，即使在狩猎技艺和器具发展到十分完备的条件下，猎人们也不能确保每次出猎都能得偿所愿，更遑论更早期的狩猎行为，在无法归纳总结出猎获规律的情况下，人们需要寻求一种解释以使自己安心，原始思维的抽象能力有限，人们往往将复杂事项的概率简单归结为一种神秘力量主导的结果，于是山川、河流、岩石、森林乃至各种大型动物都有了背后的神灵，人们相信通过向各方神灵祈祷，博得他们的欢心，获得他们的首肯，便能猎取到野物。在狩猎前举行的献祭和祝祷，就是这种心理的现实反映。蒙古族猎人在出发前都要举行相应的仪式，包括奉献祭祀的牲畜和奶酒，献祭以后要唱诵"狩猎颂"（昂根仓）或者"苍天颂"（马那汗腾格里仓）。获得猎物后颂唱歌颂山水神灵的祝词，如"阿尔泰山之神啊，您赐给了我一头黄牛啊"，将猎获的荣耀全部归于神灵的恩赐，以避免神灵不悦而影响到下次捕猎。值得注意的是那种抚慰猎物灵魂的颂歌，内容多是推卸猎杀行为的责任或者隐匿其狩猎行为的真正目的，如唱词中把狩猎的责任推诿于猎具的——"山神水主啊，我本无猎杀之意，都是这弓箭在作祟啊"。猎人们在行动之前常举行"血衅"，宰杀野兔、山鸡之类的小动物，用它们的血涂抹箭镞、枪头、刀刃，以此犒劳猎具，把野兔、山鸡的肉投喂给猎狗、猎鹰，希望它们在捕猎中发挥更多作用。在狩猎行为中所举行的各种祭祀仪式深受万物有灵观念的影响，表现出古代蒙古人对待生存环境的价值取向。在深层意识里，狩猎行为的真正主体——狩猎者将自己谦卑地隐匿于神秘力量之后，猎人与猎物都是神灵的附属品，为了得到神灵的恩赐与关照，只能匍匐于自然界众神灵的面前。为了避免神灵知晓，猎人们忌讳说出狩猎约定的日期，取代以马粪球做证或者用星宿等隐喻来代表。猎人非常在意出猎前的吉兆或者说没有凶兆，一起相约狩猎的合作伙伴行动前要避免发生口角，不吉利的言辞或者粗话都不被原谅，甚至猎物的本来名称也成为忌讳，如虎、狼、熊、鹿、狐狸等都有相应的代称，关于狼的隐晦说法在蒙古语中不下十多种。

在狩猎时间上也有趋吉避害的心理，蒙古人认为打猎最好的出发时间是清晨，猎人们天亮之前向大地献洒奶酒，向神灵献上酒肉，然后上马聚集在房子北面，顺时针绕着房子跑三圈，然后径自飞驰向狩猎地点。"出征途中还未至目的地前，如果遇见了猎物，猎人们就会以其猎物种类做出不同的判断，预测此次出猎的吉利与否。一般认为，如遇见狼、虎、鹿则大吉，如遇见狐狸未能猎杀，则凶。狩猎中如猎获鹿、熊，则举行祈祷仪式。猎获鹿时，不得损坏其皮以挂树枝端，对其双角拜扣数三，并口中默诵咒语。猎获熊时，将其头挂于树枝端，并将其面向着猎人住地的反方向。狩猎结束返程时，路上横置树枝三根，并向熊头虚开数枪，背其方向而返。"如果遇到一无所获的情况，要举行"火净化"仪式解除作祟之物或送走晦气，这种仪式一种针对猎人，另一种针对猎犬。猎人的火净是选一处空地，在相隔一米距离内平行地点燃两堆篝火，先让猎人穿过两堆火之间，他的妻子家人手持树枝紧随其后，一边念着"温都塔比"一边用树枝抽打猎人的袍子，认为这样就把不好的运气都送走了。猎犬的火净仪式与前者类似，要用树枝抽打猎犬鼻子，并且要烧焦猎犬尾巴尖上的一小撮毛。汉地年俗也有在正月十五跨越火堆以求吉利的做法，可见对于火焰的崇拜由来已久，其在人们观念中的遗存根植颇深。如果打猎收获丰富，蒙古各地也有一些分送猎肉的礼俗，有的猎人将猎物的带骨的腿肉送给邻居，有的会把精肉穿在树枝上烤熟后送人，这既是一种亲近友邻的善举，也是一种不肯独自享受福气的表示，因为独享的福气很快就会用完。有一种肉是猎人必须留给自己的，叫作"只勒都"，是指猎物的头连同食道一直联结整副心肺的半个腔子。古代的蒙古人认为头部和心肺这一整块腔子是动物灵魂栖居的地方，能够代替完整的动物用来献祭，古代蒙古人获取猎物后是会用心肺挂在蒙古包西南角的木杆上用来敬神的，猎人送出"只勒都"就是把福气一起送给别人了，狩猎的运气就会变差。"只勒都"的习俗在蒙古社会中影响深远，即使到了游牧经济时代，蒙古族牧民在蒸煮牛羊心肺肝脏时也会取一小块来敬神。

第二节　森林狩猎与渔捞经济文化

一　森林狩猎经济文化的物质基础

尽管从目前的文献资料来看蒙古族的狩猎活动多在草原地带开展，但是对于最初的狩猎采集者而言，大草原显然难以维持生活。蒙古高原上的草原位于欧亚大陆中心地带，处于冻土与沙漠之间，地势高耸，受温带大陆性气候影响，降水相对较少并且季节性明显。高纬度再加上高海拔造成本地区季节温差和日温差都很大，这对于刚刚适应粗耕农业技术与还未发展出精密游牧技术的蒙古先民是一个很难克服的障碍，因此森林地带是他们缘起与发迹的主要外部环境。蒙古高原东部的山区栖息着獐、赤鹿、麋鹿、麝、野猪、熊、狼、山猫、黑貂、松鼠、鼬鼠、花鼠、银鼠、豆鼠、獾子、兔等野兽和各种飞禽，羚羊与岩羊广泛分布在岩石突兀的高山地区，高山到草原的过渡地区分布着广阔的森林，各种榛栗与果树能为采集者提供食物，蒙古族先民在一个漫长的历史时期一直生活在山峦和森林之间，娴熟的狩猎技能在这里发展形成。

考古学家对早期农牧业兴起的溯源为我们提供了有益的启发。戈登·柴尔德从环境变化的角度解释说，因为气候发生了变化，动物和人的生存范围被框定在一个小环境内，彼此间关系得到强化，加速了动物驯化的进程。宾福德从物种分布的稀缺性出发，提出在一个环境范围内，由于物种分布数量稀少，所以人类不得不强力介入，用人工技术扩大其分布和产量，早期种植业就是这样发展而来。这样看来，森林地带似乎缺乏发展农牧的动机。森林生态系统比其他生态系统更为复杂多样，换言之，它的营养层级更加丰富，不同层级的生物构成了森林生态系统中的食物链，不同的食物链相互交叉又形成了食物网，食物网向我们直观的展示着生物种类多样性对生态系统稳定性的正向影响。如果在一个相对孤立的局部环境中所有生物种类比较少，那么它形成的食物链也较短，难以形成食物网，或者即使形成也是很简单的关系网络。一旦外部条件发生改变，某种生物减少或变异，食物链将可能会产生断裂，处于高层级的生物因为对能量需求多而可能难以维生，如此该生态系统抗干扰的能力较差。反之，如果生物种类多，食物网关系越复杂，则可替代的食物链关系能够维持食物网的稳定性。人类是森林生态系统中的顶层消费者，由于能够使用火和其他加工手段，他们的采食范围囊括了从低层的菌菇、块茎到高层的大型肉食猛兽。因此处在森林生态系统中的人类生计是恒定的，即使驯化动物，也不是首先从食物角度考虑。

西方考古学家还提出一种理论，认为人口因素是人类生产方式发生变革的主要原因。一方面人口的增长会促进技术进步，人口规模使得集中蓄养动物和种植作物形成效益；另一方面人口扩张造成资源紧张，当每100平方千米人口密度达到1.58人时，单纯依靠狩猎维持生计就不可能了。[①]这也就解释了为什么森林狩猎族群人口始终较低。人类学家研究狩猎族群的溺婴、弃老习俗，对此做出功能化的解释，流动性就是狩猎者的生产方式，照顾老幼必然造成生产者的缺失从而影响整个家庭的生计。就人性而言，狩猎者的这种选择无疑是痛苦的。如果说人类与其他动物的区别在于能够发挥主观能动性进行选择，为何狩猎者不愿改变他们的生产方式？一种考量或许是狩猎者难以骤然取舍，放弃自幼习得的能力技术去尝试未知的生产，对现代人来说也是艰难的抉择，遑论那个时期每日耗费大量时间精力谋食的先民。况且在他们看来，从事农业生产毫无吸引力，原始农业劳动须投入更多精力，从单位时间的能量产出来看，农民的不比狩猎者的更高。除此而外，农业的副作用当时很明显，定居造成了垃圾污染和水质

---

① 陈胜前：《思考考古》，生活·读书·新知三联书店2018年版，第321页。

的变坏，单一摄取碳水化合物造成龋齿等疾病，终日劳作损害了人体关节，扭曲了人的体型，更重要的是改变了观念和性格，习惯束缚并不是人的天性选择。

森林狩猎是人类最初的生计环境和生计选择，蒙古族虽然经历了后世的迁徙，但从森林中学习和适应了的狩猎技能并没有遗失，当环境发生改变，狩猎不能作为唯一的食物来源，他们发展出了畜牧生产经济，并将狩猎作为重要的经济补充。历史上蒙古先民的一部分曾居住在额尔齐斯河、叶尼塞河、贝加尔湖附近的山林地区，他们大部分以狩猎为生。现今仍有一部分蒙古人依然生活在森林或森林边缘地带，他们的分布广泛而分散，人口比例在现今蒙古族中只占很少的比例，容易被忽略和遗忘，但他们的生计方式无疑是蒙古经济文化中重要的部分，透过森林狩猎经济文化可以捕捉整个蒙古族的发展脉络。

饮食是人类维持生存和延续种群的必需品，森林中的蒙古人饮食结构相比草原地区的同胞更为丰富，史籍记载"林中百姓"有一种甘甜清冽的饮料，是用刀在桦树皮上划几道口子，树上就会渗出白色的汁液来，将其收在容器中，不仅老人孩子喜欢，成年人劳累之余喝一碗也能起到解乏的功效。森林中盛产各种野菜和蘑菇，蒙古人采集回来，吃不掉的就晒干，等到煮肉汤的时候放一些干菜和蘑菇干，既能增加香味，也补充了纤维和其他营养。有些野菜具有药用价值，例如，大兴安岭为代表的的山区很容易找到野生山芹和蒿芽一类植物，闻起来有一股清爽而略苦的中药味，能起到清热解毒、健胃消食的功能，可以凉拌、烧汤，是现今森林中的蒙古人还经常吃的蔬菜。不同季节的水果既是重要的补充食物，也是酿酒的原料，在蒸馏技术还未传入蒙古地区以前，果酒是一种老少皆宜的饮料。森林中密布的各类野兽为蒙古人提供蛋白质来源，他们经常食用的对象有山鸡、锦鸡、鼠类、野兔、獐子、狍子、犴、鹿、野猪甚至狗熊，在铁器传入之前，吃肉主要方式是烧和烤，蒙古人至今保留着"炮法"，即将烧红的石块填入剖开洗净的动物胸腔内烧烤。还有一种方法是将猎物切块，用动物的胃翻过来包裹再埋入火堆中烧熟。对一些肉质鲜嫩的部位也可以生食，吃不完的兽肉就切成条状任其风干成为肉脯，当有了适合的容器，把干肉放在热汤里煮一会儿，肉就变得柔软而耐吃了。有的人类学研究者概括说烤肉是狩猎时期的膳食，煮肉是游牧时期的膳食，这种说法并不精确，因为对狩猎者而言煮食所需的条件不容易具备，当结实的铁锅进入森林狩猎民生活，煮食也变得越来越主流。一个人打到的猎物如果太大，就在附近找地方就近储存起来，等帮手和驮畜就位再带回去，这是狩猎社会初期的社会遗风。《史集》中记录了一个故事：成吉思汗为了封赏部将豁儿赤的功劳，赐给他万户头衔，命其管理"林中百姓"，并允诺他可以从中选30个美女做妻妾，导致豁儿赤在秃麻部被扣押，森林中的部落对付他的办法是将他与蓄养的狼关在一起。我们从狗的驯化历史可以推算得知，森林狩猎者是最早驯化犬类的人群。

林中的蒙古人从头到脚穿着以兽皮为主的衣服，皮张剥离后要进行熟化过程，妇女们承担了鞣制的所有工作，在皮子上涂上油脂和水，包起来放几天使皮子变软。用刮刀反复刮掉皮膜和多余的东西，再反复拉伸皮子，直到它变得柔软而有弹性，经过烘烤之后衣服的原料就准备好了。用兽骨磨成的针穿上兽筋搓成的线缝制起来，成为一件袍子。帽子、手套、裤子和靴子，身上的饰品，如纽扣、腰带扣、挂各类随身工具的袋子也是用猎物的骨头和皮子做的，直到后来森林中的狩猎民从平原河谷的农民那里换到布料和铁，他们才用更舒适或者更结实的材料制作服饰用品。12世纪以后，多数蒙古人已经生活在草原上，他们的服饰依然采用来自森林地区的原料，《蒙古秘史》中记载失吉忽秃忽幼年时期，"戴着貂皮帽子，穿着牡鹿皮的靴子，身穿光板皮革用水獭沿边的衣服"。[①]法国传教士鲁布鲁克也在游记里说遍布于北方森林中的臣民为蒙古政权进贡各种皮毛，来自林中的属民穿着色彩艳丽的兽皮衣服，帽子上也有羽毛做装饰。

蒙古族传统毡房——"蒙古包"的形制仍保留了森林狩猎时期的明显特点。从考古发掘看，人类早期的居住方式从山洞巢穴发展而来，由穴居到半穴居，再发展到用木条搭建起架子外层围裹树皮或者兽皮形成棚屋，很多地区的人类学资料都证明了这种类型的住所起源于原始狩猎社会。我们在13世纪的史书中看到，成吉思汗时代的林中蒙古人，"停留之处，他们用白桦和其他树皮筑成敞棚和茅屋，并以此为满足"。[②]"在森林、江河沿岸艰难生存的猎民部落为了使居所坚固稳定，就在居所里面的木杆上用木头制成环状来固定。它有固定三四根木杆的任务。这就大大减轻了要在

---

① 札奇斯钦译注：《蒙古秘史新译并注释》，中国台北：联经出版社1979年版，第129页。
② ［波斯］拉施特丁著：《史集》第一卷，余大钧译，商务印书馆1983年版，第202页。

骨架中的三四根木杆上方用皮条或藤来捆绑，让其他木杆依靠的繁杂劳动。另一方面，将木杆等长的构造改成只留主要的四根，其他的截短。这种形式至今还保留在西伯利亚北部、叶尼塞河盆地的克特氏族那里。"①马可·波罗目睹了忽必烈汗围猎的临时宫帐，他眼中的斡尔朵"每帐以三木承之，辅以梁木，饰以美丽狮皮。皮有黑白朱色斑纹，风雨不足毁之"。②这与森林地区的蒙古族居所区别仅是装饰简易或者奢华而已。

　　驯鹿是蒙古族先民最早驯化的动物，它们主要分布在温带到寒带地区的森林里，皮毛轻盈但是极为耐寒，能食用的植物种类相当繁杂，驯鹿幼崽成长速度也远超越鹿科其他种类，因此它的繁殖是迅速的。虽然驯鹿擅长奔跑，但是在森林中它们的速度也受到一定影响，它们体形较大，性格较为温和，总是成群聚集在一起，容易被猎杀和捕获。驯鹿是森林中的蒙古人主要使用的驭兽，它的负重能力和速度使他深受猎民们的青睐，林区蒙古人使用一种被称为"宝鲁亥"的爬犁，结构简单，可以放上很多物品，套上驯鹿既能拉货又能坐人。除了驯鹿，马、牛和狗也常常用于交通运输中。

二　森林狩猎经济文化中的准则

　　森林中的蒙古人日常生活中遵循着约定俗成的准则，特别是猎民形成了社会组织，人与人之间的关系、人与狩猎对象的关系由一定的规则来确立，这些准则体现着狩猎社会的习俗风尚。

　　猎人之间形成互助共存的关系。猎民社会有着内部自我调节的机制，人口规模受环境资源的严格限制，为了控制人口形成溺婴、弃老等习俗，以达到劳动力的最大节约效果。早期狩猎受技术工具等因素限制，猎人们往往需要合作才能获得足够的食物，相信经过一个较长时间的内部协调，大家在狩猎组织方式、猎物分配方式等方面达成共识，且形成约定俗成的准则，所有猎民社会组织成员认可这种准则并严格遵守，否则就会被排斥在组织之外，那就意味着生存受到威胁。组织成员之间关系日益亲密，互助互利是关系的基本体现。例如，林区蒙古人外出围猎对落单或者掉队的

---

① ［蒙古］达·迈达尔：《蒙古包》，内蒙古文化出版社1987年版，第184页。

② 党宝海译注：《马可波罗游记》，河北人民出版社1999年版，第352页。

同伴，前边的队伍会留下标志指引，在岔路上插一根小木棍，木棍的朝向
表示队伍行进的方向，用木棍倾斜的角度暗示后来者，如果斜度不大，意
思是"我们已经在前边，但是没有走远，你们可以赶上"，如果斜度很大
则表示"我们已经走了很远了，今天你们赶不上了，不用寻找了"。猎人
落单时，如果看到主人不在家的窝棚，可任意借宿。借宿者随意进入屋子
里烤火、住宿，第二天他要离开时会做一个标记，用一根小木棍斜插在门
外，告诉主人有人来住过了。如果他在附近活动，第二天还要来借宿，猎
人也会用一些方式表现，告诉主人家他晚上还会再来。用了主人家的柴禾
或者吃了主人留在家中的食物，借宿者会用其他方式补偿，但如果他没有
这样做，主人家也不会在意。猎人与狩猎对象有着竞争共存的关系，双方
各有活动领域，在不同时间段——狩猎时间与非狩猎时间——体现着竞争
和共存。人类学家史禄国在他的著作中有一段非常有意思的描述："小兴
安岭地区有三个互相竞争的集团：人、虎和熊，如果一只虎占据了某一小
谷地，人和熊就不会再来这里打扰它，一旦受到侵犯，虎就会动武，甚至
伤人害熊，如果对方迁到另一谷地，虎就不会再找麻烦。属于熊的地方，
人、虎也容易从它的窟穴、周围的树木上的特殊记号识别出来，如果人来
迁入，熊也会采用虎的办法，如果熊和虎共争一个谷地，它们先后在树上
咬出一系列的记号，后来者咬的记号高，那是示意叫对手让开，这样反复
几次，得不到解决，最后两强相遇，决一死战，最终解决领土争端。这三
个集团遵守协调关系的共同准则，和平共处。如果谁不遵守这些准则，他
就可能活不下去。人与虎、熊相遇很平常，但决非一遇上就战斗，相反彼
此相安。相斗的事是很罕见的，当一个未带武器的人遇到虎、熊时，它们
通常并不伤害他。当一头熊吃浆果时，妇女就常常同它肩并肩地采集，人
必须熟悉、彻底了解每一个谷地，了解这里的主人是谁，以便决定他可以
到哪里活动，而不招惹其他动物，当然无论动物或人在非常情况下（如饥
饿难忍）都会违反规则，干出'傻事''疯事'，但和平共处是主要
方面。"[①]

　　当猎人们打破和平表现竞争之时，他们的一些狩猎手段经历了一个转

---

　　①　［俄］史禄国：《北方通古斯的社会组织》，吴有刚、赵复兴等译，内蒙古人民出版社
1984年版，第62—64页。

变过程，早期的围猎多采用包围恐吓的办法，将野兽包围在一个山头，四面点火并高声叫喊，野兽在惊恐中四散奔逃，却在猎人的包围网中精疲力竭。用这种方式猎人们一次就可以捕杀到数量可观的野兽，但这方法破坏性巨大，森林有可能被烧毁，野兽也许会元气大伤而不易恢复。在技术工具得到改善以后，猎民组织自觉放弃粗暴的围猎，采用更加巧妙的诱捕方法。鹿哨是众多林区百姓共同采用的捕猎工具，猎人用树皮制作成哨子，模仿母鹿或幼崽的鸣叫声，引诱同类动物自投罗网。《契丹国志》里较早记载说："七月上旬复入山射鹿，夜半令猎人吹角，仿鹿鸣，即集而射之。"清代皇室在热河设立木兰围场，木兰即满语"哨鹿"之意。因为鹿也需要补充体内盐分，它们常在夜晚外出觅食，舔舐河边有咸味的石头。猎人们利用这个特点，在鹿出没的地区挖一个30厘米左右的浅坑，撒上盐再浇水，使地面盐碱化，然后守株待兔，等鹿来舔舐时趁机捕捉。《辽史》中载："每岁东驾至，皇族而下分布泺水侧，伺夜将半，鹿饮盐水，令猎人吹角效鹿鸣，既集而射之。谓舐咸鹿，又名呼鹿。"以狩猎技巧诱捕野兽，凸显了狩猎者的主动性，他们可以根据实际情况选择是否捕杀猎物，如果猎物是怀孕的母兽或者未成年的小兽，猎人们通常会让其离去，是所谓"畋不掩群，不取麛夭；不竭泽而渔，不焚林而猎"。

　　林区蒙古人对赖以生存的自然环境悉心加以保护，森林、水源都不得随意破坏和污染，违反者会受到狩猎社会组织成员的一致谴责，屡教不改的甚至会被驱逐出猎团，任其自生自灭。

三　森林狩猎文化中的意识

　　蒙古先民的思维意识受到其生存环境和经济行为的影响，原始宗教意识产生于对环境的具象认识过程，灵魂观念是其最初的发端。爱德华·泰勒认为，人类由睡眠与梦幻两种生理现象中引发了灵魂观念，他把两者看作某种生命力离开人体采取的独立行动，由于相信灵魂可以独立地离开身体自由活动，进而推论出灵魂不会随着身体的死亡而消隐，这不灭的灵魂被称为"翁衮"。蒙古先民相信除了人的身体可以作为翁衮的寄宿体，其他一切有生命或者无生命的物体也可以作为寄宿之所在，于是产生出种类繁多的翁衮，如树翁衮、草翁衮、牛翁衮、鹿翁衮、虎翁衮、山翁衮、石翁衮、河流翁衮，等等。翁衮是蒙古先民能够理解和把握的精灵观念，人们对它们或有着敬畏的情绪，但远远没有达到膜拜的程度。只有面对自己完全不能企及、不能把握的力量时，人们才会将其具象成为神灵。神灵越多，人们觉得自己能够得到的保护也越大，所以原先的许多翁衮逐渐被赋予神性，山川草木里的各种翁衮变成山神、水神、湖神、河神、树神……

蒙古先民的神灵观念集中体现在萨满教之中。萨满教产生于氏族社会，经历不同历史时期的演变，形成了体系化。众多神灵中被称为"长生天"的至上神地位尊隆，高于其他诸神。"长生天"之下有代表各种自然力的神，称为"腾格里"。蒙古族传说中有99位"腾格里"，排名第一位的称作"蒙克·腾格里"即"长生天"，其下是掌管日月星辰、雷电风火各种神力的"腾格里"，其中的"玛纳罕腾格里"居住在西方，主管狩猎。掌管火的"腾格里"在萨满教里地位较为突出，蒙古人认为，火神是幸福和财富的施与者，并能够祛除邪灵。狩猎民对火神敬畏有加，他们在自家的居所内祭拜火神，到其他友邻家中也是如此。平时吃饭前要先割下一些肉投入灶火，遇见不好的事情要从两堆火中间走过，用以禳解。在西方神话体系中，月神也通常与狩猎相联系，森林中的蒙古人对月亮和北斗星辰同样也加以供奉。山神和树神为狩猎者哺育了众多动物，猎人们遇到悬崖峭壁、深洞怪石和参天大树，都会屏息凝神，不敢高声喧哗，生怕触犯了山神和森林之神，而使狩猎劳而无功。许多充满力量的动物也被神格化，对它们的崇拜虽然不及山川等自然神灵，但在一定时间和场合里仍然给予崇拜。萨满仪式中出现过虎神、鹰神等，他们在萨满教中充当辅助神灵。

《多桑蒙古史》中说："珊蛮者，其幼稚宗教之教师也。兼幻人、解梦人、卜人、星者、医生于一身，此辈自以各有其亲狎之神灵，告彼以过去现在未来之秘密。击鼓诵咒骂，逐渐激昂，至以迷惘，及神灵之附身也，则舞跃瞑眩，妄言吉凶，人生大事皆询此辈巫师，信之甚切。"[①]珊蛮就是萨满，被蒙古人认为具有通神的能力，萨满做仪式时通常戴一顶铁箍组成的帽子，帽子两侧垂下若干编织的蛇状物和各色布条，法衣由狍皮制成，大小与萨满身材相当，鞣去毛皮，染成红色，长度垂膝，袖口剪成穗状。围裙也是整张兽皮鞣制，系以许多铁环和铃铛。萨满腰间挂有大小不一的

---

① 　［瑞典］多桑：《多桑蒙古史》，冯承钧译，中华书局1962年版，第30页。

九面铜镜，有驱吓妖邪的作用。法鼓用牛皮或兽皮制成，法杖用木头制成，上端代表马头，木棒上还系着铁环以及象征马镫、刀剑的铁饰。做法时萨满先进行诵经，继而边诵边舞，鼓声与铜镜的撞击声愈演愈烈，与神灵的沟通便在鼓声中开展。林区蒙古族会在每年春季举行萨满祭司活动，祈求一年里狩猎丰收。如果出现猎物减少的状况，萨满通常要求制作九个男人和一个女人像，再加上一个铁铸猎狗。杀一只羊煮熟用来敬神，萨满边跳边唱："我们向他们表示敬意，我们制作的那些人是北方十三王子的随从和猎人。"据说进行这种仪式后猎物就不会减少。[①]

蒙古族社会所形成的狩猎经济意识是随着生产的外部条件变化逐步产生并深化的，同草原狩猎经济意识相比，森林狩猎经济意识中存留的禁忌习俗更多，森林中的蒙古族对狩猎的依赖性更大一些，从事狩猎经济的时间也更早。环境变化对劳动者深层意识产生的影响比对生计方式产生的影响更深邃。

四　蒙古族与渔捞经济文化

鱼类是狩猎者的一种重要食物来源，渔捞经济是狩猎经济的一种重要补充。蒙古族先民很早就掌握了捕鱼的方法，通常人们会忽视渔捞在蒙古社会经济发展中起到的作用，因为近代以来的蒙古人受藏传佛教某些影响不再捕食鱼类，例如，清初迁徙到青海的蒙古和硕特部，其后代至今也不吃鱼。而早期蒙古文献中则记录了许多渔猎的故事。在《蒙古秘史》中，成吉思汗铁木真年幼时父亲被敌对部族毒害，他与母亲和兄弟遭遇自己部族背叛，不得不沿着斡难河上下寻找食物，铁木真兄弟成长起来后，商议要奉养母亲，"他们就坐在故乡斡难河的岸上，整备了钓钩，去钓有疾残的鱼，用火烘弯了针，去钓折不格鱼和合达剌鱼，结成了拦河网去捞小鱼和大鱼，这样来奉养了他们的母亲"。在那个时期，铁木真和他的家人完全脱离了畜牧生活，依靠采集野果，猎取小动物和渔捞维持生活。铁木真知道把针烧弯后做成鱼钩，也能结成拦河网去捞鱼，说明当时的蒙古人熟练地掌握着渔捞技术，而在游牧、狩猎之余，捕鱼也是经常性的生计活动。他们掌握了鱼的生活习性和种类知识，为不同的鱼取了名字。他们以

---

① 苏鲁格：《蒙古族宗教史》，辽宁民族出版社2006年版，第46页。

部落的生活地域和生计方式区分部众，在后来铁木真的联军中出现"居住在乞勒豁河的渔夫"，可见那支蒙古人是多么擅长捕鱼。

蒙古人的捕鱼技术非常高明，秘史中所说的拦河网制作简易，却是一种高效率的工具。它是将柳树条编织的篱笆拦在河中，顶部留一个缺口，在缺口处系上树皮做成的筐，围成筐的树皮上钻有许多小眼，这样水就可以从网眼流走，而大鱼和小鱼会留在筐中，不费多少力气就能收获不少鱼。蒙古人的鱼叉有两齿、三齿和弯齿的，鱼叉头部是铁制的，齿锋带有倒钩，这样一旦叉到鱼倒钩产生阻力能够防止滑脱，保证把鱼带出水面。弯钩的尾部有眼可以系上绳索，用时钩子镶嵌入一根长长的木杆顶部，再用一根长绳系在杆子一头，另一头系在弯钩尾部的洞眼。见到鱼时，把木杆压到水下面用力向前推，钩到鱼后钩子从木杆前头脱落，猎人回牵手中的绳子把鱼钩拖回来。有经验的捕鱼者观察水面波纹就知道鱼在哪里，他们下钩沉稳，几乎每次都能命中。

蒙古人所在的地方冬季十分寒冷，湖面往往结成厚厚的冰层，但捕鱼者形成一套冬季捕鱼的方法，往往收获更多。位于吉林省西北部的前郭尔罗斯蒙古族自治县境内的查干湖，水域面积420平方千米，每年12月末到2月初，当地的蒙古族群众齐聚湖边，用一种自辽金时期传下来的古老方法捕鱼。冬季的查干湖冰面厚度达到一两米，怎样判断鱼群的位置是非常关键的步骤，一般大家会推选出一位有经验的老师傅，称为"渔把头"，他凭借多年经验从冰面上的积雪形状和冰下的气泡判断出鱼群活动的地点，人们聚集之后用祖辈传下来的渔具开展作业。首先要用冰镩把冰面凿开，这个工具由铁镩头、木柄和提手构成，破冰后用冰崩子把冰块捞上来，直到凿出一个直径三米的冰窟，这第一个冰窟叫作下网眼，从这里向周围布置，四周插上"翅旗"和"圆滩旗"，这一面积确定了捕鱼范围，即"网窝子"，然后沿着第一个下网的冰窟绕着网窝子间隔10多米凿出一个个小冰眼，大概凿出400多个。然后，捕鱼的人们把长达两千多米的长条渔网从冰窟慢慢下到冰面之下，通过400多个小冰眼布置展开，人们把叫作扭矛和穿杆的工具从小冰眼探下去，穿杆是长度约20厘米的木杆，扭矛是前段有长钩的木杆，穿杆放在水下用来带动水下的网绳，扭矛用来调整穿杆走向，慢慢布置出一张水下大网，捕鱼人把渔网前端的粗绳索挂在马拉的绞盘上带动冰下渔网前进，一般从凌晨天没开始亮，干到下午一点多完成布网，当马拉着绞盘把网慢慢拉出冰窟的时候，网中的鱼蹦跳着跃出水面，不久就被冻成冰疙瘩。查干湖冬季捕鱼一次可收获10多万斤的鱼。渔网的网眼是比较大的，避免竭泽而渔，保证来年仍有收获。黑龙江杜尔伯特蒙古族自治县也有一个580平方千米的连环湖，它是由18个连通的湖泊群组成，水域面积很大，由于鱼类丰富，这里的各种水禽十分繁多。水边的蒙古族群众经常划着木船在湖边叉鱼、网鱼。

蒙古地区有名的湖泊还有很多，在内蒙古呼伦贝尔地区的贝尔湖，古代被称作"捕鱼儿海"，又称嘎顺诺尔，湖面海拔583米，面积609平方千米，盛产各类高原淡水鱼。19世纪晚期，俄国人波兹德涅耶夫途经于此留下了一段记载。他说："达里诺尔是蒙古人的称呼，汉人称之为捕鱼儿海，而在古时候，它以答儿海子闻名。据中国人写的《蒙古游牧记》记载，湖方圆有二百华里。骑马小跑，绕湖一周，我们至少花了不下13个小时。……为了捕鱼，汉人每年都从经棚及其附近地区来到这里，我们在这里遇见捕鱼者的帐篷不下70座，散在湖边各处。每座帐篷住6到15人。走进这样的营地，我们见到捕鱼者所捕的全是鲫鱼和鲩鱼，其他鱼根本没有见到。最大的鲫鱼有时重二斤多。捕鱼一般从阴历四月开始，到七月结束，捕到的鱼就地晒干，然后装上600车到800车运往经棚、多伦诺尔和张家口。……到这个渔场来的几乎都是极贫穷的人，他们的渔网差不多都是租来的，而且用渔网捕鱼的人很少，大部分人仅用所谓的鱼篓，即芦苇和树枝编织的往一边收缩的篮子来捕鱼。"[1]从他的游记获知，晚清时期在呼伦贝尔捕鱼的人多是汉族，蒙古人的身影已经看不到了。但在新中国成立以后，人民政府成立国营渔场，为内蒙地方经济创收做出了很大贡献。许多住在水边的蒙古族传承了祖辈捕鱼的技艺，云南省通海县的一支蒙古人后裔，生活在杞麓湖畔，几百年来以农耕作为主要经济生活方式，而捕鱼是他们种地之余最主要的经济来源。

---

[1]　[俄] 阿.马.波兹德涅耶夫：《蒙古及蒙古人》第二卷，刘汉明等译，内蒙古人民出版社1983年版，第393—394页。

第四章　蒙古族狩猎经济构成要素

作为一个完整的生产经济过程，狩猎经济的链条有着自身独特的基本构成要素，这些要素是蒙古族狩猎经济中最具体、最直观的组成部分。本章从狩猎对象、狩猎工具和辅助动物、狩猎方法与技术、狩猎季节四个方面对蒙古族狩猎经济的构成要素做了介绍。从石器时代的考古遗址、岩画及历史文献资料等当中梳理出不同时期的狩猎对象，并对主要狩猎对象做了简介。狩猎工具和辅助动物是伴随着狩猎历史不断更新丰富的产物，特别是弓箭的发明使用和马猎的广泛应用，不仅大大提高了狩猎的技术水平和效率，而且成为蒙古族重要的文化象征。狩猎方法与技术是蒙古族先民在长期的狩猎实践中总结出来的智慧结晶，以围猎为主要特色的狩猎方法逐渐发展成为一种军事组织训练的方式。本章对狩猎的季节安排，猎物的繁殖、保护措施亦做了说明。

第一节　狩猎对象

内蒙古高原按其地貌组合特点，可划分为呼伦贝尔高原、锡林郭勒高原、乌兰察布高原和巴彦淖尔—阿拉善高原四部分。高原边缘的山峦，主要有大兴安岭、阴山山脉、贺兰山等，在群山的包围之中，戈壁像大海似的广大区域，多种野兽栖息在草原地带，是主要的狩猎对象。因自然环境相异和物种分布不同等原因，从事狩猎活动的集团之间也产生了细致的分工，如生活在山地、森林中的以狩猎为生，生活在江河流域的则以捕鱼为生。狩猎对象可以分走兽类、飞禽类及渔捞类三大类。走兽类有披毛犀、牛、虎、狐狸、兔、野猪、紫貂、赤鹿、麋鹿、獐、熊、野猪、山猫、狼、狐、獾、羚羊、黄羊、野山羊、野马、野驴、野骆驼、旱獭、猞猁、雪兔、松鼠、花鼠、鼬鼠等；飞禽类主要有天鹅、大雁、野鸭、野鸡等；渔捞类指各种鱼类。

一　石器及青铜时代的狩猎对象

仅在距今约4万年前的萨拉乌苏文化遗址中，就有诺氏古菱齿象、野驴、野马、披毛犀、普氏羚羊、河套大角鹿、原始牛、王氏水牛、赤鹿、纳马象等哺乳动物种类。[①]其时正处于大冰河时期，林木和水源丰富，所以有水牛、大象的化石。当时的猎人主要猎取羚羊、鹿、大象、野驴、牛等食草动物。[②]在该地发现的动物化石因种类繁多而闻名，其中有哺乳动物33种，鸟类11种，单一种类的数量也不少，仅在邵家湾就发现了300多个羚羊角。[③]所以有人称萨拉乌苏古人为"猎取羚羊的人"。作为我国最早的新石器时代的遗址之一，经过考古学的证明，"鹿、狍和猪是他们猎取的主要对象"。[④]

青铜时代肇始于新时期时代后期，约公元前5000年至公元前4000年。在这一阶段，世界多数地区从采集和狩猎经济转入畜牧业和农业经济。蒙古高原的有些氏族虽然经营了畜牧业，但是由于自然环境和社会实际状况的不同，还普遍地存在不同程度的狩猎活动，蒙古高原的青铜器非常深刻地保留了狩猎文化的共同特征。对在鄂尔多斯朱开沟发现的各层的孢子的分析结果表明，距今约4200年，这里草木繁茂，尤以大型乔木为主，降水量达600毫米；而到距今4000—2800年前时，以松柏等林木和蒿草类为主。出土的有獾子、豹、熊、马鹿、青羊、绵羊、山羊、牛和狗等动物的骨。[⑤]

在蒙古高原分布很广的动物之一是盘羊，蒙古人把这种大型食草群居动物叫"阿日格里"（母盘羊），或者叫做"阿日格里—乌嘎了哲"（母盘

① 王幼平：《旧石器时代考古》，文物出版社2000年版，第94页。

② 张森水：《中国旧石器文化》，天津科学技术出版社1987年版，第8页。

③ 祁国琴：《内蒙古萨拉乌苏河流域第四季哺乳动物化石》，《古脊椎动物与古人类》1975年第4期。

④ 杜金鹏、杨菊华编著：《中国史前遗宝》，上海文化出版社2000年版，第4页。

⑤ 田广金：《中国北方系铁器文化和类型的初步研究》，载《考古学论文集》（四），文物出版社1997年版。

羊、公盘羊）。这种动物不但是猎人生活的主要来源，而且也成为他们以自然和社会为目的的艺术形象的主要题材。在蒙古国南戈壁省就发现了雕有盘羊头形的利刃马刀。

二　岩画上的狩猎对象

在人类发展的初期阶段，由于狩猎工具落后，还没有能力猎杀虎、熊等凶猛的野兽，因此在那个时期被人猎杀的多为鹿、岩羊、石羊、野驴等食草类动物。阴山和乌兰察布岩画中虎、狼、熊等野兽和鹰等猛禽非常少，而食草类动物则反复出现。中国学者从阴山岩画中辨别出40种动物，从乌兰察布岩画中识别出35种动物。[①]作为独特文化现象的鹿石，是蒙古高原古代民族的传统拜石情结的一种表现，也是在世界岩画中以最生动、最丰富而称作的蒙古高原狩猎岩画的内容和形式的继续。鹿是蒙古祖先早期狩猎的主要对象，而且也是最先被驯化的牲畜之一。在蒙古高原的森林地区创始生计的古代狩猎氏族，在冬天风雪交加的森林中找到并驯化了耐饥又相对温和的驯鹿，除了食肉以外还可以骑乘驮驾，寒冷地带的狩猎氏族只用鹿来当役畜。正因为这样，把鹿当作一切生产生活的源泉而将其作为崇拜对象，所以鹿的形象占据了蛮荒时代蒙古高原岩画的大部分时空（见图4-1）。

图4-1　岩画上的围猎场景

资料来源：[蒙古]A.敖其尔：《蒙古地区历史文化文物》，第55图，乌兰巴托1999。

---

① 盖山林：《阴山岩画》，文物出版社1986年版，第429页；盖山林：《乌兰察布岩画》，文物出版社1989年版，第325页。

三 历史文献中关于狩猎对象的记载

在汉文史籍中，常常看到汉地君主特别喜爱北方民族"珍稀皮草""裘皮大衣"的记载。秦汉以来，通过相邻地区之间的文化交流、联姻、互进贡品等途径，蒙古高原的大量牲畜被运往内地，稀有皮革也随之大批量地进入内地。《史记·匈奴列传》中的匈奴，"儿能骑羊，引弓射鸟鼠，少长则射狐兔，用为食"。[1]羊类、鸟类、鼠类、狐、兔子等在当时已经是狩猎的主要对象。

乌桓、鲜卑进行狩猎，除了用皮毛做袍以外，还将虎、豹、貂等的皮毛运到内地做贸易。东汉光武帝的时候，辽西乌桓大人郝旦等送到洛阳的礼品中除了马牛以外，还有虎皮、貂皮、豹皮等汉人非常珍惜的东西。[2]史学家根据柔然相关的文献记载认为："（柔然）狩猎在社会经济中占有相当的比重，他们献给北魏和南朝（梁、齐）的贡物中，除了马匹之外，尽是貂裘貂皮、虎皮、狮子皮裤褶等兽毛皮或毛皮制品。"[3]

元朝君主喜欢狩猎，经常亲临猎场。喜庆宴席更以野味为主，野生动物肉始终被看得比牲畜和家禽的肉更高档。在宫廷御膳中，稀有动物肉仍然占有重要地位。"宫廷御膳先上鹿头汤、熊汤、鹿蹄汤，再续野雉、野兔、公野猪、罕达罕等猎物的肉。"[4]宋朝使臣彭大雅叙述当时的蒙古饮食时说："其食肉而不粒，猎而得者曰兔、曰鹿、曰野猪、曰黄鼠、曰顽羊、曰黄羊、曰野马、曰河源之鱼。"[5]作为猎取对象的还有各种貂、鹅、雁和青鼠、土拨鼠等。蒙古诗人歌颂忽图剌合汗时，将他的手比作"熊掌"。合丹太子说，忽图剌能"打碎豹子的头颅""折断虎的颈"。[6]显然森林猛兽熊、豹、虎也是猎取的对象。

元代宫廷御膳以黄羊、天鹅、盘羊和旱獭为主。黄羊是蒙古高原非常

---

① 《史记》卷一百一，《匈奴列传》第五十。

② 《汉书》卷九十，《乌桓传》。

③ 林幹：《东胡史》，内蒙古人民出版社2007年版，第140页。

④ （元）忽思慧撰：《饮膳正要》卷一《聚珍异馔》，卷二《食疗诸病》。

⑤ （南宋）彭大雅：《黑鞑事略笺证》，载《王国维遗书》第13册，上海古籍书店1983年影印本，第3页。

⑥ ［波斯］拉施特主编：《史集》第一卷第二分册，余大钧、周建奇译，商务印书馆2014年版，第48、51页。

多的猎物之一，所以有些汉文书籍中称其为"胡羊"。它是狩猎的主要对象，而且其肉也成为宫廷美食。另外，天鹅肉也是佳肴之一。"大驾飞放还轻、鸦鹘，所获甚厚。乃大张筵会以为庆也，必熟宿而返。"①旱獭在蒙古地区分布广且多，不但是平民百姓喜欢的美食，也是宫廷佳肴之一。"塔拉不花（旱獭），一名土拔鼠。味甘，无毒。……北人掘取以食。"②

耶律楚材的《扈从冬狩》七言诗，不仅生动而真实地描写了大规模的围猎情景，从中也可以看出猎物种类的繁多。

> 天皇冬狩如行兵，白旄一麾长围城。
> 长围不知几千里，蛰龙震慄山神惊。
> 长围布置如圆阵，方骑云屯贯鱼进。
> 千群野马杂山羊，赤熊白鹿奔青獐。
> 壮士弯弓殒奇兽，更驱虎豹逐贪狼。
> 独有中书倦游客，放下毡帘诵周易。③

人类原始的舞蹈中，动物和狩猎行为是主要内容，一些有关舞蹈的描述也反映当时的狩猎对象。原始人狩猎是冒着被野兽侵袭的危险，训练捕猎技巧和再现狩猎时激烈搏斗场面的虚拟表演，是最原始的狩猎舞蹈，所以节奏快捷，动作急促有力。《尚书·舜典》有"击石拊石，百兽率舞"的描述。蒙古高原鄂伦春人的黑熊搏斗舞是流传至今的古代模仿野兽的狩猎舞。

四　主要猎物介绍

（一）犀牛

犀牛是哺乳类犀科的总称，有4属5种，是世界上最大的奇蹄目动物。犀类动物腿短、体肥笨拙，体长2.2—4.5米，肩高1.2—2米，体重2000—5000千克。前后肢均三趾，皮厚粗糙，并于肩腰等处成褶皱排列，毛被稀

---

①　《析津志辑佚》，物产。
②　（元）忽思慧撰：《饮膳正要》卷三，《兽品》。
③　（元）耶律楚材：《湛然居士文集》。

少而硬；耳呈卵圆形，头大而长，颈短粗，长唇延长伸出；头部有实心的独角或双角，起源于真皮，角脱落仍能复生；无犬齿；尾细短，身体呈黄褐、褐、黑或灰色。犀牛栖息于低地或海拔2000多米的高地，夜间活动，独居或结成小群，生活区域从不脱离水源。食性因种类而异，以草类为主，或以树叶、嫩枝、野果、地衣等为食物。因犀牛角的装饰和药用价值而被大量捕捉，除白犀外均为濒危物种。犀牛多独居，个体之间很少接触。它们躯体庞大，相貌丑陋，虽然体形笨重，但仍能以相当快的速度行走或奔跑。栖息于开阔的草地、稀树草原、灌木林或沼泽地，一般以矮小灌木和草本植物为食物。犀牛用尿与粪区分领域范围。

（二）老虎

老虎属大型猫科动物。头圆、耳短，耳背面黑色，中央有一白斑甚显著。老虎是典型的山地林栖动物，在南方的热带雨林、常绿阔叶林，以至北方的落叶阔叶林和针阔叶混交林，都能很好地生活。虎常单独活动，只有在繁殖季节雌雄才在一起生活。无固定巢穴，多在山林间游荡寻食。能游泳，不会爬树。由于林区开发、人口激增，过去偏远地区都已发展为村镇，虎亦常到林区居民点附近觅食。虎多黄昏活动，白天多潜伏休息，没有惊动则很少出来。虎的活动范围较大，在北方日寻食活动范围可达数十千米。虎的体态雄伟，毛色绮丽，头圆，吻宽，眼大，嘴边长着白色间有黑色的硬须，长15厘米左右。颈部粗而短，几乎与肩部同宽，肩部、胸部、腹部和臀部均较窄，呈侧扁状，四肢强健，犬齿和爪极为锋利，嘴上长有长而硬的虎须，全身底色橙黄，腹面及四肢内侧为白色，背面有双行的黑色纵纹，尾上约有10个黑环，眼上方有一个白色区，故有"吊睛白额虎"之称，前额的黑纹颇似汉字中的"王"字，更显得异常威武，因此被誉为"山中之王"或"兽中之王"。

（三）狼

狼的体形中等、匀称，四肢修长，趾行性，利于快速奔跑。头腭尖形，颜面部长，鼻端突出，耳尖且直立，嗅觉灵敏，听觉发达。上臼齿具明显齿尖，下臼齿内侧具一小齿尖及后跟尖；臼齿齿冠直径大于外侧门齿高度。爪粗而钝，不能或略能伸缩。外形与狗和豺相似，足长体瘦，斜眼，上颚骨尖长，嘴巴宽大弯曲，耳竖立，胸部略窄小，尾挺直状下垂夹于两后腿之间。尾多毛，较发达。善快速及长距离奔跑，多喜群居，常追逐猎食，以食草动物及啮齿动物等为食。栖息于森林、沙漠、山地、寒带草原、针叶林、草地，分布全世界。毛色随产地而异，多毛色棕黄或灰黄色，略混黑色，下部带白色。狼的适应性极强，山地、林区、草原以至冰原均有狼群生存。夜间活动多，嗅觉敏锐，听觉很好。机警、多疑，善奔跑、耐力强，常采用穷追的方式获得猎物。狼属于食肉动物，主要以鹿、羚羊、兔为食，也食用昆虫、老鼠等，能耐饥。为了维持野生动物的正常繁殖，无论是组织何种形式的狩猎，蒙古族都不会捕杀怀孕或哺乳期的动物及幼仔，体现了蒙古族尊重动物与自然和谐共存的生态观。但这一习俗的适用范围不包括狼在内，反而是专门选择狼生幼仔的春季来进行针对狼群的大型围猎，这是在通盘考虑了狼的繁殖规律、不易被捕杀的习性、狼对人畜所造成的巨大危害和狼皮及其器官的广泛用途等多种因素后所做出的最佳选择。中国的蒙古草原早年前曾居住着大片的草原狼，但因为多年前的"剿狼行动"，如今大部分都已移居至外蒙古。

（四）狐狸

狐狸属哺乳纲食肉目犬科动物。又叫红狐、赤狐和草狐。它们灵活的耳朵能对声音进行准确定位，嗅觉灵敏，修长的腿能够快速奔跑，最高时速可达50千米／小时。狐狸毛茸茸的尾巴是头部和身体的一半或三分之二，尖嘴。大多种狐狸耳朵大、直立、呈三角形。不同种类的狐狸颜色不同，即使同类的狐狸颜色也有区别，包括红色、黄色、浅棕或深棕色，各种程度的灰色、白色或黑色。狐狸的眼睛能够适应黑暗，瞳孔椭圆，发亮，类似于猫的眼睛，这一点狐狸和其他拥有圆形瞳孔的犬科动物不同。大部分狐狸具有刺鼻的味道，由尾巴根部的臭腺放出。狐狸生活在森林、草原、半沙漠、丘陵地带，居住于树洞或土穴中，傍晚出外觅食，到天亮才回家。所以能捕食各种老鼠、野兔、小鸟、鱼、蛙、蜥蜴、昆虫等，也食用一些野果。因为它主要吃鼠，偶尔才袭击家禽，所以是一种益多害少的动物。当它们猛扑向猎物时，毛发浓密的长尾巴能帮助它们保持平衡，尾尖的白毛可以迷惑敌人，扰乱敌人的视线。

（五）野猪

野猪又称山猪，猪属动物。躯体健壮，四肢粗短，头较长，耳小并直立，吻部突出似圆锥体，其顶端为裸露的软骨垫（也就是拱鼻）；每脚有4趾，且硬蹄，仅中间2趾着地；尾巴细短；犬齿发达，雄性上犬齿外露，并向上翻转，呈獠牙状；野猪背上披有刚硬而稀疏的针毛，背脊鬃毛较长而硬；整个体色呈深褐色或黑色，因地区而略有差异。野猪栖息于山地、丘陵、荒漠、森林、草地和林丛间，环境适应性极强。野猪栖息环境跨越温带与热带，从半干旱气候至热带雨林、温带林地、草原等都有其踪迹，但就是没有在极干旱、海拔极高与极寒冷的地区出没。野猪是杂食性的，只要能吃的东西都吃。野猪平均体长为1.5—2米（不包括尾长），肩高90厘米左右，体重90—200千克，不同地区所产的大小也有不同。野猪白天通常不出来走动。一般早晨和黄昏时分活动觅食，中午时分进入密林中躲避阳光，大多集群活动，4—10头一群是较为常见的，野猪喜欢在泥水中洗浴。野猪身上的鬃毛具有像毛衣那样的保暖性。到了夏天，它们就把一部分鬃毛脱掉以降温。活动范围为8—12平方千米，大多数时间在熟知的地段活动。每群的领地大约10平方千米，在与其他群体发生冲突时，公猪负责守卫群体。由于人类猎杀与生存环境空间急剧缩减等因素，数量已急剧减少，并已经被许多国家列为濒危物种。现今人类肉品食物主要来源之一的家猪，也是于8000年前由野猪所驯化而成。野猪不仅与家猪外貌极为不同，成长速度也远比家猪慢得多，体重亦较重。

（六）麋鹿

麋鹿又名"四不像"，是世界珍稀动物，属于鹿科。因为它头脸像马、角像鹿、颈像骆驼、尾像驴，因此得名四不像。原产于中国长江中下游沼泽地带，以青草和水草为食物。性好合群，善游泳，喜欢以嫩草和水生植物为食。曾经广布于东亚地区。后来由于自然气候变化和人为因素，在汉朝末年就近乎绝种。元朝时，为了以供游猎，残余的麋鹿被捕捉运到皇家猎苑内饲养。到19世纪时，只剩在北京南海子皇家猎苑内一群。在西方发现后不久被八国联军捕捉并从此在中国消失。直到1898年被英国购买并繁殖到255头，并在1983年将部分个体送回中国。之后有更多的麋鹿回归家乡，并有部分被放生野外。麋鹿是一种大型食草动物，体长170—217厘米，尾长60—75厘米。雄性肩高122—137厘米，雌性70—75厘米，体形比雄性略小。一般麋鹿体重120—180千克，成年雄性麋鹿体重可达250

千克，初生仔12千克左右。角较长，每年12月脱角一次。雌麋鹿没有角，体形也较小。雄性角多杈似鹿、颈长似骆驼、尾端有黑毛，麋鹿角形状特殊，没有眉杈，角干在角基上方分为前后两枝，前枝向上延伸，然后再分为前后两枝，每小枝上再长出一些小杈，后枝平直向后伸展，末端有时也长出一些小杈，最长的角可达80厘米；倒置时能够三足鼎立，在鹿科动物中是独一无二的。麋鹿颈和背比较粗壮，四肢粗大。主蹄宽大能分开，多肉，趾间有皮腱膜，有很发达的悬蹄，行走时带有响亮的磕碰声；侧蹄发达，适宜在沼泽地中行走。夏季体毛为红棕色，冬季脱毛后为棕黄色；初生幼仔毛色橘红，并有白斑。尾巴常用来驱赶蚊蝇以适应沼泽环境。夏季体毛为赤锈色，颈背上有一条黑色的纵纹，腹部和臀部为棕白色，9月以后体毛被较长而厚的灰色冬毛所取代。

（七）獐

獐又称土麝、香獐，是小型鹿科动物之一，现在是严禁猎捕的动物。被认为是最原始的鹿科动物，比麝略大，原产地在中国东部和朝鲜半岛，1870年被引入英国。獐四肢细小发达，肩高略低于臀高。无额腺，眶下腺小。耳相对较大，蹄子较宽。尾巴特别短，几乎被臀部的毛所遮盖，所以常被误认为是一种没有尾巴或断了尾巴的鹿。毛粗而脆，体毛多棕黄色、灰黄色、浓密粗长，体侧及腰部的冬毛长达30多毫米。冬季的毛粗长而厚密，呈枯草黄色；夏季的毛细而短，有光润，并且微带红棕色。背部和侧面颜色一致，腹面略浅，全身都没有斑纹。幼獐毛被有线色斑点，纵行排列，性温和，行动敏捷，善跳跃，能游泳。獐生性胆子小，两耳直立，感觉灵敏，善于隐藏，也善游泳，受惊扰时狂奔如兔，人难以近身。獐喜食植物，主食杂草嫩叶，多汁而嫩的植物树根、树叶等。栖息于河岸、湖边、海滩芦苇或茅草丛生的环境，也生活在山坡灌丛或海岛上，但回避茂密的森林和灌丛。

（八）旱獭

属大型啮齿动物，共有14个物种。体形粗壮，体长为500毫米，体重4—5千克，尾短为110毫米。四肢粗短，前爪发达，适于掘土。背部毛呈黄褐色或淡褐色，春季毛色淡，腹部土黄色。栖息于草原、低山丘陵区，以牧草嫩芽、根为食，秋季啃食茎、叶。一般清明出蛰，早晚活动。出蛰

后10天左右开始交配，年产1次，胎产2—9仔。集群穴居，挖掘能力甚
强，洞道深而复杂，多挖在岩石坡和沟谷灌丛下。从洞中推出的大量沙石
堆在洞口附近，形成旱獭丘。白天活动，草食，食量大。取食时，有较老
个体坐立在旱獭丘上观望，遇危险即发出尖叫声报警，同类闻声迅速逃回
洞中，长时间不再出洞。秋季体内积存大量脂肪，秋后闭洞处蛰眠状态，
冬眠，次年春季3—4月出洞活动。栖息于高山草甸草原、高山草原山地
的阳坡、山助、斜坡、阶地、谷地、山麓平原等环境。

（九）黄羊

又名普氏原羚，1875年由俄罗斯博物学家普热瓦尔斯基（Przewalski）
在中国内蒙古鄂尔多斯草原上发现并命名。普氏原羚全身黄褐色，臀斑白
色。仅雄性有角，双角角尖相向钩曲。栖息于山间平盆地和湖周半荒漠地
带，以数头或数十头为群，冬季往往结成大群。以莎草科、禾本科及其他
沙生植物为食栖息地，海拔高度为3400米左右。常活动于草甸地区，有
季节性水平迁移现象。像其他许多有蹄类动物一样，普氏原羚也有同性聚
群现象。在非繁殖季节，同一性别的个体聚在一起活动。冬季成群向南迁
移，到植被较丰富、雪薄和有水源的地区，夏季复又北返。视觉和听觉非
常发达，但嗅觉较差，生性机警，行动迅敏，能够在大范围内活动觅食。
普氏原羚受惊后虽会逃至远处，但是待危险过后又会回到原来地点，具有
相对固定的活动区域。曾经广泛分布于内蒙古、宁夏、甘肃及青海，由于
人类活动影响及栖息地环境恶化，该物种的数量下降，分布区范围锐减，
而现在普氏原羚只分布于中国青海省。

（十）野驴

野驴属典型荒漠动物，分布于中国的内蒙古、甘肃、新疆，国外见于
蒙古，又名蒙古野驴、赛驴，大型有蹄类动物，外形似骡。体长可达260
厘米，肩高约120厘米，尾长80厘米左右，体重约250千克。吻部稍细
长，耳长而尖，尾细长，尖端毛较长，棕黄色。四肢刚劲有力，蹄比马小
但略大于家驴，颈背具短鬃，颈的背侧、肩部、背部为浅黄棕色，背中央
有一条棕褐色的背线延伸到尾的基部，颈下、胸部、体侧、腹部黄白色，
与背侧毛色无明显的分界线。野驴栖居于海拔3800米左右的高原开阔草
甸和荒漠草原、半荒漠、荒漠地带。集群，性机警，善持久奔跑，喜水

浴，会游泳，耐干渴。冬季主要吃积雪解渴，以禾本科、莎草科和百合科草类为食。

五　渔捞类

与采集狩猎同时进行的还有渔捞。蒙古先民很早就学会了沿着水域打鱼为生，而且古代蒙古语中有许多鱼类的名称。只举《蒙古秘史》，就有"细鳞白鱼""鲹条鱼""鳟鱼""鳇鱼"[1]等鱼名。马可·波罗在忽必烈皇帝时代到了贝加尔湖附近，在描述当地人们的生活时说，"鱼成了家常食物"。

古代蒙古人生息的贝尔湖、达里诺尔湖、克鲁伦河、土拉河等水域，以及唐麓岭以北和贝加尔湖地区，都有丰富的水资源，盛产貂皮、兽皮和鹰鹘。当地人捕鱼的同时，捕猎名贵的鹰鹘、貂等用来与外界交易或做贡品。《蒙古秘史》第75—76节记载，铁木真在斡难河畔捕鱼为生，赡养母亲，兄弟四人还为钓上的金色鱼而争吵。第109节载，篾儿乞人在勤勒豁河"捕鱼"。证实了蒙古族从事渔捞，和采集、狩猎同时进行。第199节还有这样生动的语句："仇敌篾儿乞惕人的后代／变成游鱼／就是跑到宽广的大海里去／英勇的速别额台／你变成渔网／把他网捞上来！"第270节："我劈鳟鱼之背／我断鲟鱼之背／我曾战胜公开的敌人／镇压暗藏的敌人。"形象的语汇正是古代渔捞的生动写照。《长春真人西游记》记载："始有人烟聚落，多以钓耕为业。"[2]《黑鞑事略》里有蒙古人食鱼的清晰记载。[3]可见古代蒙古族的采集、狩猎和渔捞是同时进行的。

蒙古族从事渔捞，这是由其地理条件决定的，因为有的地区临水。《清稗类钞》[4]云："多伦诺尔东北二百余里，有水曰海子，颇宽广，春时聚而渔者数千家，咸以篾席数片支于岸上以为家，鱼甚多，故一尾才售钱十余文……"近代民俗志《内蒙古纪要》："内蒙无巨流大川，就其面

---

① 巴雅尔标音：《蒙古秘史》第75、272节，内蒙古人民出版社1980年版。

② （元）李志常：《长春真人西游记》（卷上），党宝海译注，河北人民出版社2001年版，第28页。

③ （南宋）彭大雅：《黑鞑事略笺证》，载《王国维遗书》，第13册，上海古籍书店1983年影印本。

④ 《清稗类钞》，多伦诺尔海之鱼。

积比较之，渔产地极鲜，然若有河流池沼，则渔产极富，其在开拓地方之住民从事渔业者，已为不少……唯在辽河及嫩江沿岸之蒙人，有用为善者，渔品类则为鲟、鲈鲤。鲶及其他之杂鱼，渔期则由解冰后至结冰期，约经五个月，其渔之最多期，为降雨发水之时，然以交通不便，渔获物常以大部分盐渍而干之，输出于满洲。"①佛教传入蒙古地区后，鱼被尊为特殊动物而坚决禁止捕杀，从此，蒙古人很少食用鱼了。后来卫拉特、喀尔喀部族一直禁吃鱼。《黑龙江志稿》云："蒙人迷信宗教最深，世代相诫不食鱼鳖……"②

此外，在长期的狩猎和动物驯化过程中，一些动物因为自身的特征，逐渐成为狩猎中的重要帮手，而不仅仅是作为食物或者生产之用，如鹰、鹿、豹子等。

第二节　狩猎工具和辅助动物

因为野兽的种类不同、生存环境各异、活动规律不同，所以古人有了改善各种狩猎的需求和必要。在人类社会早期，蒙古人除用自然的木棒、石器以外，还挖陷阱捕杀，围住峭壁之下挤压打杀野兽。随着捕猎对象和范围的扩大，以及对部分动物的习性和能力的掌握，狩猎工具也随之改进和丰富起来，自然木石被修整打磨，制作成了扎枪、刺矛、比鲁以及弓箭等主动性猎具，鹰、犬、马等逐渐成为重要的狩猎辅助动物。从史料记载可知，早期的狩猎活动主要采取设套捕获、弓箭射杀或驯鹰狩猎等方式。用动物的毛发织网，用其捕鱼、套鸟、套小动物的狩猎方式不仅有悠久的历史，有些地区甚至至今仍在使用。而驯养鹰隼用于狩猎的方式古代较为普遍。

一　狩猎工具

（一）石器、骨器、玉器、青铜器

石头是原始人类与野兽斗争时用的时间最早、最长的武器。他们开始

---

① （民国）花楞撰：《内蒙古纪要》，民国四年自序排印本。

② 万福麟监修，张伯英总纂，崔重庆等整理：《黑龙江志稿》卷16，黑龙江人民出版社1992年版。

用自然形状的石头，后来在砸烂、磨砺过程中，认识到了石头的性质和用途。在旧石器时代，人类开始使用初级简单的石器，以集体的力量捕获猎物。斧子是以狩猎为生存依赖的石器时代原始先民的主要武器之一。英国历史学家E.D.菲利普斯说："在西伯利亚和蒙古，旧石器时代的传统可能延续了很长一段时期。虽然这时已是西亚文明时代的开始时期，但人们还在使用尖的（兽）骨做的枪和箭，使用各种骨制工具、环状石斧、粗制陶器，从事狩猎而不知道农耕。"[①]在蒙古国的色楞格、鄂尔浑、图拉、乌日格诺尔等江河或湖泊盆地发现的旧石器时代的许多狩猎器具，大部分都是用砾石制作的。远古时期的猎人，掌握一定的狩猎本事之后，遇到难以对付的大型动物时，用火和声响把动物赶到悬崖和河谷里，然后进行捕杀（见图4-2）。

图4-2　鄂尔多斯准格尔的旧石器

资料来源：王幼平：《旧石器时代考古》，文物出版社2000年版。

旧石器时代还有用动物犄角、骨头做的用于扎成投掷的工具。萨拉乌苏的石器以形制小巧而且平滑弯曲的利刃为特点，适用于剥皮子和刮油脂，反映出古代高原居民的制造工艺已达到了较高水平。此外，还发现了狩猎用的尖石器、修整过的石器。[②]在位于呼和浩特东郊的大窑村发现了我国唯一的旧石器制造厂。这个时期的石制品种类多样，有石核、石片、多种砍砸器和刮削器，其中龟背形刮削器独具特色，是该文化的典型

---

① ［英］E.D.菲利普斯：《草原上的骑马民族国家》，载《蒙古史研究参考资料》第十二辑，内蒙古大学蒙古史研究室编印，1980年版。

② 祁国琴：《内蒙古萨拉乌苏河流域第四季哺乳动物化石》，《古脊椎动物与古人类》1975年第4期。

石器。

在人类的发展历程中，与旧石器时代相比，新石器时代人类的生活和经验发生了革命性的变化。这个时代，石器的种类增多，器具的质量以及做工和技术都有了进步。因此，过去有些专家根据石器的制作工艺认为，"旧石器时代的石器是打制成的，新石器时代的石器是磨制成的"。[1]

由于人口的增加和猎物的减少，蒙古高原的原始居民有了对于比过去更好的生活方式和更优越的制作技能的需求。在辽阔的蒙古高原广泛地分布着数量如此丰富的燧石，这恰恰证明了在人与野兽斗争的过程中狩猎工具得以优先被革新改造。整个石器时代的器具是狩猎历史的佐证。如上所述，新石器时代的器具，因为有了磨制技术，比旧石器时代的器具变得更加实用。带柄的轻型石斧、打眼的石斧在数量上的增加，加强了捕杀猎物的能力，同时也使得人自身的安全有了相对的保障。

在内蒙古赤峰兴隆洼出土了距今约8000年的玉斧，是迄今为止发现的最早的玉器。人类在初期为了生存而与猛兽斗争时使用的武器就是自然的石头，为了便于使用，他们尽可能地对其加以改造。以狩猎为主的先民非常看重斧子，用珍贵的玉石制成斧子，视其为氏族生存的象征来崇拜。蒙古先民制造的青铜器从木石矛、斧尖杆、利刃刀等原始的狩猎武器发展而来，在鄂尔多斯出土的青铜器在数量上以青铜镞、刀、剑、青铜斧最多，后来逐渐有了宽翼、三角、四棱的镞。

（二）弓箭

弓箭为蒙古族传统的狩猎工具。狩猎的弓箭箭头有石制、骨制，最后过渡到金属制，箭弓由竹弓发展到牛角弓，弓弦为牛筋或其他野兽筋。箭杆为桦木或其他结实耐用的木料制作。弓的发明对人类历史发展起到了不可估量的作用，它的落点、速度、准确性，是以往的任何武器都不能相比的。到了新石器时代，人们开始大量使用弓箭，进而又发明了弩弓、有导线的地弩等。弓箭比起以手投掷的钺，速度快而且更准，形制也较为丰富。可以猎杀原来无法接近的猛兽、跑的快而追不到的动物以及天上飞的飞禽。"弓箭对于蒙昧的时代，正如铁剑对于野蛮时代和火箭对于文明时

---

[1]　杨堃：《原始社会发展史》，北京师范大学出版社1986年版，第164页。

代一样，乃是决定性的武器。"①

蒙古族为一个擅长射箭的民族。这在13世纪时意大利传教士约翰·普兰诺·加宾尼所著的《蒙古史》中就有记载。说当时的蒙古战士"至少必须带有下列武器：弓二张到三张，其中至少有一张好弓三个装满箭的大箭筒"。②还形象地描绘道："他们的箭有二英尺，一掌加二指的尺度，因为英尺的尺码有多种，我们这里采用几何英尺度量制，十二大麦粒等于一指长，十六指长等于一几何英尺，铁制的箭头极锐利……"③（见图4-3）。

图4-3　皮弓囊、箭囊、角弓、羽箭

资料来源：《蒙古秘史》，特·官布扎布、阿斯钢译，新华出版社2007年版。

在蒙古高原岩画中，用弓箭狩猎的内容占多数。伊林说："人为了造成箭，需要几千年。起初从弓上射出去的并不是箭，而是本来就有的投枪。因此，在那时弓必须做得很大——像人那么高。"④据国内外使臣、旅行者记载，元朝到北元政权时期制作使用的弓，极坚固，强度大，外形也很大。"一石以上箭，用沙柳为笴。"⑤明朝萧大亨比较详细地记述了当时蒙古人的弓箭："弓以桑榆为干，角取诸野猪黄牛，胶以鹿皮为之。体制长而弱，外若六钧三石之强也。矢以柳木为之，粗而大。镞以铁为之，有

---

　　①　恩格斯：《家庭、私有制和国家的起源》，民族出版社1976年版，第31页。

　　②　［英］道森编：《出使蒙古记》，中国社会科学出版社1983年版，第32页。

　　③　［英］道森编：《出使蒙古记》，中国社会科学出版社1983年版，第33页。

　　④　［苏联］伊林：《人怎样变成巨人》，王汶译，生活·读书·新知三联书店1950年版，第142页。

　　⑤　（南宋）赵珙：《蒙鞑备录》，载《王国维遗书》第13册，上海古籍书店1983年影印本。

阔二寸或三四寸者，有似钉者，有似凿者。然阵中人不数矢，矢不虚发也。弦以皮条为之。粗而耐久也。其弓弱，其实强，彀之极满。至三二十步发之，辄洞甲贯胸，百不一失，但不能射于五十步之外。"①弓除了木头以外还用动物犄角，如牛角、盘羊角制作。西部蒙古人的英雄史诗中所说"用了七十头牛的犄角制成的宽大无比的黑撒达格（弓）"。岩画研究者们认为，对不同的射猎对象，所用弓也不同。"猎人射鸟岩画，使用的是一种浑圆的箭头。这种浑圆的箭头是专门猎取富有美丽羽毛的鸟类或细毛小兽的，它不致使鸟的羽毛被血污染。羽毛是为作装饰用的。"②

"从岩画看，远古阴山猎民行猎的武器有棍棒、绳索、弧背刀、缴和弓箭等。在所有的武器之中弓箭是占第一位的。"③人类的箭有速度，射程远。发明这个不是以射人为目的的，而是为了解决生存而对付那些不好对付的凶猛野兽。蒙古人早在石器时代晚期就已发明了弓箭，后来弓箭的制造工艺渐趋成熟，才开始猎杀那些凶猛的、跑得快的、飞在空中的猎物。

到20世纪中期，适于狩猎的边远地区的蒙古人家庭还保留着弓箭，而且当作男子必带之物。虽然今天狩猎已被禁止，但弓箭作为狩猎文化的遗产，射箭技能是蒙古族男儿三艺之一，那达慕大会有专门的射箭比赛，在蒙古族婚俗中，弓箭作为新郎必须佩带的物品则被保留了下来。

（三）比鲁

又作布鲁。把榆木、山榆、柞木的大头弯曲，在弯头上打好系挂件的眼，然后用皮绳系住心状有环的铜、铁或铅。又叫都经比鲁或者吉如狠比鲁。这是人类在原始社会时代狩猎时为数不多的几个手持武器之一。有人基于考古资料认为比鲁在1300多年前就已成为蒙古族的狩猎工具和远行时随身携带的一种防身武器。蒙古人传承下来的基本上是都经比鲁、翁吉比鲁、哈亚马勒比鲁三种，三者都有各自的用途和制作特点。都经比鲁，"虽说这种比鲁打不远，但是它的重量大，用来猎杀黄羊、狍子、狐狸、狼等。"④翁吉比鲁则是用青铜或黄铜浇灌成环形，套在弯好的木上的。哈

---

①　（明）萧大亨：《北虏风俗》，载薄音湖、王雄编《明代蒙古汉籍史料汇编》第二辑，内蒙古大学出版社2006年版。

②　盖山林：《鸟兰察布岩画》，文物出版社1989年版，第296页。

③　盖山林：《鸟兰察布岩画》，文物出版社1989年版，第356页。

④　哈·丹碧扎拉申主编：《蒙古民俗学》，辽宁民族出版社1995年版，第118页。

亚马勒比鲁把榆木、山榆木弯曲，头部制得又宽又扁，握处削得细细的，灌进铅的，这种工具速度快、落地远，所以用来打兔子、野鸡。这种武器携带方便，骑马步行都可以随时使用。用比鲁打猎，要靠手劲、手技和眼力。使用比鲁有两种方法，一种是比鲁不离手，此为"扣打"；另一种是抛出比鲁，此为"投打"，投打一般用于打奔跑的猎物。

（四）撒阿里

即地弩。亦称伏弩、地弓或地箭。这是一种威力大、杀伤力强的狩猎工具。其结构和弓箭相同，由犴或鹿筋作弦，以黑桦和松木作弓背、箭杆，箭杆一端嵌以骨镞、木镞。把架放好的弓和箭平放在野兽经常出没的地方，拴绑一根长绳，只要野兽碰动线绳，箭就会自动射出将野兽杀死。蒙古族的祖先发明弓箭以后，在狩猎的过程中不断改进，掌握了精准的射箭技艺，发明了和弩一样的撒阿里。弓箭具有比扎枪更大的杀伤力，但是，人们张弓不能持久，瞄准时容易摇摆，地弓既承继弓箭的优点，又弥补了弓箭的不足。地弩主要猎取犴、猞猁、水獭、狐狸、兔子、狼等动物。撒阿里很明显是由弓箭发展而来，它不必遇见猎物时才使用，在猎物经常出没的路径上把机关用导线拴好就行，猎物一旦碰到导线，箭就能射出。

（五）哈吉

即套索。在蒙古地区被广泛使用，居住在戈壁或大草原的猎人用于猎捕黄羊等小型动物的狩猎器具，也用来捕猎老虎等猛兽。像这种木、石、皮绳组成的狩猎工具是十分古老的。各地在制作的材料和方法上都存在差异，在苏尼特用木、刀、皮绳和芦苇、芨芨草，而在卫拉特、喀尔喀有些地方用的是木、石、皮绳。这个器具的用途是把猎物的腿弄伤或者打断，也有和夹子一样夹住猎物腿的。

（六）哈布哈

即猎夹子。这种猎具更适用于戈壁地区捕猎兔子、黄羊、狐狸、狼等动物，是直到最近还在蒙古地区普遍使用的一种猎具。其大小取决于其针对的捕杀对象，小者用于兔子，大者可用于对豹子和狗熊的捕猎。视其要捕猎的对象而确定制作铁夹子底圈的大小、弓力的强弱、锚钩的轻重。20世纪80年代初，在青海台吉乃尔蒙古地区还用哈布哈来捕捉猞猁和狗熊。

"此猎具由底圈、弓、簧、踏板、铁链和锚钩（拖物）等部件组成。使用时，猎夹子埋在野兽过往的小道或洞口，依其形状挖成小坑，将猎夹子安置与坑内，并用马粪和软土盖好。野兽只要踩到踏板，别弓滑脱，半圆形铁环片合拢，将野兽的腿夹在中问。"①

（七）扎枪

围猎中与弓箭配合的重要武器就是扎枪。木把，金属头，头锐利以刺野兽。通常远用弓箭、近用扎枪。长期的生产实践中，猎人们在棍棒的基础上发明了矛。后来木矛上，已不再是把木柄的一端削尖，而是被安上了石制的枪头，随后石制枪头又被骨制枪头所代替，这些比起原来的式样，显然是锋利得多了。

扎枪和弓箭都是猎人从事狩猎生产的主要工具。弓箭是远程射击武器，扎枪则是近距离的刺杀武器。两者结合运用，可以收到较好的效果。猎人在狩猎生产过程中，遇到猛兽一箭不能把它射死，就有遭到反扑的危险。这时，猎人来不及张弓射箭，就可以用扎枪与之搏斗。扎枪在这时所发挥的威力，又往往是弓箭所无法代替的，同时也是一种护身的武器。

（八）飞石索

投石类猎具最引人注目的是石球。新石器时代的石球是经过打磨的，用于狩猎是确切无疑的。主要分为投石器、流星锤和飞石索三类。投石器是指用棍棒或绳兜投掷石块或者石球的设备。流星锤是指有绳索的石球，狩猎时将石球和绳索一起抛出，或者击打，或者捆绑，进而获得猎物。有一球流星锤、二球流星锤和三球流星锤等不同的类型。飞石索是一种古老的武器，许多民族古代都使用过。在西藏昌都卡若遗址也发现类似用途的石球。飞石索有两种：一是单石索，长五六十厘米，一头拴有较大的石球，投掷时，先用右手使其旋转，然后根据一定角度向狩猎对象甩去，石球引索而出，可击伤岩羊或麂子；二是双股飞石索，绳长约130厘米，中间编有凹兜供盛小弹丸或石子，每次一至三枚，使用时，将有套的一端套在大拇指上，另一头握在拇指和食指之间，也利用旋转方法，到一定角度松开一端，把石球丢出去。这样飞石索射程有五六十米，远至百米，主要

---

① 僧格：《人类学视野下的蒙古狩猎文化》，民族出版社2015年版，第265页。

是猎取鸟类。

此外，长矛、叉、绳套、猎刀、枪支、陷网、火药囊等都是重要的狩猎工具。

二　辅助动物

蒙古人狩猎，不仅有马猎与犬猎，还有鹰猎、豹猎、驯鹿、狮子猎。

（一）马

马是猎人最重要的狩猎工具之一。马群是古代蒙古人的主要财富，没有马，草原经济便无法经营。马也是重要的交通工具，不仅用于战争和围猎，还可挤取乳汁当日常饮品。在积累驯化野生动物进而将鹿和马等动物驯化为狩猎服务的实践经验的中亚古代氏族部落，蒙古族的贡献非常突出。这也是蒙古族对世界畜牧业文明的发展做出的贡献。蒙古地区的岩画中用马、骆驼狩猎的情景多次出现，而且也有很多人在马上、骆驼上拉弓的图。骑着马与骆驼者和准备好弓箭的步行者把猎物向围猎圈驱赶是围猎的正常需要。马对蒙古高原上各民族、部落的繁荣昌盛起到了非常重要的作用。从蒙古高原古代猎人把马驯化成为骑乘工具的那天开始，他们的生产力得到了前所未有的变革，草原游牧民登上了人类文明历史的舞台。

猎人打猎是不能离开猎马的，林木中百姓的马是重要的交通工具，打猎必须骑马。猎获物、粮食和搬家都用马驮运，马穿山林、爬山过河，样样都十分灵巧。马，眼尖、耳灵，猎人若是看见野兽，下马打猎，它就悄悄地站下，一动不动，生怕惊动野兽逃走。猎人若没看见野兽，它看见了，就打响鼻告诉主人。马群若是遇见狼，大马就把小马驹围在中间，狼是不敢接近的，公马会出来和狼搏斗。

猎人饲养猎马已有悠久历史，许多文献都有记载，在各民族中也有许多关于猎马的故事、神话和传说。长期的狩猎经济决定了猎马的特殊地位，同时也培育出了独特品种的猎马。狩猎用马体形矮小，喜在山林中奔跑，速度、耐力俱佳，驮载能力较强，非常适于山林中狩猎。这种马适应了蒙古人和"林中百姓"的生活环境，善于自己觅食物，即便在冰天雪地的寒冬，也能扒雪食草，拨冰饮水，吃微熟的兽肉。这种马还极善于走低洼的塌头地，如走平地，就是非常易陷难走的沼泽地，也能用前蹄试探着慢慢地走过去。猎人们常常骑马追逐野兽，如虎、鹿、野猪、猞猁等奔跑极快的兽类，都能追得上。特别是将野兽圈围，使野兽无法突围，便于猎人射杀。猎人们在长期的狩猎实践中培育、训练出了独具特色的猎马。

（二）猎犬

蒙古人把在古代狩猎时期就已经驯化了又一同度过漫长的畜牧历史的狗当作自己的忠实朋友。口头文学里说狗是佛和神仙的使者，是文化英雄，进而派生出更多的崇拜习俗。蒙古高原的猎人驯养狗，实际上为狩猎经济增加了一种劳动力，又是一个帮手。表现狩猎生活的蒙古地区岩画不乏这类内容。在阴山岩画中，多处刻画了人带着狗去围猎、满载而归的情景。

猎犬是猎人们狩猎生活中的重要工具和助手。何秋涛《朔方备乘》卷45曰："貂捕以犬，犬则不得貂，猎者往还，尝自减其食而饲犬，犬前驱停嗅深草间即貂穴也。伏饲擒之，或惊串树末，则人犬皆息，以待其下。犬惜其毛，不伤以齿，貂亦不复戕动，纳于囊徐俟其死。"明《夷俗记·牧养》篇较为详细地描述了猎犬的形态："犬不甚大，而其牲更灵，收则藉以守，猎则藉以逐，有兽被矢而走者，犬追之不获不止，其发纵指示，动如人意，故虏贵犬。"猎犬嗅觉灵敏，动作敏捷，忠于主人。一猎户常有几只甚至数十只好猎犬。

比起其他动物，犬更容易被驯导。其嗅觉极为灵敏，能根据血腥或体味跟踪受伤的、被追捕的猎物，听从主人的指示拦截猎物，并在遇到不寻常的情况时，能够保护主人或提醒主人危险的信号，这些都是其他任何动物不可替代的。在生产工具极其落后的原始狩猎时代，在深山老林中，人与自然进行艰难的搏斗，最好的伙伴就是猎狗。它可以替人们报警和守夜，看守羊群、牛群和马群。在主人狩猎时，它又是猎人的助手。特别是像猎取野兔之类的动物，猎狗更可以单独出击追捕。猎人在恶劣情况下迷路、受伤，以及和野兽搏斗都离不开猎狗。如果失去猎狗，就等于失去了胳膊和勇气，人们极力保护它，也是保护自己。在狩猎中如头狗受伤，猎人便下山不打了，如梦见猎狗受伤，也不出去打猎。

猎犬在寻踪捕兽上有较大功能。猎犬的嗅觉十分灵敏，能用鼻子嗅到几里之外的野兽，不仅能帮助主人圈住鹿、虎、野猪等大兽，也能圈住熊、虎、猞猁、狼等凶猛的动物。当被打伤的野兽逃遁时，猎犬还能跟踪追寻，直到猎获为止。由于猎犬跑得很快，还能直接扑捉到狐狸、狍子、獾子、貉子等类小动物。当猎人猎取猛兽遇到危险时，猎犬能扑上去拼命与野兽搏斗，救出主人。晚上在野外露宿时还能为主人警戒。如果猎犬嗅到洞内有野兽时，便用前爪挠洞口通知猎人。在猎人挖洞到黄昏时，猎犬还可以替猎人守住洞口。等待次日猎人挖掘。有时猎犬还可将野兽咬死，再领主人将猎物捡回，小的猎物叼回来交给主人。如猎犴，用狗去围圈是猎犴的一种有效方法。如遇林密，地形、风向又不利于接近时，就将猎狗放出去，狗很快就会找到犴并将其围圈住，猎人就可以靠近射击。当猎人遇到熊的时候，猎犬便会去咬熊，熊却捕不住猎犬，这样就使猎人免于被熊伤害，并有从容的时间来对付熊或是逃走。在深山密林中，狼是驯鹿最可怕的敌人，如果有了猎犬，它就可以免于受狼的袭击了。猎狗在猎貂中发挥着重要作用，貂"捕以犬，非犬则不得貂，虞者往还，尝自减其食以饲犬，犬前驱停嗅深草间即貂穴也。伏伺擒之，或惊窜树末，则人犬皆息，以待其下，犬惜其毛，不伤以齿，貂亦不复戕动，纳入囊徐俟其死"①。再如猎虎，人们对于虎是有些恐惧心理的，但是猎犬不畏虎。犬闻虎啸则到虎的面前犬噪，虎怒逐之，将及，犬则匿于林；再驱犬吠，虎又怒逐，将及，犬又匿于林。经过东西左右的犬吠，虎暴怒不已，东西奔逐，多次的奔逐，虎已是筋疲力尽。然后又由犬诱之至猎人埋伏圈，乘机射杀。经过训练的猎犬捕捉野兽时专咬脖颈，不破坏其他部位的皮毛。

　　猎犬是经过精心驯养的。猎人驯养猎犬需要很长时间。在犬的幼小时期，就开始进行训练。在其1岁时，带它去打猎，去前不给它吃食，领到有灰鼠的地方，它因饥饿而很快就嗅出灰鼠的味道。在打到第一只灰鼠时，即用鼠肉喂它，以后猎犬就对灰鼠味有兴趣了，对灰鼠的感觉也十分灵敏了。到3岁时，猎人带它去嗅大兽的踪迹，让它去咬受伤的兽，同时还把大兽的心脏给它吃，这样以后它就有兴趣去追咬大兽了。要使一条猎犬真正成为其主人在狩猎时忠实的得力助手，那真不是一件容易的事。猎猪时，要训练狗会咬住猪的耳朵；猎狐狸时，训练狗要紧紧盯住狐狸的头部；猎狼时，要驯练其紧紧抓住狼的咽喉，至死不松。在牧人心目中，身高、躯长、腿长、颈长、嘴长、尾长、胸宽、腰细的猎犬为理想之犬。

---

① 　（清）何秋涛：《朔方备乘》卷四十五《考订龙沙钞略》。

　　蒙古人喜犬爱犬，他们在畜牧、狩猎和家庭生活中都需要犬。他们常给狗起"阿尔斯冷"即狮子、"哈力其改"即苍鹰等动物的名字。牧人常常为狗装扮，给狗的颈项上带上各种饰物。给狗戴上狗缨子有保护狗的颈部的作用。因此，猎人们如果有一条好猎犬甚至用一匹好马都不换。每家都要饲养两三条猎犬，有的多至四五条。猎犬从小就需要训练，长大一些就带着出猎，要它跟着大猎犬学习围圈和追扑野兽的本领。猎人对自己的猎犬很喜爱，平时尽量找食喂，狩猎时不惜用好肉喂犬。猎人把狗带在身边，晚上一起住，甚至把最暖和最好的地方留给狗。东北居住习俗特有的火炕，在炕墙和炕洞中间，有一从上到下的直洞，人们习惯称之为"狗窝"。人们不仅喂它们食物，而且关怀它们的安全，保护它们生育后代，训练它们识别猎物、防御敌害。狩猎时好猎犬一旦被野兽咬伤或挑伤，就是马驮人背也要把它弄回家，想尽办法治好伤。如果因伤势过重死掉，猎人会十分伤心的。

　　打猎时两个指挥猎犬的人分别带两支队伍从不同方向依次而行，进行围猎，一直到他们所围的地带只有一天的路程为止，采用这种方法围猎，任何野兽都难逃罗网。成吉思汗曾夸耀他的属下说："他们是我的前后的助手，是我能干的尽心竭力的奴仆，是我的神箭手，我的快马，我的手上的伶俐的鸟儿，我的拴到马鞍上的猎狗。"①以猎狗誉人，可见猎狗在蒙古人心中极为重要的地位。

（三）鹰隼

　　借助鹰隼进行狩猎是古来而又惯用的狩猎方法，就是用放鹰隼来捕捉禽兽，所以也叫"飞放"。关于古代蒙古人驯化猛禽用于打猎的情况在史书上也多有记载，而且西部蒙古地区直到最近还保留着这个习俗。巴丹吉林岩画中，骑马人包围盘羊，猎鹰也列队围困，圈内的步行者在拉弓，图里特别突出了猎鹰。

　　上排领头的两只盘羊画得特别大，同样，在它们头顶上的飞禽也一样大。《燕山丛录》有"海东青，大仅如鹘，既纵，直上青冥，几不可见，候

---

　　①　〔波斯〕拉施特主编：《史集》，第一卷第二分册，余大钧、周建奇译，商务印书馆2014年版，第265页。

天鹅至半饮自上而下，以爪攫其首，天鹅惊鸣，相持殒地”。[1]《蒙古秘史》中有"昔宝古兰""昔宝拉灰"等词出现，并被翻译成放鹰[2]，这是指将驯化的猎鹰放出去捕捉猎物，也指用鹰捕捉鸭子。元朝有专门的"昔宝赤"（驯养猎鹰的人）陪君主狩猎，并将稀有动物的皮肉以及其他送进宫内（见图4-4）。

图4-4　突出猎鹰作为狩猎辅助动物的岩画

资料来源：盖山林：《巴丹吉林沙漠岩画》，第297图，北京图书馆出版社1998年版。

鹰素有"空中狮虎"的称号，其性情勇悍、动作敏捷，是理想的狩猎工具。

有雕鹰（鹫）、海东青（白鹘）、鸦鹘（隼）等不同种类，均属于猛禽类，嘴呈钩状，腿部有毛，视力很强，足趾有锐利的爪，飞速快，性凶猛，杀伤力强。猎鹰的特点是以小击大，吞啖獐、兔、雁、鸠之类。经过调驯，可以成为猎人捕猎的工具。据元人熊太古《冀越集》的记载："惟角雕黄者以鹰名。然角雕有二种：一种两脚有毛；一种两脚无毛，名鹭鹚角鹰。鹘有五种：海东青名白鹘。一种玉爪；一种黑爪。有鸦鹘，有金眼鸦鹘，有兔鹘。海东青与金眼鸦鹘皆能以小击大，食天鹅、鹚之属。雕鹰、角鹰食獐兔等兽。鸦鹘食鸿雁、鸦、鹊、鸥鹭之属。兔鹘食斑鸠、鸲鸽、鹡雀之属。各随其力以相吞啖。其雄小者，雌大者，雏者易视他禽，苍者量力求食。收养鹰者喜雏与雄也。"雕鹰、角鹰等性情凶狠，动作矫捷；海东青飞行敏捷，能从高空向下垂直俯冲捕捉猎物，如果第一次捕捉猎物未获，便匿藏在猎物不远的地方窥视，待猎物再次出现时便疾速出

---

① 《辽史拾遗》引《燕山丛录》。

② 巴雅尔标音：《蒙古秘史》，第54、232节，内蒙古人民出版社1980年版。

击，将其捕捉，然后撕破其胸脯，将血吮尽。清人屠寄的《蒙兀儿史记》载："隆冬乏食，拾狼藉以苏饥，并以饲鹰，久之，鹰竟驯狎，方春鹅雁已至，孛端察儿臂鹰飞猎。"《元史》卷一太祖本纪所载与之不同。蒙古族最喜欢的一种鹰是"海清"。此种鹰动作非常敏捷，窥见猎物，往往以迅雷不及掩耳之势猛冲过去，撕破其前胸，将血吮尽。据《蒙古秘史》第238节载，白海清被视为谒见成吉思汗的最贵重的礼品之一。其中以满洲东北部及西伯利亚东部沿海一带所产海东青及白海青鸟最名贵。

元代宫廷中驯养大批鹰隼，仅鹰师就有1万名。在传说中，成吉思汗的祖先孛端察儿，一人在斡难河边生活，就是依靠自家的一只黄鹰，"捕捉到许许多多野鸭和雁，吃也吃不完，挂在许多枯树上，散发出臭气，挂在许多乾树上，腥气难闻。"①喜好狩猎的蒙古人，一般都热衷于养鹰，最珍贵的一种称为海东青，生长于东北，只有贵族才能豢养。忽必烈建都大都（今北京）后，每年初春，都要去大都东南的柳林"飞放"，当地多有湖泊，春天是鹅、鸭栖息之所，"飞放"就是纵鹰搏击鹅、鸭。这是蒙古人春猎的继续。在秋、冬的"打围"中，鹰（特别是海东青）也起重要作用。

《元史》记载："有俊禽曰海东青，由海外飞来，至奴儿干，土人罗之，以为土贡。"②土人将海东青作为贡品送缴朝廷。海东青"善擒天鹅，飞放时旋风羊角而上，直入云际"，为狩猎活动增添色彩。③《马可波罗行纪》载："巴达哈伤州（乌浒河与大雪山之间，在阿富汗东北端）出产大鹰……猎兽飞禽为数亦颇。"④吐蕃州"并有良鹰甚多，其飞甚疾，产自山中，训练以作猎禽之用"。⑤元朝时，辽阳行省黑龙江畔有一处昔宝赤万户府，是专为宫廷驯养海东青的地方，各部落所贡海东青，均送至昔宝赤万户府，调驯好后再分别送往各级官府享用。专为养鹰而建筑的巢舍叫"鹰房"。《元史》及《周翰林近光集》都有有关鹰房的记载。元武宗海山帝时，四子王旗库伦图村"作土屋养鹰，各鹰房"。用鹰猎方法速度快，收

① 余大钧译注：《蒙古秘史》第27节，河北人民出版社2007年版。

② 《元史》卷五九《地理志》二。

③ （明）叶子奇：《草木子》卷四下《杂俎篇》。

④ ［法］沙海昂注：《马可波罗行纪》，第四六章"巴达哈伤州"，冯承钧译，商务印书馆2012年版。

⑤ ［法］沙海昂注：《马可波罗行纪》，第一一五章"重言土番州"，冯承钧译，商务印书馆2012年版。

获量大，对禽兽的危害也极大。大约10世纪时，居住在贝加尔湖以西安哥拉河下游的豁里秃麻惕部的豁里剌儿台蔑干因当地禁捕貂鼠、青鼠，所以离开秃麻惕部迁徙到猎物丰盛的不儿罕哈勒敦山之兀良哈部。可见秃麻惕部地区的动物已达到不得不保护的地步。同样在元朝时，猎天鹅作为贡物，后来天鹅被猎鹰猎得几乎灭绝，所以元英宗硕德入剌帝诏令"禁捕天鹅，违者籍其家"。后来取缔贡天鹅。无疑，此等类似动物保护法的禁令，对生态平衡起到了积极作用。

（四）豹

豹猎是用驯练有素的豹去捕捉野兽。这只在宫廷中曾有过，民间很罕见。据王恽《秋涧集·飞行豹》记载："中统二年（1261）冬十有一月，大驾北狩，诏平章塔察公以虎符发兵于燕。既集，取道居庸，合围于汤山之东，遂飞豹取兽，获焉。"当时驯豹，除猎豹外，还可用于战争。在与敌人拼搏时，突然把饥饿的猎豹放出笼去，使敌人的乘马见豹顿时惊慌而逃，阵营大乱，趁机进攻。《元史·泰定帝纪》中有"造㹳豹毡车三十辆"的记载。皇帝诸王围猎，还采用放豹的办法捕捉野兽。耶律楚才于太宗五年（1233年）随从"冬狩"，在《扈从冬狩》诗中写的"壮士弯弓殒奇兽，更驱虎豹逐贪狼"。此句作者自注云："御苑有驯豹，纵之以搏野兽。"句中的豹，即指御厩所喂养的驯豹。王恽记其事云："中统二年冬十有一月，大驾北狩（时在鱼儿泊），诏平章塔察公以虎符发兵于燕，既集。取道居庸，合围于汤山之东。逐飞豹取兽，获焉。"其诗曰："飞鹰走犬汉人事，以豹取兽何其雄。"①周伯琦《周翰林近光集》记载："沙井"（今四子王旗库伦图村）"饲豹仍分署，耩鹰亦有房"。

（五）驯鹿

驯鹿和猎犬一样，是猎人们进行狩猎生产时必不可少的一种工具。驯鹿之所以成为猎人们进行狩猎生产时不可少的一种工具，这是和狩猎经济的特点以及人们所生活的自然环境特点密切相关的。在深山密林中以狩猎为生的人们，为了追逐在山林中出没无常的野兽，就必须到处移动，过着动荡不定的生活。在夏天和秋天时，他们每到一地最多住20天就要搬家，

---

①　《飞豹行》，载《秋涧先生大全集》卷六。

冬天则每住二三天就走。在他们迁移的时候，就必定要有一种用来驮运生活用具和老人、小孩的交通工具，而驯鹿由于蹄瓣大、体轻，善于在密林和沼泽中行走，是最适宜于担负这一任务的。人们曾这样的情况来作比较，同样一个猎人，如骑着马打猎，不能进入到深山密林里去，就比使用驯鹿打猎的收获要少得多。正因为如此，所以人们对于驯鹿是非常关心和爱护的，尤其是专门饲养、管理驯鹿的妇女，对驯鹿更是有着深厚的感情。驯鹿在人们经济生活中的重要性，也反映在他们的语音中，有着相当丰富的有关语汇。例如，他们对驯鹿的不同毛色、年龄、牝牡都有不同的专门语汇来称呼它们。

（六）狮子

被驯服的狮子要用长长的牛筋索牵引。一般将其装在铁笼之中，运至狩猎地点才放出。将狮子放出笼去追逐野兽，那种凶猛的气势和捕获目的物的敏捷灵快，使人看了赞叹不绝。这种猎式具有极大的危险性，因此既没能普及，也未能延续。

忽必烈皇帝围猎时，不仅有万千只猎犬和猎鹰，而且还带有受过专门调教的猎狮、猎豹、猎狗、猎鹰，猎获的动物有鹿、獐、狼、野猪、野驴、熊和其他各种飞禽走兽，充满了浓厚的娱乐色彩。在蒙古族狩猎文化中，驯化的猛兽、猛禽也占重要的地位。在古代完全依靠狩猎维生的时期，掌握了野兽的习性、体貌特征以及生活特点，进而驯化它们为狩猎服务。后来因为赐予驯养的主人褒奖和荣誉，就更显示了其娱乐内涵。

此外，骆驼、山猫等也是狩猎辅助动物。乌兰察布岩画第1394图中有拉开大弓追射骆驼的画，阴山岩画第1266、1101图中描绘的是把骆驼驯化成了用于围猎的役畜。《马可波罗行纪》第九十章记载皇室御苑中"又有山猫甚多，颇善猎捕"。其注云："中国境地以内，北抵满洲诸山，西至西藏诸山，有一种山猫，名称土豹。别有一种山猫产于西部诸省，形与土豹略同。"①

---

① ［法］沙海昂注：《马可波罗行纪》第九十章"豢养以备捕猎之狮豹山猫"，冯承钧译，商务印书馆2012年。

第三节　狩猎方法与技术

尽管世界不同民族部族的狩猎目的基本相同，但由于自然环境、社会环境造成的差异是明显的，蒙古高原民族的狩猎和其他民族的区别在于大规模的围猎。在生产力低下的远古时期，古代猎民的狩猎就是围猎。大家齐心合力，手持木头、石头或火把，团团围困猎物，将它们挤压到山谷、泥潭之中猎取。到了旧石器时代的后期，氏族制度建立以后，随着生产技术得到提高，氏族内部组织趋于严密，围猎产生了。围猎是基于蛮荒时代多人成群地围起猎物的狩猎习俗，经过长期的历史发展，形成了服务于蒙古高原的军事训练，风格独特且规模较大的狩猎形式。当然，围猎规模有大有小，组织方面要求严谨、纪律严明，这对于军事演习尤为重要。

一　围猎

围猎在蒙语中称阿巴·呼木日阿或者古列延·阿巴，即多人以大小不同的组织从各方面进行包抄、集中力量将野兽猎取，是组织打猎的行为和方法的普遍称呼，包括从古到今不同种类、不同范围的围猎活动。《蒙古秘史》的汉文旁注将"阿巴"解释为"围猎"，它正确地解释了众人从各个方向包抄围猎的意思。原始人的狩猎武器非常落后，单独一人或几人用木石或者用极其粗糙的器具，很难满足围捕猎物的需求，所以，需要氏族成员共同围猎，才能达到目的。"阿巴"是社会发展初期的氏族制度时期的产物，是指处于成员们不得不共同生活或者遵守氏族部落财产的阶段，人们以共同的力量来对抗熊的劲爪、罕达罕和鹿的尖角、狼的利牙，想尽办法不被伤害是狩猎的最基本的形式。"呼木日阿"和"阿巴"组合，是指多人以共同的力量来完成的狩猎和几百以及上千人参加的大型军事训练，也指17—19世纪蒙古地区当时的蒙旗或满洲策略下的围猎。其实，"呼木日阿"原来是泛指原始氏族社会里多人参加的狩猎活动。

学者们一般把蒙古人从古代传承下来的狩猎形式分成两三人或单独小范围的狩猎和集体组织的大型围猎两类。其实，围猎与古代传承下来的那种狩猎形式是不可比较的，它是特殊历史时期的产物。狩猎一般被看成是一种高尚娱乐，围猎差不多总是远征、战争和袭击的陪伴物，军队借此获得食物和实行演习。随着蒙古封建社会的成熟，君主非常看重围猎的作用，将其当作军事组织、作战战术的基本训练方式。

集体围猎包括草原山林围猎和冰猎、火猎。在蒙古汗国建立之前，蒙古各部就有大型围猎之俗。1226年，成吉思汗率十万蒙古军征西夏的途中，曾在贺兰山一带进行过一次围猎，全军翁幼皆行。这次围猎中成吉思汗之孙12岁的忽必烈射获一雪兔，9岁的旭烈兀射获一鹿。按蒙古人的习俗，大汗亲自用猎获物的脂肪，为初猎的孙子擦拭中指，以示吉祥，后有大福。果真这两个孙子后来分别成为元朝和伊儿汗国的皇帝。蒙古汗国建立后，直至元朝，围猎活动有增无减，极为盛行。据《马可波罗行纪》记载：元朝忽必烈"大汗出猎时，其一男爵古尼赤（管犬人）将所部万人，携犬五千头，从右行。别一男爵古尼赤率所部从左行。相约并途行。中间留有围道，广二日程，围中禽兽无不被捕者。所以其猎，同猎犬猎人之举动，颇可观"。[①]可见，围猎场面之大，人数之多，世所少有。元朝至元年间，成吉思汗季弟斡赤斤玄孙乃颜统治兴安岭以东地区时，曾在现黑龙江省境内的蒙古山进行过一次围猎，有几千人参加，时间长达20天，山中野兽飞禽几乎被全歼，漏网无几。明朝嘉靖年间，科尔沁蒙古杜尔伯特部的部长爱纳噶，曾在嫩江左畔的多克多尔山进行过一次围猎，首猎获得的一架大鹿角一直被保存在王府里，作为这次围猎的纪念。集体围猎的组织非常严格，由阿宾达（狩猎首领）负责实施。参加的猎户要分成若干队，指定各队的围猎方位、路线、任务、时间。一切听从阿宾达的统一指挥，不准各行其事。

围猎在不同的时期和地区有一些差异，但基本上可以分为出猎、围圈、射杀、收场、分配五个环节。

出猎：召集参加围猎的全体猎户会议，讲明围猎的时间、地点、任务、路线、分工及注意事项，然后举行猎宴。宴毕，各猎户家属为亲人送行，敬献上马酒，祝福多获猎物，这时阿宾达下令出发启程。各队猎民带上猎具，骑上猎马，领着猎犬，向四面八方开拔，各奔其程。

---

① ［法］沙海昂注：《马可波罗行纪》第九一章"管理猎犬之两兄弟"，冯承钧译，商务印书馆2012年版。

围圈：猎队按着指定的路线开始向中心猎区围拢。有的哄撵猎物，有的举旗呐喊，有的来回驰骋，但不准射杀，各路人马依次行动，步步为营，不叫一个猎物跑掉，按规定时间将猎物赶进中心区，逐渐缩小包围圈。

射杀：围圈围到事先规定的范围时，根据阿宾达的信号令，开始行猎，这是最后的冲刺，猎手们各显身手，刀、枪、箭、戟、绳套、比鲁、猎杆、鞭索等所有猎具齐用。这要看马的速度、猎犬的本领、射箭的技能。围场上，东奔西跑，你追我赶，猎人的呐喊声、野兽的鸷叫声，混成一片。有的飞马射箭，有的俯身取物，有的弯腰甩比鲁，有的伸臂投枪，像是一个大战场，十分壮观。

收场：行猎结束，按猎队的分工清理猎获物，要把所有的猎物集中到一起，按种类分别摆成堆。对发现的好马、好犬、好猎手要向阿宾达报告，阿宾达要逐一进行成果登记，然后围猎的全体人员集中到一起小憩。

分配：所有参加围猎的猎户都要分享一份不等量的猎获品，分配由阿宾达主持执行。对整个围猎活动有突出贡献者以及快骏、精犬要授予尊号，同时予以奖赏。对违纪者根据情节轻重给予不同类型的处罚。阿宾达总结完毕，就地野餐，饮酒作乐，庆祝围猎胜利。

古代的蒙古人按部落进行围猎，一个部落或者几个部落联合起来组织活动，少则百人以上，多则几万人。近代，尤其清代以后，按努图克、旗、盟为单位进行围猎，多数以旗为单位组织。围猎是古代蒙古的主要狩猎方式。蒙古大汗狩猎可多达几万人，历时数月，可谓盛矣。猎队也是军队，携眷而行。晚上用篝火把包围圈的轮廓显示出来，"单于猎火照狼山"，用四五层岗哨把守。随着日月的推进，逐渐将野兽挤压在中心，密度越来越大，野兽都恐慌甚至疯狂起来。猛兽甚至互相扑食。大汗总是亲赴最困难的地方，像打仗一样详细部署。狩猎实际上是一种练兵，蒙古兵吃苦耐劳、英勇顽强、机智灵活的品格，是与狩猎分不开的。

围猎的对象也有多种，有综合性的，也有专门性的，综合性的较多，专门性的有虎围、狼围、鹿围、兔鸡之围四种。虎围按规定只有汗廷与诸王才能猎虎，普遍牧民不准猎虎。某地若有虎伤人或残害牲畜的报告时，大汗则要亲自出马，或者命令下王出猎。虎围时，首先以此次出猎的汗或王的名义下达狩猎通知。选拔有经验的猎手参加，其中必须有8—12名功臣猎手。猎虎开始时，先祭山神，主猎之人致祭词，祭词的主要内容是历数虎害人的行径，给社会与人带来的危害，望山神将虎驱之围猎范围之中，以便为民除害，本王代表人民向山神祈祷。狼围、鹿围必须部落首领或旗王以上的官员才能组织，兔鸡之围由努图克以下官员组织方准出动。

二 不同猎物的狩猎方法

蒙古族在长期的狩猎实践过程中，积累了丰富的经验。他们掌握每种野兽的生活习性和活动规律，熟悉它们交配、生子的时间、地点，不同季节的休息、活动和避风躲雨处，还有觅食的时间、地点和路线等。根据这些具体情况而采用相应的狩猎方法，有时手到擒来，如探囊取物。

（一）猎黄羊

黄羊的特点是速度极快，成群奔跑。猎人要选择带头的公黄羊采取分段追逐的方法。追逐时，猎手手持比鲁纵马奔跑，猎狗也紧紧追赶，人喧马嘶，有时猎狗将其拽倒，有时马将其撞倒，高超的猎手如风驰电掣般奔驰，忽如一阵旋风从马背上跳下，有时竟生擒住黄羊。黄羊夏天很少喝水，有青草里的一点水分就够了，冬天则必须舔雪。如果天不降雪，就会成群结队跑到湖畔喝水，这样就给人们提供了一个猎取它们的好场所。等黄羊群跑到湖畔喝水，人们连轰带吓，把它们挤逼到湖里的冰上。黄羊平时奔跑如飞，但一到冰上就失去用武之地。跌在冰上，便抖作一团，乖乖地做了人们的俘虏。遇到大雪填满沟壑，黄羊便不到湖上喝水。人们便通力合作，把黄羊赶进一个好进难出的大山峡里。由于积雪太厚，黄羊分不清哪里是平地、哪里是沟谷，在奔跑的过程中，尖细的四蹄深陷雪中，身体被积雪架空托起，越挣扎越往下陷，人们就能轻易将其抓获。

民间祝词中有"追上苍狼的花马，劈开顽石的宝刀"之类的词语，却很少有追上黄羊的快马一说。黄羊都是受到惊扰以后自己跑得筋疲力尽，才被人马追上的。相传黄羊仗着腿快，曾经口出狂言，与人打赌："万马奔腾也没什么了不起，我一定从你们马前头抢过去，绝不从马屁股后头溜走。如果你们真的把我追上，就请从胸口上把我捅死！"因此黄羊有个怪脾气，多会不甘落后，总要从马头前穿过，不懂得扭头从后面溜掉。人们也按照当初黄羊的誓言，将其追上以后，从胸口上杀掉，分成十份，按照人们跑到黄羊身边的先后分红。

（二）猎狼

狼是草原上的害兽，对畜牧业和农业危害程度绝不亚于"黑灾"、"白灾"和流行疫病，是畜牧业和农业的大忌。草原上自来就有灭狼的习惯，通常在春季大举围捕猎杀野狼，以保障草原上人畜的安全。事实证明，灭狼保畜对于保障畜牧业经济的健康发展具有十分重要的意义。

一般根据狼群的活动范围划定方圆几十千米的地块，每人的间隔为1—1.5千米，开始围猎时，每个人都从指定位置向中心圈内移动。狼在圈内仓惶鼠窜、疲于奔命，当包围圈缩小到直径1千米时，人们便停止前进，只让年轻力壮的小伙子冲入狼群。可用套马的竿套入狼的脖子把狼勒死，也有的将其在乱棒中打死。再有的故意让狼咬住自己蒙古袍的下摆，就在这瞬间击中其鼻梁，更有勇敢者，飞身下马直接用蒙古刀将其捅死。

狼本性凶残而狡猾，报复心极强，能认人、认马、认踪，猎人都有几分怕它。它会跟猎人耍迂回战术，当你跟踪的时候，它通过蹚水过河、走硬石地等办法把你甩掉。没有经验的猎人常常被它拖得精疲力竭也一无所获。有时跟踪一月都不一定打死一只狼，因此有猎物的地方人都不想打它。打狼最讲究方式技巧，民间有言：清明掏窝、五月撵崽、八月围追、十月打狼。猎狼最好的季节是阴历十一月，是母狼发情季节，一只母狼后面跟十几只公狼。这时放夹子、开枪都比较容易打住。夹子是铁制的，狼能闻出气味。为了使狼习惯，先要把死羊躯干和铁器扔在那里，狼先不敢吃，后来发现没什么危险，就开始吃扔掉的东西。这样"喂熟"以后，再开始埋夹子，狼不以为意，就会上当。

（三）猎兔

兔子和黄羊一样跑得飞快，兔虽不凶猛，但体态灵巧，亦不易捕捉，民间有"兔起鹘落"之说，可见其速度之快。猎兔有时用设陷阱的方法，有时放猎犬去捉，有时也集体打围。打兔围与打黄羊一样，都需要高超的骑术。骑手忽而从马上跳下，拽出腋下腰里的偏缰，跳下马去争抢猎物，忽又跃马执鞭，向前追捕，其英姿飒爽令人惊羡。其中，以网猎狐兔最有特色。网子一般用山羊绒搓绳编织而成，挂在狐兔经常出没的地方，两边要用毛绳扯起来，同时各藏一人于草丛中。为了防止网子耷拉，每十尺左右须立一个木桩把它支起来。由总头发令，由盯坡的领上男女老少，从网子两边绕大圈向前包抄，每二百尺的地方站下一个人。盯坡和站下的人都是骑着快马的好猎手。走到一定的地方，两边盯坡的接上头，用扬沙的办法向守网人发出信号，说明已经完成了包围。守网人再一扬沙，说明已准备就绪。这时突然喊声四起，狗叫鞭子响，受惊的猎物自然向支网的地方逃窜，每前进二百尺，就有一帮人加入进来，用同样的办法驱赶它们前进，包围圈越来越小，狐兔飞奔，撞到网上，将木桩带倒，自己被裹在网里，被打死或者被活捉。

（四）猎虎

猎虎绝非轻而易举之事。据《蒙古风俗鉴》载："汗或官员才许打这种围，虎猎有一定的阵势，要有八名或十二名上等猎手，他们都是骑射能手，要分几个层次进行围猎。并规定：狩猎时首先要以某某汗或官员的名义下狩猎通知，在集合地点洒酒祭山神、地神，要历数那虎害人的行径，要求土地之神和山神把虎放入那围猎范围之中，表示一定以猎规处之等语，都是以诗的形式表达。"①这是原始的自然崇拜思想遗存。虎尾剪人非常厉害，要用扎枪掷其要害，不能有丝毫疏忽。

清代曾于内蒙古昭乌达盟、锡林郭勒盟和察哈尔蒙古东四旗接壤处建立了木兰围场，进行秋弥，其间与蒙古王公接触。赵翼在《檐曝杂记》卷一《木兰杀虎》中记载了蒙古少年两手擒两虎的故事："余扈从木兰，一日停围，上赐宴蒙古诸王，方演剧，面蒙古两王相耳语，上瞥兄，趣问之，两王奏曰：'适有奴子来报，奴等营中白昼有虎来搏马，是以相语。'上立命止乐，骑而出，侍卫仓猝随。虎枪人闻之，疾驰姑及，探得虎窝仅有两小虎在。上命一侍卫取以来方举手，小虎忽作势，侍卫梢闪输，上立褫其翎领，适有小蒙古突出，攫一虎挟入左腋，又攫取一虎挟入右腋，上大喜，即以所褫侍卫翎领予之。"

（五）猎狐狸

狐狸天性狡猾，人不需多，但需有高手。猎人能知狐狸藏身的踪迹，

---

① （清）罗布桑却丹：《蒙古风俗鉴》，赵景阳翻译，管文华校订，辽宁民族出版社1988年版，第129页。

因而先呼叫，外围包抄的人把狐狸向山上赶，伺机埋伏的猎手又把狐狸赶向山下，这样把狐狸弄得筋疲力尽。但诡计多端的狐狸并不甘心就范，它龇牙咧嘴想咬中猎犬的鼻子，猎犬顽强猛扑，要紧紧咬住狐狸的脖子，猎手执比鲁弓箭致其于死命。

（六）猎野猪

野猪生活在树林密集的地方。其野蛮的程度并不次于狼。公野猪，又称獠牙猪。牙齿似刀尖般锋利，发起进攻时速度之快，往往致人于毙命。分工围打野猪时，要摸清其来往的路线，在其必然逃窜的地方等候。猎人利用野猪视觉较差、不善跳跃、不善转身的弱点，往往站在山梁处或沟岸，或枪击、或以利刃刺其股腹沟，或放猎狗先咬其后部再致其死命。

此外，对于貂、鹿等动物，蒙古族都有一套专用的方法来获取这些猎物。

三　其他狩猎办法

（一）诱猎

蒙古族在常年的狩猎实践活动中积累了许多狩猎经验和方法，其中有"西格西热格"（伪装）"兀日木都尔"（叫鹿、鹿鸣）等。伪装是使猎人装扮成某种动物，或者穿戴有若干动物特征的服饰，如头上插鸡翎、戴兽角、反披兽皮、身后着尾等，主要目的在于迷惑猎物，设法靠近。史书中记载了有关采用鹿鸣进行捕猎的方法："伺夜将半，鹿饮盐水，令猎人吹角效鹿鸣，即集而射之。谓之舔碱鹿，又名呼鹿。"[1]鹿笛有较古老的历史，又称"乌力安"，是指用鹿哨模仿鹿鸣的声音，以引诱鹿群前来，进行射杀。"七月上旬复入山射鹿，夜半令猎人吹角，仿鹿鸣，即集而射之。""每月则衣毡裘，呼鹿射之。"[2]鹿笛迄今还在大小兴安岭地区保存着。"哨鹿"这一诱鹿的经验，被北方狩猎民族继承下来，如达斡尔人猎鹿时"引诱野物撒些食饵和盐，或吹口笛。……在鹿交尾期学牝鹿叫声来

---

① 　《辽史·营卫志》。
② 　《契丹国志》卷二三《渔猎时候》。

呼唤牡鹿。"①这种鹿哨，直到解放前在北方森林猎人的狩猎中仍然发挥着很大的作用。用它引诱鹿，使其接近猎人的射程。

（二）栅栏围猎

为了弥补人员的不足或为了避免与大型野兽的直接搏斗，人们在兽群活动区域竖以栅栏，然后将兽群往栅栏里面轰赶，待其进去后，关上栅栏口，猎物就难以逃出。郁永河《稗海纪游》载："前路竹堑，南嵌山中，野牛千百为群，土番能生致之，候其驯用之。"②野牛生性凶猛，不易猎获，活捉就更难了。"生致之"的办法就是实行栅栏围猎。栅栏围猎的最大好处是可以活捉野兽，然后驯化豢养。

（三）穴猎

有些野兽喜欢藏在洞里，于是产生许多穴猎的方法。猎人们选择雨裂、冲沟、丘陵陡坡等有洞穴的地方，将洞穴的一侧留作通道，人们三面合围逐渐缩小包围圈，将野兽向洞穴一侧驱赶，让野兽钻洞。然后，猎人一是用长钩伸进洞穴将兽物往外钩；二是用猎犬匍匐进洞，捕捉野兽并拖出洞外；三是采用烟熏的办法，即用干柴引燃牛粪于洞门，让浓烟封住洞口，洞穴内野兽因缺氧外窜，或昏死于洞内，从而可以获得大量猎物。如《癸辛杂识》所载"捕狸法：捕狸之法，必用烟熏其穴，却于别处开穴，张置捕，如拾芥。然狸生性至灵，每于穴中迭土作台以处，且可障烟，夏月则于台下避暑，可谓巧矣。而捕者又必穷其台之所之而后止，可谓不仁也"。③

（四）陷阱

陷阱指在野兽经常走的路上、坑上置放一些蓬松的"猪尾巴"干草，或者覆盖些树叶、草、土，并按上假蹄印，使野兽误以为平地，很容易受骗陷入坑中，等猎人来时将其活捉打死。这种方法多用于捕捉狍子、鹿、野猪和熊等兽。"北方野猪大者数百斤，最犷悍难猎。每以身楷松树，取

---

① 《达斡尔族资料集》编委会：《达斡尔资料集》第二集，民族出版社1998年版，第305页。

② （清）郁永河：《稗海纪游》（一卷），小方壶斋地丛钞。

③ （宋）周密：《癸辛杂识》续集下《捕狸法》。

脂自润，然后卧沙中，傅沙于膏。久之，其肤革坚厚如重甲，名带甲野猪，虽劲弩不能入也。其牙尤坚利如戟，马至则以牙梢之，马足立伤，虽虎豹所不及也。"①采用陷阱覆盖伪装，以捕豹熊、野猪等猛兽，比较安全，可以避免人员的伤亡。

（五）火燎

火燎是蒙古族常用的狩猎方法。一般在初春进行，他们往往选择对火燎有利的天气，在下风头阻截野兽。猎场四周放火，为躲避烟火，猎物自然集中到一起，这时猎人动手射杀。

（六）冰猎

在严冬季节进行，一般选择猎场附近江河湖泽的地方行猎，将所有猎物追至江湖之上，猎物到冰上后，打滑不能跑，这时猎人到冰上围歼。在靠近江河湖泊的地方，蒙古族猎狐狸、猎狼也有时三面合围，将其赶至冰上，坚冰如镜，其行走困难，故能擒之，对此清人方式济的《龙沙纪略》有载："江冰始猎，参领以下猎雉，将军猎麇于通铿河备贡数，通铿，蒙古地，先期移文告之。"猎人于冰上与野兽搏斗，别有一番天地与乐趣。

除以上方法外，还有熏、灌、药、炸等方法。熏一般用来捕捉狐狸；灌一般用来捕捉鼠类；药一般用于捕捉鸟类；炸指将天把雷管炸药埋马场内，用于炸狼。

第四节　狩猎季节

蒙古族根据草木变化定季节，春为冰雪融化，夏为草木复生，秋为草木枯黄，冬为大地冰冻。蒙古族还以北斗星为正东为春，在西北为夏，在北方为秋，正南为冬，他们根据季节，猎取不同的动物。《夷俗记》："夫射猎，虽夷人之常业哉，然亦颇知爱惜其生长之道。故春不合围，夏不群，惟三、五为朋，十数为党，小小袭取，以充饥虚而已。"民间有"九月狐狸十月狼"的说法。

---

① 　（宋）周密：《癸辛杂识》续集上《大野猪》。

不管哪个季节，只要有野生动物，便可进行狩猎活动，这是不错的。但是，蒙古人积累了丰富的经验，知道必须保护动物的生育和成长，才能通过狩猎得到更好的经济效益。因此，他们的狩猎活动，主要是在秋、冬时节举行。狩猎活动虽然是蒙古族为满足日常生活所需而必须采取的行动，但他们并不是猎取所有见到的动物，也不会不分时间、地点随意狩猎。关于哪个季节可以打猎、哪些动物可以捕杀等，都有一些约定俗成的规矩。小范围的打猎可以在夏、秋、冬三季，大型围猎通常在春、冬两季进行。这些习俗是在满足生活需要的同时，综合考虑了动物生长规律和自然气候条件的基础上形成的。小范围打猎的目的主要是获得肉食和皮毛，夏季主要捕杀黄羊、兔子、野鸡等可供食用的动物；秋、冬两季则主要捕杀狐狸、狼、沙狐鹿、熊、虎等可提供兽皮、肉食或珍贵器官的动物。冬季的大型围猎主要是为了获得肉食和皮毛，而春季的大型围猎则主要是为了消灭狼害。

这从元成宗大德元年（1297年）颁布的禁令中可以看得很清楚。"在前春里、夏里不拣是谁休打捕者，么道，薛禅皇帝行了圣旨来，如今外面的百姓每哏打捕野物有，么道，奏来。在前正月为怀羔儿时分，至七月二十日休捕呵，肉瘦皮子不成用，可惜了性命。……依在先行了的圣旨体例，如今正月初一日为头，至七月二十日，不是谁休打捕者，打捕的人每有罪过者。"① "薛禅皇帝"是忽必烈的尊称，"薛禅"是智者的意思。也就是说，在忽必烈时代便有禁止在春、夏捕猎以保护野生动物成长的命令。这一禁令主要表现了蒙古人的观念，说明蒙古人的狩猎活动与季节的变化有密切的关系。伊朗史家说，蒙古大汗举行的大规模围猎，"一般在冬季初进行"。②南宋使臣也说，"围场自九月起至二月止。"③都是符合实际情况的。春季也有捕猎，一般是在水边捉拿鹅、鸭，规模较小。

"猎将竟，则开一门，广半里许，俾全兽得以逸去，不然则一网打尽，来岁无遗种矣。"④元统治阶级已逐渐认识到无休止地任意捕杀野兽对社

① 《元典章》卷三八《兵部五·违例·禁治打捕月日》。
② ［伊朗］志费尼：《世界征服者史》，中国人民大学出版社2012年版，第30页。
③ （南宋）彭大雅：《黑鞑事略笺证》，载《王国维遗书》第13册，上海古籍书店1983年影印本，第3页。
④ （宋）周密：《癸辛杂识》续集上《大打围》。

会有害无益，多次下令禁止滥捕滥杀。《元史·刑法志》规定："诸田禾未收，毋纵围猎。"[①]《通制条格》规定："自正月至七月，为野物的皮子肉歹，更为怀羔儿的上头，普例禁约有。""九月十月十一月这三个月围场者，除这三个月外休围场者"[②]，也就是禁止在兽物怀胎时捕猎，每年只准在九月、十月、十一月内围猎。

蒙古族走出森林，成为草原民族后，主要以放牧为主、狩猎为辅、牧猎结合。历史上的草原民族过着"逐水草而居"的生活，但是，在古代恶劣的自然条件下，牧业生产时常不足以维持生计，唯以狩猎加以补偿。从文化遗址、岩画及历史文献资料看，狩猎对象虽然在一定程度上有着稳定性，但随着狩猎技术的革新和进步，其范围也在不断扩大。同时，不难发现，狩猎的过程也是驯养的过程，部分狩猎对象开始被驯养为家畜，马、鹿、鹰等逐渐由猎物转为狩猎和使役的重要助手。蒙古族在漫长的狩猎生活中，根据不同的自然环境、地理条件、猎物习性以及四季的变化特征，就地取材，发明创造，丰富了狩猎的工具和方法，探索出了既实用有效又宜于推广的众多狩猎方法。保障动物繁殖休养的狩猎季节安排保证了猎物的有效再生产和持续供应。狩猎成为蒙古族生活的生活物质来源的同时，在此基础上形成的狩猎组织方式、猎物的分配以及狩猎技术的改进对蒙古族社会和文化也产生了深远的影响。

---

① 《元史》卷一〇五《刑法志》四。
② 《通制条格》卷二八《围猎》。

第五章　蒙古族狩猎经济与游牧社会

和世界其他地区和民族的历史一样，狩猎经济社会在蒙古高原从远古时代持续下来。然而，蒙古民族形成的漫长历史，一直是由狩猎向游牧发展的过程。所以，蒙古族历史上的各个阶段的狩猎经济，与游牧社会有着密切的关系。本章前三节就围绕这一问题进行了探讨。由于独特的区域自然资源条件，国家林业局（原林业部）于20世纪80年代末，先后在青海省海西蒙古族藏族自治州都兰县和甘肃省肃北蒙古族自治县批准建立了"国家狩猎场"。在第四节分别介绍了这两个国际狩猎场的自然环境、野生动物分布与狩猎资源动物，以及野生动物保护状况。

第一节　蒙古高原狩猎经济与畜牧业的关系

远古以来，草原和森林以及动植物是蒙古高原民族解决衣、食、住、行的主要物质来源。今日所见的蒙古高原这般景色，也同样经历过草原的形成、发展以及退化或变化等自然变迁的规律。人类的生产活动和经济生产方式，也随着地理环境自然资源而改变，人们为了生存的需求，不断提高适应地理环境的能力。蒙古高原虽然有辽阔的草原，众多的河流和湖泊，但是与热带亚热带森林地区和热带草原地区相比较，其自然地理环境并不优越，野生动植物资源并不丰富。正是因为这个原因，蒙古高原古代民族为了更好地适应自然环境，在长期的生产实践中选择了另一种生产方式——游牧。游牧比起狩猎，活动空间广阔，利用资源多样。相形之下，自然资源相当丰富的非洲民族如俾格米人、布须曼人等的社会发展异常缓慢，直到当代，其生活方式还是基本依赖自然地理环境。

匈奴的社会经济主要是畜牧业。畜群既是生产资料，又是生活资料。冒顿（modu，"冒"读音"默"）单于初期，匈奴控弦之士已多达30余万（控弦之士即引弓之士）。公元前200年，冒顿单于围汉高帝刘邦于白登时，曾纵精兵40万骑（《汉书》为30万），而且西方尽为一色白马，东方尽为驰（青龙色）马，北方尽为骊（黑色）马，南方尽为辟（赤黄色）马，从整齐壮观的军马阵亦可见其畜牧业发达程度。公元前127年，卫青击匈奴之"楼烦、白羊王于河南"，曾获牛羊100余万头（只），说明匈奴楼烦、白羊王的畜牧业也是相当发达的。公元89年，窦宪破匈奴北单于时亦获马、牛、羊、橐驼100余万头。五胡十六国时期，匈奴的畜牧业也很发达。

如公元391年，北魏破铁弗匈奴卫辰时，就曾获其"名马30余万、牛羊400余万"。公元427年，拓跋焘平卢水胡赫连昌时，亦"获马30余万匹、牛羊数千万"。

由于匈奴有如此兴盛的畜牧业，所以他们的衣食住行及生活、生产皆离不开牲畜。史书记载，匈奴"自君王以下，咸食畜肉"，"匈奴之俗，食畜肉，饮其汁，衣其皮"。所谓咸食肉，《汉书·匈奴传》颜师古注曰，"言无米粟，唯食肉也"。[①]

以狩猎与采集为主的生活方式，在初民社会持续了几千年，在不同地区狩猎采集生活方式结束的时间是不同的。当人们不再完全依靠狩猎或采集获取大自然给他们提供的果实，而是开始种植植物和驯养动物来自己生产食物时，狩猎采集时代才告结束。

他们为什么这样做呢？为什么放弃他们认为是一种令人羡慕的生活方式，而选择另外一种吃得更糟、劳动更多的生活方式呢？是因为冰川消退以及气候变暖使能捕猎大型动物的广阔草原衰减，森林里的动物也少了。[②]原始采集狩猎文明的初民，在生存压力并不大的情况下，他们往往随着季节的变更而进行或长或短的迁移，以获得更丰厚的食物。但由于地理条件的限制和虽然缓慢但仍然不断增长的人口，生存压力变大，许多物产并不那么丰富地区的部族不得不采取强度更大的劳动，而对于草原地区来说，采集的基础原本非常薄弱，部族的主要食物来源依靠捕猎，不得不跟随着兽群的迁徙而迁徙，以便获得足够的肉食。在这过程中，人们逐渐

---

① 侯丽娟：《匈奴人的生活习俗》，《内蒙古史志》2007年第1期。

② ［意大利］乔万尼·卡拉达：《史前的奥秘》，明天出版社2001年版，第52—53页。

发现蓄养动物比起单纯地追猎野生动物来说更有保障，养畜业便慢慢发展起来。①中央亚诸部掌握新的材料——青铜是加速向游牧业过渡进程的主要条件。蒙古高原境内出现青铜制品的时间约在公元前2000年中叶。石器向青铜器过渡，青铜器在蒙古高原和外贝加尔广泛而迅速地传播，是由这里有着丰富的原料资源和便于开采、加工铜矿的良好条件所决定的。新材料的优点是显而易见的：青铜与石头、骨头相比，具有可塑性和耐久性。金属可以制成锋利的工具，而锋利的刀、箭、矛则锐不可当，有更大的杀伤力；在加工死兽时也可加快剔肉削皮的速度。还有，金属马镳、马衔的使用可使野马彻底被驯服；有了金属马镳、马衔，可以在更大的范围内驯养其他的食草动物。

北方诸部和某些狩猎民群向游牧业的过渡。采取由半定居综合经济（牧业—狩猎业—农业经济）为起点进行过渡。经常游动、全年放牧畜群的生产方式最先是由居住在西部蒙古和戈壁阿尔泰的部落开始的，这一点可由当地的岩画看出来，在这类岩画中有许多使用车辆进行游牧的画面。

许多考古学家注意到，在旧石器时代晚期（蒙昧中级阶段），产生了一种集体围猎的活动，即一个氏族集团为了保证其食物来源的稳定，常以某一种野兽为目标，成批地猎取它们，从而逐步地形成了专门的狩猎集团，例如"猎鹿集团""猎马集团""猎牛集团""猎羊集团"等。从内蒙古地区阿尔泰语各族的情况来看，通古斯语各支的祖先可能是"猎鹿"的原始集团，蒙古语各支的祖先可能是猎马、猎牛、猎羊的原始集团。②民族学调查也认为早期活动在我国北方色楞格河流域的古代居民，是较早猎取野马、野牛的古部落。公元前89年司马迁所著《史记》中记载："唐虞以上，有山戎、猃狁、荤粥，居于北地，随畜牧而转移，其畜之所多，则马、牛、羊，其奇畜，则橐驼。"这说明，当时我国北方牧区的畜牧业也已发展到一定的水平。

在漫长的历史时期，狩猎作为蒙古高原民族最早从事的经济活动，创造了相应的文化，并为后来的蒙古游牧畜牧业社会的经济发展奠定了坚实的基础。狩猎经济对蒙古游牧社会的发展所起的作用，可以归纳为以下几方面。

---

① 徐超：《游牧文明与中国北方的生态》，《北方经济报》2005年4月3日。

② 张秉铎：《内蒙古地区原始牧业经济研究》，《中国农史》1984年第5期。

一　蒙古高原畜牧业的起源及发展

游牧经济发端于狩猎经济类型，以驯化大型的成群食草动物为主，使它们在人力控制下按其固有的生活习性，随着草原季节的变化游动觅食和繁殖。大约在10000年前，人类在长期的狩猎和采集过程中开始掌握了某些动物的生活习性和植物生长规律，于是便有了动植物的驯化，逐渐摆脱了对自然的被动依赖状态。狩猎，为冰川期之后的从森林走向草原的人们的驯化动物起到决定性的作用。从这个意义上说狩猎就是畜牧业的基础。如果说，畜牧业是狩猎经济发展的必然产物，其发生与人类的动物驯化密切相关。人们将猎获的兽类进行驯养，注意它们的习性和特点并加以充分的利用。关于游牧或畜牧业的起因，有诸多猜测和看法。但是狩猎民对畜牧业的起因，不可忽略。

至于蒙古高原何时何地由狩猎发展到驯养食草动物，进而从事畜牧业，这还处于探讨之中。但是，考古学研究表明，大约公元前3000年以前，生活在亚欧大草原的不同民族共同体就开始逐渐由狩猎经济向游牧经济过渡，经过几千年的历史，该地区形成了不同程度的游牧社会。

那么，原始畜牧业究竟是如何产生的呢？根据我们所掌握的资料，考古学和科技史学界仍未真正弄清畜牧业的起因问题。关于原始畜牧业的起源，在国内外有豢养稚兽说、图腾崇拜说和食物剩余说等多种观点。对以上原始畜牧业的起源的各种观点，包玉山说得十分客观："豢养稚兽说、图腾崇拜说和食物剩余说，作为关于畜牧业的起源模式的解释，可能分别代表着不同地区不同民族之畜牧业的不同起源模式，都有可能是正确的。因为，畜牧业的起源模式不可能是单一的，应该是丰富多彩的。"[1]一般认为，最早对野生动物的驯养、驯化，其主要目的应该是获取肉食。

二　从森林到草原，从游猎到游牧

森林狩猎民，首先是跟着季节性迁徙的野兽和食草动物游猎，经过长时间掌握了食草动物的习性、生活环境、形态结构、生长规律和行为等之后，在捕捉弱小动物并饲养的基础上，在一定的好的自然条件下先散放

---

① 包玉山：《内蒙古草原畜牧业的历史与未来》，内蒙古教育出版社2003年版，第29页。

（间接管理动物的自然环境），再采取直接管理，慢慢由驯养家畜逐步发展成为畜牧业。

关于蒙古高原畜牧业的起源与发展，马瑞江先生的研究具有一定的权威。[①]他认为，蒙古草原畜牧业的起源模式是从森林到草原，从游猎到游牧，原始猎人不停地追逐大群野生动物，在漫长的历史时期逐步地驯化野生食草动物，当他们拥有成群的家畜之后，以游牧的方式进行畜牧业生产。历史上蒙古草原森林减少、草原扩大，生态环境这一总的变化趋势与森林部落畜牧萌芽要得到发展，这二者发展方向一致并互相适应，所以蒙古草原的森林狩猎民必定走上草原游牧的道路。蒙古草原生态环境的变迁给远古森林部落以无限发展的机会。无论是考古发掘、历史记载，还是现在的草原牧民的生产方式，都能证明这一点。将野生动物驯化为家畜的过程，经历了相当漫长而复杂的历史阶段。按马瑞江先生的话说，驯化是进化的一种方式，追逐和游猎引起野生动物的迁移，从一个地方到另一个地方，迁徙到新的环境，产生新的适宜，基因频率部分改变。在野生种群分化的基础上，通过自然选择和人工选择，才能使野生动物逐渐驯化为家畜，使野生动物的性情朝着有利于人类的方向进化。

蒙古民族社会经济发展经历了这样一个历程：蒙古民族从狩猎走向游牧，从森林走向草原。那么人们的狩猎态度或观念也经历了不同的历程：在狩猎社会，人们一方面为了生存，进行集体捕猎活动，但是另一方面由于受自然崇拜的观念，要保护野生动物；从狩猎经济到游牧经济过渡时期，又经历了一个复杂的心理，一方面为了将食草动物驯化为家畜，需要保护其繁殖，另一方面为了保护草原，发展畜牧业，还要捕杀野生动物。进入游牧经济社会兴盛时期，畜牧业经济已经被人们掌握并有了持续发展。这个时候野生动物被视为与家畜对立的动物，为了大力发展畜牧业经济，人们从草场的利用角度对野生动物进行大规模的捕猎活动。然而，即使在蒙古帝国时期为了远征的需要而进行的大规模的围猎，同时为了长期的生存和生活需要，也遵循约定俗成的规矩，如捕猎什么动物，什么季节捕猎什么动物，而且严格禁止杀绝、灭种任何一个种群。这样就形成了一

① 马瑞江：《蒙古草原家畜驯化与畜牧起源方式探讨》，《农业考古》1993年第1期；马瑞江：《蒙古草原畜牧起源和发展的若干问题初探》，《中国农史》1990年第4期。

个狩猎—保护—再生产的有利于自然生态平衡发展的链条。这就是蒙古高原野生动物资源至今还是那么丰富的原因，也是蒙古民族狩猎经济长久存在的原因。

森林猎民对游牧人的看法，拉施特还为我们留下了有关森林兀良合惕人的特别有趣而珍贵的资料。如他们"从不走出森林"，"他们视牧羊为一大恶习，以致父母骂女儿时，只消说：'我们把你嫁给一个让你去放羊的人！'她就会悲伤透顶，甚至悲伤得上吊"。[①]

三　"蒙古五畜"的驯化与畜牧业发展

动物的驯化是新石器时代农业革命的主要内容之一，导致了人类生活方式从狩猎向畜牧的转变。家养动物为人类社会的发展做出了重要贡献，其不仅为人类提供了稳定的动物蛋白来源和许多附属产品如皮、毛、奶和动物油等，还作为人类生产生活的助手，如看家狩猎、拉磨犁田和充当交通运输工具等，从而促进了世界人口的增长和人类文明的进步。[②]据考古研究，蒙古高原先民的狩猎，可以追溯到旧石器时代。在南起燕山山脉，北到贝加尔湖，东到大兴安岭，西到阿尔泰山的辽阔区域内，繁衍栖息着种类繁多、数量庞大的野生动物群，其中食草动物除了赤鹿、麋鹿、麝鹿以外，有羚羊、黄羊、野山羊、野马、野驴、野骆驼。这些动物被猎人和牧人逐渐驯化，在自然草场上大群大群地放牧，成为游牧经济类型的必然条件，也奠定了蒙古高原畜牧业的基础。

五畜的驯化和畜牧业的发展，对蒙古社会产生了划时代的影响。五畜不仅为人类提供了稳定的动物蛋白来源，帮助人类更加容易地获得除肉食以外的奶、皮、毛、油等许多附属产品，增强了人类征服自然的能力，还作为主要的交通运输工具，丰富了人类的物质生活和精神文化生活，从而促进了人类文明的进步。

蒙古高原游牧民族驯养并放牧的畜群，由马、绵羊、牛、骆驼和山羊组成，史称"蒙古人的五畜"。今日蒙古五畜，是蒙古高原诸游牧民族长

---

①　[波斯]拉施特主编：《史集》第一卷第一分册，余大钧、周建奇译，商务印书馆1986年版，第203页。

②　李晶、张亚平：《家养动物的起源与驯化研究进展》，《生物多样性》2009年第4期。

期培育出来的优良品种，也就是对狩猎民数千年驯化技术和智慧的继承。五畜是蒙古人的生产资料，同时也是他们的生活资料。蒙古人的五畜与汉语辞典中的"五畜""六畜"不同，不包括家禽、狗和猪之类。为什么选择这五种呢？因为他们从森林到草原，从游猎到游牧，所以驯养并放牧的动物的第一条件是群居性四蹄（四足）食草动物；第二条件是能够提供肉、乳、毛、皮和燃料。没有奶子和皮毛不值钱的猪和鸡就不具备这个条件。第三条件是用作畜力，马、牛和骆驼是蒙古民族的主要交通工具。属马科的驴和边缘杂交的骡，虽然具备畜力条件，但不能饮其奶也不能食其肉，所以不属于五畜的范围。

蒙古人对五畜有固定的排序，即马、绵羊、牛、骆驼和山羊。这种排序是依据家畜的客观价值标准而来的。马的分布应该最广，从蒙古高原到黑海以及亚洲中部地带。蒙古高原对马的驯化历史比较晚，但是马对蒙古社会产生巨大的作用。关于马的驯化，郭静云在《古代亚洲的驯马、乘马与游战族群》一篇文章中说："野兽的驯化都源自狩猎，所以驯化马的族群应该是生活在野马活动地区的猎民。这些族群饲养幼马以保证自己的食物来源，应属于早期猎马、驯马、养马的历史阶段。……蒙古草原民与哈萨克草原民，先后皆驯养马匹作为肉乳来源似无异议。"[1]绵羊是蒙古畜牧业的基础，同时是提供主要肉食来源；牛为蒙古人提供大量的奶食品和肉食，同时成为草原地区的主要交通工具之一；骆驼是蒙古高原荒漠、半荒漠地区的主要资源之一，也是草原畜牧业的重要组成部分；山羊的分布虽然比较广，但是数量不及绵羊。山羊也提供肉乳等畜产品，山羊合于绵羊群放牧，发挥山羊的很多特长，如爬山过河起领头作用，能够在大范围内觅食寻水，视觉和听觉十分发达，警觉性高。

如前所述，马在五畜之中排名第一，是因为马为蒙古游牧文明的产生提供了一个有力的支持。苏联科学院院士Б. Я. 符拉基米尔佐夫谈到11—13世纪蒙古社会经济时说："马比一切更受重视，马群是古代蒙古人的主要财富。没有马，草原经济便无法经营。"[2]首先，蒙古社会的游牧经济，如放牧、骑乘、迁徙、饮食、保护畜群以及生产工具都需要马，素有"马背

---

① 郭静云：《古代亚洲的驯马、乘马与游战族群》，《中国社会科学》2012年第6期。

② ［苏］Б. Я. 符拉基米尔佐夫：《蒙古社会制度史》，刘荣焌译，中国社会科学出版社1980年版，第61页。

民族"之称。其次，马在蒙古社会政治中占有重要地位。在蒙古族的征战和蒙古帝国的创立中马发挥了极大的威力，所以说蒙古人马上得天下。最后，蒙古民族在几千年的狩猎、游牧生活实践中，创造了套马、驯马、赛马、马奶宴等独特的民族文化。13世纪，来自西方的传教士和旅行家看到蒙古高原的畜群，感到十分惊讶。新教皇英诺森四世的门徒约翰·普兰诺·加宾尼说漠北地区的游牧民"拥有牲畜极多，有骆驼、牛、绵羊、山羊；他们拥有如此之多的公马和母马，一直我不相信在世界的其余地方能有这样多的马"。[1]鲁不鲁乞记录了拔都汗帐幕每天需要供给3000匹母马的鲜奶酿做忽迷斯的事情。[2]马可·波罗也写到忽必烈汗的马群，"君等应知汗有一大马群，马皆牝马，其色纯白，无他杂色，为数逾万"。[3]总的来说，蒙古高原的畜牧业是在十分发达的狩猎经济基础上发展起来的。然而，蒙古高原先民在几千年驯化动物的实践中积累了诸多经验，从占有经济（狩猎）向生产经济（游牧）过渡时，选择这五种节粮型牲畜作为赖以生存发展的主要经济资源。诚然，历史上已经有匈奴、鲜卑、突厥等民族成功地实践了以五畜为基础的游牧生存方式，但是蒙古人继承并使其发扬光大，成为这一经济文化传统的"集大成者"。

四　从"围猎"到"古列延"游牧组织

蒙古族作为亚欧草原的一个游牧民族，对世界文明产生如此之大的影响，其主要资源就是在发达的狩猎经济社会基础上发展起来的畜牧业。从遥远的狩猎时代开始，形成了蒙古人称作"古列延"的经济、军事相结合的制度。关于"古列延"，《蒙古秘史》释为"圈子"，有的地方释为"营"。拉施特说："古列延（一词）的含义如下：许多帐幕在原野上围成一个圈子驻扎下来，它们就被称为一个古列延。""所谓古列延是圈子的意思。在古时候，当某部落屯驻在某地时，就围成一个圈子，部落首领处于

①　[英]道森编：《出使蒙古记》，吕浦译，周良霄注，中国社会科学出版社1983年版，第9页。

②　[英]道森编：《出使蒙古记》，吕浦译，周良霄注，中国社会科学出版社1983年版，第17页。

③　《马可波罗行纪》，冯承钧译，上海书店出版社2001年版，第174页。

像中心点那样的圈子的中央，这就称作古列延。"①

"古列延"（kureen）这一词是从"围猎"（kuree aw）演变过来的。也就是说，它表示古代狩猎社会的一种集体生产和生活方式。漫长的狩猎时期，人类的生产力水平很低，劳动技能十分低下，生产工具简陋，个人或小群体在大自然面前无能为力，他们必须全体氏族成员都联合起来，彼此协作，集体进行狩猎，才能防御自然灾害、防范外来异族的侵扰。在依靠集体的力量进行狩猎的条件下，"古列延"就成为一种必须遵循的规则。

"古列延"式的经济、军事相结合的制度，起源于遥远的狩猎时代。早在蒙古高原的狩猎时期，狩猎与军事就结合起来了，一个猎手，同时又是一个士兵。由于生产力水平极其低下，单个人在自然界面前软弱无力，无法同野兽作斗争，必须以氏族为单位集体围猎、共同驻屯。而围猎是一种有组织、有分工的集体劳动，有围猎的组织者和指挥者。大规模的集体围猎，与出兵打仗十分相似。②

7—8世纪，部分半狩猎半游牧蒙古部落向游牧社会转型时，畜牧业生产力还比较原始，人们对牲畜的放牧和管理经验不足，于是以血缘为纽带组织起"古列延"经营方式，游牧经济取得长足进步。可以说，"古列延"这种集体游牧、集体狩猎的生产生活形式，是当时生产关系的基础，它决定了生产资料和产品的氏族公有，特别是集中地表现在草原、森林、牲畜、毡帐等为氏族所共同占有，同时保留着早期的经济（狩猎、游牧）和军事两位一体的组织。"蒙古人本来是森林狩猎民族，到9世纪前后，大多数氏族、部落完成了由狩猎经济到游牧经济的过渡，使畜牧业成为他们生产和生活资料的主要依靠。但是，他们并没有放弃行猎的传统，这不仅是因为猎取兽物可以作为衣食的重要补充来源，而且在狩猎锻炼中能够熟悉弓马、学习作战本领，培养吃苦耐劳和遵守纪律的精神。"③自10世纪以后，随着放牧经验的积累和畜群管理技术的提高，产生了私有制和氏族内部的阶级分化。随着各部落之间冲突的加剧，为了扩大牧场，保护和发

---

① ［波斯］拉施特主编：《史集》第一卷第二分册，余大钧、周建奇译，商务印书馆1983年版，第18页。

② 沈斌华：《从'古列延'、'阿寅勒'到'双层经济'——论内蒙古畜牧业经济的发展》，《内蒙古大学学报》1991年第1期。

③ 沈斌华：《从'古列延'、'阿寅勒'到'双层经济'——论内蒙古畜牧业经济的发展》，《内蒙古大学学报》1991年第1期。

展畜群，不断充实兵源，增强战斗力量，游牧生产的原始公有制被冲破了，"古列延"失去了它的经济意义，变成为军事组织，而个体家庭"阿寅勒"逐渐取代"古列延"成为社会经济的基本单位。这时，"古列延"变成一种单纯的环车和环帐篷为营的军事组织，即规模巨大的防御和进攻形式。

第二节　蒙古族狩猎经济与商业的关系

马克思说："对那些没有定居下来的游牧民族来说，商业精神和商业资本的发展，却往往是固有。"[1]匈奴人的商贸活动则尤为活跃，不仅在匈奴社会内部以及与东胡、西域、中原之间进行，同时还通过西域与中亚、罗马帝国发生了间接的贸易关系。其中尤以与西域、中原的贸易规模大、重要性突出。[2]由此可见贸易之于匈奴社会的重要性，在他们身上的确体现出了强烈的"商业精神"。匈奴人同中原的贸易，主要是通过与中原王朝"合市""通关市"的形式实现的。虽然由于历史记载的缺失，我们难以洞察贸易在匈奴社会经济生活中的比重，但匈奴和汉朝对西域地区的反复争夺，控制与西域诸国的贸易权，控制通往亚欧大陆纵深的商道，取得贸易方面的利益显然是其中极为重要的原因。再说，匈奴时期的游牧经济虽然相当发达，但游牧经济的先天不足——脆弱性及产品的单一性，决定了匈奴社会经济必须辅之以狩猎、产品交换等活动。

在汉文史书中，常常看到汉地皇帝特别喜爱北方民族"珍稀皮草""裘皮大衣"的记载。秦汉以来，随着相邻地区之间的文化交流和联姻关系，通过互进贡品等途径，蒙古高原的牲畜大批进入内地，那些稀有皮革也批量入关。虽然有的是由于某种政治原因而进的贡品，但是也有贸易的性质。《盐铁论》中写道："骡驴驮驼衔尾入塞，馲骎騉马尽为我畜，羂貂狐貉采旄文罽充于内府，而坚玉、珊瑚、琉璃，成为咸国之宝。"[3]这反映了早在匈奴时期输入汉地的牲畜和各种裘皮的商品交换情况。

---

① 马克思：《资本论》第3卷，人民出版社1975年版，第371页。

② 晓克：《论匈奴在游牧文明发展史上的先驱者作用》，《内蒙古大学学报》（人文社会科学版）2003年第6期。

③ 《盐铁论·力耕》，转引自陶克涛《毡乡春秋》，人民出版社1987年版，第243页。

　　"草原丝路"亦称"皮毛之路"或"茶叶之路",指历史上从中原出发向北至漠北蒙古草原折而西行,再经欧亚草原地带直达欧洲的交通道路,因古代中国丝绸、茶马、皮毛制品等货物多经草原游牧民族运销到西方而得名。此路应为狭义丝绸之路(陆上丝路)的组成部分。具体路线由中原出发,可分数条路线北上进入蒙古草原,抵达蒙古高原后线路一分为二:继续北行可达今贝加尔湖(古称瀚海),由此折而向西穿越西西伯利亚草原(大体沿着今西伯利亚大铁路一线)抵达东欧;或由蒙古高原中心土拉河、鄂尔浑河一带向西越杭爱山,沿阿尔泰山西行,再折向南进入天山山脉以北草原,沿天山北麓至伊犁河,过碎叶川、塔拉斯河,西行经锡尔河,沿河而下至咸海,再渡乌拉尔河、伏尔加河,直至黑海北岸。①元代在陆路上横贯欧亚大陆的有三条通道,其中第三条路,即从撒拉伊东行经里海及亚拉伊海,过吉尔吉斯草原沿锡而河出欧得拉尔,沿阿里克特山脉的北麓,往热海的北方下伊犁河谷,沿天山山脉之北出当时的阿力麻里(今伊犁附近)、别失八里(今吉木萨尔县之北),越阿尔泰山脉经乌里雅苏台、欧尔昆河源向和林,也可以从阿里麻里、别失八里,经哈密、西安、肃州、甘州东行到上都或大都。②在这漫长的东西方商道上从事商队贩运的有欧洲的商人,也有由蒙古诸汗国及其后裔统治的西亚、中亚地区的商人以及中亚色目商人。这一通道上的商品,除了丝绸、茶叶、瓷器,金银珠宝、奇禽异兽、药物香料等。尤其是经营狩猎的人们以野兽的皮毛犄角以及用于中草药的或作为营养品的器官来换取自己所需要的物质。

　　项英杰先生说:"狩猎业在游牧人的和平中也占有相当大的比重。稀有禽兽、珍贵皮毛,在市场上是高价商品,在与敌国交换中是名贵礼物。狩猎即使游牧人获得富饶的财货,又培养了高强的武艺。……游牧人男女均有佩饰,且很讲究,金玉珠宝,琳琅满目。妇女佩挂尤为艳丽。"③乌桓、鲜卑进行狩猎,除了用皮毛做衣袍以外,还将虎、豹、貂等的皮草运进内地作贸易。东汉光武帝时期,辽西乌桓大人郝旦等送到洛阳的礼品中除了马牛以外,还有虎皮、豹皮、貂皮等汉人非常珍惜的东西。④根据史

---

① 聂静洁:《草原丝绸之路是科学概念》,《中国社会科学报》2017年第4期。

② 李幹:《元代民族经济史》第二册,民族出版社2010年版,第1034页。

③ 项英杰主编:《中亚:马背上的文化》,浙江人民出版社1993年版,第13页。

④ 《汉书》卷九十《乌桓传》。

书，柔然在经营畜牧业的同时还进行狩猎，用大批的动物野兽皮革与他国交易。关于这方面，史学家根据与柔然相关的经典认为："（柔然）狩猎在社会经济中占着相当的比重，他们献给北魏和南朝（梁、齐）政府的贡物中，除了马匹之外，尽是貂袭、貂皮、虎皮、狮子皮裤褶等兽毛皮或毛皮制品。"①其实他们在内部也以此收税、交易。

众所周知，蒙古高原和中原之间进行的"互市"贸易所经历的漫长而复杂的历史。"互市"之称，始于东汉与乌桓、鲜卑、匈奴等族的贸易。互市盛衰与政治、军事斗争密切相关。蒙古高原与中原之间的互市，时断时续，但是不管是国家之间，还是民间，通过互市贸易各取所需、互为补充。北方民族为获取大量绢帛、茶和手工业品，而中原人为得到军事和农耕所用的牲畜、珍贵皮毛和药材，因为虎、豹、貂、鼠等动物的皮革，一直引起中原人极大的兴趣。

蒙古崛起漠北并长驱西征后，势力扩张至西亚、中亚和欧洲地区，从此封闭割据的欧亚各国，东西交通畅通了整个欧亚大陆出现了民族大迁徙。来自中亚、西亚的穆斯林商人纷纷进入蒙古。如《史集》所载："由于蒙古部落是游牧民，远离城市，他们十分珍视各种织物和垫子，关于同他们通商可以赚钱的消息便远播开去了。为此，有三个不花剌商人带着各种货物，包括咱儿巴甫场（织金）、曾答纳赤（彩色印花棉布）、客儿巴思（素白棉布）等织物及蒙古人需用的其他物品来到了那里。"②成吉思汗非常重视对外贸易交换，同时优惠商人。所以，当时来自中亚、西亚众多商人在漠北进行贸易。成吉思汗西征的原因，是他命他的儿子那颜组建的商队，在讹答剌被花剌子模的海儿汗杀死，全部财物被劫夺而引起的。③在窝阔台汗和蒙哥汗时代，穆斯林商人运来的商品有纳石失（一种绣着金丝图案的丝织品）等高级丝织品，珍珠、红玉和突厥碧玉等宝石，伊朗名马等家畜。这是当时穆斯林商人贩运的典型的伊朗商品。

元朝的商业极为繁荣。欧、亚、非各国商人接踵来华，在元朝著名工

---

① 林幹：《东胡史》，内蒙古人民出版社2007年版，第140页。

② ［波斯］拉施特主编：《史集》第一卷第一分册，余大钧、周建奇译，商务印书馆1986年版，第258页。

③ ［伊朗］志费尼：《世界征服者史》，何高济译，翁独健校订，内蒙古人民出版社1980年版，第30页。

商业大都会中，珍奇汇翠，商贾云集。元朝政府为了恢复和发展社会经济，力图垄断商业利润，积极推行商业政策，发展商业，在律令上特设保护事业的条款。①由于蒙古族在草原时期以畜牧为主，经济单一，对商品交换依赖较大，同时受儒家轻商思想较少，故元朝较少抑商，使得商品经济十分繁荣，使其成为当时世界上相当富庶的国家。而元朝的首都大都（今北京），也成为当时闻名世界的商业中心。

历史上的北方渔猎民族，衣皮革、服轻裘。权贵富裕，用貂皮、獭皮等名贵皮革制衣。游牧人极爱装饰。男多被发，而以帽覆之。帽的形制不同，帽饰也不同。权贵的帽饰极华贵，或用鸟羽，或用兽皮，用珍珠、金银等，精心雕饰；牧民则较简陋。女人束发，编发为辫，有多辫，各族迥异。贵族妇女发饰十分华贵，其装饰材料，多金银珍珠，雕琢精美。青年女牧民，亦好打扮，讲究帽饰，但较权贵妇女简单。

蒙古人自古以来非常珍惜虎、豹、貂、狐等动物的毛皮。蒙元帝国时期，森林百姓贡纳海东青、黑貂皮和豹皮等珍贵动物及裘皮。据《蒙古秘史》（第239节）记载，乞儿吉思诸部的那颜（部落统治贵族、领主）也迪·亦纳勒、阿勒迪额儿、斡列别克的斤来降，带着白海青、白马、黑貂前来拜见拙赤。……森林部的那颜们，带着白海青、白马、黑貂，前来觐见成吉思汗。从13世纪出使蒙古的法国人的行记中也看到这样的记载："从罗斯、摩撒尔，以及从大不里阿耳和帕斯卡蒂尔即大匈牙利，和吉尔吉斯等所有北方遍布森林并且臣服于他们的国土，给他们运去值钱的各种皮毛，这些我在我们的家乡没有见过，他们是在冬天穿。"②

狩猎之所以成为人类的主要谋生手段，是因为它为人类提供了主要的食物来源，也提供了各种生产工具和生活用品的原料。古代蒙古人通过狩猎，使猎物的肉、皮、毛以及骨、血为生活和生产的多个方面所利用，而且用稀有禽兽的皮毛作交易换取生活所需物资。《蒙古秘史》记载骑着白骆驼、赶着一千只羯羊的撒儿塔兀勒商人阿三，想顺额儿古涅河去收购貂鼠和灰鼠的事情。③

---

① 李幹：《元朝社会经济史稿》，湖北人民出版社1985年版，第278页。

② 《柏朗嘉宾蒙古行纪·鲁布鲁克东行纪》，耿昇、何高济译，中华书局2002年版，第216页。

③ 《蒙古秘史》第182节。

Б. Я. 符拉基米尔佐夫根据历史经典考证了 12—13 世纪"林中百姓"与回回、畏兀儿通商的事实。①"林中百姓"专门经营狩猎，所以他们所作的贸易当然离不开野生动物之产品。

蒙古人自古以来非常珍惜毛皮。他们将虎、豹、貂、狐等的皮鞣制好，并制作成品，用于相互送礼或进贡。就拿《蒙古秘史》中的记载为例：铁木真将孛儿帖夫人的母亲送来的黑貂皮袄呈献给了王汗；②札儿赤兀歹老人在迭里温·孛勒答黑山，铁木真刚出生时送过一个裹幼儿用的貂皮褥褓；（《蒙古秘史》第 97 节）乞儿吉思诸部的那颜（部落统治贵族、领主）也迪·亦纳勒、阿勒迪额儿、斡列别克的斤来降，带着白海青、白马、黑貂前来拜见拙赤；乞儿吉思人的万户长、千户长及森林部的那颜们，带着白海青、白马、黑貂前来觐见成吉思汗。③鲁布鲁克也说道："从罗斯、摩撒尔，以及从大不里阿耳和帕斯卡蒂尔即大匈牙利，和吉尔吉斯等所有北方遍布森林并且臣服于他们的国土，给他们运去值钱的各种皮毛，这些我在我们的家乡没有见过，他们是在冬天穿。"④以上例子足以证明，蒙古人非常珍惜动物野兽的皮革，这是从古代传承来的习俗。早在成吉思汗时代，畏兀商人出入蒙古地区，"盖面出阴山之后二千余里，西域贾胡以橐驼负至也"。⑤

蒙古人的狩猎商品，主要由驯化后的海东青等动物，老虎、豹子、狐狸、水獭、旱獭等野兽的皮毛，还有珍贵的药材，以及猎物器官，如麝香、熊胆、鹿角、白羚羊角等组成。《黑龙江略志》（卷一十六）云："鹿之角，鹏鸟之羽，虎貉虎豹之皮则居为奇货，不得重价不售也。"直到 20 世纪中期，蒙古人民间的狩猎交易，仍在延续。就青海蒙古人而言，他们利用当地的自然资源和条件，直到 20 世纪七八十年代还在用麝香、熊胆、熊掌、鹿茸、鹿角、野牛心脏、牛鞭、猞猁皮和雪豹皮等进行交易。

---

①　［苏联］Б. Я. 符拉基米尔佐夫：《蒙古社会制度史》，刘荣焌译，中国社会科学出版社 1980 年版，第 57 页。

②　《蒙古秘史》第 96 节。

③　《蒙古秘史》第 239 节。

④　《鲁布鲁克东行纪》，载《柏朗嘉宾蒙古行纪·鲁布鲁克东行纪》，耿昇、何高济译，中华书局 2002 年版，第 216 页。

⑤　（元）李志常：《长春真人西游记》，党宝海译，河北人民出版社 2001 年版，第 12 页。

第三节　狩猎社会的分配

　　猎物的分配，是几乎所有狩猎社会的一个通则，如美洲的爱斯基摩人、非洲的桑·昆人到欧亚民族，都有分配或共同分享的传统。

　　对于蒙古人而言，分配和分享是有区别的。在大型狩猎，尤其是围猎活动中，分配成为一种制度，约定俗成的规定。

一　古老的分享猎物习俗

　　在生产力低下的远古蛮荒时代，只要聚落全体成员齐心合力才能够狩猎成功。古代人在智慧和工具都非常低劣的情况下，一旦杀死某一动物，要大家一起分食。与远古猎民的共同生活有直接关系，是全体部族在生活中所表现的互相帮助的方式，亦可以说是与远古时代生活的规矩相适应而产生的，是部族全体成员们必须遵循的一种法规。

　　古代蒙古人的"失罗勒合"，就是原始社会全体部族的每个人分享猎获物的意识产物。"失罗勒合"（Šorolga），一词，就是将猎物的肉多多少少分给到场的或者途中遇到的，尤其是邻近家庭的做法。其实，这是分享的意思。直到新中国成立后，在具有狩猎条件的地区，仍存在获得猎物之后，分给邻近家庭或让他们品尝猎物新鲜肉的习俗。如果一个人猎到一头野牛（大型动物），不与邻近家庭分享，那就违反了传统"失罗勒合"习俗。其实，"失罗勒合"的肉，可大可小，再少也有能够烧烤品尝的肉。这与古代蒙古人的所有动物是"腾格里"（上天）的动物，你猎取的动物是上天赐予的有关。所以，不能一个或几个人占有。这是按私有制社会出现之前的共产主义原则分配的。后来，它演变为向邻居们或多或少分给猎物的习俗而被继承下来。

　　古代猎民中的"失罗勒合"，或者类似"失罗勒合"的分享，除了古老的分配原则之外，我们还可以做这样一个假设：古代人一旦捕猎到猎物，尤其是大型动物，一时不能食尽，同时也不具备长期储存的条件。所以，他们会除去"只勒都"以及可短期内食用的部分，其余的分给同一部落或同一部族的一起生活的人们。这样，一方面可以避免猎物肉的腐烂；

另一方面通过此习俗可达到互利，以保证将来同样得到他们的分享。

随着社会发展，当有了私有观念时，与"失罗勒合"有密切联系的"只勒都"（Juldu）——这一与祭祀供奉有关的猎物头和食道及其心肺相连部分自己留下，把其余的部分作为类似"失罗勒合"分发给他人的习俗。"只勒都"是主人的应得之份，别人不许用某种理由抢夺它。当然，食肉动物（如熊、豹、狐狸）没有"只勒都"可言，因此付给猎主的是皮毛或蹄角之类的东西。①值得肯定的是，古代蒙古人认为，世上的各种动物都是天神和草原守护神的"牲畜"，任何人不能独吞"狩猎之福"，所以每一个参与狩猎的人，甚至适逢狩猎场景的人都可以得到一份。

二　蒙元帝国时期猎物分配

关于蒙元帝国时期狩猎分配，记载较少。在《蒙古秘史》第214节中出现的"阿民（性命）阿不刺黑三（救了的）主勒都（头功）"（救了性命争得头功），"主勒都（头功）马讷埃（俺的）备者（有也者）"（头功是我们的了）和"主勒都（头功）阿勒塔泥（人名）因（的）勃勒罢（做了）"（阿勒塔泥得了头功）②等语句中的"主勒都"，汉译直接译为"头功"。对于此词，蒙古学界均译为"首功""冠军""头股（功勋）"等转义。在鄂尔多斯人合伙猎兔时，分配给网主（出网的人）的肉要多于其他人，这多给的份叫作"只勒都"。③"只勒都"，这一源于古代狩猎社会的分配，后来变成了一种信仰风俗。"猎人把野兽的心肺按上述顺序拔出来后，挂在位于蒙古包西南角上方的木杈上，这是敬供野兽天神的古代传统民俗。……因而，就产生了猎人施恩（分发福禄）时，必须把心主勒都留下来的习俗。"④"只勒都"一般不许分给别人而留给猎人自己。因为古代蒙古人认为"只勒都"可以代表猎物整体，是灵魂存在所处，是一份福物，它能够使狩猎获丰收。⑤

---

①　僧格：《蒙古古代狩猎文化研究》，民族出版社2015年版，第171—174页。

②　巴雅尔标音注释：《蒙古秘史》第214节，内蒙古人民出版社1980年版。

③　额尔登泰、乌云达赉、阿萨拉图：《〈蒙古秘史〉词汇选释》，内蒙古人民出版社1980年版，第300页。

④　策仁索德诺姆：《〈蒙古秘史〉译注》，民族出版社1993年版，第280页。

⑤　扎格尔：《蒙古族狩猎习俗》，《内蒙古师范大学学报》（哲学社会科学版）2002年第1期。

经营畜牧业后，虽然继承了狩猎社会的某些习俗，但也为适应畜牧业而发生了一些变化。青海台吉乃尔蒙古人中有必须把煮熟的牲畜主脉送给宰畜者的习俗。在旧社会，如果因某种原因，此肉不能给宰羊者，就应付给一只成年羯绵羊，若不能兑现，宰畜者可以到旗札萨克（旗政府）告状。这一习俗直到20世纪初仍有效力。在蒙古国西部的达日哈特部，也有必须把主脉和心肺送给宰畜人的习俗。[①]

三　猎物分配制度

蒙古高原上生长着多种多样的野生动物，为狩猎提供了良好的条件。北元之后蒙古各部分散，虽然没有蒙元时期那样远征狩猎，但是各部的围猎从未断过，而且到了清朝，大规模的围猎又达到高峰。

元朝灭亡以后，蒙古人大部分退居漠北，仍然盛行大规模的狩猎活动。明朝使臣肖大亨记道："及至秋风初起，塞草尽枯，弓劲马强，兽肥隼击，虏酋下令，大会蹛林。千骑雷动，万马云翔，较猎阴山，十旬不返。积兽若丘陵，数众以均分，此不易之定规也。"[②]这生动地叙述了当时大规模狩猎，把所得的猎获物"数众以均分"的规矩。明代较大的狩猎中，也有类似"只勒都"的分配规矩。萧大亨记载："然亦有首从之别。如一兽之获，其皮毛蹄角，以颁首射，旌其能也，肉则瓜分，同其利也。其亡矢遗簇，无人窃匿，恐罹重罚。"[③]猎主应得之分，别人绝对不能占用的。

清朝时期的狩猎，有这么几个范围：部落狩猎由佐领或台吉等集合一村落或数村之兵勇举行之，每年至少有二三次；旗内狩猎由札萨克集合旗内之兵丁举行之，每年一次；盟内狩猎由盟长集合盟内各旗兵以举行；钦临狩猎在清代咸丰以前，皇帝御驾亲临，召集内蒙各旗王公兵士于一定区域，与野兽搏胜负，与实地战争相似。[④]清朝末期蒙古族学者罗布桑却丹说："对于猎物的分配，蒙古族有一些约定俗成的规定。由于地区辽阔，

---

　　① 　色·巴达玛哈敦：《库苏古勒的达日哈特部》，乌兰巴托1965年版。

　　② 　（明）萧大亨撰：《北虏风俗》，载薄音湖、王雄编《明代蒙古汉籍史料汇编》第二辑，内蒙古大学出版社2006年版，第243页。

　　③ 　（明）萧大亨撰：《北虏风俗》，载薄音湖、王雄编《明代蒙古汉籍史料汇编》第二辑，内蒙古大学出版社2006年版，第249页。

　　④ 　胡朴安主编：《中华全国风俗志》下篇·卷九。

规定亦不一。对于小的猎物，科尔沁的习惯是，谁的枪棒先打着就归谁，谁的狗先咬住就归谁。昭乌达地区就不同，谁先抓到手就归谁。对于集体猎得的大猎物，则另有分配方法。例如分黄羊时，第一名索要荐骨部分，第二、三名剥皮卸取黄羊的后腿，第四、五名要其前腿，第六、七名取其脊背，第八、九名取四根肋骨，第十名能得到黄羊的肝脏。最后，亲手把黄羊捕获的猎获者取黄羊的头及整张皮子。如果对谁打中有争议的话，'那就把该猎物放在一定距离以外，叫争议的双方用自己的武器各击三次，全中者可得此猎物，如果双方都是三次不中，主持官就断给穷猎人。如果无端起争议，就用响鞭责打之'。"①那么，上述围猎是怎样分配猎物的？

蒙古族都严格恪守这样的分配习俗。这种按功受赏、违规受罚的习俗，在里就有载"数众以均分，此不易之定规也。然亦有首从之别，若一兽之获，其皮毛蹄角以颁首射，旌其能也。肉则瓜分，同其利也。其亡矢遗簇，无人窃匿，恐罹重罚。其控弦鸣镝，误伤本夷，以至于死者，惟偿以一奴或偿一驼，不然则偿马二匹而已"。②

伊克昭盟曾有全盟出动的"千人大猎"，济农（盟长）带头，各旗王爷、士官和普通老百姓都要参加，人数上万，持续几天。所获猎物，除第一头赠给济农作礼物外，其余分给官民，人人都有相等的一份。直到解放以后，凡是集体的围猎，不论谁的猎狗抓住猎物，分配一直按人头均摊。偶有争执，头人就地解决。大型的围猎，一般都是结束以后进行分配，不许在举行过程中据为己有。③

第四节 甘青两个蒙古族自治县国际狩猎场的基本情况

中国的狩猎场始于20世纪80年代，国家林业局公布的数据显示，我国的国际狩猎已开展20多年，在四川、青海、新疆、甘肃、山西、黑龙江等省区建立了对外国人开放的国际狩猎场所共25处，狩猎物种涉及盘羊、岩羊、马鹿、扭角羚、野牦牛等十几种野生动物。国家林业局资料显示，按照目的划分，狩猎一般分为消费型、生产型、管理型和娱乐型。消

① 罗布桑却丹：《蒙古风俗鉴》，辽宁民族出版社1988年版，第129页。
② 邢莉：《蒙古族的狩猎》，《内蒙古民族师院学报》（哲学社会科学版）1995年第11期。
③ 郭雨桥：《蒙古通》，作家出版社1999年版，第487页。

费型狩猎，即通过狩猎获取食物、皮革等，现在仍有一些部族采取这种原始的狩猎方式。生产型狩猎，即从野外直接获取狩猎产品供生产和交换。管理型狩猎，即从种群动态的角度，为控制野生动物的数量而多由专业人员有计划地进行的猎取少量动物的活动。娱乐型狩猎，又被称为有偿狩猎或运动狩猎，是目前最主要的狩猎形式，已经成为一种国际流行的娱乐和体育运动。国外，娱乐型狩猎不仅是控制种群数量的有效手段，由此而带动的狩猎产品和狩猎服务，已形成了一个规模不小的产业。

国家林业局公布的数据显示，截至2005年底，我国共接待国际猎人1101人次，狩猎野生动物总数1347头（只），狩猎收入3639万美元。在中国的西部，1985年青海省成立了都兰国际狩猎场，1988年甘肃省建立了肃北国际狩猎场，这些场所迅速吸引了那些主要对岩羊、盘羊、野牛和白唇鹿等动物感兴趣的外国人。

本节分别介绍青海省海西蒙古族藏族自治州都兰县巴隆国际狩猎场、甘肃省肃北蒙古自治县哈什哈尔国际狩猎场的自然环境、野生动物分布与狩猎资源动物，同时对狩猎与保护等面临的挑战加以论述。

这里特别说明的是，这两个国际狩猎场，以前都是国家林业局（原林业部）批准建立的"国家狩猎场"。于2006年停止，现在叫野生动物保护办公室。所以，本书中的两个狩猎场的资料属于1985—2006年的资料。

一　都兰国际狩猎场

都兰国际狩猎场属于青海省海西蒙古族藏族自治州，位于都兰县西南部。都兰国际狩猎场试办于1985年，经过6年的漫长试狩猎经营，于1992年才经国家林业局（原林业部）批准建立，是青海第一个对外开放的狩猎场。对外开放狩猎20多年来的实践证明，这是一个狩猎资源非常丰富，且国际猎人比较满意的高原狩猎场。

（一）都兰县自然地理及野生动物状况

都兰县隶属青海省海西蒙古族藏族自治州。"都兰"为蒙古语，意为"温暖"。都兰县位于青海省中部、柴达木盆地东南隅，总面积4.527万平方千米，东邻乌兰县茶卡镇，西接海西工业重镇格尔木市，南邻青海果洛藏族自治州玛多县和玉树藏族自治州曲麻莱县，北连海西州首府德令哈市，是青海省的十大资源县之一。全境可分为汗布达山区和柴达木盆地平原两种地貌类型。戈壁、沙漠、谷地、河湖、丘陵、高原、山地等地形依次分布。境内有沙柳河、托索河、察汗乌苏河等大小河流40多条。属高原干旱大陆性气候，年均气温2.7℃，最低极端气温为-29.8℃，最高极端温度达33℃。年均降水量179.1毫米。

据都兰国际狩猎场《都兰县野生动物保护工作简要情况介绍》（2016年），青海省都兰县有国家级保护动物61种。此外，经省政府颁布的省级重点保护动物有36种，其名录如下。

（1）属国家一级保护动物有18种：雪豹（草豹）、西藏野驴、白唇鹿、马麝、野牦牛、普氏原羚、藏羚、锥鹑、绿尾虹锥、黑鹳、中华秋沙鸭、金雕、白肩雕、玉带海雕、白尾海雕、胡兀鹫、斑尾榛鸡、大鸨。

（2）属国家二级保护动物有43种：豺、棕熊、石貂、水獭、荒漠猫、猞猁、兔狲、马鹿（青鹿）、藏原羚、鹅喉羚、岩羊（石羊）、盘羊（大头弯羊）、白鹈鹕、鸢、大天鹅、疣鼻天鹅、苍鹰、蜂鹰、雀鹰、大鵟、普通鵟、草原雕、秃鹫、兀鹫、鹊鹞、鹗、白头鹞、白尾鹞、藏雪鸡、暗腹雪鸡、猎隼、游隼、矛隼、燕隼、灰背隼、红隼、灰隼、大鲵、蓑羽鹤、长尾林鸮、长耳鸮、雕鸮、纹纵腹小鸮。

（3）省级重点保护动物有：灰雁、斑头雁、赤马鸭、翘鼻麻鸭、斑嘴鸭、环颈雉、鱼鸥、棕头鸥、戴胜、蚊鴷、黑啄木鸟、黑枕绿啄木鸟、三趾啄木鸟、斑啄木鸟、长嘴百灵、蒙古百灵、细嘴沙百灵、短趾沙百灵、小沙百灵、凤头百灵、云雀、小云雀、角百灵、毛腿沙鸡、西藏毛腿沙鸡、赤狐、沙狐、香鼬、黄鼬、艾虎、豹猫、狍、麝鼠、黑颈鸊鷉、鸬鹚、苍鹭。

（二）都兰国际狩猎场

20世纪80年代初，在国家林业部野生动物保护司的支持和指导下，青海省开展了国际狩猎场前期考察工作，经过长期考察和分析，认为青海省都兰县的狩猎条件较好，海拔较低，交通相对便利，而且资源十分丰富，适宜开展狩猎活动，最终确定在都兰县开展青海省对外狩猎试点活动。于是青海省主管部门利用此次调查成果，编制了《青海省都兰国际狩猎场规划》，并向国家林业主管部门提出申请建立青海省都兰国际狩猎场，经过5年试狩猎运营，基本具备了对外经营的条件和能力，于1992年4月6日经林业部批准，"青海省都兰国际狩猎场"正式建立。其实，从1986年到1991年的初试阶段，接待来自美国、瑞士、墨西哥、西班牙、德国等国家的猎人20批77人，猎取岩羊、藏原羚、马鹿和白唇鹿等动物87只（头），为青海省野生动物保护事业的发展提供了可观的经费，为青海省国家狩猎场走出国门、走向世界打下了基础。

都兰国际狩猎场规划建设5个狩猎点，即巴隆、沟里、宗加、香加和诺木洪，面积达2.6万平方千米。按狩猎动物资源量、生态密度、各猎点的自然条件等情况划分，巴隆、沟里猎点为一级猎区（狩猎条件优越），其他猎点为二级猎区（狩猎条件良好）。现对外开放的猎点有巴隆和沟里2处，分别位于都兰县的巴隆乡和沟里乡境内，平均海拔为4100米，地处东昆仑山支脉布尔汗布达山区。猎区地势开阔，山峦起伏，以高山地貌、高原丘陵为主，其间有平坦的谷地；沟内流水潺潺，植被茂盛，生境多样。为资源动物的繁衍生息提供了良好的生存空间和条件。

（三）狩猎场资源动物

青海省野生动物资源经过30年多年的利用与保护，现已经发生了不同程度的变化。各种资源动物的种群数量不同程度地下降，然而受保护的动物的数量有所恢复。1995—1999年青海省陆生野生动物资源调查显示，境内野生动物经多年不合理利用，各种群数量急剧减少，就食草性动物和雉鸡类动物的资源，与20世纪60年代相比，分别下降95%和89.6%。据1995—1999年青海省陆生野生动物资源调查，现在青海省可供对外开展狩猎的岩羊、藏原羚、白唇鹿、马鹿、野牦牛、藏羚、盘羊和狼8种动物在都兰国际狩猎场有一定的资源量（见表5-1）。凡青海省各地有的野生动物狩猎资源品种，在都兰国际狩猎场几乎都有。

表5-1　　　　　　　青海省国际狩猎资源动物资源量

狩猎动物种类	全省资源量 （万头、万只）	都兰狩猎场资源量 （只、头）	玛多狩猎场资源量 （只、头）
岩羊	43	36000	9300
藏原羚	6.5	960	4500
白唇鹿	2.9	510	200
马鹿	0.98	710	—

狩猎动物种类	全省资源量 （万头、万只）	都兰狩猎场资源量 （只、头）	玛多狩猎场资源量 （只、头）
野牦牛	1.1	—	—
藏羚	4.5	—	—
盘羊	0.76	410	—
狼	1.5	90	—

注：野牦牛、藏羚主要分布在唐古拉、可可西里等地区。

都兰县野生动物管理保护部门结合青海省野生动物保护管理局联合初步调查，都兰县境内具有较高经济价值的动物兽类有 32 种，鸟类 11 种。其中国家重点保护的野生动物有 16 种，大型食草类物种有岩羊、藏原羚、鹅喉羚、盘羊、白唇鹿、马鹿 6 种。其中岩羊约为 9 万只，藏原羚约为 2 万只，鹅喉羚约为 0.5 万只，马鹿约为 0.7 万只，盘羊为 0.2 万余只，白唇鹿为 0.15 万余只，是目前我国野生动物资源最为丰富的地区之一。

都兰国际狩猎场动物资源非常丰富，分布有白唇鹿、马鹿、盘羊、雪豹、原羚、狼、狐狸、高原兔、麝、雪鸡、石鸡等，狩猎以岩羊为主。狩猎资源动物生态分布有以下四个类型。

（1）高山裸岩、草地类型：介于海拔 4500—4900 米的裸岩及风化岩屑堆积的山脊顶部地带。植被种类稀少，主要有小嵩草、早熟禾等，在石缝间还有一些垫状植物。其下限和裸岩间的空旷地带为草甸，栖息该生境的动物种类少，主要是雪鸡、岩羊，以及隼形目的鸟类。

（2）高原寒漠草甸、荒漠草原类型：分布较广，面积亦较大，海拔在 3900—4500 米。植被以莎草科矮嵩草、苔草和禾本科紫花针茅、垂穗披碱草为主，有裸岩峭壁。分布的动物有藏原羚、藏野驴、盘羊、野牦牛、喜马拉雅旱獭、高原兔、狼、胡兀鹫、石鸡等。

（3）高山灌丛、草甸类型：海拔在 3800—4300 米。灌丛植被以高山柳、金露梅为主，林下草本植物丰富，疏灌内及灌原为草坡，与高寒草甸相连。这一类型既有灌木林又有草地，是有蹄类动物的主要栖息地，分布有马麝、马鹿、白唇鹿和旱獭、高原兔、棕熊、狼等。

（4）沼泽、沼泽化草地类型：主要位于小盆地中部和山顶平坦低注之处，海拔在 4000—4500 米。分布面积不大，主要有阿拉克湖。植被以嵩草、苔草属的湿性植物为主。在盆地或周边山地栖息的动物有藏原羚、盘羊、岩羊、狼和斑头雁（Anser indicus）、赤麻鸭（Tadorna ferruginea）等候鸟。①虽然，都兰狩猎场的野生动物和昆仑山区其他地方一样数量减增变化很大，但是我们从美国大猫基金会、国际野生生物保护学会乔治·夏勒带领的考察团在柴达木盆地南缘的昆仑山脉的一支布尔汗布达山进行野生动物状况的考察中数到的野生有蹄类数量看野生动物资源还是可观的。（见表5-2，乔治·夏勒撰写《昆仑山野生动物考察报告》，中国青海省，2015年11月5日至12月4日）

表5-2　　　　　在布尔汗布达山的多条山谷里数到的野生有蹄类数量

地名	岩羊	盘羊	马鹿	白唇鹿	野牦牛	藏原羚	藏野驴
热布绒（Rebrong）	490	—	—	—	—	73	—
达布垅（Darblug）	667	—	7	—	—	27	—
冬海（Donghi）	639	—	11	—	—	66	—
柔里努（Roulinoog）	160	—	6	—	—	25	—
伊柯沟里（Ekegouli）	349	—	2	74	—	15	—
哈图（Hatu）	769	—	—	—	—	21	—
宗西里（Dzomshili）	—	12	—	—	243	4	142

（四）都兰国际狩猎场野生动物资源利用情况

都兰国际狩猎场目前狩猎限额一般控制在资源量的平均值为0.36%的范围内，与过去单一的以捕食为目的的狩猎活动和偷猎、正常死亡、自然灾害所造成的死亡相比，猎取额度是适度的，对动物生境和生态平衡所造成的影响应该较小。

都兰国际猎场从1986年起得以发展，到1991年秋季共接待来自美国、瑞士、墨西哥、西班牙、德国等国家猎人20批77人，猎取动物87只，为青海省野生动物事业的发展筹措保护经费100多万元人民币，使青海省国际狩猎场走出国门、走向了世界。②众所周知，野生动物资源利用过度会导致资源枯竭；弃之不用也会造成资源浪费，甚至会因部分野生动物种群的数量过大而引起区域生态系统的失衡，并演变成为新的潜在危害源。因此，需要对野生动物资源进行科学管理。所谓科学管理，首先要对区域内

---

① 郑杰编：《青海国际猎场》，青海人民出版社2009年版，第22页。

② 郑杰编：《青海国际狩猎》，青海人民出版社2009年版，第52页。

野生动物动物资源量进行调查，了解其数量基数，研究在现有种群数量状态下能否进行猎取；然后，要进一步调查资源动物每年的繁殖状况，即繁殖期、繁殖胎数、胎仔数、成活率、幼仔的成熟期等参数，同时还须了解拟狩猎野生动物种类的栖息地环境状况、营养需求等方面的情况。然后在科学规划的前提下，最终决定能否对相应的野生动物种类进行猎取、适宜猎取数量、最佳猎取时间等方面的问题。

都兰县国际狩猎场1985—2012年狩猎接待情况一览表（见表5-3）显示，这一阶段外国人猎取的岩羊、盘羊、马鹿和白唇鹿分别564只、17只、10头、15头。

表5-3　　　都兰县国际猎场1985—2012年狩猎接待情况一览表

年份	人数（人）	岩羊（只）	盘羊（只）	马鹿（头）	白唇鹿（头）
1985	3	3	—	—	—
1986	17	16	—	—	—
1987	12	12	—	—	—
1988	12	12	—	1	1
1989	—	—	—	—	—
1990	8	7	—	—	—
1991	24	25	—	2	2
1992	14	6	—	—	—
1993	25	22	1	1	—
1994	12	11	—	1	4
1995	32	31	—	—	—
1996	27	27	3	—	1
1997	31	29	—	2	2
1998	40	38	—	1	1
1999	66	69	1	—	—
2000	58	60	—	—	3
2001	84	44	2	—	—
2002	37	42	2	—	—
2003	13	14	1	1	1
2004	8	9	—	—	—
2005	57	51	5	—	—
2006	32	32	—	—	—

年份	人数（人）	岩羊（只）	盘羊（只）	马鹿（头）	白唇鹿（头）
2007	8	—	—	—	—
2008	7	—	—	—	—
2009	7	—	—	—	—
2010	8	—	—	—	—
2011	8	—	—	—	—
2012	5	4	2	—	—
	655	564	17	10	15

注：本表由都兰县野生动物管理办公室提供，提供时间为2018年8月13日。

（五）都兰狩猎场的交通及狩猎场接待服务状况

都兰狩猎场是青海省第一个对外开放的狩猎场。狩猎场为开放游动式猎场，每年春季4—5月植被开始返青后和秋季9—10月开放，每次7—9天，每批接待数人。狩猎场还有翻译、医生、厨师等为狩猎者提供各项服务。目前每年接待国外游人数百人，已有一定的接待能力。开猎时搬入，结束后迁出。

交通：都兰国际狩猎场狩猎营地距西宁市550—580千米，从县城察汗乌苏镇向西南行驶135千米和153千米，分别到达巴隆猎点和沟里猎点。由于青藏公路横穿都兰县，乘车只需6—7个小时就可分别到达各狩猎点，有130千米简易公路。狩猎场有车、马、骆驼、牦牛，任由客人选用。狩猎场有专门的导猎员带领，每天行猎由导猎员陪同，获得猎物时，导猎员按猎人要求处理猎物。

住宿：都兰县国际狩猎场地处海西州蒙古族藏族居住区，以蒙古族生活方式为主，突出蒙古包居住特点，干净舒适、包暖典雅，富有浓郁的民族特色。另外，狩猎场附近的州县都有宾馆，各城镇都有招待所，但大都不能洗澡，只能提供热水。

餐饮：狩猎场营地设有中、西餐。早餐可以喝酥油的奶茶，美味而热量高，很能抵御早来的寒风；晚上提供酸奶，不仅有安眠作用，而且也不至于因为干旱在睡眠中口干舌燥。夜晚可享受蒙藏风情、歌舞及特色食品。

（六）都兰国际狩猎场野生动物保护现状

为保护和拯救珍贵、濒危的野生动物，保护、发展并合理利用野生动物资源，维护生态平衡和生态安全，都兰县积极宣传和贯彻《中华人民共和国野生动物保护法》（以下简称《野生动物保护法》），并采取了一系列的强化保护措施。随着野生动物保护事业的不断发展，全县分布的野生动物得到明显恢复，取得了十分显著的保护成果，许多地区的动物种群数量较以往有较大幅度地增加，展示了都兰县有关部门多年来在野生动物保护方面取得的成果，进一步激发人们理解并支持野生动物保护事业的积极性。

多年来，都兰县有关野生动物保护单位始终坚持对全县各族农牧民群众进行野生动物保护的宣传教育工作。成立了机构健全的野生动物保护部门和单位，如县森林公安局、县国际狩猎场以及基层保护站等，进行不定期组织联合巡山，宣传《野生动物保护法》，并保证每年开展大规模巡山活动不少于4次，巡山时间不少于2个月，在对巴隆、沟里2个主要猎区及香加、宗加、秀沟、洪水川、诺木洪等野生动物主要分布区域，组织的巡山及野生动物调查拯救、疫病检测等工作不少于5次，时间不少于2个月。在进行动物资源保护与调查的过程中，大力宣传《野生动物保护法》及其实施办法等法律、法规。注重发挥群众力量，群防群治，与林业部门协调，发展民间护林人员600多名，加入野生动物保护事业，并由此带动各村社的野生动物保护组织的建立健全及村规民约中野生动物保护制度的完善，从而形成了都兰县野生动物重点分布区域内村村有野生动物保护组织或护林人员，加大了防范控制能力，缩小了违法犯罪活动的空间，形成了一支由村级保护组织为主的全县野生动物保护的民间力量，组成了一整套严厉打击盗猎分子的反盗猎防控体系。

利用都兰县多民族聚居的特点，宗教不杀生的教义，教育和引导广大农牧民群众自觉地进行野生动物保护。防范一切破坏野生动物生境的行为。同时，利用基层村社领导在当地的影响力，做好基层村社领导的工作，并由他们在当地农牧民群众中进行广泛宣传。实践证明，采用上述两种方法，对于都兰的野生动物保护工作有着积极的作用。

前几年，由于开展国际狩猎活动给当地牧民带来丰厚的其他收入，极大地调动了各村牧民和护林人员野生动物保护积极意识，也为当地牧民生活的改善、加快当地群众的思想观念的转变、经济的发展做出了一定的贡献。开展国际狩猎期间雇用当地以护猎员为主的马工、向导、零工参与狩猎活动，得到劳动报酬和其他收入，直接从保护动物的事业中获得利益时，他们认识到了野生动物存在的必要性和价值所在，保护意识也相应提高，起到了积极作用。

保护和发展野生动物资源，是一项社会性很强的工作，需要全社会共同参与保护，同时辩证地处理好利用与保护的关系，就能使狩猎产业得以良性发展，形成一种有效的"以猎促护、以护促猎"的管理与利用模式。

此外，在开展国际狩猎业务的同时，还可以提供科学指导下的野生动物观赏、拍照和生态旅游活动，学习了解野生动物标本制作。并且通过这些动物标本和相关图片资料的展示，进一步加强野生动物知识方面的科普教育，增进社会对野生动物的深入了解，间接促进野生动物保护事业的发展。

为使野生动物资源得到保护，又取得一定的经济效益，都兰国际狩猎场严格控制狩猎数量和种类，并将获得收益的部分资金返还给当地的牧民，这些牧民便把保护野生动物当作自己的职责，有的牧民避免羊群与野生动物争夺草场，甚至放弃了养羊，成为护林护猎人员。经20多年的狩猎、保护与发展，都兰县的狩猎资源动物种群数量不仅没有减少，而且有所增长。据国际狩猎场调查，狩猎资源动物的种群数量由狩猎初期的7.44只／平方千米（1988年），恢复发展到8.43只／平方千米（1996年），其经济效益也创造历史最高水平。[1]

二　肃北蒙古族自治县国际狩猎场

（一）肃北蒙古族自治县自然地理概况

肃北蒙古族自治县隶属于甘肃省酒泉市，位于甘肃省西北部，河西走廊西端南北两侧。县域分南山和北山两个不相连的区域，总面积66748平方千米，周边与一个国家、三个省（区）、三个县市接壤。

---

① 郑杰编：《青海国际狩猎》，青海人民出版社2009年版，第69—70页。

肃北县境内绿色草原与茫茫戈壁交错，雪峰与冰川交融，地形复杂，南山和北山地貌各异。其中山区占总面积的44.7%，山间盆地和谷地占28.3%，戈壁和滩地占26.4%。南北自然环境差异极大，南山地区地处祁连山西段、青藏高原东北边缘，属河西内陆河流域，东南高西北低。依地貌类型，东南部为祁连山西端高山区，约占南山地区面积的72.61%，平均海拔在3500米以上；西北靠近敦煌、瓜州一带为沙砾戈壁倾斜高平原区，占南山地区面积的27.39%。北山地区为中低山和残丘地貌，戈壁广布，祁连山西段高山区地势高耸，有高山、深谷和山间盆地。特殊的地理环境和稀少的人口分布，为野生动物提供了十分优越的繁衍栖息条件，其野生动物分布的面积、种类和种群数量均属全省之首。

（二）哈什哈尔国际狩猎场基本情况

甘肃省肃北县哈什哈尔国际狩猎场经过国家、省、市有关部门对境内野生动物资源进行专门调查，经专家和有关部门论证审核后，于1988年1月由甘肃省人民政府批准建立。该猎场位于肃北蒙古族自治县东南部的哈什哈尔地区，地处祁连山脉西端，西距肃北县城160余千米，分为南、北两块，规划面积15万公顷。其中，南山面积9万公顷，海拔在3800—4500米；北山面积6万公顷，海拔在1700—2700米，属高寒干旱气候。猎场平均海拔在3000米以上，地貌为高山裸岩，高山盆地相间，四周环山，山顶常年积雪，山下草原辽阔，峡谷幽长，风光旖旎，是野生动物生息繁衍的优良场所。狩猎场内的野生动物有盘羊、蒙古野驴、藏野驴、白唇鹿、雪豹、岩羊、藏羚羊、野牛、野驴、棕熊、鹅喉羚、雪鸡、石鸡等数十种，每年可供猎取的动物有10多种、100余头（只）。按种群的分布地域，在北部马鬃山云母土建立了猎取戈壁盘羊、北山羊、鹅喉羚等狩猎点；在石堡城建立了猎取白唇鹿、岩羊、鹅喉羚狩猎点；在盐池湾建立了猎取甘肃盘羊、岩羊、野牦牛、藏原羚狩猎点；在别盖红柳峡和阳门东草分别建立了甘肃盘羊和岩羊狩猎点。

（三）哈什哈尔国际狩猎场狩猎对象及狩猎创收情况

肃北县境内野生动物群，按其自然地理环境主要可分为以下4个种类：一是高山寒漠动物群，主要由野牦牛、白唇鹿、岩羊、甘肃盘羊、雪豹、淡腹雪鸡、暗腹雪鸡所组成；二是高山草甸草原动物群，主要由藏野驴、藏原羚、马鹿、猞猁、狼、豺、沙狐等组成；三是沼泽湿地动物群，主要由黑颈鹤、斑头雁、赤麻鸭、红脚鹬等水鸟组成；四是荒漠半荒漠草原动物群，主要由蒙古野驴、野骆驼、北山羊、鹅喉羚等组成。

自1988年3月首次开猎以来，在林业厅的大力支持和甘肃省动管站的直接领导下，在中国野生动物保护协会、林业部森林旅行社、北京正安国际旅行社、中国妇女旅行社和甘肃省狩猎公司的组织安排下接待来自美国、德国、意大利、法国、丹麦、奥地利、墨西哥、西班牙、加拿大、匈牙利、伊朗11个国家的外宾51批68人次，猎取各种动物84头（只），为国家创汇100多万美元，为肃北县创收300多万元。（参阅尼克木主编：《肃北蒙古族自治县野生动物资源》，第5页，甘出准066字总630号，2010年）

（四）狩猎动物资源状况

猎场可供狩猎的动物种类达42种，其中国家一级保护动物8种，如白唇鹿、野骆驼、野驴、野毛牛、松兔、黑颈鹤等，二级保护动物有盘羊、藏原羚、岩羊、棕熊等。这些动物最大群体可达几十只、几百只，及至上万头（只）。从表5-4、表5-5中我们分别可以看到南山地区和北山地区野生动物资源。

表5-4 　　　　　　　　南山地区野生动物资源量

序号	动物种类	栖息面积（平方千米）	分布密度（每平方千米）	储贮量（头、只）
1	甘肃盘羊	6000	0.505±0.307	3030—1842
2	岩羊	8500	3.35±0.733	28475—6238
3	白唇鹿	4200	0.312±0.112	1310—470
4	藏野驴	5100	0.6036±0.4188	3078—2135
5	藏原羚	3800	0.5223±0.1781	1987—625
6	野牦牛	4500	0.2563±0.04	1153—180
7	鹅喉羚	3700	0.316±0.1372	1169—507

资料来源：《肃北县哈什哈尔国际狩猎场动物资源调查、检测情况报告》（2009年）。

表5-5 　　　　　　　　北部马鬃山地区野生动物资源量

序号	动物种类	栖息面积（平方千米）	分布密度（每平方千米）	储贮量（头、只）
1	戈壁盘羊	4000	0.484±0.325	1935—1300

续表

序号	动物种类	栖息面积（平方千米）	分布密度（每平方千米）	储贮量（头、只）
2	北山羊	4000	0.814±0.475	3256—1900
3	蒙古野驴	2000	0.275±0.201	550—402
4	鹅喉羚	3200	0.502±0.284	1606—908
5	野骆驼	2000	0.058±0.032	116—64

资料来源：《肃北县哈什哈尔国际狩猎场动物资源调查、检测情况报告》（2009年）。

根据哈什哈尔猎场资源状况，场内有盘羊600只，以20%的年猎取量计算，有100多只狩猎目标。考虑到猎人对猎物的要求标准，对年龄大的雄性盘羊感兴趣，以场内盘羊种群年龄结构看，每年有10次狩猎活动；但从时间和接待能力来看，并不实际。较理想的狩猎活动次数可为每年4次，即春季2次、秋季2次，实际猎取量为4—8只。每年3—4月和9—11月为最佳狩猎季节。4月中旬，盘羊开始换毛，故春季狩猎活动多安排在4月中旬以前。秋季狩猎时间还可以延续到12月中旬。

（五）哈什哈尔狩猎场管理及猎场功能分区

1.狩猎场管理

为了摸清狩猎场野生动物资源情况，掌握其动物规律，强化保护工作，肃北县林业局在林业部西北濒危动物研究所、省动物调查队等部门的支持和帮助下，对省境内的野生动物资源情况进行了全面的调查，查清了动物种类，基本掌握了动物的分布、栖息规律，并对狩猎规划区进行了专项调查，为对外狩猎工作提供了指导依据，并建立了野生动物资源保护管理档案，自筹资金10万元建成野生动物标本陈列室，以上工作有力地促进了狩猎场野生动物资源的保护，为对外狩猎提供了丰富的动物资源。

2.猎场功能分区

根据哈什哈尔地区盘羊资源分布特点和沟内放牧活动范围与季节性规律，将猎场划分为四大功能区、Ⅰ—Ⅵ六个小区。

一是营地活动区。该区域为Ⅰ号小区，面积约200平方千米。本小区放牧强度大，受人畜活动影响，很少在该区域内见到盘羊踪迹。该小区只作为猎场营地活动区，猎人校枪等活动在此区进行。

二是资源繁殖区。该区域为Ⅱ号小区，面积约120平方千米。该区放牧活动在秋季，对盘羊群体影响不大，盘羊多为母仔群，故将此区域设为盘羊资源繁殖区，不进行狩猎活动。

三是猎击区。该区域包括Ⅲ、Ⅳ、Ⅴ三个小区，总面积约占250平方千米，内有几十条小沟组成，包括平大坂、盐大坂、跃尔图、劳干打吾等。该区有少量放牧活动，对盘羊影响小，盘羊分布较为集中。

四是对照区。该区域为Ⅵ号小区，面积约110平方千米，海拔较高，几乎没有放牧活动，人为活动不大，不开展狩猎和放牧活动，在科研上用于与其他三大区域对照。盐地湾哈什哈尔地区盘羊资源1200多只，是猎场盘羊的巨大资源补给区。

（六）狩猎场经济收入

猎场的经营管理设为开放式模式，即不设置专门管理机构和专职管理人员，直接由肃北县牧农林业局领导。狩猎场管理的主要任务是宣传《野生动物保护法》，教育当地群众，制止乱捕滥猎的发生。哈什哈尔猎场按季节可划分为春季猎场和秋季猎场，狩猎活动由甘肃省野生动物管理局狩猎公司组织，肃北县牧农林业局接待、完成。从每次的狩猎收入中，提取一定比例的资金给保护区，用于保护管理和宣传教育的开支。

肃北县1988年初建国际狩猎场，当时由县政府配备了服务接待设施。例如，住宿用的蒙古包、活动帐篷、被褥、车辆、发电机、照明等。到1998年时，慕名前来狩猎场的狩猎者越来越多，但是因为狩猎场接待设施使用年限过长，大部分已经破损老化，无法满足狩猎者的要求。由于当时肃北县财政困难，国际猎场的收入由牧农林业局全部上交县财政。1998年肃北县牧农林业局向地区林业处打《关于肃北县哈什哈尔国际狩猎场更新设备的报告》反映这一情况。同年的《肃北县哈什哈尔国际狩猎场工作总结》中也提到了"由于我县交通通讯条件落后，狩猎开支多，投入大，请求省厅协调将我县的分成落实到55%"的意见和建议。据《肃北蒙古族自治县野生动物资源》一书介绍，哈什哈尔国际狩猎场20多年以来为国家创汇100多万美元，为肃北县创收300多万元。可见，狩猎场对当地经济的推动作用。其实，根据动物族群密度和自然死亡率，开展有计划、有组织、有目的的对外狩猎活动，不仅为野生动物保护事业提供了资金来源，解决了保护管理费用严重不足的矛盾，而且对狩猎场内野生动物平衡繁衍具有一定的调节作用。据当地牧民说，20世纪七八十年代，盘羊和野牛的自然死亡率特别高，在高山山沟和河谷里随处可见自然死亡的野生动物。所以笔者认为，适当的狩猎也能够带来保护，对不具贡献能力的老龄雄性野生动物进行捕猎，可以优胜劣汰，实现动物种群的平衡发展的目的。

（七）哈什哈尔猎场的交通、盘羊资源、猎场濒危强度、盗猎现象的严重度的综合评估

对肃北哈什哈尔国家狩猎场的交通、盘羊资源、猎场濒危强度、盗猎现象的严重度等方面综合评估做一介绍。

1. 交通便利情况

肃北县交通比较方便，乘飞机抵达敦煌后转乘1.5小时汽车即可到达县城。肃北县城海拔2100米，猎人到达后第二天即可前往狩猎点。猎场交通条件一般，但越野车可以在各山沟里上下穿行，转点较为方便，亦可租用马匹。去马鬃山猎场可乘火车至柳园，再转乘汽车2—3小时即可抵达猎点，公路简易但四通八达，平均海拔1500—2200米，呈砾石山丘状地貌，秋季在水源附近极易见到盘羊。

交通的便捷度，指往来猎场的难易程度，也就是说，指从交通干线（点）到猎场的最短时间。因各类公路质量、条件不同，距离应折算为时间单位。一般指从猎场所在县县城到狩猎点的时间。按交通的便捷度因子量化计算，哈什哈尔猎场路程较好（路程5—8小时）。马鬃山猎区属于一般（路程8—12小时）。

2. 盘羊资源

哈什哈尔猎场的沟系简单，盘羊资源丰富，平均密度0.482只／平方千米，且山谷跨度较小，易于接近观察射击。春季气候条件差，但因目标多在山体的中下部，较易猎获；秋季气候条件好，但目标多在山体顶部海拔4000米以上地带，难以接近。场区内虽无公路，但越野车能够翻山越岭，易于转点。

动物密度的高低，对易见度有较大的影响。因此，哈什哈尔的易见度良好，对狩猎较为有利。而马鬃山狩猎场的盘羊密度为0.398只／平方千米，平均海拔较低，适于老年猎人狩猎。虽然密度相对较低，但主要猎点

的猎物易见度良好，加之交通十分方便，仍不失为一个好的猎场。目前在该地狩猎活动相对较少，其主要原因是距县府所在地较远，地处边防，管理烦琐。

3. 猎场濒危强度

包括猎区人为干扰强度（7分），自然恶化程度（3分）。D1，猎区人为干扰强度，指在猎区范围内特别是主要猎点周围的采矿、采药、放牧等情况。它既和猎区动物的栖息环境质量有关，也和狩猎安全有关。该因子量化后分为4个等级：（1）强，指猎区内有集团性、规模性采矿、采药的场、点存在（4.0分）；（2）一般，指猎区内有个体零星的采矿、采药人员流动，或是有放牧范围逐年扩大的现象（5.0分）；（3）指猎区内牧业始终按传统做法行事，如季节性的转场、迁移路线、放牧手段、放牧地域、放牧规模等始终没有改变或是变化很小（6.0分）；（4）无干扰，指猎区仍处于原始自然状况，无任何外来干扰（7.0分）。D2，自然恶化程度，指自然灾害的侵扰和气候日益恶化的程度（如草场虫害、土壤沙化、连年干旱或暴风雪等）。分3个级：（1）严重（1.0分）；（2）时有发生但危害不明显（2.0分）；（3）自然状况（3.0分）。

4. 盗猎现象的严重度

指在猎场范围内每年发生的对主猎动物的非法猎杀程度。由于盗猎现象比较隐蔽，不能仅凭在猎场直接查获的案例为唯一依据，因此量化数据比较困难，但是经对几处猎场所在县的旅游市场及土畜产市场的调查后亦可做出间接比较。分为4个等级：（1）严重，该地存在着一定规模的主猎动物产品市场，甚至公开销售主猎动物产品，且能较容易地购买到（4.5—5.0分）；（2）一般，该地主猎动物产品市场隐蔽，虽有主猎动物产品销售但数量有限（5.5—6.0分）；（3）较好，该地无主猎动物产品市场，虽有个人出售现象，但十分少见（6.5—7.0分）；（4）好，该地猎场仍处自然状况，且当地亦无主猎动物产品市场，大部分群众对主猎动物产品的买卖情况知之较少。

狩猎虽然是一个古老的生产活动，但开展这种有组织、有计划、有规模的狩猎活动又是一种新兴的行业。20世纪90年代，在中国境内，除非特许，狩猎这件事成为犯法。中国目前的《野生动物保护法》和其他相关的法律对于狩猎的方式和方法，都有明确规定，例如哪些动物是可以狩猎的，哪些是限制狩猎的，哪些地方允许开狩猎场，狩猎场的范围如何限制，等等。近10年来，中国建立了越来越多的自然保护区，保护各种不同类型的生态区域和生物多样性，却因为禁止在保护区内狩猎和采集，与"靠山吃山靠水吃水"的传统发生冲突，引起保护区周边社区的对立情绪，偷猎与反偷猎变得异常复杂。肃北县在狩猎场野生动物资源的保护方面，固定了专职保护员，进一步加强了野生动物资源的监督和保护，加强了狩猎场周围矿点的检查，与矿点单位和牧业村建立联防组织，保证了狩猎动物资源的安全。①

①　本节内容信息来自刘楚光、陆军、余玉群等：《甘肃省国际盘羊狩猎场的管理与综合评估》报告。

第六章　蒙古族狩猎经济特点与其他民族狩猎经济特点

中国是个统一的多民族国家，生存在这块土地上的各个民族统一于整个中华民族之中，各民族的经济文化差别是因各民族不同的自然环境、经济方式、社会状况、文化特点等因素造成的。蒙古族的狩猎经济，在漫长的发展过程中必然形成了独具的特点。这与其独特的地理、气候和特殊的自然资源环境，以及经济社会的发展有着密切的关系。然而，同一个生产方式，在相同的地理环境或在不同的地理环境中，必然会在各方面存在差别。在这一章里，我们描述蒙古族的狩猎经济特点的同时，分别介绍鄂伦春族等蒙古高原民族和西南少数民族的狩猎经济特点。

第一节　蒙古族狩猎经济特点

狩猎和采集是人类最初的生存方式，在人类历史上的延续时间以百万年计，自远古时代蒙古高原便已有了狩猎经济的存在，经历着时间洗礼一直延续到现代而未中断。蒙古高原旷阔的地域和丰富的生物资源为狩猎经济提供了条件，勇敢智慧的蒙古高原人积累了丰富的地方性知识并制作出各式各样的狩猎工具，并不断改良工具、传承狩猎技艺。蒙古族狩猎经济是蒙古社会经济结构中不可缺少的一部分，在相当长的时间内提供了主要的食物来源，在非狩猎经济主导时期亦是重要的辅助经济，而且狩猎所获也可用作药物、用于制作日常用品或是贸易交换物，另外狩猎活动还具备保护草场和牲畜财产的功能。在历史潮流和环境变化的影响下，蒙古族狩猎的规模和形式发生了数次变迁。从单人或家庭进行的小型狩猎活动发展到了多人大型围猎，这也正是社会发展的体现。当达到部落、部落联盟的阶段时，军事训练与狩猎相结合，并创造了数万人围猎的世界奇观。无论是蒙古帝王还是当代百姓，蒙古狩猎活动都用不同的形式带给人们以愉悦，既有物质上的，也有精神上的。

一　悠久绵延的狩猎历史

蒙古族狩猎活动有着漫长的历史，虽经历着朝代更迭和社会变迁，这种古老的经济形态却依然持续存在于蒙古地区且从未磨灭中断，对各个时期蒙古族狩猎经济情况的记载可从遗迹考古发现和史书著作文本等各类资料中循迹。蒙古族狩猎经济的起始时间可以追溯到距今约5万年至3.7万年前的旧石器时代晚期，生活于萨拉乌苏河附近的河套人是蒙古人的远古祖先，其生活区域中有着原始牛、王氏水牛、赤鹿、蒙古野马、河套大角鹿、普氏小羚羊等30余种动物化石，以及尖状器、刮削器、砍伐器和石球等狩猎工具。①英国学者菲利普斯认为在西伯利亚和蒙古的旧石器时代延续期较西亚长，西亚文明时代初始时期蒙古地区仍在将兽骨制成枪、箭等各类工具用来狩猎。②出土于蒙古高原的新石器时代新型石斧等狩猎工具、动物牙齿和骨制饰品，以及属于玉器时代的玉制龙形、蛙形、鸟形等动物形象的饰品都是对狩猎历史的有力证明。青铜器时期由于狩猎武器更加锋利耐用，狩猎活动便更加顺利，例如在鄂尔多斯出土了青铜制成的各类镞、斧、剑、刀，獾、熊、豹、马鹿、青羊、山羊、绵羊、牛、狗等动物的骨，以及带有多种动物形花纹的青铜器和饰品。③同时，自旧石器时代产生的蒙古高原狩猎岩画不仅客观证实了蒙古族的狩猎历史，更是直观展现了数万年前的狩猎情景和狩猎者的原始思维，尤其是蕴含了丰富信息和研究价值的蒙古鹿石。我国众多历史典籍都有关于蒙古族狩猎经济的内容，例如西汉时期司马迁记载，匈奴人"儿能骑羊，引弓射鸟鼠，少长则射狐兔……因射猎禽兽为生业"。④

《蒙古秘史》中数次谈及狩猎活动，例如第二十五节至第二十七节中

---

① 马耀圻：《内蒙古石器时代考古发现和研究》，《内蒙古社会科学》1985年第6期。

② ［日］江上波夫：《北亚西亚的史前时期》，载《蒙古史研究参考资料》第十二辑，内蒙古大学蒙古史研究室编印，1980年版。

③ 僧格：《人类学视野下的蒙古狩猎文化》，民族出版社2015年版，第18、52页。

④ 《史记·匈奴列传》。

写道，孛端察儿·蒙合黑在斡难河附近用马尾毛做套子抓雏鹰，此后1年他以射杀被狼围困在山崖上的野兽或拾取狼吃剩的兽肉来充饥并喂养鹰，春季用鹰捕捉飞来的野鸭和大雁；第五十四节写道，也速该是在斡难河畔放鹰捕猎时遇见了带着诃额仑夫人归来的也客·赤列都。①此类例子不一而足。关于南北朝到唐初室韦人的狩猎情况，魏收记载室韦人"好猎射""用角弓，其箭尤长""逐水草""唯食猪鱼""多貂皮"②；魏徵记载室韦人"冠以狐貉"，南室韦人"饶禽兽""多貂"，北室韦"饶獐鹿，射猎为务""俗皆捕貂为业""凿冰没水中而网射鱼鳖"，大室韦"尤多貂及青鼠"③；宋祁和欧阳修记载其围猎曰"每弋猎即相啸聚，事毕去"④。钵室韦、深末怛室韦没有明确提及，张久和根据其居住情况和周边环境推断此二部应与北室韦一样以渔猎为主。⑤宋代洪皓记载"盲骨子……捕生麇鹿食之"⑥，同时期叶隆礼也提及"（契丹）正北至蒙古里国……以弋猎为业，不常其居，每四季出行，惟逐水草，所食惟肉酪而已。不与契丹争战，惟以牛、羊、驼、马、皮、毳之物与契丹为交易"⑦。元代蒙古人的狩猎活动更具制度化，受统治者重视且与军事训练紧密结合，猎场遍布全国。《马可波罗行纪》中，第九十一章"大汗命人行猎"、第九十二章"豢养以备捕猎之狮豹山猫"、第九十三章"管理猎犬之两兄弟"、第九十四章"大汗之行猎"⑧都是与大汗命人或亲自狩猎相关的内容记载。元朝还特设"打捕鹰房"总管府、提举司、千户所等机构以专门负责狩猎活动，宋濂记载"元制自御位及诸王，皆有昔宝赤，盖鹰人也。是故捕猎有户，使之致鲜食以荐宗庙，供天庖，而齿革羽毛，又皆足以备用，此殆不可阙者也"⑨。明代萧大亨写道"乃至秋风初起，塞草尽枯，弓劲马强，兽肥隼击，虏酋下令大会芯林，千骑雷动，万马云翔，较猎阴山，十旬不返，积

① 《蒙古秘史》，余大钧译注，河北人民出版社2007年版，第21、48页。
② 《魏书·失韦传》；《魏书·乌洛侯传》。
③ 《隋书·室韦传》。
④ 《新唐书·室韦传》。
⑤ 张久和：《室韦的经济和社会状况》，《内蒙古社会科学》1998年第1期。
⑥ 《松漠纪闻》。
⑦ 《契丹国志》。
⑧ 《马可波罗行纪》，冯承钧译，河北人民出版社1999年版，第343—355页。
⑨ 《元史·兵志》。

兽若丘陵，数众以均分"①，描述了秋猎的壮观场面。《清史稿》中也记载了蒙古贵族向清政府上贡物品中包含着狩猎所得珍品，如貂和黑狐的毛皮以及雕翎等物，尤其是乌梁海貂皮因其质量上佳而被要求定期上贡。②

另外，班固的《汉书·匈奴传》、李延寿的《北史》、刘昫的《旧唐书》、彭大雅和徐霆的《黑鞑事略》、脱脱等人的《辽史》、叶子奇的《草木子》、拉施特的《史集》、志费尼的《世界征服者史》，以及《鲁布鲁克东行纪》《柏朗嘉宾蒙古行纪》等诸多国内外著作中都有对蒙古族狩猎历史内容的记载。

二　丰富多样的狩猎对象和狩猎方式

从阿尔泰山脉到大兴安岭，自贝加尔湖至阴山山脉，蒙古高原的地域广阔，植被类型涵盖了森林、森林草原、草原、荒漠草原、戈壁荒漠，除了广袤的草原，既有阿尔泰山、杭爱—肯特山脉、萨彦岭、大兴安岭等山体，又有色楞格河、克鲁伦河、鄂伦河、乌布苏诺尔湖、库苏古尔湖、哈拉乌苏湖等水系，蒙古高原年温差极大且气候多变，全境降水量100—400毫米不等。如此的自然条件滋养孕育出在此繁衍生息的、多种多样的野生动物，这为延续数万年之久的蒙古族狩猎提供了必要的自然条件。蒙古高原的飞禽走兽种群庞大且类别较多，吉田顺一③援引了Ж.桑布、A.杜马著作中的资料，指出蒙古北部主要森林带或森林草原带的森林里栖息着獐、赤鹿、麋鹿、麝鹿、熊、猪、山猫、大山猫、黑貂、貂、松鼠、花鼠、豆鼠、鼬鼠、银鼠、狼獾、狼、雪兔等动物；在草原地带栖息着羚羊、骆驼、旱獭、豆鼠、野兔、狐、沙狐、狼、獭类、獭等动物；在戈壁地带栖息有黑尾黄羊、羚羊、野山羊、野羊、野马、野驴、野骆驼、戈壁赤熊、狐、沙狐、野兔、淡尾黄鼠等动物。④禽类和鸟类的种类也为数不

---

①　（明）萧大亨撰：《北虏风俗》，载薄音湖、王雄编《明代蒙古汉籍史料汇编》第二辑，内蒙古大学出版社2006年版，第243页。

②　《清史稿·藩部七》。

③　［日］吉田顺一：《蒙古族的游牧和狩猎（上）——十一至十三世纪时期》，冯继钦译，《民族译丛》1983年第4期。

④　盖山林：《阴山史前狩猎业发达的原因及狩猎对游牧社会的影响》，《内蒙古师范大学学报》（自然科学汉文版）1985年第1期。

少，如海东青、天鹅、大雁、野鸭、野鸡等。①

　　狩猎方式是多种多样的，不仅有样式不同、功能各异的猎具，还有猎鹰、猎犬等狩猎助手，以及猎手对于当地自然气候地理环境、动物表征与习性等地方性知识的掌握并运用于狩猎之中，因此不同的地域、各异的狩猎对象、狩猎工具的改良等因素都导致了狩猎方式的多样性。最初的猎具是猎人利用附近的物体粗制而来的，并在之后的狩猎活动中根据实际操作经验而不断改良，如1300多年前便已存在的布鲁（比鲁），在狩猎不同动物时对投掷物有着不同的重量、距离、速度等方面的要求，因而布鲁也在形状、配重件等方面分别产生了不同的类型，如"都经""翁吉""哈亚马勒比"三种布鲁。②弓箭可谓是最为重要的狩猎工具，不仅其制作材质从木石质地、骨制、青铜、铁制逐步随着生产技术的发展而变化，还分支出响箭、轻箭、重箭、火箭等各类箭矢和多种长弓与短弓，若针对具体弓与箭的制作材料、制作工艺、使用技巧加以详细划分和阐述，则将更是不胜枚举。用训练有素的鹰隼和猎犬捕猎是蒙古族狩猎的一个特点，鹰隼与猎犬既是狩猎的优良工具，更是生活中的朋友。《蒙古秘史》中多次提及用鹰来捕捉小型野兽和禽类，或者用于配合围猎，但后期狩猎中更多的是使用猎犬配合狩猎③，其原因应是猎犬较于猎鹰更易获得与训练。也有关于汗廷和诸王用狮子、虎、豹狩猎的记载，可见于王恽的《秋涧集·飞行豹》、《元史·泰定帝纪》、《马可波罗行纪》，自有其独特的捕捉、训练和狩猎方法④。

　　除了投掷布鲁、弓箭射杀猎物和猎鹰、猎犬等动物协助捕猎之外，还有其他多种猎具用来捕获不同猎物。同样需要人为操作的狩猎工具还有匕首、折刀、马刀、斧子、长矛、扎枪、套杆等冷兵器和猎枪、小型炸药等热武器，攻击距离、适用情形、使用技巧、优势劣势等都需要猎人根据特定情况和狩猎经验来进行选择。不需要人为即时操作的机关陷阱的种类五

---

　　①　王玫、谷文双、张明明：《蒙古族狩猎经济述略》，《黑龙江民族丛刊》（季刊）1999年第2期。

　　②　僧格：《人类学视野下的蒙古狩猎文化》，民族出版社2015年版，第262页。

　　③　扎格尔：《蒙古族狩猎习俗》，《内蒙古师范大学学报》（哲学社会科学版）2002年第2期。

　　④　波·少布：《蒙古族的狩猎习俗》，《黑龙江民族丛刊》1995年第4期。

花八门，各类网套、夹子和陷阱适用于对付不同的狩猎对象。譬如用马的鬃毛编成套子或捕网用来捕捉兔子、小型飞禽等力量小但速度快的猎物，若是用皮绳、坚韧草茎和木石制成的网套陷阱则可捕获或致残更大的动物。夹子也有多种功能的踩夹、铡刀夹、弓箭夹、刀夹、排子、陷阱、插尖竹①，尺寸型号、结构布置和触发方式都有各自的针对性，还有灌水、烟熏等多种狩猎手段。各地蒙古人都有各自的狩猎技巧，例如乌审人用山羊绒搓成捕网捕捉狐兔，巴林人利用黄羊只会向前奔跑的习性夜晚围猎速度极快的黄羊，而苏尼特人则利用冰滩或沟谷夹攻黄羊，乌拉特人是利用狼崽和母狼来猎狼。②总而言之，诚如《蒙古民族通史》所言："狩猎者通过世世代代的实践，积累了丰富的经验。他们掌握每种野兽的生活习性和活动规律，熟悉他们交配、生子的时间、地点，不同季节的休息、活动和避风躲雨处，还有觅食时间、地点和路线等。根据这些具体情况而采取相应的狩猎方法，有时手到擒来，如探囊取物。"③

三　蒙古族狩猎活动有着多重目的与价值

长久以来，尽管蒙古社会经历了持续而深刻的变迁，狩猎经济的地位也随之不断改变，但狩猎经济对于蒙古社会整体而言一直都是必不可少的一部分。究其原因，可以从两个方面来解释：一是狩猎所得之物本身的价值与用途，即狩猎结果的角度；二是蒙古族狩猎作为一种社会活动而产生的功能，即狩猎过程的角度。狩猎的结果与过程都分别为蒙古社会带来了多重价值，这既是蒙古族狩猎经济显耀的特点，也是这种经济形态长久存在的社会原因。

（一）狩猎所得物的价值

一般而言，狩猎所得指的是所捕获野兽或其躯体某部分，如肉、皮毛、内脏、头颅、血液、内外骨骼等一切可用之物，每个部分都可能有多种不同用途，或不同部分有同一用途，下面分类举例并做简要说明。

---

① 白德林：《蒙古族狩猎文化考述》，《内蒙古民族大学学报》（社会科学版）2006年第2期。

② 郭雨桥：《蒙古风俗》（下），远方出版社2016年版，第181—186页。

③ 乌云毕力格等：《蒙古民族通史》第一卷，内蒙古大学出版社2003年版，第73页。

第一，提供食物。渔猎采集是人类最初的经济形态和生存方式，狩猎不仅是被迫与野兽搏斗以求生存空间，更多的是主动寻找猎物并将之杀死以获取肉、油脂和血液，与采集而来的植物食物共同食用补充营养，维持体力和热量。虽然11世纪以后，蒙古高原的畜牧业发展成为新的经济支柱，但仍需狩猎经济的辅助，因为畜牧业存在较大的不稳定性，自然灾害、温度、降水不足和疾病都会导致牲畜减量，"他们正是用所猎取的禽兽皮肉，充为衣食，以补畜牧业的不足和减少牲畜过量的消耗，从而使牲畜的存活量逐年增加"①。Б.Я.符拉基米尔佐夫说蒙古牧人"还不能依靠单一的游牧经济生活，必须猎取各种野兽和部分地从事渔捞，来补充食物的不足；在困难时刻，甚至还要吃草根。这一切再次证明，成吉思汗帝国建立以前，住在斡难、客鲁涟、土兀剌河一带的蒙古人的牲畜是不多的"②，《明英宗正统实录》和《明神宗实录》也分别记载了瓦剌部和察哈尔部为解决饥荒问题而采取了狩猎手段。而且若有活捉的猎物剩余下来则可以加以驯养，通过狩猎而积累下来的地方性知识对畜牧和驯养都是极为有益的。在征战时期，狩猎也是补充军粮、让士兵们吃到新鲜兽肉的方法，如成吉思汗于12世纪下半叶在土兀剌森林的两万人围猎、1226年在贺兰山附近的围猎③，以及14世纪后期帖木儿汗攻打金帐汗国时进行的围猎活动，其实质都是通过狩猎来补充军粮④。

第二，用作药物。蒙医学博大精深、自成体系，传世之作有《蒙古族医学大全》《蒙医药剂学》《药方》等⑤，狩猎实践过程中关于治疗创伤和疾病方面的地方性知识积累奠基了蒙医学如今的成就。通过对狩猎所得物越发深刻的认识，猎人们发现一些动物的肉、油、角、胎、血和部分内脏可用来治病，如二月二日前猎获的野鸡肉可治体虚、獾子油可治水烫伤、狼油可祛痰、兔子心能治心脏病，鹿茸、鹿角、鹿胎、鹿心血均可入药治疗多种疾病，黄羊角可祛肺积热、天鹅羽毛灰能止血、野猪粪炭可治疗胃病、熊胆可治肝疾，而罕达罕鼻、熊掌、飞龙（榛鸡）和鹿尾都含有丰富

① 陶克涛：《毡乡春秋——匈奴篇》，人民出版社1987年版，第224页。
② ［苏联］Б.Я.符拉基米尔佐夫：《蒙古社会制度史》，刘荣焌译，中国社会科学出版社1980年版，第90页。
③ 波·少布：《蒙古族的狩猎习俗》，《黑龙江民族丛刊》1995年第4期。
④ 僧格：《人类学视野下的蒙古狩猎文化》，民族出版社2015年版，第241页。
⑤ 杨圣敏主编：《中国民族志》，中央民族大学出版社2003年版，第106页。

营养①，还有狼骨、狼胆、虎骨、麝香、熊胆、犄角等都有药补或食补用途。

第三，制作日常用品。猎获动物的兽皮可用来制作衣帽靴裤、帐篷铺盖，又耐用又暖和。《蒙古秘史》第九十六节记载，铁木真全家迁移到客鲁涟河源头居住时，孛儿帖夫人的母亲搠坛曾送来一件黑貂皮袄作为嫁妆，之后铁木真又与哈萨尔、别勒古台将这件黑貂皮袄送给了住在图兀刺河黑林中的王汗；第九十七节记载，兀良合惕人札儿赤兀歹老人对铁木真说，曾在铁木真出生于斡难河时给过他一个裹幼儿用的貂皮襁褓；第一百一十四节记载，年幼的曲出被发现于蔑儿乞惕营地时，他的穿戴为"戴貂皮帽子，穿母鹿蹄皮靴子，穿边缘缀以水獭皮的无毛皮衣"；第一百三十五节记载，年幼的失乞刊·忽都忽被发现于塔塔尔人营地时的穿戴为"戴着金圈、金环，穿着貂皮里子、金花绽丝缎子的兜肚"。②猎人们还会把一些动物做成标本用来装饰居室，如猎鹰和野鸡等美丽飞禽的羽毛、野兽的犄角、头骨和皮毛等，或是将黄羊皮和狍子皮做成马鞭的手柄，而水獭皮、鹿皮、貂皮等价值不菲的皮草和一些稀有的兽肉会被作为礼物来赠予他人或招待客人。③另外原始信仰的祭祀仪式上会直接或间接利用特定动物的内脏、羽毛、血液、骨骼等部位作为祭品或法器。

第四，作为贸易交换物。位于北纬50°的欧亚草原丝绸之路早在公元前7世纪前后便已开通，秦穆公在公元前623年称霸西戎后，中原的丝织品等物开始途经阿尔泰山区、额尔齐斯河上游，再经过斯基泰人输往中亚和欧洲。两汉时期，匈奴占据河西走廊，走天山的山间通道，经过伊塞克湖到中亚河中地区，其后为避开乌孙而改走漠北单于庭，西沿杭爱山经科布多盆地，穿过阿尔泰山沿乌伦古河，向西南至塔城再直趋塔拉斯与河中地区。④可见蒙古高原与中原和中亚的贸易早在仍以狩猎为主要经济形态时已有之，以狩猎所得换取所需之物。《蒙古秘史》第一百八十二节记载，

① 白德林：《蒙古族狩猎文化考述》，《内蒙古民族大学学报》（社会科学版）2006年第2期。

② 《蒙古秘史》，余大钧译注，河北人民出版社2007年版，第101、104、130、172页。

③ 白德林：《蒙古族狩猎文化考述》，《内蒙古民族大学学报》（社会科学版）2006年第2期。

④ 张志尧主编：《草原丝绸之路与中亚文明》，新疆美术摄影出版社1994年版，第22—33页。

回回人阿三骑着白骆驼、赶着千只羯羊从汪古惕部出发，在去购入貂鼠与灰鼠的路上于巴勒渚纳湖遇见了成吉思汗。[①]Б. Я. 符拉基米尔佐夫说，"在日用品中，当时蒙古人所缺少的是面粉和武器，后来需要各种各样的'奢侈品'，首先是纺织物；他们通常是穿着毛皮的"。[②]札奇斯钦在《蒙古文化与社会》中提到，"北亚游牧民族的经济，自远古起就是以畜牧为主，以狩猎为辅……贸易以有易无，无论其方式为何，都是所有游牧民族最感兴趣的一件事"，"畜牧与狩猎所生产的家畜、皮毛及其他副产品，除供自己消费、使用之外，还要用它来向农业社会换取农产品和农业加工品"。[③]

第五，狩猎的目的并不仅仅限于"获得"额外的财富，有时需要通过狩猎来达到"保护"既有财富的目的。野生食草动物的威胁一方面在于侵占草场资源，让本就有限的季节草场难以在当季供给足够的草料；另一方面野生动物与同种类家畜的混乱交配会对种群的繁衍与品质造成很大影响，有时还会使部分家畜遭受损失。野生的食肉动物的威胁更为明显和致命，尤其是一些习性凶残的野兽会因饥饿、报复等原因突袭咬死大批的、远超其生存所需数量的牛羊，有时甚至会直接威胁当地人的生命。

（二）狩猎活动的多种演变

自然环境和社会环境推动蒙古族狩猎经历了数次变迁，表现为狩猎人数与组织、狩猎工具、狩猎方式、狩猎目的等方面的改变。此处选择其中三类较有代表性的例子加以简评，分别是民间围猎活动特点、与军队训练结合的狩猎、娱乐价值与娱乐化变迁。

1. 民间围猎活动特点

狩猎弱小或独行的动物，是个人或少数人可以完成的（"昂"，ang），但面对凶猛的、体形庞大的或是有群居习性的野兽时，就需要多人协作进行大型围猎（"阿巴"，aba）。从"昂"到"阿巴"的演变不仅是人数上的增加，更是量变产生了质变，围猎是对社会制度的体现和实践。民间围

---

① 《蒙古秘史》，余大钧译注，河北人民出版社2007年版，第269页。

② ［苏联］Б. Я. 符拉基米尔佐夫：《蒙古社会制度史》，刘荣焌译，中国社会科学出版社1980年版，第69—70页。

③ 札奇斯钦：《蒙古文化与社会》，台北：商务印书馆1987年版，第288页。

猎有如下几点特征：第一，围猎需要一个领队人，青海地区称"哈西格"①，科尔沁地区称"阿宾达"。此人应兼具威望和狩猎经验，由他来选定日期、地点、围猎范围与目标、参加人员、具体分工、合围时机等，东蒙古地区捕鱼的"鱼把头"也与此类似。第二，狩猎有严格的程序。可大致分为出猎、围圈、射杀、收场、分配五个步骤，最后由领队人总结围猎，奖赏有功者并赐予其称号，依照情节轻重惩罚违纪者。第三，围猎是受一些规定约束的。例如为保证野兽的繁衍生息，狩猎时间一般定为秋、冬时节，且不可以杀死怀胎或哺乳期母兽和幼兽，由大汗举行的围猎也是"一般在冬季初进行"②。参与围猎的人也需要遵守一些规定，如不能大声喊叫、必须听从领队人指令行动、不得随意走动或追赶猎物等。第四，围绕狩猎所获物的处理体现了社会关系。猎人们会互换或互赠猎物以增进彼此关系，或是将猎物分给邻人，是源自"失罗勒和"的古老习俗。如果分配猎物过程中出现矛盾则由领队人出面调解，科尔沁人的习俗中，若调解无果，则由老人或孩子将猎物放置一处，由争议双方用布鲁击打猎物，击中者得之，若均未击中则猎物归该老人或孩子。③由上可见，民间围猎活动所含的特征正是对应着社会中的首领的权力与职责、习惯法、资源分配方式、社会交往形式，以及矛盾的处理办法。

2. 与军事训练相结合的狩猎

蒙古族狩猎最显著的、独有的特点是曾有数万人参与围猎，此人数之多是绝无仅有的，尤其元朝时期军队参与的大围猎活动是为巅峰，据《蒙古社会制度史》记载，克烈亦惕部的脱斡邻勒汗与蒙古部的成吉思汗于12世纪下半叶曾在克烈亦惕部的领地土兀剌河黑林里进行过一次围猎，参加人员达二万人以上④。南宋周密在《癸辛杂识》中说："北方大打围，凡用数万骑，各分东西而往，凡行月余而围始合，盖不啻千余里矣。"⑤在《蒙

① 仁增：《青海蒙古族狩猎文化刍议》，载僧格、塔娜编《德都蒙古民俗与文化变迁研究论集》，民族出版社2014年版。

② ［伊朗］志费尼：《世界征服者史》，何高济译，翁独健校订，内蒙古人民出版社1980年版，第30页。

③ 白德林：《蒙古族狩猎文化考述》，《内蒙古民族大学学报》（社会科学版）2006年第2期。

④ 波·少布：《蒙古族的狩猎习俗》，《黑龙江民族丛刊》1995年第4期。

⑤ 陈高华、史卫民：《中国风俗通史》（元代卷），上海文艺出版社2001年版，第327页。

古秘史》中也记载着军队进行围猎活动，例如第一百一十五节记载，脱斡邻勒汗与铁木真、扎木合共同摧毁蔑儿乞惕人的大帐庐后，没有与他们同行，而是走不儿罕·合勒敦山、河阔儿秃草原、合察兀剌秃山峡、忽里牙秃山峡去围猎野兽，最后回到土兀剌河的黑林；第一百七十五节记载，铁木真在于王汗作战期间，曾率1300人沿合勒合河西边行进，兀鲁兀惕部和忙忽惕部的1300人沿着河东边行进，一路上围猎储备食粮。[①]蒙古国时期的猎场都是事先准备好的，元初耶律铸在《双溪醉隐集》中描述漠北猎场为"禁地围场，自和林南越沙地，皆浚以堑，上罗以绳，名曰'扎什'，实古之虎落也。比岁大猎，特诏先殄除虎狼"。拉施特在《史集》中记载窝阔台汗时期，曾把冬营地汪吉猎场用木桩和泥筑起一条长达两天路程的围墙圈了起来。忽必烈汗时期围场南迁，有大都东南柳林和上都的北凉亭、东凉亭、西凉亭和察罕脑儿等专用猎场。[②]

志费尼较为详细地记载了蒙古大汗带领军队围猎的情形：大围猎一般于初冬进行，大汗传下诏旨，命驻扎在他大本营四周和斡耳朵附近的军队做好行猎准备，按照指令从每十人中选派几骑，把武器及其他适用于所去猎场的器用等物分发下去。军队的右翼、左翼和中路，排好队形，由大异密率领；他们则携带后妃（khavatin）、嫔妾、粮食、饮料等，一起出发。他们花1—3个月的时间，形成一个猎圈，缓慢地、逐步地驱赶着前面的野兽。小心翼翼，唯恐有一头野兽逃出圈子……在这两三个月中，他们日夜如此驱赶着野兽，好像赶一群绵羊，然后捎信给汗，向他报告猎物的情况，其数之多寡，已被赶至何处，从何地将野兽惊起，等等。最后，猎圈收缩到直径仅两、三帕列散（parasang，古波斯距离单位）时，他们把绳索连接起来，在上面覆以毛毡；军队围着圈子停下来，肩并肩而立……猎圈再收缩到野兽已不能跑动，汗便带领几骑首先驰入；当他猎厌后，他们在捏儿格（nerge，围猎路线）中央的高地下马，观看诸王同样进入猎圈，继他们之后，按顺序进入的是那颜（noyan，官人）、将官和士兵。几天时间如此过去；最后，除了几头伤残的游荡的野兽外，没有别的猎物了，这时，老头和白髯翁卑恭地走近汗，为他的幸福祈祷，替余下的野兽乞命，

---

① 《蒙古秘史》，余大钧译注，河北人民出版社2007年版，第131、254页。

② 史卫民：《元代社会生活史》，中国社会科学出版社1996年版，第362、363页。

请求让它们到有水草的地方去。①

军队可以通过狩猎活动来达到训练目的，一方面，作为客观原因是因为蒙古族狩猎活动，尤其是围猎的形式是与战争有着诸多的共同点，客观上都是多人持各类武器于野外协同"作战"。瑞典学者多桑认为，"蒙古人之围猎有类出兵"，其原因在于"练习围猎，以为猎足以习战"。②具体而言：第一，狩猎与战争所用的武器有相同部分，如弓箭、砍刀、刺矛等，而且也都要骑马行进并整理随身行囊，围猎过程可以同样训练军队的武器使用、骑术、行军驻军等作战能力。第二，围猎中的一些步骤程序也是作战时所必需的，先要刺探情报并及时上报，分析"敌情"再制定战略、排兵布阵，或分路包抄夹击，或游击驱散追击等。有的学者认为军队左中右的配置方式和十进法的编制原则是源于"分翼标旗、十人一组"行猎制度③。第三，在围猎的过程中，也训练了士兵令行禁止、使命必达，以及军人之间彼此磨合、熟悉协调，有利于真正作战时更好地执行命令，增强作战能力。第四，陈喜忠提到了将围猎所捉野兽用于战争的情况，他说"他们通过打猎，获取凶暴的虎、豹、狼、狮并圈养于铁笼木栏，与敌军对阵搏杀时将这些饥饿之兽放出笼栏冲扑敌阵，运用这种名副其实的虎狼之师夺取军事斗争的胜利。这在古今中外的冷兵器时代的作战方式中都是罕见的"。④由此可见，军队进行围猎是有着诸多益处的，而这种大规模围猎也成为历史奇观。"蒙古族的大规模狩猎是非常壮观的场面，面积广袤，参与的人数众多，时间持续很久，猎获物为数惊人。在蒙古人心目中'打围'，既训练了士兵，又收获了猎物，真是一举两得。"⑤

另一方面，蒙古统治者对狩猎的重视是将狩猎融于军事训练的主观原因，将围猎视为一种独特的军队训练形式，"行猎是军队将官的正当职司，从中得到教益和训练是士兵和军人应尽的义务"。⑥这种重视体现为：其

①　[伊朗]志费尼：《世界征服者史》，何高济译，商务印书馆2009年版，第27—29页。

②　[瑞典]多桑：《多桑蒙古史》，冯承钧译，上海书店出版社2006年版。

③　蔡鸿生：《突厥汗国的军事组织和军事技术》，《学术研究》1963年第5期；转引自盖山林《阴山史前狩猎业发达的原因及狩猎对游牧社会的影响》，《内蒙古师范大学学报》（自然科学汉文版）1985年第1期。

④　陈喜忠：《中国元代经济史》，载史仲文、胡晓林主编《中国全史》，人民出版社1994年版，第57页。

⑤　陈高华、史卫民：《中国风俗通史》（元代卷），上海文艺出版社2001年版，第328页。

⑥　[伊朗]志费尼：《世界征服者史》，何高济译，商务印书馆2009年版，第29、30页。

一，对狩猎有功者的嘉奖，这与民间围猎结束后领队人赞扬并奖赏猎获大型野兽的有功者是一致的。其二，重视狩猎经济发展，陈喜忠列出七个方面的表现：主张因顺岁时、按季节而渔猎；明辨雌雄，禁猎待产孕兽，区别老幼，不捕鱼苗兽仔；驯养禽兽，以禽兽猎禽兽，提高狩猎生产效益，保证狩猎人员生产活动安全；重视边疆和内地的狩猎经济活动；不许因狩猎影响农业和其他经济事业的发展；建立和完善各类狩猎管理机构；遇到灾年，开放皇家猎苑，让受灾牧民入苑捕捉禽兽，以解决饮食之困。[①]其三，在成吉思汗的《大扎撒》、元代的《大元圣政国朝典章》、16世纪下半叶的《阿勒坦汗法典》、17世纪的《卫拉特法典》、18世纪的《喀尔喀律令》等法典中对狩猎、围猎都有着相关的规定与约束。

3. 娱乐价值与娱乐化变迁

狩猎是具有娱乐意义的，这一观点被志费尼、拉施特、Б. Я. 符拉基米尔佐夫、札奇斯钦等人在各自著作中多次提及。狩猎的娱乐价值应分为两部分来理解：一是狩猎过程本身能给人带来某种愉悦的感受；二是原有的狩猎活动发生了变迁而成为一种娱乐消遣，而且衍生出了其他类型的娱乐活动。

札奇斯钦说，托雷认为"骑上调练好的良驹，驾着训练好的猛鹰，到深泽行猎，去捉布谷鸟。骑上调练好的花斑马，驾着红色的海青鹰，到山谷行猎，去捉花斑鸟儿，是最快乐的事"[②]。拉施特记载成吉思汗问其臣子何为男人最大的快乐，他们异口同声回答说放鹰捉灰鹊是人生最大的乐趣[③]，金莲川、东凉亭、北凉亭、西凉亭、察罕脑儿等大型猎苑也是蒙古上位者的最爱。笔者认为以狩猎为乐的原因也是多重的：第一，狩猎的过程与行军征战有相似之处，事实上也确实将两者融合在一起，以狩猎作为一种军事训练，那么这里可以说狩猎实质上是对战争的象征化表现，是在已知我方强于对方的前提下、以展示某些战斗技巧来战胜对方为期待目标的戏剧，尤其是在大型围猎中，对野兽的包围、击杀、大获全胜并分享战

---

① 陈喜忠：《中国元代经济史》；载史仲文、胡晓林主编《中国全史》，人民出版社1994年版，第58页。

② 札奇斯钦：《蒙古文化与社会》，台北：商务印书馆1987年版，第31页。

③ ［波斯］拉施特主编：《史集》第一卷第二分册，余大钧、周建奇译，商务印书馆1983年版，第361、362页。

利品，是对胜仗的隐喻，如同战前进行了祈求成功的巫术一样能带来愉悦的心情。第二，快马、细犬和猎鹰被称为"三宝"，而驯养鹰隼与猎犬是颇具难度、耗费心血和时间的。犬要通过五官体态选择优良品种，精心培育其最佳幼崽，猎犬训练程序严格而漫长，循迹辨味、围追堵截、纠缠扑杀都是要逐一训练的。驯鹰隼则更需要技巧，捕鹰、熬鹰、捕猎训练都更为复杂，需要相当的经验和耐心。因此，用鹰犬狩猎不仅是与这朝夕相处的动物朋友进行愉快的互动和玩耍，也是向其他人展示和炫耀自己宠物的能力，从中获得满足感与回报感。第三，在畜牧业、农业或商业取代了狩猎经济的核心地位之后，狩猎所得也不再直接决定生存状况，没有了时间和猎物量的要求与限制，因此摆脱了生存压力的狩猎活动也能带给人更纯粹的狩猎乐趣。这个乐趣既有在探索丛林草原、山川河流中的冒险体验，也有寻觅辨识野兽、与之斗智斗勇的刺激经历，还有狩猎成功时的成就感和征服感，而不再仅仅是与饥饿和时间赛跑、与野兽以命相搏、唯有以此谋生存了。

　　狩猎的娱乐化变迁是一种本质上的改变，是从狩猎活动中抽取出一些形式上的、外在的内容加以改变，使其从原本的生产活动变为了纯粹的娱乐消遣。那达慕上传统的"男儿三艺"都是与狩猎相关的——近身搏斗的摔跤、远距离狩猎的射箭、围猎追捕必备的快马，既是狩猎技巧，又具有竞技性，掷布鲁、赛骆驼也是如此。还有一些游艺项目虽并非狩猎活动的一部分，却是源于狩猎，最典型的例子就是蒙古鹿棋，一鹿斗十六犬或两鹿斗二十四犬，犬围困住鹿为犬胜，鹿越过犬则可将此犬移除，正是将山林中的围猎场面在棋盘上进行再现。另外，将牛髌骨染红或是将狼、狍子、黄羊、狐狸、野山羊的踝骨制作而成的乌兰红（嘎拉哈）也是脱胎于狩猎和巫术占卜。当狩猎变成了竞技，则目标由野兽换成人类对手、受控制的动物或靶子等标记物，危机四伏的野外换为了平坦宽敞的场地，锋利强劲的狩猎工具也可能换成轻便劲道弱的比赛道具，耐用朴实的穿着换成了华丽多彩的盛装，再加以详细的规则，邀请四面八方宾朋来做观众，狩猎活动如此演变为一场充满娱乐和欢呼的竞技比赛。

第二节　蒙古高原其他民族的狩猎经济

蒙古高原的狩猎是与这个地域的古代草原民族的狩猎一脉相承的。一个地区的生态环境制约并影响着一个民族的经济，蒙古高原上以狩猎经济为主要传统生产方式的其他民族，有鄂伦春族、鄂温克族、赫哲族、达斡尔族等。由于各个民族所处的自然生态环境不同、社会发展的不平衡，每个民族的狩猎经济的生产方式、特点及经济发展类型存在差异。直到新中国成立，鄂伦春族、鄂温克族的社会经济处于由狩猎经济向农业经济过渡的阶段；达斡尔族和满族的农业经济已经占主导地位，而赫哲族的渔猎经济在社会生活中仍占据主导位置。本节对这些民族的狩猎、狩猎对象、工具、技术和方法等方面进行描述。

一　鄂伦春族的狩猎经济

鄂伦春族是我国东北古老民族的遗裔，属于人口较少民族，据2010年第六次全国人口普查统计，鄂伦春人口为8659人。其主要分布于今内蒙古自治区呼伦贝尔盟鄂伦春自治旗、布特哈旗、莫力达瓦达斡尔族自治旗和黑龙江省北部的呼玛、逊克、爱辉、嘉荫等县。"鄂伦春"是民族自称，这个名称是由两个词组成，即"鄂伦"是山岭或驯鹿，"春"是人，因此认为这一名称有两种含义，即住在山岭上的人或使用驯鹿的人。在鄂伦春人中，普遍的说法是山岭的意思，但有的人认为，鄂伦春人过去使用过驯鹿，这一名称是由此而来的。[①]

（一）狩猎经济生活

鄂伦春人的狩猎生活空间，西起大兴安岭，东抵小兴安岭，南达梧桐河，北至伊勒呼里山。这方圆几十万平方千米的山区处于寒温带的偏北端，环境极为单纯，几百年来鄂伦春族就在这片区域里过着自给自足的游猎生活。

---

① 内蒙古自治区编辑组《中国少数民族社会历史调查资料丛刊》修订编辑委员会编：《鄂伦春族社会历史调查》（一），民族出版社2009年版，第6、7页。

除了捕鱼、采集作为狩猎活动的补充，鄂伦春人还饲养马匹。鄂伦春族历史上曾使用驯鹿狩猎，后来驯鹿被淘汰，代之以体形矮小、善走山林、行动敏捷、耐力大的"鄂伦春马"。猎人常骑马追逐野兽。鄂伦春马驮载能力很大，驮上二三百斤的猎物，再骑上人，照样爬山涉水。这种马还极善于走低洼的塌头地，就是易陷难走的沼泽地，也能用前蹄试探着慢慢走过去。

鄂伦春马很好饲养，适应能力极强，善于自觅食物，就是在冰天雪地的冬天，也能扒雪找草吃、刨冰找水喝。这种马还能吃微熟的兽肉。当活重、草料不足时，就喂兽肉。兽肉只要煮到六七成熟就能喂，还能喝煮肉的汤。有的马甚至还能啃生冻肉。

猎马是需要训饲的，3岁开始戴笼头、背鞍子，用缰绳牵着进行训练；4岁时即可正式骑用。经训练的猎马，停、走、跑、跳都能按人的意图行动。"在发现猎物时，猎人只管下马远走搜寻，猎马不跑不跳、悠闲吃草。一旦听到枪声就会朝着猎人的方向奔驰而去。不管猎人开枪时离马有多近，久经考验的猎马只是微微抖动一下，很少有受惊的时候，一切听从猎人的指挥。"①在山上狩猎时，放出去的猎马一般也不用去找，第二天一早自己就能回到住地，或者听到主人"嗼！嗼！"的呼唤声就能立即跑回来。

鄂伦春人对自己的猎马是非常爱护的，常年精心饲养、及时喂草料、饮水。他们说："马就是我的双腿。"因此宁可自己不吃饭，也要先把马饲弄好。猎马的膘情，是猎手们相互夸耀的资本，也是衡量一个好猎手的标志。猎马膘情好则受人夸赞；如果不好，则马主人被认为是懒汉，被人瞧不起。每个猎民一般都有二三匹猎马，多的可达四五匹，可根据马的情况而定在什么季节使用哪匹马。夏秋由于草盛，狩猎活动量也不大，所以在这个季节使用一般的猎马就可以。而另选一二匹或二三匹好猎马在这个季节集中放牧，把马养的膘肥体壮，鄂伦春语叫"布底烂"，就是育肥的意思。当到冬季落雪之后才能骑用，直到第二年春季青草出来时为止。因为这个季节不仅是狩猎的黄金季节，劳动量大，而且草料也短缺，没有一二匹好马是不行的。

---

① 刘晓春、刘翠兰、刘晓军等：《鄂伦春族风情录》，四川民族出版社1999年版，第147页。

（二）狩猎经济生产

鄂伦春人自古以来就从事狩猎生产，在狩猎生产上表现出较高的生产力。狩猎经济主要包括狩猎对象、狩猎工具及其演变、狩猎的技术与方式、狩猎的组织与产品的分配方式等方面。

1. 狩猎对象

鄂伦春人猎取的野兽种类很多，早期狩猎对象，主要是为了满足自身衣、食、住等方面的需要，兽肉是主要的食物，兽皮是衣着的原料和"仙人柱"的覆盖物。因此猎取皮大肉多的野兽，如狍子、鹿、犴、野猪、熊等。对于鄂伦春人来说，野猪和熊的皮毛是很好的物资，但由于这两种猛兽比较凶猛，特别是它们在被射伤之后会进行反扑，容易对人造成危险，所以鄂伦春人只是在极端缺乏食物的时候才猎取它们。

清朝时期，鄂伦春人与鄂温克人、达斡尔人一样，对清政府承担貂皮的进贡义务。"布特哈，无问官、兵、散户，身足五尺者，岁纳貂皮一张，定制也。"[①]捕貂一年四季皆可进行，但主要在冬季捕猎。每年入冬，鄂伦春人要花费很长时间去捕貂。5月带上貂皮去参加"纳貂互市"，在"楚勒罕"大会上献上貂皮，供清政府官吏挑选，官方派谙达接收貂皮。"交纳貂皮，楚勒罕第一事也。"[②]选貂之后，才开始进行互市贸易，剩余的貂皮，谙达以贱价逼卖，鄂伦春人由此开始参加集市贸易。随着貂皮的日益减产，且"所捕貂皮，辄为谙达诸人以微物易去，肆意欺凌，不啻奴畜……而明归谙达教管，则权势益重，受制益苦，浸成寇仇之势"[③]，光绪二十年（1894年）才取消了贡貂制度。

鄂伦春人用猎品同谙达、商人开始交换以后，狩猎对象也包括了一些细毛皮张动物和一些身上有药材价值的动物。猎取的细毛皮张动物有貂、猞猁、水獭、灰鼠、黄鼠狼、貉等。取自动物身上的药材有鹿茸、鹿鞭、鹿尾、鹿心血、鹿坎角以及熊胆、麝香等，因此鄂伦春人开始猎取鹿、熊、麝等动物，尤其是商品价值极高的鹿。过去鄂伦春人一年四季中所谓

---

① 西清：《黑龙江外记·卷5》，黑龙江人民出版社1984年版，第53页。

② 西清：《黑龙江外记·卷5》，黑龙江人民出版社1984年版，第52页。

③ 万福麟监修、张伯英总纂：《黑龙江外记·卷43》，黑龙江人民出版社1992年版，第1801页。

的"鹿胎期"（农历二、三月）、"鹿茸期"（农历五、六月）、"鹿围期"（农历九月至落雪）和"打皮子期"（落雪以后至来年开春）的狩猎季节，都是以猎鹿和细毛皮张为中心安排的，也是为了适应这种为商品而狩猎的生产情况才出现的。

2. 狩猎工具及其演变

狩猎工具是狩猎文化的重要组成部分。在早期社会，除了使用木石工具外，还设陷阱捕杀猎物。随着生存环境、狩猎对象的变化，狩猎工具也在不断丰富和改善。

弓箭。清以前，鄂伦春族使用的狩猎工具主要是弓箭，它经历了漫长的历史阶段。"箭杆用桦木或'极马子'等硬质木料制作。弓背是用落叶松木制成，弓弦是用犴皮条制作。《契丹国志》中所说，'弓以皮为弦，箭削桦为杆'，就是这种类型的弓箭。"①箭头早期使用石镞、骨镞；铁器传入以后，出现了铁镞、铜镞等。鄂伦春族还使用地箭狩猎，它主要用来猎取犴、猞猁、水獭、狐狸、兔子、狼等动物。地箭长三尺，弓长五尺。用横木张开弓，矢置于上，在横木上拴一插销，拴销的绳拉在野兽常走的地方，用绳子拴住机关，当野兽触动绳子，箭脱弦而出，射中野兽。

扎枪。弓箭出现后，扎枪作为辅助工具被广泛使用。最初的枪头是石制和骨制，后来又出现了铜、铁制的枪头。扎枪的长度依具体情况而不同。未使用火枪前，与身高相仿。使用火枪后，扎枪主要用于在近处刺杀野兽，有的枪架也安上了扎枪头，以防不测。

火枪。最初传入的火枪称作"鸟枪"，点燃火绳引爆的称为"火绳枪"，点燃火镰引爆的称"火镰枪"。此后又有用枪击针撞击火药炮子引火的"炮子枪"传入，射程为五六十米。19世纪末，步枪传入鄂伦春人地区，使用最普遍的是俄式响枪"别拉弹克"，这种枪不仅比火枪打得远、杀伤力大，而且子弹的制作也简单，只要有火药、铅和炮子便可制作，很受鄂伦春猎民的欢迎。民国初期，这种枪已普遍使用。以后又陆续出现过更先进的步枪，如"连珠枪""三八枪""九九枪""七九枪"等，射程一般为400米，适于猎取猛兽。新中国成立后党和政府曾多次给猎民增补和更换新猎枪，并供给子弹，满足猎民们的需要。近几十年来，根据需要，

---

① 赵复兴：《鄂伦春族研究》，内蒙古出版社1987年版，第42页。

每一猎户还增加了各种性能的枪支，如双筒猎枪、小口径运动步枪等，在猎取不同动物时使用。

　　鄂伦春族猎民对自己的猎枪非常珍爱，狩猎回来不管多么劳累，第一件事就是擦拭猎枪，然后放到不易碰撞的地方。在出猎前，还要精心地擦好每个部件。擦枪用的油都是兽油，一般是鹿、犴、野猪爪的小指骨髓油。用斧头或刀劈开小指骨，取出骨髓装在小盒里保存。这种油的特点是不凝固，用来擦枪润滑光亮。猎人们的猎枪轻易不借他人使用，他人一般也不去借。如果借了别人的猎枪，使用和保管也都格外精心，用完之后擦拭干净马上送还。

　　猎人们在狩猎过程中，会利用猎鹰、猎马、猎狗等动物辅助狩猎活动。辅助工具也是狩猎文化的重要组成部分。鄂伦春族常使用鄂伦春马和猎狗作为狩猎辅助工具。

　　猎犬出现于中石器时代，它也是鄂伦春人使用的较早的狩猎工具，是猎人最得力的助手。猎犬的嗅觉十分灵敏，能用鼻子嗅到几里之外的野兽，不仅能帮助主人圈住鹿、虎、野猪等大兽，也能圈住熊、虎、猞猁、狼等凶猛的动物。当被打伤的野兽逃遁时，猎犬还能跟踪追寻，直到猎获为止。由于猎犬跑得很快，还能直接扑捉到狐狸、狍子、獾子、貉子等类小动物。当猎人猎取猛兽遇到危险时，猎犬能扑上去拼命与猛兽搏斗，救出主人。晚上在野外露宿时还能为主人警戒。因此，猎人们如果有一条好猎犬即使用一匹好马都不换。每个猎手一般都要喂养两三条猎犬，有的多至四五条。猎犬从小就需要训练，长大一些就带着出猎，要它跟着大猎犬学习围圈和追扑野兽的本领。猎人对自己的猎犬很喜爱，平时尽量找食喂，狩猎时不惜用好肉喂犬。狩猎时好猎犬一旦被野兽咬伤或挑伤，就是马驮人背也要把它弄回家，想尽办法治好伤。如因伤势过重死掉，猎人甚至会伤心落泪。[①]鄂伦春人忌食狗肉，以示怀念。

　　3. 狩猎的技术与方式

　　鄂伦春人的狩猎技术表现在对狩猎地区环境的熟悉和对野兽习性的了如指掌。解放前鄂伦春族一年四季游猎在深山密林之中，从而积累了丰富的狩猎经验，掌握了许多独特而巧妙的狩猎方法。现就鄂伦春族在新中国

---

　　①　韩有峰：《鄂伦春族狩猎生产资料和组织形式》，《黑龙江民族丛刊》1982年第2期。

成立前传统的主要狩猎方法，作以简要介绍。

追猎。许多野兽都可以采取追猎的方法进行猎取，这要根据具体情况而定。例如怀胎的母鹿就可以追猎，此时的母鹿体重难行，猎人可以骑马追捕。公鹿也可追猎，公鹿长有茸角，行动不便，无法匿于密林之中，很难消失于猎人的视野之外，只要骑马追一段时间，其就难逃厄运。秋冬交尾后，野猪开始肥胖，跑不起来，追逐几千米后，便疲惫不堪，此时便有了猎杀的机会。虎是一种十分凶猛的动物，虽然动作机敏、速度极快，但长距离奔跑能力差，猎人只要骑马追逐，几个小时即可追上。但切忌追到虎的前面，这样会激怒老虎。猎手们在猎虎时都非常耐心，千方百计寻找机会。在虎吃其猎物时，可在附近必经处下地箭，也可在其吃饱行动不便时觅机猎杀。一些小动物也可追猎，如跑出洞外的貂就可以骑马追捕。短腿的貉子跑的速度不快，在冬天可以觅机尾追，很快就可捉住。一般来说，追猎更适于冬天，因为雪地上的野兽脚印十分清晰，有经验的猎手可据此分析猎物的种类、走向、数量。对有些小动物就可循踪追寻，追上后用猎狗或猎人直接捕捉。

围猎是鄂伦春人经常使用的一种狩猎方法。围猎也是旧石器时代猎人常用的一种狩猎方法。当时最先进的狩猎工具是弓箭，没有集体的力量，根本无法猎取凶猛的大兽。使用枪支的鄂伦春人在猎取大兽时，也时常使用这种有效、安全的狩猎方法。围猎时一般需要猎狗的配合。当猎狗将熊、虎、野猪、犴等围住时，猎人乘机猎杀。在围猎过程中，经常发生猎狗被伤害的事。有些时候，不用猎狗也可围猎。在围猎过程中，猎人们根据动物的习性和活动规律，有的直接出击，有的埋伏于野兽必经之处伏击，有的紧追惊奔的野兽。围是一种形式，在围的过程中，需使用多种狩猎方法。

诱猎是鄂伦春人使用的一种十分独特的狩猎方法。诱猎的主要野兽是鹿和狍子，也有用这种方法猎犴的。诱猎的工具是鹿哨和狍哨。鹿哨有木制、桦树皮制两种，也有用草茎秆制作的。秋天是鹿的交配期，猎人用此哨仿公鹿叫声，其他公鹿以为属于自己的母鹿受到骚扰，就会循声而至，猎人可以乘机猎杀。狍哨是用桦树皮制作的，一般在夏天狍子哺乳期使用。猎人用狍哨仿狍崽子的叫声，母狍子就会靠近，猎人此时即可猎杀。

守猎主要用来猎取鹿和犴。夏季，鹿和犴喜欢在夜间到碱场舐盐。猎人在天黑前赶到碱场，在下风口埋伏下来，待鹿、犴到碱场舔盐时，乘机猎杀。有些碱场是人工造的。在鹿常去吃草的河边附近，选择一块地方，除去较高的草，用木棍钻几个小坑，放入几把盐，用水一浸，盐便渗入土里，小坑四周泛起一层碱花。鄂伦春猎手有时也使用放火烧荒的方法狩猎。初春，在山边的草甸子放火烧几平方千米，使这里提前长出青草。鹿就会被引诱而来，猎人埋伏在树林中伺机猎取。但这种狩猎方法容易引起火灾，故很少有人使用。

轰猎是集体狩猎采用的方法之一。一些人轰野兽，一些人埋伏于野兽必经之地，伺机猎取。例如鹿、犴轰起来后喜欢沿小山岭的山根或山坡跑，猎人埋伏此处，即可猎获。

一些野兽喜欢藏在洞里，于是便产生了许多穴猎的方法。熊是一种很凶猛的动物，但从初冬即冬眠于洞内。至翌年雨水后才出洞。黑熊眠于树洞内，而棕熊则眠于地洞或山洞内。有经验的猎手能够准确地判断洞内是否有熊，当熊听到响动出洞之际，即可射杀。更多的时候，熊是不肯出洞的，这就要用许多方法引它出来。例如让猎狗挑斗、往里扔石头、木棍，也有往里扔燃烧的草捆、木块的。耐不住烟呛的熊，就会爬出洞外。实在引诱不出，有些猎人还冒着极大的危险直接去捅。熊在冬眠期间比较容易猎取。一些穴居的中小动物，也可以采用这个方法。貂、獾子、狐狸、貉子都喜欢匿于洞内。例如貂，就喜欢匿于树洞和地洞内。猎人一般将树放倒，把原洞堵住，钻一个新洞，下一个马尾套子，再用烟将貂熏出来，它就会被套住。如果它钻入地洞，可以直接挖洞捕捉。

水猎。水獭是两栖动物，冬天常居于冰与水的空间。猎人们常砸一个冰窟，把水拦起来。让水充满水獭窝，水獭不能长时间待于水中，只好钻出水面，猎人此时即可猎捕。夏季，鹿、犴等动物喜欢在小河边吃草，猎人即可乘桦皮船顺流而下，无声无息地接近猎物。用桦皮船狩猎深受鄂伦春、鄂温克猎民们的喜爱。

以上是根据狩猎的特点进行的概括说明，其称呼并非完全科学，事实上，鄂伦春人的狩猎方法远不止这些，如下套子、夹子、地箭法等。还有在一定的范围内筑两米多高的栅栏，在缺口处置一陷阱，可活捉到鹿、犴、狍子等动物。

4. 狩猎的组织与产品的分配方式

（1）狩猎的组织

由于生产工具的落后，以"乌力楞"为单位的狩猎组织在鄂伦春族社会中长期存在。随着生产力的提高，小家庭成为独立的经济单位后，出现了"安嘎"狩猎组织和个人单独狩猎两种形式，这种"安嘎"狩猎可以视为"以'乌力楞'为单位进行集体狩猎到个体狩猎的一种过渡形式"。[①]

解放之初，鄂伦春社会还是家长制家庭公社，称为"乌力楞"，是一种血缘组织，最初的"乌力楞"都是从一个父系大家庭分化出来的。后来，随着个体家庭的迁徙，逐渐摆脱血缘纽带的约束，不断分化和重组"乌力楞"，"乌力楞"便由原来的血缘组织变成一种地域性的组织了。鄂温克社会也存在这种"乌力楞"组织。以"乌力楞"为单位的狩猎组织在鄂伦春族中至少延续了几千年，直到解放以前还残留在鄂伦春族社会之中。在生产力十分落后的情况下，"集体狩猎是鄂伦春人家庭公社时期的主要活动。在当时，一个猎人要远离集体是难以生活的，而且简直是一件难以想象的事情"。[②]只有集体狩猎，人们通力合作，采用分工围猎的方法才能捕获野兽。这种大规模的集体围猎活动，老人、妇女、小孩都会跟着一起出猎。

商品猎品生产开始后，以"安嘎"为单位的集体狩猎活动日渐多了起来。"安嘎"是狩猎组的意思，一个"乌力楞"的人们可以组成几个"安嘎"；一个"安嘎"由数名猎手参加，家庭成员不跟随。"狩猎小组每个成员所需物品自备，如马匹、子弹、猎犬以及被褥、帐篷、锅碗等，出猎较远时，一般都带着马。饮食主要带着粮食、盐、酒、烟等。"[③]以"安嘎"为单位出猎，都有发起人，"安嘎"组成后，要民主选出"塔坦达"，即"安嘎"的领导者，主要负责狩猎生产，决定出猎的猎场，分配狩猎任务，组织大家劳动，鼓励猎手打猎情绪，分配猎获物等。"乌纠鲁达"在"安嘎"中是"塔坦达"的助手，主要负责内部的生活问题。"吐阿钦"是"安嘎"中的后勤管理员，负责做饭和管理马匹。

---

① 赵复兴：《鄂伦春族游猎文化》，内蒙古人民出版社1991年版，第76页。

② 秋浦：《鄂伦春族社会的发展》，上海人民出版社1978年版，第27页。

③ 韩有峰、都永浩、刘金明：《鄂伦春族历史、文化与发展》，哈尔滨出版社2003年版，第177页。

以"安嘎"为单位的狩猎活动并非是鄂伦春社会特有的现象，鄂温克人称这种狩猎小组为"塔坦"，各个"塔坦"联合起来的围猎狩猎叫"阿围达"①；达斡尔人的"阿纳格"狩猎小组，也有"塔坦达""二塔坦达""图瓦沁"等职位的分工②。

在集体狩猎的空隙也有个人单独狩猎的情况存在，一般当天去、当天回。一些家里缺少马匹、家人需要照顾走不开的猎人也常年单独在离家不远处进行狩猎。还有一类狩猎技术高超的猎人，不愿意随集体出猎。同有"单干自私"观念的鄂温克人一样，鄂伦春人也不太认同这类单独狩猎的人。不过，随着鄂伦春社会猎业经济商品化的发展，也出现更多的个人单独狩猎情况。

（2）产品的分配方式

鄂伦春人分配猎获物有：全体"乌力楞"共同消费、按户平均分配、在"安嘎"中以猎手平均分配和个人占有4种形式。在家庭公社阶段，"乌力楞"成员共同劳动，共同消费猎获物。例如打到熊、犴、野猪等，用几口大锅煮熟，全体"乌力楞"成员共同餐食。"首先照顾老年人，尽量多给他们一些好吃的部分，也先把盛好的肉送给他们，然后送给一般人，三五个人共同吃一盆肉。"③《瑷珲县志》记载："一家获牲，必各家同飨，互为聚食。"④有时剩下的部分，不能共同消费的，就要按户平均分配。

按户平均分配，一般是由妇女来分，有时青年小伙子也参加。猎手把猎物驮回来后就不管了，青年妇女很自然地聚到一起，砍的砍、分的分，一家一堆，一会儿就分完了。⑤

鄂伦春人中有"尼玛都伦"的习俗。"尼玛都伦"（意思是赠送猎物）

---

①　参见内蒙古自治区编辑组《中国少数民族社会历史调查资料丛刊》修订编辑委员会编：《鄂温克族社会历史调查》，民族出版社2009年版，第35、44页。

②　参见内蒙古自治区编辑组《达斡尔族社会历史调查》，内蒙古人民出版社1985年版，第58页。

③　内蒙古自治区编辑组《中国少数民族社会历史调查资料丛刊》修订编辑委员会编：《鄂伦春族社会历史调查》（一），民族出版社2009年版，第92页。

④　吴雅芝：《最后的传说——鄂伦春族文化研究》，中央民族大学出版社2006年版，第70页。

⑤　内蒙古自治区编辑组《中国少数民族社会历史调查资料丛刊》修订编辑委员会编：《鄂伦春族社会历史调查》（一），民族出版社2009年版，第94页。

应该是小家庭从父系家庭公社中独立出来以后产生的。鄂伦春人的"尼玛都伦"习俗与鄂温克人的"尼玛达弄"（意思是无代价地养活老人）习俗相近。鄂伦春人的"尼玛都伦"与鄂温克人的"尼玛达弄"，体现的是社会对于孤、寡、病、残、弱等群体的照顾，也算是原始社会猎物共享的一种遗风。"长期以来，鄂伦春人在分配和消费方面，带有明显的原始共产主义的色彩。……生产资料和生活资料的无偿赠送，不仅盛行在有血缘关系的人们之间，即使没有血缘关系的人们之间，也存在这样的情形。"①

以"安嘎"为单位的出猎结束后遵循同猎者之间平均分配的原则。有些"安嘎"中，没有专门的"吐阿钦"，有些妇女会参加狩猎，担任"吐阿钦"。在分配猎品时，如果她有丈夫，则分配少量一份作为酬谢；如果是寡妇，则可以和猎手一样，平均分得一份。有时候不直接分配实物，而是先将猎获物变卖成现金后，再平均分配。总之，猎手之间的分配是平均的。

个人占有也是狩猎后的一种分配方式，它产生于个体家庭成为独立的经济单位时期。特别是枪支传入之后，随着单独狩猎活动增加，个人占有猎产品的情况才慢慢增多。

上述情况说明，由于商品货币经济的侵入，鄂伦春族私有制经济得到加速发展；鄂伦春人通过商品交换传入了先进的生产工具和生产技术，社会生产力获得了极大的提高，也因此促进了社会生产关系的急剧变化。鄂伦春个体家庭迅速发展起来，成为社会的基本生产单位和消费单位，进而狩猎生产中分配制度出现了从"平均到私有"方面的变化。正如赵复兴所言："在整个分配制度变化的过程中，个人占有代替共同消费，不是一下完成的，在个人占有代替共同消费的过程中，不仅出现了按户平均分配和同猎者平均分配这两种过渡形态的分配制度，而且一种分配方式的基本形态消失后，它还以不同的变异形态长期存在。"②

二　鄂温克族的狩猎经济

鄂温克族是居于我国北方人口较少的一个民族，主要分布于今内蒙古

---

① 秋浦：《鄂伦春族》，文物出版社1984年版，第37页。

② 赵复兴：《鄂伦春族游猎文化》，内蒙古人民出版社1991年版，第86页。

自治区呼伦贝尔盟的鄂温克族自治旗、陈巴尔虎旗、阿荣旗、额尔古纳旗和黑龙江省纳河县及新疆维吾尔自治区的部分地区。据考释，"鄂温克"一词，意为"住在大山林中的人"，为通古斯语译称。鄂温克人从古至今，一直是自称"鄂温克"，历史上由于迁徙、分散居住、族群分化及交通不畅等原因，我国境内的鄂温克族渐而形成了三个在区域经济、文化方面各异且社会组织形式稳定的支系："索伦"、"通古斯"和"雅库特"。直到1957年底，三部经过协商，统一定名为"鄂温克族"。[①]

（一）狩猎经济生活

鄂温克人长期游猎的寒带森林地区，森林广袤，山大林密，河流众多，物类繁盛，人烟稀少，素有"林海"之称。森林资源极为丰富，主要有兴安落叶松、章子松、白桦、黑桦和柞林。此外，拥有数百种草本植物和可食的野菜、野果及块根植物，药材类植物相当丰富，森林中生活着50多种各类野兽与飞禽。鄂温克族狩猎经济之所以发展程度较高、持续时间较长，与当地森林生态环境息息相关。在探索、发展的过程中，鄂温克人将狩猎业与捕鱼业结合到了一起，以狩猎业为主，捕鱼业对其起到了一定的补充作用。

牧养驯鹿是鄂温克人经济生产中最突出的特色。狩猎经济在发展的过程中，由于人们生产生活的需要，一定程度上孕育了畜牧业的因素。驯鹿在鄂温克人生产生活中扮演着重要角色，它既是生活资料，又是生产资料。"奥茸"是鄂温克人对已驯化过来的驯鹿的叫法，俗称"四不像"，以前是鄂温克人唯一的交通工具，其角似鹿非鹿、头似马非马、身似驴非驴、蹄似牛非牛，一般高1米，体长约2米，耐寒，喜食苔藓类植物。驯鹿在林区的用途非常大，它可以用来驮载、骑乘。驯鹿在1岁的时候就可以驮载30千克左右的重物，成年雄驯鹿可以驮载65千克以上，甚至达到80千克。驯鹿的脚步平稳、轻健，脾气温驯，一般没有任何粗暴的行为，因此乘骑者不会感到过于疲惫，比较安全。它的蹄子宽大而尖锐，可以毫无困难地在沼泽地行走，可以穿过灌木丛，踏过破裂的山岩，在雪地上行走自如。其肉可食，奶可饮，皮可做衣服、靴鞋。卖掉鹿茸、鹿皮，可以换取一些生活必需品。事实上，鄂温克人除了饮用鹿乳外，极少宰杀驯

---

① 《鄂温克族简史》编写组：《鄂温克族简史》，内蒙古人民出版社1983年版，第8页。

鹿。此外，萨满跳神仪式中必须用驯鹿，驯鹿也被当作礼物在亲戚之间流动。驯鹿驯养业产生于狩猎经济的基础之上，为鄂温克氏族社会注入新的经济成分，使生产力与生产关系更加适应，为鄂温克氏族社会的发展提供了动力。

鄂温克人一直游猎于深山密林之中，没有固定的住处。他们会随着季节的变化和狩猎情况的变化选择适宜居住的地方，一般是在大河支流，周围群山环抱，远近密林参差，附近有驯鹿的饲料苔藓。撮罗子是狩猎民族鄂温克人传统的民居，鄂温克语叫"希楞柱"①，实际上是用松木搭成的圆锥形的窝棚，呈伞状，小一点的高约3米，底部直径约4米，大一点的高约7米，底部半径约为8米。撮罗子应游猎生活的需要而出现，搭建时就地取材，覆于表层的遮盖物随季节变化而不同，夏、秋季多用布围子、桦树皮、干草，冬季用狍皮围子。围子的一端系于门左侧的柱子上，另一端系于右侧的柱子上，掀起来即可出入，起到门的作用。所以，也可以称它是一种简易的帐篷。撮罗子的出现是鄂温克人适应游猎生活、参照其他以畜牧业为主的民族定居形式的产物，能够体现鄂温克族的文化特色。

（二）狩猎经济生产

鄂温克族的狩猎经济的生产主要包括狩猎对象、狩猎工具及其演变、狩猎的技术与方式、狩猎的组织与产品的分配方式等方面。

1. 狩猎对象

在长期的游猎生活中，鄂温克人的狩猎对象主要有鹿、狍子、犴、野猪、熊、水獭和灰鼠子等动物。②

（1）鹿

鹿是鄂温克人主要的狩猎对象。鹿在市场上的经济价值大，但是，捕获鹿并不容易，需要对它的生活习性有一定的了解。鹿的嗅觉、视觉异常灵敏，白天在高山上，惯于昼伏夜出，觅食时只顾远观而不近看，猎手需逆风而接近，以跟踪追击的方法捕猎之。猎鹿季节性较强，每年农历二三

---

① 参见内蒙古自治区编辑组《中国少数民族社会历史调查资料丛刊》修订编辑委员会编《鄂温克族社会历史调查》，民族出版社2009年版，第179页。

② 参见内蒙古自治区编辑组《中国少数民族社会历史调查资料丛刊》修订编辑委员会编《鄂温克族社会历史调查》，民族出版社2009年版，第41—43页。

月是"鹿胎期"，多打母鹿以取鹿胎；五六月是"鹿茸期"，多取鹿茸；九月到雪前是"叫鹿围期"，猎人用鹿哨引诱而捕获之；雪后是"打皮子期"。

（2）狍子

鄂温克族称为"株勒"，是其主要的生活资料，衣皮食肉，用处广泛。狍子比山羊略大，尖嘴、黑鼻子、白屁股、细腿、善跑、耐力差。捕猎时，猎人迎风而行，在离它较近的地方，以枪或棍棒击杀。秋天，狍子在山坡或草甸子、小树丛间活动时，猎人以追捕的方法猎取。夏天母狍产崽期间，多用"狍哨"诱猎。

（3）犴

鹿科动物，俗称"犴达罕"，其形似骆驼，又作"驼鹿"，体形肥大、头上长角、腿长脖子短、肩高、臀低、尾巴小、头大眼睛小，成年的犴有四五百斤重，食草动物。犴行动迟缓，视觉迟钝，昼伏夜出，习惯在夜间单独觅食，猎犴时主要采取跟踪追击的方法。犴受一点伤就卧而不起，但平时跑得很快。

（4）野猪

野猪属于烈性动物，体形较大，公野猪獠牙尖利，攻击性强。野猪听觉、视觉迟钝，嗅觉灵敏，耐力强。猎杀时需一击致命，否则野猪的反扑异常凶猛。冬天雪地里野猪跑不动，猎人一般穿滑雪板对其进行追捕，还需要猎犬辅助追猎。一般来说，野猪一见人就往西北方向跑，不见人时，它又原路返回，看猎人是否跟着它的脚印。有经验的猎人不去追击，而是在原路等候，伺机捕杀。

（5）熊

熊分为狗熊和黑熊，是一种凶猛的野兽。熊胆是贵重药材，熊掌为名贵山珍，其肉可食、皮可为褥。狗熊最大的特点是冬眠，时间稍长，靠舔食掌上的营养度日。猎取时，找到洞口，先向熊所住的洞里扔烟头或烟熏，呛而使之出洞，猎人伺机以射杀或扎枪致死。因为熊比较凶猛，一般需要采取多人围猎的方式。

（6）水獭

打水獭主要在冬天，因为它的窝在冰下面。水獭的特点是吹力比较大，能够吹透冰口，吸入空气。捕猎时猎人要靠猎犬来发现水獭的窝。猎犬靠嗅觉搜寻水獭，发现水獭后，猎人就用斧头把冰打开，用枪打或地箭猎杀。

（7）灰鼠子

灰鼠子即松鼠，体小善跳，行动敏捷，一般居于树上，常在林间活动。喜欢在松树、柞林间觅食松子、橡子。松鼠毛质细密，光亮且耐磨，是珍贵皮张，可以买卖。捕猎时一般用夹子捕之或射猎。

除了捕猎上述动物之外，各地的鄂温克人还根据他们所在地域的不同，或捕猎貉子、山狗、雪兔，或捕猎飞龙、野鸡、沙半鸡等飞禽。

2. 狩猎工具及其演变

鄂温克族的狩猎工具从远古的木棒、石器、骨器、弓箭、夹子、扎枪发展到枪支的使用，狩猎工具的不断改进，标志着狩猎经济水平逐渐提高。狩猎工具主要有以下几种。

弓箭。鄂温克人把弓叫作"波勒"，其使用的弓是双层的，里层用黑桦木，外层用落叶松，里外层夹以鹿、犴的筋，用细鳞鱼熬成胶将其粘固，弓弦用鹿筋或犴筋制成。箭杆是木质的，其端装铁质箭镞，箭羽多为野鸡翎。弓箭携带方便、射杀力强，是鄂温克人早期主要的狩猎工具。在用弓箭打猎时，还用到一种"伏箭"（"地箭""阿浪嘎"），构造与弓箭一样，动物经过时触动引线，暗箭脱弦，可以射杀野兽。

夹子。鄂温克人把夹子称作"恰日克"，夹子的结构比较简单。多夹子来捕获灰鼠，把夹子架置在灰鼠经常出没的地方，灰鼠踩到夹子的平板时会被夹条夹住，不能挣脱。一般的猎人一年间可捕获数百只灰鼠，后来，随着灰鼠在交易活动中的重要性日益显著，家庭中主要的劳动力也开始投入猎取灰鼠。枪支的数量增加之后，猎灰鼠几乎不再使用夹子了。

扎枪与猎刀。扎枪与弓箭配合使用，猎刀用以剥皮、开膛、割肉、剔骨，在生活中用处很大。扎枪制作时将一根木杆削尖，或在一端置以铁镞，与之配合使用的还有"地箭"——动物触碰引线、自动脱弦而射杀之的捕猎工具，威力较大，操作时需要一定的技巧。

火枪与燧石枪。火枪于18世纪中叶传入鄂温克族社会，射程远，命中率高，给单独的狩猎活动提供了可能。燧石枪的结构简单，分为两种，一种是打大兽的，子弹较大，名为"图鲁克"，数量较少；另一种是打灰鼠的枪，子弹较小，叫"乌鲁木苦得"。①燧石枪的射程很近，杀伤力并不大，射不中时可以吓唬附近的野兽。此后，七九式步枪、九九式步枪逐渐进入鄂温克族社会，使狩猎方式发生了较大变化。

桦皮船与滑雪板。桦皮船是水上捕猎的主要交通工具，两端尖细向上翘起，船体呈柳叶状，轻捷方便，载受两三人，陆行载于马背，遇水而渡之。船行驶时动静极小，易于猎取水边觅食或饮水的动物。滑雪板是一种冬季狩猎工具，早期的滑雪板底下没有犴皮，名叫"卡亚玛"。鄂温克人后期使用的滑雪板的底下有犴毛，多以松木为原料，前端弯，翘度大而窄，后端呈坡状，翘度小而宽，中间稍厚，置绑脚，滑行时双手撑杆，行动如飞。野兽在雪地里跑不快，以此追击野兽。

猎犬与驯鹿。猎犬和驯鹿是帮助鄂温克人狩猎的好助手。猎犬嗅觉灵敏，能够嗅味追踪，及时帮助猎人寻找或发现猎物，还可保护猎人的安全。猎人用弓箭狩猎时，有的动物不能直接被杀死，此时，猎犬与之搏斗，可给猎人提供再次猎杀的机会。在围猎时，两者密切配合，因而猎人和猎犬的关系非常亲密。驯鹿是鄂温克人主要的运输工具，也是生活资料。驯鹿体轻善行，负重能力强，能够在沼泽地、雪地、森林里自如地行走，耐寒，适应性强，被称为"森林之舟"。

3. 狩猎的技术与方式

鄂温克人在长期的狩猎过程中积累了丰富的狩猎经验和知识，对每种动物的习性和活动规律非常熟悉，创造性地发明了许多猎取野兽的方法，主要包括集体围猎、毒药与伪装捕猎、绳套与陷阱围猎、跟踪和堵截围猎、蹲碱场捕猎等捕猎方式。.

（1）集体围猎

集体围猎是鄂温克人主要的狩猎方式，由有经验的猎人（塔坦达）领导，分工合理、安全可靠，参与者可以在捕猎的过程中发挥相应的作用。基本的方式是，一般由妇女用栅栏将有野兽出没的山围住，留出口，男人们挖陷阱，在陷面饰伪装，全族或部落老少聚在山上敲鼓呐喊轰撵野兽，野兽受惊吓而逃，猎人伺机击杀之。

---

① 　内蒙古自治区编辑组《中国少数民族社会历史调查资料丛刊》修订编辑委员会编：《鄂温克族社会历史调查》，民族出版社2009年版，第147页。

（2）毒药与伪装捕猎

将涂有毒药的饵肉置于动物经常出没之地，动物误食而亡，此法仅用于取皮。伪装捕猎是指猎人将自己的外面伪装成有些动物的猎物，以之诱猎。鄂温克人无论春夏秋冬，都戴狍皮帽狩猎，还穿翻毛狍衣、鹿皮衣裤，将自己伪装成狍或鹿的样子，模仿其动作，接近猎物而猎杀。还有一种方法是猎人吹响鹿哨，引诱鹿前来以捕获。

（3）绳套与陷阱捕猎

绳套捕猎的一般方法是把绳套系于长杆，将数根长杆连起来，立在山脚下成一排，在山上将野兽驱下，经绳套处将其擒住。陷阱捕猎是指在野兽必经之地，挖一个约1米见方的坑，内插削尖的木棒，陷面铺草叶，野兽经过时陷入其中，将其猎杀。

（4）跟踪和堵截捕猎

跟踪捕猎，即猎人循着野兽的踪迹寻找并猎杀，是小组或单独狩猎的方法之一，主要捕猎鹿、犴、野猪等动物。跟踪捕猎需要猎人时刻保持机敏，随时注意动物的行走路径，选择适当的时机捕杀猎物。堵截捕猎需要猎人有丰富的经验，能够准确地找到野兽往来的路线、地方和时间，在其必经处进行猎杀。

（5）蹲碱场捕猎①

这是鄂温克猎人捕猎鹿时常用的一种方法，具体的操作方法是猎人选择鹿常活动的山阳坡，挖个坑，将小的杨木墩用斧子劈成四块，缝隙间放入食盐，埋入坑中，利用杨木的水分使盐蒸发，形成碱场。鹿习喜舔食碱土，晚间闻到味道，来吃碱土时猎人伺机猎杀。但是，碱场地上禁止丢弃异物，如烟头、弹壳等，鹿闻到这种味道，几个月可能都不会来，这是捕猎时的禁忌。还有一种打鹿的方法与蹲碱相似，叫"泡场"（阿玛吉），是猎人利用七月时鹿夜间吃一种"都鲁克楞"草时伺机捕杀的狩猎方法。

除了以上讲到的狩猎方式，鄂温克族还有好几种狩猎的方式，譬如早期使用的火攻围猎、栅栏捕猎和以禽兽与其他物品引诱禽兽的捕猎方式。

---

① 内蒙古自治区编辑组《中国少数民族社会历史调查资料丛刊》修订编辑委员会编：《鄂温克族社会历史调查》，民族出版社2009年版，第153页。

4. 狩猎的组织与产品的分配方式

处于氏族公社时期鄂温克族的狩猎组织基本上以"乌力楞"（血缘组织）家族为单位，"阿围达"（首领）领导的围猎活动较多。在鄂温克人传统的狩猎习惯上，狩猎多采取集体围猎的方法，单独狩猎的很少，每个能劳动者都是狩猎过程中的一分子。

狩猎的组织，鄂温克人在习惯上多以六七十人组成一个"塔坦"（小组），小组成员自愿结合，推举猎人中年龄最大且狩猎经验丰富者为"塔坦达"，依年龄长幼之序，"塔坦"内有二"塔坦"、三"塔坦"等。"塔坦"一般由打猎学徒、打猎能手、熬鹿茸的人、赶车和做饭的人组成。通常，妇女并不直接参与狩猎活动，主要帮忙做饭、砍柴。"塔坦"内组织有序、和睦相处，各司其职、相互配合，形成了一个良好的社会组织形式。鄂温克人狩猎时并不划分猎区，在打猎时有具体的分工，彼此沟通，存在互助关系。

猎物的分配方式，集体打猎结束后，由大"塔坦达"组织参与打猎的成员，包括做饭、赶车的人，进行分肉。分肉时，按人数将肉分成几块（或堆），肉和皮平均每人分一份，年轻人先拿，大"塔坦达"最后拿。[①]分配结束后，如果有剩下的，一般将东西奖给年轻的猎人或赶车的人。分配中有异议的，可按抽签的方式解决。通常，围猎所得的猎物会分给村中鳏寡孤独和丧失劳动力的人。此外，猎人拿着猎物返回的路上，如果遇上其他人也会分给一些肉。随着狩猎生产力的提高，小家庭在狩猎经济中的地位日益提高，作用不断增强，平均分配猎物仍为基本特点，财富积累与占有的观念比较淡薄。鄂温克族的经济生产以狩猎业为主，同时，一些人也从事渔业，一般是早上出去打猎，午间捕鱼。五月下旬，用鱼叉捕获细鳞鱼和哲罗鱼。七月时，天气热，是重要的叉鱼期，此时可以捕获狗鱼、细鳞鱼等。八月到十月，用渔网、鱼簗子捕鱼，鱼簗子的柱子一般用松木制成，在簗子里撒些灰能够吸引鱼群前来，捕鱼较多。捕鱼作为鄂温克人的食物来源之一，一定程度上对狩猎生产的丰歉不稳定起到了补充和平衡的作用。

---

①　内蒙古自治区编辑组《中国少数民族社会历史调查资料丛刊》修订编辑委员会：《鄂温克族社会历史调查》，民族出版社 2009 年版，第 44 页。

三　赫哲族的渔业经济

赫哲族是我国北方以捕鱼为生的少数民族，人口较少，主要居住在今黑龙江省同江市街津口赫哲族乡、八岔赫哲族乡、双鸭山市饶河县四排赫哲族乡和佳木斯市郊区的敖其赫哲族村。此外，还有少数杂居在黑龙江省的抚远、依兰、富锦、绥滨等县。"赫哲"系赫哲族语，由"赫真"音变而来，有"下游"或"东方"之意，清初成为民族群体的通称。[①] 赫哲族是一个以渔业经济为主、狩猎经济和采集业为辅的民族，渔业经济发达，得益于"三江平原"独特的自然生态环境。

（一）渔业经济生活

渔业生产与赫哲族的生活密切相关，是赫哲族赖以生存的主要物质资料。"三江平原"由黑龙江、松花江、乌苏里江构成，是赫哲族的家乡。三江平原地处东北边陲，气候属于温带大陆性季风气候，冬季漫长而寒冷，夏季短促，光照充足，雨量充沛，地域辽阔，江河密集，湖泊众多，沼泽遍地，充沛的水域蕴藏着丰富的鱼类资源，辽阔的草原栖息着珍禽异兽，三江平原丰饶的自然资源为赫哲族的渔猎经济创造了优厚的条件，使渔业经济得以持续发展。商品经济发达后，赫哲族人用珍贵的兽皮来换取粮食等生产生活用品。但是，由于历史的原因，赫哲族的狩猎业经过漫长的发展之后，最终走向衰亡。此外，以渔猎为生、繁衍生息于三江平原的赫哲族，农业也有过一百四五十年短暂的历史，但仅仅是作为辅助性的经济部门而存在。

赫哲族所处的地理环境和他们以渔猎为主的生产方式，使之形成了本民族独特的一些生活方式，诸如生鱼为食、鱼皮为衣、穿地为穴而居、乘坐桦皮船等生活方式充分体现了赫哲人生活的智慧。刹生鱼是赫哲人喜欢吃的食物，有四种常见做法和名称，拌生鱼菜最为出名。拌生鱼菜的方法是将鱼放血后洗净，鱼肉切丝，拌以野生的姜和辣椒，放醋和盐，即可食用。其他三种分别是生鱼片、刨花、塌拉哈（用火燎烤鱼肉）。鱼皮衣服，又称"乌提库"（赫哲语），是渔业生产过程中的副产品。形制多为长衣服，形如扇面，腰身稍窄，身长过膝，下身肥大，主要是妇女穿的。赫哲

---

①　《赫哲族简史》编写组：《赫哲族简史》，民族出版社2009年版，第6—7页。

人在叉鱼的时候经常会用到桦皮船，这种船用木条子制成，两头尖并且上翘，白桦树皮缝于船的肋骨架上，用熔化了的松树油浇灌固定，中间只留一个人坐的地方，用单桨划行。桦皮船使用起来轻捷灵便，然而质地脆、不结实，如今已弃而不用。

赫哲人以渔猎为生，因而一般在江河沿岸的高处定居，他们大多是聚族而居，一则方便捕鱼，二则房屋建在高处可以避免江水浸入。赫哲人有两种比较古老的居住形式，一种是穿地为穴而居的固定住所，另一种是临时性的住所，谓之"夏天住昂库，冬天住地窨"。固定住所主要有地窨和在地窨的基础上发展而成的马架，用以储藏鱼条子、鱼披子和捕鱼工具而建的鱼楼也属其类。临时居住的昂库（窝棚），现住现搭，主要是便于赫哲人进行渔猎。一个民族的进步与发展是不断选择与适应的结果，赫哲族渔业经济的历程很好地说明了这一点，而这也正是我们溯及既往、认识和研究渔业经济、猎业经济的意义所在。

（二）渔业经济生产

历史上，赫哲族聚居的地方江河广布、水草肥美、渔业发达，渔业生产是赫哲人最主要的经济生产方式，渔业生产对赫哲族的生存、繁衍与发展有着极其重要的作用。这里主要从渔业资源、捕鱼季节、捕鱼工具与捕鱼方式等方面对赫哲族的渔业经济作以介绍。

1. 丰富的渔业资源

赫哲族所在的三江平原地势平坦，河网密布，水域面积广大，鱼类资源丰富。黑龙江省同江市的街津口村位于其西北角；抚远县的西面与饶河接壤，北面隔黑龙江与俄罗斯相望。街津口村呈狭长形，一条主干街道贯穿东西，赫哲族主要聚居于村子的西角。黑龙江是街津口村水路交通的主要航道，此外，莲花河和山河，两条河流在街津口村西面汇合而成街津口河，流向北方注入黑龙江。八岔赫哲族乡位于黑龙江、松花江汇流后的黑龙江段右岸，地处三江冲积沉降沼泽化平原同抚三角洲。四排赫哲族乡位于饶河县东北部，乌苏里江西畔，流经四排赫哲乡的还有大班河、小安河等五条河流。自然条件得天独厚，江河里鱼类资源非常丰富，且出产量较大。这里盛产名贵的鲑鱼（大马哈鱼）、蝗鱼和胖头鱼，三花（鳌花、蝙花、鲫花）、五罗（哲罗、发罗、雅罗、胡罗、同罗）被视为宴席上的佳品，此中尤以鲟鳇鱼为贵。鲟鳇鱼是鲟鱼和鳇鱼的合称，两者外貌相似，都是尖长的鼻子、带刺的脊背。其中，鳇鱼赫哲语叫作阿静，是黑龙江中的"鱼中之王"。此外还有鲤鱼、白鱼、赶条鱼、草根鱼、青根鱼、狗鱼鲍、牙布沙、怀头等几十种江鱼。

2. 捕鱼的季节

赫哲族的渔业有着悠久的历史，他们在长期的渔捞作业中积累了不少的经验，对各种鱼的习性特点和捕鱼场所非常清楚，可以根据各种鱼的活动规律而在不同的季节进行捕捞，捕捞时间主要集中在春、秋、冬三个季节。在赫哲族老渔民中间流传着一首捕鱼节气歌，描绘了在不同季节里所从事的捕鱼生产活动，具有鲜明的渔业生产特色。它的内容是这样的：

> 立春棒打獐，雨水舀鱼忙。惊蛰忙织网，春分船验上。
> 清明河流水，谷雨开大江。立夏鱼群欢，小满鱼来齐。
> 芒种鱼产卵，夏至鲤鱼欢。立秋开了网，处暑鳇鱼鲜。
> 白露鲑鱼来，秋分鱼仔甩。寒露哲罗翻，霜降打秋边。
> 立冬下挂网，小雪打冰障。大雪钓冬鱼，冬至补网具。
> 小寒大寒修理船，鱼楼肉满迎新年。[1]

春季从开江的"谷雨"到"小满"这一个多月的时间是捕鱼的好季节。吃活食、小鱼的杂鱼类会随着水流来到稳水涡子觅食，此时采用钩、网都较易捕捞。端午节前后，鱼类都会到江边觅食，夜间用网捕捞收获较大。渔民们在这段时间辛勤捕捞，有时甚至能够获得一年所需的鱼产品。到了"小暑"，因天气炎热，网线、钩纲易腐烂，渔民一般都停止了捕鱼，利用此渔闲期修理捕鱼工具，间或放置挡亮子（捕鱼时使用的一种工具，同时也是一种捕鱼的方式），准备秋天取鱼。

秋天从"白露"开始的一个多月的时间是秋季鱼汛期，主要捕大马哈鱼。大马哈鱼每年在"白露"之前从鞑靼海峡溯游上黑龙江，游程数千里，最后在黑龙江中游和乌苏里江砂砾河床排卵传代。当地渔民利用这段时期捕获大马哈鱼，捕捞的数量相当可观。此外，渔民们还捕捞鳙鱼、蝗

---

①　黄任远：《赫哲族风俗志》，中央民族学院出版社1992年版，第48页。

鱼及其他杂鱼。秋季也是挡菜子的好季节，将鱼堵在菜子里，到冬至取鱼时鱼已长得肥大，可食可卖。

从封江到开江，是近半年的冬季捕鱼期。这个时节，虽天寒地坼，大雪飘飞，依然可以看到赫哲族渔民破冰捕鱼的景象。渔民捕鱼时，用大拉网从冬涡子里捕鱼需要较多的劳动力，下网、收网的技术要求也比较高。此外，一些年老的渔民时或在鱼经常流动的稳水冰上凿冰眼叉鱼，也有进行冬钓的。[①]

3. 捕鱼的工具与捕鱼方式

赫哲族捕鱼工具的种类及演变过程在不同地区是不尽相同的，居住在黑龙江、同江流域的赫哲族所使用的捕鱼工具种类较多，后来才逐渐传入松花江下游和乌苏里江沿岸的赫哲族中。捕鱼的工具和方法互相配合促进，共同运用于捕鱼活动之中。

鱼叉与叉捕。叉鱼是赫哲人早年的主要捕鱼技巧。鱼叉用铁制成，一般有三齿，齿端带有锯齿形的倒钩。鱼叉分为两种，活柄叉和连柄叉。活柄叉是叉头与柄杆可以分开，主要用来叉捕大鱼；连柄叉是叉头与柄杆相连，用以叉捕小鱼。叉捕时，一根鱼叉在手，轻轻划着快马子在江边转一圈，渔人能够识别鱼在水中游动的纹路，出手准确而迅速，即可捕获鲜鱼，百叉百中，叉无虚投，技术娴熟。

钩具与钩捕。钩捕是赫哲人捕鱼的主要方式之一，鳇鱼钩是赫哲人早期常用的一种钩具。其以木质坚硬的榆、柞木为柄，顶端穿铁质钩，钩爪绳用柳、椴树皮纤维做绳，每个弯钩处设浮子，下面拴块石头，坠入江中，每个杆子拴四五十把钩，鱼经过时可钩捕。此外，还有甩钩、毛毛钩、底钩、滚钩、撅达钩、鳊花钩等钩具。

网具与网捕。这是赫哲族近代以来的捕鱼方法，在其地区广泛使用，捕捞效果较好。渔人捕鱼时一般需要三个人，一人选择在江滩背水溜处下网并持其一端，一人以小舟载网、下网并拉一端，一人掌舵，两端同时拉网即可捕获。赫哲人制作了各种各样的网具，如拉网、待河网、扒网、旋网、咕咚网，等等。

挡亮子捕鱼、船具。挡亮子指在水深数尺处或水泡中插入杨柳枝，并

---

① 参见《赫哲族简史》编写组《赫哲族简史》，民族出版社2009年版，第180页。

成一排用来拦鱼。后面发展到了挡大亮子捕鱼，用于河口大处，主要有伏水亮子、土亮子等种类。无论利用何种鱼具和方法捕鱼，都离不开船。赫哲人捕鱼时用到的船主要有桦皮船、独木舟、三页板船等。桦皮船比较轻便，易于挪动，多用于叉鱼或在江中走快道。以前，桦皮船使用比较频繁，后来发展到使用机动船，大大提高了捕鱼的效率。[①]

4. 捕鱼组织与分配

赫哲族大部分捕鱼人家是以个体生产为主的，在当地，几乎所有的人家都有大小不一的捕鱼工具。春天来临，江冰解冻后，所有的捕鱼人准备好捕鱼工具，在村屯附近安置"阔恩布如安口"（即帐篷），驻扎下来，直到秋季捕大马哈鱼期结束后才返回家中。一部分人并不在秋季时返回，而是盖起"胡日布"（地窖子）后，在冬季继续捕鱼。赫哲人捕鱼出发之前，一般会找亲戚、朋友或与自己关系比较密切的人自愿组成人数在三四个人或十来个人的小队结伴捕鱼。捕鱼的时候，几乎男女老少都要参与，以青壮年为主。在捕鱼的小队中，人们会推选出年龄较长、辈分大、捕鱼经验丰富的人当把头（当地人称"劳得玛发"），把头的主要职责是选择渔场、组织大家合理有序地进行捕鱼活动。此外，一些修理鱼钩、补网的细致工作也需要把头来完成。参与捕鱼的人在捕鱼过程中配合密切、分工明确。捕鱼技术好的人直接进行捕鱼活动；捕鱼技术稍差的人，一般会做一些捡柴、做饭、加工鱼、晾鱼等活儿。

捕鱼结束后，进行猎物的分配。分配时由把头主持，将所获鱼类堆放在一起，参与捕鱼活动的男女老少人人有份。对鳏寡孤独及未参加捕鱼者，把头主持、大家一起商议，每人分得一份。有的家庭人口多、劳动力少，在捕鱼时别人会帮助其捕鱼，捕鱼结束后，自己加工。赫哲族正是在这种互助、互利的劳动关系中建立了稳定的社会组织。

赫哲人以渔猎为主，狩猎活动也颇具特色。狩猎的组织分为两种：一个人外出打猎，叫作流猎；多人一起打猎，谓之围猎。赫哲人入山狩猎，一年中约有四次：春季正月出发，二月中旬左右返回，主要捕猎黄鼠狼、狐狸等；夏季为四月初到六月底，时间较长，打鹿角是最重要的，此外还

---

① 参见内蒙古自治区编辑组《中国少数民族社会历史调查资料丛刊》修订编辑委员会《赫哲族社会历史调查》，民族出版社2009年版，第30—40页。

捕杀黑熊、野猪等野兽；秋季一般为1个月，即八月中旬到九月中旬，仍以捕猎熊、野猪、鹿等动物为主；冬季时差不多十月中旬出发，十二月末返回，此时可以捕杀的动物有貂、旱獭、狐狸、黄鼠狼、灰鼠、熊、虎等。[①]一年中狩猎以夏季猎鹿最为重要，鹿茸、鹿角、鹿尾、鹿皮比较值钱，可以在出售后换取必要的生活资料，同时也被作为贵重的礼物而相互赠送。依托丰厚的自然资源，赫哲人以渔猎为主的经济生产活动不断适应着新的发展情况，渔猎经济也是形成赫哲族独特渔猎文化的物质基础。

四　达斡尔族的狩猎经济和渔猎经济

达斡尔族作为我国北方的少数民族之一，主要分布于内蒙古自治区莫力达瓦达斡尔族自治旗、黑龙江省齐齐哈尔市梅里斯达斡尔族区、鄂温克族自治旗一带，少数居住在新疆塔城、辽宁省等地。在达斡尔族传统的经济体系中，狩猎业始终占据着十分重要的地位。狩猎经济的长期存在，不仅在一定程度上弥补了农牧业生产的不足，而且对达斡尔族的风俗习惯、宗教信仰、文学艺术、民族语言等均产生过极为深远的影响。关于达斡尔族的狩猎经济，我们将从狩猎和渔猎两个方面进行介绍。

（一）狩猎经济

狩猎是达斡尔族传统生产生活的重要组成部分，在农、牧、渔、猎中追溯得越早，狩猎的比重就越大。长期以来，狩猎在解决衣食来源和对外交换方面起着重要作用，即使已定居农耕，但是在农闲时，他们还是要架着鹰去打猎。在清朝时期，还要捕貂来完成相应的进贡义务。到20世纪50年代，达斡尔族狩猎已经处于衰落阶段。在偏远山区有10%左右的人以狩猎为主，而在其余达斡尔族地区已很少有人从事狩猎工作。达斡尔族人的狩猎对象除了黄羊、鹿、狍子等食草的动物以外还有熊、貂、旱獭和水獭等。在狩猎时，各个季节还会有不同的狩猎对象。如果说达斡尔人猎取貂、鹿主要是为了用于对外交换的话，那么猎取狍子则更多的是为了满足日常生活的消费，在我国东北地区狍子的数量是很多的，狍子肉曾是达

---

① 凌纯声：《松花江下游的赫哲族》（上册），中国科学图书仪器公司承印1934年版，第24页。

斡尔人肉食的重要来源之一，而狍皮则成为制作衣服的重要来源。

达斡尔人的狩猎业有其鲜明的特征，狩猎方式多样、工具较多，部分吸收了其他民族较为先进的狩猎方式和狩猎工具。其中早期的主要狩猎工具和狩猎方法有以下几种：设陷阱、下套子、下阿朗嘎（地弓或伏弓）、用弓箭射杀猎鹰等；由于后来有了铁质矛头和箭镞，两刃扎枪和弓箭成为了主要的狩猎生产工具，但是这些工具难以猎取远距离的各类野兽，所以也有在野兽经常出没的通道上设陷阱下套夹子、下地箭的狩猎方法。而后来随着枪支传入达斡尔族地区，出现了枪猎法，并且使达斡尔人对熊从被迫自卫发展到了主动猎取。

狩猎也有其他多种方式，历史最悠久的方式要数"棒打兔子"。冬天下雪后追踪兔子是最理想的，当兔子出来觅食，狩猎人做好准备，待兔子只身跳下时就将棒子扔过去，这种守猎活动也演变出来今天的达斡尔族传统体育活动"陶力棒"。冬日雪后，除了"棒打兔子"，还用各种大小线网捕捉树鸡、鹌鹑、沙半鸡等，其中树鸡也叫飞龙，是斐耶楞古的转音词，是昔日献给皇帝的上乘贡品。

围猎法是比较古老的方式之一，因为鹿、黄羊和狍子是体形较大的猎物，所以大部分达斡尔人都会采取把猎物围到悬崖峭壁间的方法，人人都拿着棒子围上去只留下一侧的悬崖，情急之中，猎物唯有跳崖躲避，结果可想而知。崖下早已事先安排好的人等待跳崖而死的猎物。通常围猎的对象会有很多只，只要有其中一个跳下去别的也会跟着跳。由于生产工具简陋，集体围猎曾经是达斡尔人的主要狩猎方法。直到20世纪初，在布特哈达斡尔族中集体狩猎作为血缘集团的传统习俗被保留了下来。集体围猎者以"哈拉"（氏族）为单位，推举一名总"阿围达"（围猎长）统一指挥围猎活动。本氏族的各"莫昆"（氏族的分支）推举自己的"阿围达"，协助总指挥者组织和调遣人马。围猎者把预定的猎场包围后，逐步缩小包围圈，最后射杀被围困的野兽。也许由于这种传统的围猎习俗，当地方言将狩猎生产称作"打围"，而不是打猎。

鹰猎是达斡尔族狩猎生产的一大特点。捕捉山鹰和驯鹰是一项专门的技术，一只名猎鹰的价值不亚于一匹马的价格。冬季雪后的清晨，猎人骑在马上，左手臂上托着他的猎鹰，寻猎野鸡、野兔等鸟禽。鹰猎的收获量虽然不大，但它既是一种生产活动，又是一项饶有风趣的体育活动，成为鹰猎者的独特爱好。直到19世纪30年代左右才出现了火枪，开始用枪猎取野兽。达斡尔人把来自北京的火枪叫作"北京迪"，把来自俄国的火枪叫作"罗查迪"。因这两种火枪都没有扳机，放射时敲击火石，用药捻把火星引入火药中，所以达斡尔人又把它们统称为"捻子瞄枪"。捻子瞄枪射程很近，只打200多步远。想办法尽量接近野兽，缩短和野兽之间的距离，仍是决定猎人收获的极重要条件。[①]

达斡尔族传统的狩猎组织是集体出猎，尤其盛行大规模的联合围猎。联合围猎多以一个"哈拉"（氏族）为单位而进行，这一"哈拉"所属的各"莫昆"（家庭）的猎手都要参加。进行联合围猎时，首先要推举一位长辈或狩猎能手担任总"阿维达"（总围猎长），负责统一组织和指挥围猎的各项事宜，而各"莫昆"又需推举出各自的"阿维达"协助其工作。参加围猎活动的猎手们按照统一指挥包围预定的猎场，然后逐渐缩小包围圈，将各种野兽赶到一处，最后用弓箭射杀被围困的野兽。或者在总"阿维达"的统一指挥下从三面包围猎场，将野兽赶向事先布下夹子、陷阱和地箭的山口。无论采用何种围猎方法，对于联合围猎所获得的猎物都要进行平均分配。在分配狩猎产品时，要先由总"阿维达"亲自指挥，按照"莫昆"的数目将猎物分成大致相同的若干堆，而后再由各"莫昆阿维达"将猎物平均分配给每一个猎手。这种联合围猎的传统，直到19世纪末仍在达斡尔族中的若干氏族中保留着。"塔坦"（生产组）是人们按照自愿的原则合伙组成的一种临时性狩猎组织。猎手们民主推举一位年纪最大、狩猎经验最多的长者来担任"塔坦达"（生产组长），并让年龄最小的成员当"图瓦钦"（伙夫）。凡是参加集体狩猎的成员，都要共同参加劳动，即使是"塔坦达"也不能例外。不论狩猎技术高低，也不管谁究竟打到了多少猎物，在分配劳动成果时都要遵循平均分配的原则。在达斡尔族的狩猎生产领域，还出现过搭伙的"安达"（意为世交朋友）关系，即由"东家安达"出枪支、口粮、猎马和车辆等狩猎用品，所获猎物由"安达"与猎手平分。在这种"安达"关系中，或多或少地存在着猎手一方被剥削的成分。在达斡尔人中，除各种形式的集体狩猎组织外，也存在着猎手个人单独出猎的情况。在村屯附近捕猎小动物时，猎手往往采取个人单独出猎的

---

① 满都尔图：《达斡尔族》，民族出版社1991年版，第58—59页。

方式，但对狩猎产品除个人占有外也有与亲朋或邻居共享的。特别是清末至民国时期，由于狩猎技术的提高和狩猎工具的更新，猎手单独出猎成为可能。在狩猎产品大量商品化的前提下，优秀的猎手往往采用单独出猎的方式以独享狩猎产品。

（二）渔猎经济

渔业是达斡尔人古老的生产活动，清朝在达斡尔族中实行的朝贡制度对达斡尔族的渔业经济发展具有十分重要的刺激作用。在长期的渔业生产中，达斡尔人识别各种鱼，其名称多达40余种。其中不少鱼名既不同于蒙古语，也不同于满语，属达斡尔语独有。例如，鳇鱼（达斡尔族称敖如格）、鲟鱼（其尔布）、鲑鱼（达尔博）、草鱼（阿穆尔）、鲤鱼（木尔古）、胖头鱼（塔卜克）、哲罗鱼（阔勒布尔）等。

达斡尔族从事捕鱼生产具有悠久的历史，他们对鱼的习性和特点非常熟悉，哲罗鱼喜欢昏睡；鳇鱼遇到奇形怪状之物时，为保护其软骨质嘴唇，用尾巴拍打怪物；而鲶鱼喜欢在河湖边水草中静游，不同的情况人们会采取相应的办法捕获。传统的捕鱼工具有鱼叉、鱼梁子、鱼罩、鱼囤等，但是捕获量有限，只能供给自己。而晚期的工具除了上述的传统工具外，还出现了大拉网、小拉网、旋网、挂网、袖网等网具；钩、快钩、大马哈钩、狗鱼钩、飘钩等钓具。这些网钩渔具，是自20世纪初渔产品商品化后普遍使用于渔业生产的。与此相适应，渔船成为渔业生产不可缺少的生产工具。①

达斡尔族根据不同的水域和鱼的不同习性，有着多种多样的捕鱼方法。因为居住在水草丰美的地方，自然资源非常丰富，所以捕鱼成了达斡尔族生产和生活中的一个很重要的组成部分。达斡尔族的捕鱼方式有很多，如下坐网、插青棚子、冬天打冰眼叉鱼、搬笭子、挡亮子、打冬网等。其中用鱼罩抓鱼不仅简单易行，富有趣味，而且是北方民族中具有定居农业文化条件下的捕鱼特色。

达斡尔语把鱼罩称为"达如勒"，它是用手指粗，长约70厘米的柳条制成。把柳条割回后，刮掉外皮，就变得既轻巧又美观。一个鱼罩大约用五六十根柳条，用麻绳把柳条并排拴系成上细下粗的圆筒形，中间和上口

---

① 参见杨宏峰《中国达斡尔族》，宁夏人民出版社2012年版，第115页。

用"玛他勒"即板条边加固。用鱼罩抓鱼只在水的温度不高、农活不忙的夏季进行，十几人或几十人相约同去，孩子们也跟着看热闹。

用鱼罩抓鱼一般在两种水域进行，一种是在天然池塘里，可捕到大鲫鱼等；另一种是在大水退后河汊深处仍有水的池塘里，一般可捕到小草根鱼、鲤鱼等。当人们手拿鱼罩蹚入两三尺深的水中来回走动时，原来清澈的池塘水变得浑浊起来，鱼受到惊动不得不乱游瞎闯。这时，捕鱼人便用鱼罩在水中扣罩。抓到鱼后，把鱼鳃嘴穿在捕鱼人腰上系着的一尺多长的麻绳上。一个下午一人多者可抓到几十条鱼。用鱼罩抓鱼，人去得越多越好，这也表现了集体合作劳动的气氛。众人就这样在说笑娱乐中捕获了鲜美的夏日佳肴。[①]

为了保持渔业资源的永久利用，达斡尔人也把每年农历四月定为禁渔期，在这期间人们会自觉地不从事捕鱼活动。直到20世纪40年代，大部分达斡尔族还都从事捕鱼业，也有个别以渔业为主的人家，渔业同时也改善了达斡尔族人的饮食生活。达斡尔族的传统捕鱼方法多种多样，形成了一定的渔业组织、管理方式。这种传统渔业保持到20世纪五六十年代。随着达斡尔族聚居地方外来人口增多，渔业资源遭受破坏，传统的渔业生产已经不存在了。

第三节　中国西南民族狩猎经济特点

西南地区包括四川省、贵州省、云南省、西藏自治区、重庆直辖市，地形比较复杂，但较为显著地分为三个地形单元：一是巴蜀盆地及其周边山地，属湿润中亚热带季风气候；二是云贵高原中高山山地丘陵区，属中南亚热带季风气候；三是青藏高原高山山地区，属高山寒带气候与立体气候。西南地区大江大河较多，湖泊主要为高原湖泊。

多元化的自然条件孕育了多样的动物在此繁衍生息，狩猎的对象也极为丰富。藏族的猎物有熊、狐狸、野猪、狼、麝、豹子、各类麂子、猴、各类羚以及诸多禽类；彝族的猎物有熊、虎、獐、羚、獾，以及野

[①]　参见张旋如、陈伯霖、谷文双等《北方民族渔猎经济文化研究》，吉林人民出版社1999年版，第290页。

猪、野兔、野鸡等。除此之外，其他西南民族的猎物更是繁杂，下面不完全列举一些分类：（1）熊科动物：熊；（2）猫科动物：老虎、野猫、豹、山狸；（3）牛科动物：羚牛、山羊、岩羊、野牛；（4）猪科动物：野猪；（5）兔科动物：野兔；（6）鹿科动物：麂子、马鹿、角鹿、野鹿、水鹿；（7）鸟纲动物：野鸡、鹌鸡、山鸡、原鸡、箐鸡、竹鸡、白鹇、秧鸡、鹧鸪、鹌鹑、老鹰、斑鸠、松雀、鱼雀、画眉；（8）犬科动物：豺狼；（9）鼬科动物：水獭；（10）麝科动物：香獐、山驴（原麝）；（11）鱼类：鱼；（12）啮齿目：松鼠、竹鼠、飞鼠、豪猪；（13）穿山甲科：穿山甲；（14）猴科：猴子；（15）灵猫科：花面狸；（16）昆虫纲：马蜂、蚂蚱、蛹类（蜂蛹、竹蛹、蝉蛹）。

一　西南民族的狩猎经济

在历史上，狩猎活动无论在经济上还是文化上都曾处于主导地位，关于西南各民族狩猎的文献记录为数不少。例如，《敦煌本吐蕃历史文书》记载藏族"及至鼠年，夏，赞普驻于'拜'，巡临北方，在'科聂都若'，围猎野耗牛作乐，以索缚野耗牛"[①]，《新唐书》也有"常驱野马、牦牛，驰刺之以乐"[②]；《康熙蒙化府志》记载彝族"土著之乌爨也，哀牢九族之一……习勤苦，射猎，牧养"[③]，清代《嘉庆马边厅志》中亦有彝人"性好猎"，"出入多以柴弓相随"的记载，并称赞其射术精湛，谓"必俟其可及而后发，发无不中，又每以药水煎煮其镞，中者立毙"；明朝的《景泰云南图书志》第四卷说傈僳族"有名栗粟者……常常药箭引弩，猎取禽兽"，杨慎的《南诏野史》说"力苏，即傈僳，衣麻披毡，岩居穴处，利刃毒矢，刻不离身，登山捷若猿柔，以土和蜜充饥，得野兽即生食，尤善弩"[④]；《云南图经志书》说哈尼族"西南有和泥蛮者，衣不掩胫，（妇女）不谙女工，惟打猎捕雀以供其夫"；康熙《新平县志》卷二《新化州风俗》说哈尼支系喇乌"居深山茂林，不种田，种棉花，采芦捕猎为生理"；《滇

---

①　《敦煌本吐蕃历史文书》（增订本），王尧、陈践译，民族出版社1992年版，第152页。
②　（北宋）宋祁、欧阳修、范镇等撰：《新唐书》（卷二百三十至卷二百三十一）列传第一百四十一：吐蕃（上、下）。
③　只廉清：《巍山古俗：狩猎、牛歌、赶马调》，《大理文化》2015年第4期。
④　杨圣敏：《中国民族志》，中央民族大学出版社2011年版，第241页。

南志略·临安府》说哈尼支系卡堕"女事耕作，男佩刀枪，以捕猎为生"[①]；纳西族的《耳子命》也有"阿达古恒哥，箭囊搭上肩，弯弓当手杖……射鹿射中了，撵熊撵到了"的狩猎内容；杨慎本在《南诏野史》中说"怒人居永昌……射猎或采黄连为生"[②]；等等。

　　狩猎满足了人们的生存需要和物物交换的经济需要，人们依赖狩猎。狩猎是基诺族男子的主要副业，也是基诺族获得肉食来源的一项重要活动，在经济生活中同样占有一定的地位。[③]尽管布依族主要从事农业，但崇山峻岭与茂密森林中野兽繁多，一方面会威胁到布依族人和所养牲畜的安全，另一方面也为人们狩猎提供了丰富资源，因此狩猎活动是必须的。[④]狩猎不仅提供了食物，所得皮毛等物也可以作为交换物来进行交易，这不仅限于族内，两族间的交换也并非罕见。拉祜族在留下自身所需的狩猎所得后，会拿出剩余的部分与哈尼族、傣族等周边民族进行交换生产、生活用品。[⑤]现在很多民族主要从事农业，大部分时间用以耕作和种植。因多种因素导致，狩猎经济已然式微，多是作为补充经济和食物来源而存在的，或是只作为娱乐性质的户外活动。苗族有着悠久的狩猎历史，时至今日，人们亦在闲暇之时集体狩猎，作为兴趣或是副业。德昂族也是以农业为主业，同时进行狩猎活动的民族，尤其是在生产力不发达的过去，狩猎对农业生产活动具有重要的补充作用。[⑥]

二　藏族的狩猎

（一）寻找猎物的方法

　　掌握所猎动物的生活规律及生态习性，才能更好地搜寻到猎物，这要

　　① 尹绍亭：《人与森林——生态人类学视野中的刀耕火种》，云南教育出版社2000年版，第28页。

　　② 陈海宏、谭丽亚：《怒苏语狩猎词汇及其文化内涵》，《文教资料》2011年第19期。

　　③ 徐俊：《从互惠经济到市场经济——基诺族经济形态变迁的实质分析》，《学术探索》2007年第12期。

　　④ 伍文义：《浅谈布依族古代狩猎习俗——平塘县上莫乡专业猎户的个案分析》，《贵州民族学院学报》（哲学社会科学版）2000年第1期。

　　⑤ 李闯、沙麻：《拉祜族习俗缀拾》，《中国民族》1982年第1期。

　　⑥ 王铁志：《德昂族经济发展和社会变迁》，博士学位论文，中央民族大学，2004年。

求猎人要善于辨认踪迹，并锁定猎物的栖息地和日常行动路线。猎人选择猎场时，要善于辨别兽踪和兽粪。在野兽必经之地下套子或埋踩夹，跟踪寻找兽洞等。有经验的牧人在对各种野兽的长期观察中，不但能从杂乱的蹄印和各种粪便中准确地判明走过的是什么兽，还能从中判定它们的大小、轻重、雌雄以及走过的时间。豹子蹄印与猞猁和草猫的蹄印均呈圆形，而豹子的蹄印比猞猁的蹄印稍大，比草猫的蹄印大得多。雪豹、狐狸、石貂雪天外出觅食时，长尾拖在地上来回摆动，用以消除自己留下的踪迹。但牧人很快就能从扫过的痕迹中把它们分辨出来。雪豹、金钱豹、獐子、藏狐、草猫、藏羚羊等藏区野兽，有的有自己固定的巢穴，有的有临时栖息处。狼、狐、麝、雪豹等外出觅食或饮水时，大都有固定的行走路线。尤其是獐子，一旦选中饮食栖息地后，几乎终身不变。不但饮水、采食常走一条路，连擦痒也多固定在某几根树干或某几个树墩上。[①]水獭洞大都在河岸边，依据水獭喜食鱼、马粪、水禽，通过观察洞内的气味、爪印、羽毛、粪便可推断其居住洞。

（二）狩猎工具与狩猎经验

狩猎开始之前，猎人会根据具体的猎物来展开狩猎计划。例如，猎物的大小和凶猛与否决定了所要用的狩猎工具，猎物的习性决定了猎人采取的狩猎方式等。藏族男子的"三眷属"由过去的枪、刀、弓箭三种武器变成了枪、弹、刀三样东西，现在的狩猎工具多为藏刀、猎枪、猎犬以及机关陷阱，在狩猎时各有优缺点，另外猎人还会针对猎物的特点加以利用。

1. 藏刀

藏刀是需要人们近距离手动操作的武器，杀伤力不俗。常常在野兽察觉猎人并靠近，猎人来不及用枪械瞄准和更换弹药而只能肉搏时，可以快速拔出身上的藏刀来抵挡攻击并猎杀野兽。另外，刀具也可以在弹药不足时用来作为补充武器，节约弹药用以应对更危险的情境。藏刀较为坚固而锋利，较难损坏，也便于随身携带，是任何时候都常备的武器，还可以用来削树木或猎物皮肉。但近距离与野兽搏斗，也易使猎人受到野兽攻击。

---

① 梁钦：《江源藏俗录》，华艺出版社1993年版。

2. 猎枪

猎枪虽然需要猎人在场手动操作，但其作用距离较远，杀伤力大，藏族猎人可用枪射杀几乎所有的猎物。但火枪也存在明显的缺点，尤其是旧式或自制猎枪的装填较慢、远距离准确度低、响声大而易惊跑或激怒猎物。但较好的枪械与子弹的成本又太高，也不易获得。藏族猎人主要用火枪、新式猎枪和小口径步枪。火枪又叫"土枪"，效果差而又不安全。新式猎枪虽然样式美观，杀伤力大，但火药、铁砂、底火等难以购买，猎民使用的也较少。而最受猎民喜爱的是小口径步枪。这种枪不仅使用起来方便，而且狩猎效果也好。在面对哈熊、草豹和金钱豹等凶猛、大型的野兽时，火枪是最为合适的武器。

3. 猎犬

猎犬是最为常见的狩猎伙伴，它可以通过嗅着气味发现并追寻猎物，并代替人去面对野兽，保证猎人安全。猎犬能直接猎杀中小型猎物，或将猎物控制在原地，或赶到猎人指定地点并吠叫引来猎人。例如将羚牛、鬣羚和赤斑羚等围在较大的岩石下或河边，将猴围在树上，或是将附近山上的黑麂、赤麂、鬣羚，甚至较远一些的羚牛追至村庄中而被当地居民捕获。但喂养并训练猎犬需要一定的时间、精力和金钱，若猎犬受伤或死亡，也会令猎人极为心痛。

4. 机关陷阱

陷阱被触发会自动生效，设置好后放在合适的位置即可，对于猎人而言是最为安全的狩猎方式，且大小兽类均可捕捉。但缺点也是明显的，陷阱产生作用的方式是被动的，可能需要较长时间的等待，同时猎人除了对猎物的栖息地、习性非常了解之外，还需一定的运气。藏族所用的陷阱中最为常见的两种是套子和踩夹，具体规格通常视猎物的大小、活动规律等具体情况而定，设置在猎物的必经之地，并加以伪装。

陷阱适合捕捉栖息地和行踪较为隐蔽的小型动物，还可以通过各种方式来引诱猎物尽快被陷阱捕获。哈拉（旱獭）如兔子一样"狡兔三窟"，有夏季、冬季两个居住洞，以及废弃洞和临时洞。可以利用它喜欢在日出或日落等柔和光线下出来觅食的习性，或者利用它好奇心强的特点，用音乐舞蹈的方式吸引哈拉出洞，再用塌石法、圈套法、枪击法等方法将哈拉捕获。扫雪（石貂）生活在海拔3000—4000米、布满险峰断崖的石山上。它能在90°的陡壁上自由攀爬，且视觉十分敏锐，警惕性也很高。另外其毛皮珍贵，不宜采取枪击的狩猎方式。猎人一般设诱洞诱其人内，或下钢丝套子生擒活捉。水獭一般昼伏夜出，且夜间可游动数里或数十里，不易被找寻。捕猎的方法有多种，一般是设诱洞陷阱，触发后石块将其死死压住，且水獭在躯体出血后怕感染而不会入水，较易捕捉，另外也可用鱼片或山鸡肉一类的诱饵进行"垂钓法"，或是用鱼块、马粪或野禽肉制作毒饵。狐狸较为狡猾，牧人常在狐狸经常活动的地方先只放诱饵而不设猎具，使它放心，如此第三次再设下猎具将其捕获。套捕雪鸡、马鸡、尕拉鸡一类野禽时，在马尾套周围撒上青稞、小麦或曲拉吸引野禽来啄食，猎人有时故意把野禽往套扣跟前撵，诱其尽快落入圈套。

踩夹则可用来捕捉大猎物，强大的夹力可把猎物的腿死死夹住。除捕猎狼、狐、麝等中型动物外，也能捕猎豹子、猞猁、野鹿、野驴等大型动物。弓形铁环的夹力特别大，据说能把豹子腿夹断。猎人捕猎大型猛兽，除用枪击外，主要靠踩夹这种猎具。另外还有其他多种陷阱，诸如墨脱县当地居民所使用的传统捕猎工具及装置有13种，如陷阱、捕熊器、压熊板、压猴板、旋木棒、套索、暗毒箭、捕猴笼等。[①]

5. 徒手捕捉

抓捕温顺的中小型猎物对于狩猎工具的要求很低，不必过于在意狩猎工具的杀伤力和距离，甚至徒手都可以捕获。此类猎物相对较易捕捉，狩猎的关键是熟悉并利用它们的习性，繁殖季节是一个很好的契机。捕鹿羔的人在六、七月野鹿产羔期间带上食物躲在鹿群附近，跟随着鹿群，盯梢怀孕的母鹿，产羔时母鹿会独自去避风向阳的山洼。母鹿在喂完奶去吃草时，会不时地看向鹿羔所在之处。捕鹿羔的人发现后，循着母鹿目光便能找到鹿羔，趁机将之带走。另一个例子是抓野禽，可在小鸡出壳后七天左右开始。看到猎人过来，母鸡会迅速张开翅膀藏起两只小鸡后逃命，无暇顾及其他幼崽。由于小鸡对于母鸡的依赖性很大，母鸡走到哪里，它们就跟到哪里，即使成年后也很少离开，只要捉住母鸡，一群小鸡也就不走了。

---

① 郭光普：《西藏墨脱县野生动物和当地居民之间的关系研究》，博士学位论文，华东师范大学，2004年。

6. 利用弱点

每种猎物都有其强项和弱项，猎人对此都有着针对性的策略。例如，针对哈熊壮硕的躯体，猎人选择枪械狩猎，并安装枪叉以求精准命中要害，而且要在下风处开枪，以免被哈熊灵敏的嗅觉闻到。哈熊还会佯装受伤来骗猎人近身以便攻击，有经验的猎人并不会上当。哈熊的弱点在于视力差、身躯沉重不善下坡，因此若被其近身，可在下坡处将其甩掉，亦可利用哈熊不吃死物的特点，装死来使哈熊自行离去。再如草豹和金钱豹，速度极快且凶猛异常，所谓"猎豹三扑"，是豹子发现猎人后便急于攻击猎人。因此猎人的对策是先避开攻击，之后控住并攻击豹头，或利用其"铜头麻杆腰"的弱点，集中力量打击豹子柔软腰部和脊柱要害便可。

三　彝族的狩猎

彝族的狩猎依人数可分个体和集体狩猎。个体狩猎一般是以狩猎易于捕捉且无甚攻击能力的小体形动物为目标，特别是早晚时间，对于猎物种类和数量并没有目的性，多是通过设弩、暗箭、扣绳、木夹、地坑、压板、毒猎的方式来捕捉一些野鸡、斑鸠、野兔、锦鸡等小兽。集体狩猎在1950年以前常作为彝族狩猎的方式，在出猎前以牛角号作为集结令，猎手们带猎枪、猎狗汇合，祭献猎神后一起出发。狩猎时，猎手持枪守于猎物经常出没的要道，其他人从四面八方吆呼而至，若有猎物出现，猎手向猎物射击。

（一）运用多样陷阱的个体狩猎

彝族的陷阱多种多样，运用的原材料和原理也各不相同。有的原料是取自森林的竹子、石头，也有加工生产出的绳索、弩箭，有的利用重力使野兽掉入陷阱或用重物压死野兽，有的则是利用弹力夹住猎物或将之射死。不妨举几个例子：套子可分为吊套和踏套两种，两者分别可将头落入套内或踏进陷阱的野兽吊在空中[①]；阱猎是在挖好的陷洞底插上竹签并用树叶伪装，当野兽踏入洞口时即落入洞中被竹签刺死、刺伤；板猎分为木板猎和石板猎两种，獐、狐等个儿小的猎物踏动机关则被厚重的石头或木

[①]　呷呷尔日：《凉山彝族狩猎琐谈》，《凉山民族研究》1993年第1期。

头压板落下压死；弩猎是虎、豹等猛兽触发陷阱后，事先在附近设置的涂毒弩箭会射出，使猎物中毒残废甚至直中要害。

除了等待猎物自己踏入陷阱，彝族猎人还会用一些手段加快这一进程。凉山彝族青少年在捕阿乌鸟时，会跟在鸟后面边敲击石头边唱捕鸟歌《阿乌兹》并吹口哨；保山市的猎人将网呈半圆形围住山头，然后放猎狗追撵麂子使之落网；捕捉野鸡时以鸡媒（囮子）为诱饵并使之鸣叫，或猎人学母鸡叫，令野公鸡以为自己的配偶被夺而挺身出战；竹签猎是在机关上系一木头或竹做的响板，野猪、熊触发后会受响板声音惊吓而进入竹签区被刺死或戳伤。

（二）集体狩猎

猎犬、猎刀和枪是围猎中必备的。狗最初也是古代彝族先民的狩猎对象，后来经过驯养和繁殖变成了极为重要的狩猎伙伴。至今彝族保存有彝文经典《娄金狗》，在《狩猎祭祀经》中也有对狗及狗在狩猎中的作用详尽的描述。带猎犬狩猎时，面对一些危险性极高的熊、野猪和豹子时，猎人为了避免自身和猎犬受伤甚至丧命，会用火枪进行远程射击。猛兽中弹后往往负伤逃出很长的路程，有时野兽还要挣扎着与猎人和猎犬搏斗。此时枪械容易误伤猎犬，因此需用刀具来近距离给猎物致命一击，常见的刀具是长刀或柴刀，较长的刀刃适合猎杀大型猛兽。较小的猎物则是猎犬直接捕捉，犬猎是彝族最普遍的狩猎方式。

彝族猎人以追击、设伏、置套等方法进行搜山围猎，进而发展到设置猎场围猎。石屏①、双柏、石林、美姑、昭觉②等地区的彝族猎人围猎方式较为相似，到达狩猎地点后，根据猎人和猎犬具体的数量进行分工，分路守住路口后，放猎犬入林寻找并追赶猎物，猎人也跟着在后面呼应，试图让猎物进入埋伏圈。如野兽在被追撵中跑失了，猎人们拿出卜骨或卦木来卜断野兽逃到何处，以便再去追猎它。双柏彝族民间流传的《打猎》生动地再现了当地彝族狩猎的民俗场景："背上了猎具，带上撵山狗，来到了森林，太阳一落坡，野狗林中游，东山麂子跑，西山野狗叫。东边喊声起，西边应声响，野猪被射倒，麂子钻进扣。大家齐动手，抬着猎物走。

---

① 李朝旺：《石屏彝族民俗》，中国文联出版社2002年版，第69页。

② 杨甫旺：《彝族狩猎文化刍论》，《楚雄师范学院学报》2010年第8期。

路上遇行人，见者有一份。"①

四 西南其他民族的狩猎

除了藏族和彝族，西南地区还有白族、傣族、水族、佤族、苗族、怒族、拉祜族、布依族、珞巴族、门巴族、土家族等多个民族，西南地区每一个民族对狩猎都有着独到的经验。例如，土家族认为每种野兽都有各自的生活习性和生物特征，如动物的居住习惯、活动时间与地点、形态体征等，可以根据这些特点来判断将要面对的是何种动物，并沿着线索追寻猎物。当离猎物较近时，可以通过野兽的眼睛颜色、响动声、留下的气味来判断，野兽不在附近时猎人也能够利用野兽的脚印、路线、粪便来推断，甚至可以观察猎犬在追踪猎物时的走路和嗅气味的动作来获知。狩猎过程中，猎人之间传递信息是必要的。然而喊话不仅会受限于距离因素，还会惊扰到猎物，因此西南民族通过一些发声器具来遥相呼应，一般来说都是用吹奏的方式，如土家族猎人们用角哨联络，哈尼族用的是牛角号发出信号等。

（一）狩猎危险的猎物

野猪、虎、豹、象等动物体形壮硕且凶猛，会对猎人造成很大威胁。猎人们通常先用地弩和毒药来削弱猎物，再用枪射杀或进行集体围猎。地弩的样式有很多，如拉祜族的"厄多"、珞巴族"古马"、基诺族弯弓等等。要根据不同野兽的要害位置来设置瞄准角度，以使弹药能命中那些触碰撞线野兽的要害。

不同的民族有着不同的毒药配方，普遍特点是毒液多源于有毒植物汁液或动物毒腺，将几种毒物混合后便形成毒性猛烈、生效迅速的毒药。布依族的"上碉煤山"猎人专猎虎豹，他们往往在地弩的箭头涂毒削弱其战斗力，再靠近将其杀死。傣族猎象是用装填涂毒木杆铁矛的土枪射击象后，躲起来等待毒发作。

许多猛兽皮糙肉厚，必须用威力更大的武器来击杀。火枪的发明让狩

---

① 云南省民间文学集成办公室编：《云南彝族民歌集成》，云南民族出版社1986年版，第47—48页。

猎发生了巨大的改变，巨大的威力和更远的射程让猎人们狩猎猛兽更加安全，练习起来也较弓箭简便得多。绝大部分西南民族的狩猎工具都加入了火枪，且猎枪的类型多样，有哈尼族和门巴族使用的半自动步枪，还有为数不少的改装品。基诺族等民族是依靠从外界购买枪械，但也有如上莫乡布依族这样会自制枪弹的。①但面对猛兽，即便是枪械也很难一枪致命，猎人有可能会遭到疯狂的报复。因此猎人在射击时要站在侧面甚至躲起来，或是通过围猎群起而攻之。

西南民族的围猎基本相同，在领队人召集大家商议之后便展开狩猎活动。以土家族为例，一种围猎的步骤为：一是围山（将猎物赶入猎场并围起）；二是理脚迹（找寻猎物踪迹）；三是安网套（即"安壕"，用环网拦截猎物去路）；四是堵卡（伏击逃窜的野兽）；五是闹山（即"梳山"，猎人带着猎狗从不易围山的地方出发，驱赶野兽去堵卡处或网套处）；六是报号（用于联络的呼喊声、吹音或刻画的符号）；七是猎捕（堵卡的人群将出现的野兽用适当的工具猎捕）。另一种方法是只召集有经验猎手，呈半圆队形慢慢前进收口，将猎物围在中间射杀。

（二）狩猎中小型猎物

1. 陷阱捕捉法

同一类陷阱在不同民族中有一定的区别，包括称呼、样式、制作工艺、材料等，但基本运作原理是一致的。西南民族狩猎用的陷阱除了上述的地弩外，还有几类适宜捕捉中小型猎物的陷阱。捕捉野鸡、鸟类等能飞走的猎物时，猎人要选取能够让猎物自投罗网且无法飞走的工具。夹子、扣子、套子和猎网是最为理想的，可在引诱猎物飞来后，再将之困在原地，等待猎人前来捕捉。布依族猎人是把鸟赶到用几个棕绳网套连接成的"排套"上面捕获，或将两只"媒子"放在多层嵌套的鸟笼中做诱饵。另外，针对飞禽类猎物，傈僳族的捕鸟黏胶和基诺族的捕鸟竹筒也效果极佳。在陆地上的中小型野兽，可以用陷坑类和压木类的陷阱来捕捉。前者是在猎物活动路线上挖土坑再埋入尖锐利器并伪装，如拉祜族"上堵"

---

① 伍文义：《浅谈布依族古代狩猎习俗——平塘县上莫乡专业猎户的个案分析》，《贵州民族学院学报》（哲学社会科学版）2000年第1期。

"车卡娃"，傣族的"平木"①等，后者是触发机关后木质或石质盖板砸下杀死或砸晕猎物，如基诺族压木、怒族架石板、傣族压枝等。布依族狩猎野兔、山羊、豪猪，哈尼族狩猎野猫、花面狸、穿山甲、野兔、大松鼠等猎物均依此法。

2. 近距离捕捉

中小型猎物的攻击性较弱，猎人们可以近身去捕捉，但也需要依靠趁手的武器和丰富的狩猎经验。有些猎物较难寻找，譬如捕捉蜜蜂和搜寻蜂巢便是如此。傈僳族和哈尼族熟知不同蜂种的喜好栖息地，也擅长用拴有白色羽毛或棉球的长头发标记工蜂，让工蜂带路来寻找目标。利用猎物的习性，可以让其待在原地甚至主动靠近猎人。傣族捕猎水鹿时则是利用它直视强光而不逃跑的特点，用强光照着它而靠近。哈尼族猎人知晓麂子心系幼崽与同伴，便利用细薄的树叶、小竹管或笛子来模仿鸣叫吸引麂子靠近。

近距离的狩猎过程中，总是少不了冷兵器。金属武器以其质硬、锋利、耐损耗而深受猎人喜欢，尤其长刀是猎人随身必备的，不仅可以捕杀猎物，也可以在路上披荆斩棘，扫清道路。金属武器的种类很多，每个民族也都有偏爱和喜好。除了长刀，怒族还喜用铁叉、铁矛等长杆武器，哈尼族的刀、斧、锄、铲、钢叉、山尖叉都有各自的用途。冷兵器对猎人们而言不仅是便利和保命的必备品，也是狩猎文化的记忆传承，是重要的象征物。

3. 远距离射击

远距离的狩猎工具主要是投掷类武器、弓弩和火枪。投掷类的工具有标枪、石块、飞叉等，如拉祜族狩猎过程中就会用到掷梭标，但由于威力有限，又对猎人的臂力和准度有较高的要求，故而并不作为主要的狩猎手段。有了火枪后，拉祜族使用火枪来猎取山鸡等猎物，土家族有专门打鸟用的鸟铳，目前火枪也被广泛运用在中小型猎物狩猎之中了。但火枪的出现并未完全取代弓弩，更多是作为远程武器的一种，在很多场合下弓弩仍是不二之选，例如布依族猎老虎仍然只用毒箭和弓弩，在猎野猪、野牛时

---

① 高耀亭、葉宗耀：《西双版纳傣族人民狩猎方法介绍》，《动物学杂志》1959年第7期。

才用猎枪。[①]

西南各民族的弓弩在分类、外观、尺寸上不尽相同，但也大同小异。很多西南民族，如拉祜族、基诺族、珞巴族、傈僳族和哈尼族等，他们的弓均由柔韧而易寻的竹子构成主体，加上麻绳、硬木、牛筋做成，或是其他用质地相似的材料替代组件，且弓弩的制作原理是一致的。狩猎不同的猎物要用不同的工具，例如怒族有大、中、小三种弩，"博嘎尔人"也依据狩猎目标来选择竹板长短不同的弓，哈尼族用弹弓打麻雀、用弓弩打老鹰等大型飞禽。猎物不同，箭头也要选择适用的。怒族的箭头主要有普通箭、铁头箭、毒箭、铁三角毒箭等，珞巴族的箭头形状大致有弹头、菱形和梭子三种，还常在箭头上涂抹毒药以增强弓箭的威力。

4. 多样的捕鱼方法

透过西南民族捕鱼的方法，我们可以看到前面狩猎的技巧和思维。捕鱼的方法可以分为三种，一是用鱼叉、火枪等猎具或远或近地将鱼直接杀死；二是用鱼饵、鱼钩或笼箩等作为陷阱；三是用渔网捞起或抽干水，将鱼水分离。西南各民族捕鱼工具是多样的，独龙族用夹网、鱼叉、笼箩等工具。苗族的捕鱼方法有钓鱼、装弓钩、装鱼攒、撒网、抽晋、捞鱼、叉鱼、装鱼梁、架鱼踏、拦网赶捕、射鱼。渔具也在不断地更新，镇康县白岩、硝长沟寨一带的德昂族所用的鱼笼发展出了"娃格戛"（长喇叭状鱼笼）和"格戛"（水壶状鱼笼）两种，渔网的质地由火麻线变为了尼龙绳。另外，在不同的捕捞地点，也有着不同的捕捞方法，如德昂族用更方便效率的围塘排水法在浅水处捕鱼。也有一些不好的捕鱼方法被逐渐地摒弃了，如德昂族的炸鱼法[②]和苗族的毒鱼法。

（三）辅助狩猎的动物

猎犬和猎鹰是最有助于狩猎的帮手，勇猛而忠诚，适应性强，可以提高狩猎效率，甚至可以让猎人免于丧生。怒族、傈僳族、哈尼族等诸多西南民族都有驯养动物的经验，猎犬和猎鹰也是他们重要的伙伴。土家族喜爱猎犬的原因有三个方面，一是因为猎犬的嗅觉灵敏，可以快速地找到猎

---

① 伍文义：《浅谈布依族古代狩猎习俗——平塘县上莫乡专业猎户的个案分析》，《贵州民族学院学报》（哲学社会科学版）2000年第1期。

② 王铁志：《德昂族经济发展和社会变迁》，博士学位论文，中央民族大学，2004年。

物和发现危险；二是猎犬凶猛有力，可以恐吓野兽，壮大声势；三是在危险时刻，猎犬可以保护猎人。

纳西族则擅长驯鹰，纳西语的鹰猎是"我克"，丽江的纳西族一般驯养苍鹰，需要长期的熬鹰之后，才能使其听从主人命令、与猎犬很好地配合捕猎。苍鹰的视力极佳，飞行速度快，鹰爪锐利，能够捕猎四倍于自身重量的猎物。狩猎时，先是让猎犬去追赶猎物，令其暴露在猎鹰视线之内，且猎物疲于奔命可能会忽视猎鹰的存在，此时猎人放出猎鹰捕获猎物。猎人赶至猎物旁，用手遮住猎鹰的视线，用牛肉引开猎鹰的注意力，小心地掰开鹰爪，取出猎物。

五 小结

以上是对西南民族狩猎特点的简述，而这与北方民族狩猎相异的原因是自然环境、社会历史环境的不同。北方民族地理环境宽阔，适合骑马狩猎和大规模围猎活动，狩猎也是一种军事演习，所得的猎物也是食物的重要来源。而西南地形复杂，且食物主要源于采集和农业种植，因此狩猎主要作为补充经济而存在，人们只在农闲时或节日期间专门去狩猎，平时则多是个人狩猎，狩猎目标多样，以中小型动物为主。通过西南多个民族对猎物的捕杀方式来看，无疑各类的陷阱是最为常见和实用的，既能确保猎人安全也省时省力，特别适合西南民族的单人狩猎方式；火枪是狩猎各类猎物都可用的大威力武器，只是成本较高且较难得到；弓弩尽管式微，但仍保留在一些狩猎活动之中，更是象征着狩猎文化和猎人的传统与记忆；刀与匕首有着多样的功能，也是猎人保命的底牌，经常随身携带。

第七章　蒙古族狩猎经济与文化

　　狩猎在蒙古先民的生产生活中起着主导作用，蒙古族的经济、政治、文化都与狩猎有着不可分割的关系，狩猎不仅是蒙古先民物质生活的主要来源，也为精神生活提供了各种素材，形成了别具特色的狩猎经济与狩猎文化。

　　恩格斯说："在原始人看来，自然力是某种异己的、神秘的、超越一切的东西。在所有文明民族所经历的一定阶段上，他们用人格化的方法来通化自然力，正是这种人格化的欲望，到处创造了许多神。"①远古时期的蒙古人对自然的神秘莫测怀有敬畏之情，将其视作具有超越一切的伟大力量的神祇加以崇拜，通过仪式，祈求自然赐予先民一切美好，并尽力保护自然环境，寻找朴素的人与自然的平衡，最终实现人与自然的和谐统一。

第一节　蒙古族狩猎习俗与自然崇拜

　　远古时期的蒙古人主要生活在树木丛生、百草丰茂、飞禽走兽成群结队的茂密森林中，大自然优越的生态环境为远古蒙古部落从事狩猎生产提供了得天独厚的条件。《蒙古社会制度史》记载，称远古蒙古族狩猎先民为"林中百姓"。蒙古先民依赖自然获取猎物生活、生存。然而，生活在深山老林中的猎民对变幻莫测、离奇古怪的狂风暴雨、电闪雷鸣等自然现象怀有极大的神秘感，依赖自然获取猎物为生的蒙古先民，对百变的自然既依赖又恐惧，面对自然力量的变幻无穷和神秘莫测，在万物有灵的观念的驱使下将其神格化，蒙古先民崇拜和信仰大自然的神灵，通过崇拜神

---

① 《马克思恩格斯选集》第二十卷，人民出版社1971年版，第672页。

灵，祈求风调雨顺、五谷丰登、草木茂盛、牛羊肥壮、野兽成群。

自然崇拜是蒙古族的原始信仰之一，而且这种崇拜信仰一直流传至今，成为一种民俗文化，一种生态信仰。每一种崇拜都包含了一个文化丛，即多种文化要素。

一 天体崇拜

蒙古族的天体崇拜包括苍天崇拜、日月崇拜、星宿崇拜。

（一）苍天崇拜

蒙古人崇拜信仰"上天"和"长生天"，天即"腾格尔"又叫作"腾格尔阿布"，是蒙古族崇拜信仰的核心。《蒙古秘史》记载成吉思汗的祖先是奉天命而生的，"奉天命而生之孛尔帖赤那，其妻豁埃马阑勒。渡腾汲思而来，营于斡南河源之不峏罕哈勒敦。"[①]"孛尔帖赤那，豁埃马阑勒，汉语分别为苍狼、白鹿。这个苍狼、白鹿氏族的夫妇，就是成吉思汗的第二十二世祖。也是有文字记载的蒙古人最先的直系祖先。"[②]成吉思汗是承天命而生的霍尔姆斯塔（长生天、天帝）之子，是奉天的使命来统一蒙古、管理百姓的。《元史译文证补》中成吉思汗曾向天祈祷说："我昔征乞解阿勒坦汗时，解带置项，解马挂之扣，跪祷于天，请报俺巴海、乌勒巴勒哈之仇，一为我族兄弟，一为我父兄弟，天若许我，则若我得胜……"[③]成吉思汗认为能够统一分散的蒙古各部落，成就其一生伟业的也是天力。按着这种思路，蒙古可汗也会把自己的命令说成是天的命令。如："这是长生天的命令。天上只有一个长生天，地上只有一个君主成吉思汗——天子。""我们通知你的，乃是长生天的命令。当你听到这个命令并相信它时，如你愿服从我们，就派遣使者前来。……如果你得悉长生天的命令后，不愿注意并相信它……那么，我们知道能做什么，长生天——她能变难为易，变远为近——也知道我们能做什么。"[④]这是蒙哥汗在写给法兰克路易斯国王的信中所说的一段话。蒙哥汗将自己的命令一再强调为天命，天命就意

① 道润梯步：《新译简注〈蒙古秘史〉》，内蒙古人民出版社1957年版，第35页。

② 波·少布：《蒙古族的自然神与自然崇拜》，《黑龙江民族丛刊》1994年第4期。

③ （清）洪钧撰：《元史译文证补》，上海古籍出版社1995年版。

④ ［英］道森编：《出使蒙古记》，吕浦译，中国社会科学出版社1983年版，第222—223页。

味着不可违抗，只有服从。《蒙鞑备录》中记载了鞑靼人特别敬仰天和地，每事之前必提到上天之事。蒙古人有拜天之俗，无论帝王还是百姓都在拜天。

蒙古人不仅拜天还祭天，而且是各种祭祀活动中最重要的祭祀仪式。最初人们以方位来代替天，把东方当作天的象征。古代蒙古人也在山上祭天，后来建祭坛作为天的象征来祭祀。原始蒙古人祭天，多是悬杆祭，将祭祀的羊肉或马皮挂在木杆上，然后洒马乳，跪拜叩头。

蒙古族的祭天类型有官祭、民祭（公祭）和户祭三种。第一，官祭。官祭的时间有随意性和不固定性的特点。有的在农历二月二十四，有的在农历四月八日，有的在农历八月八日。在朝廷祭天仪式中最为隆重的是元代，用纯色马一匹，羊、鹿、野猪各九或十八只来祭天。第二，民祭。每年的农历大年初一、七月初七或初八、九月初九等日子开始公祭，历时三天三夜，由"博"来主持。公祭又分为"白祭"和"红祭"。"白祭"是用蒙古族传统的奶制品上供祭天。"红祭"是杀羊血祭。一般是在院中间摆放供桌，桌上放一个插一面蓝旗的盛满粮食的升，供桌四周按不同的方位要插五色或七色旗子。供桌前点燃一堆篝火，"红祭"的供品为一只整羊，这只羊得用蒙古式开膛法屠宰，把羊心掏出放到碗内，直接祭天，主祭人用剑在羊身上左右上下地点着，一面呼叫"长生天"，把羊身上的每个部位唱颂一遍（这种唱词具有媚天、娱天的功能），然后放锅里煮，等羊肉煮熟摆上供桌，由"博"领唱祷词，众人合之。最后大家共享供品，祭天仪式结束。第三，户祭。经过漫长的岁月、社会的发展，公祭演变为户祭。有的地区是在除夕之夜祭天，辞旧迎新，祈祷上天保佑来年风调雨顺，牧业兴旺。大多地区大年初一祭天。大年初一，当天蒙蒙亮时，家人都要出来祭天，或在蒙古包前的东南方的勒勒车上或在院落的东南角放张供桌，桌上摆放全羊、奶食品、酒等供品。然后桌前燃一堆篝火，全家老小按辈分跪在地上，长者拿起盛满酒的祭器，将酒洒向四面八方的天空，口中祈祷着长生天保佑我家、降福。主祭人还有祭词（每户的祭词都不一样，是祖传下来的，也有的在祖传的基础上添加了具有时代意义的新内容），祭词完毕全家老少向长生天叩首祈祷，并把供品撒入火中。

以上便是祭天的几种常见类型，从中我们不难发现蒙古人的祭天仪式中猎物是必不可少的祭品，同时也说明猎物对猎民来说何等的重要。随着社会的发展，祭天仪式在继承保留传统的同时也注入了一些富有时代气息的新鲜血液，是传统与现代的结合体。

古代蒙古人意识中有九十九尊天，这九十九尊天在不同的方位，各有其责，如：掌管所有腾格尔的是"好尔母斯塔腾格尔"，掌管牲畜的叫"扎雅其·腾格尔"，掌管猎物的叫"马尼汗·腾格尔"等。

在九十九尊腾格尔中最大最权威的、掌管所有腾格尔的是"好尔母斯塔腾格尔"。在蒙古人的意识深处"腾格尔"是至高无上、神圣无比的。他能够给人们带来平安吉祥，所以蒙古人遇到重大事情时要祭天，有苦难时要叩拜天，求上天的保佑和恩赐。更有每天祭拜上天的。《马可波罗游记》记载："为了拜神，每个人都有一张神像图，并将他高高贴在自己房间里的墙壁上。在图上写着一个名字，是指在天上高明的上帝。他们对每个上帝每天焚香礼拜。他们双手合十高高举起，然后拜倒在地，叩头三次，祈求上帝赐给他们智慧和健康，不过除此之外，他们对上帝就别无所求了。"①蒙古人对天神之虔诚，每日必跪拜，体现出蒙古人朴素的天神观。蒙古人这种朴素的天神观同样体现在狩猎生产生活中。蒙古人在狩猎前、狩猎过程中、狩猎结束后都要祭腾格尔或"马尼汗·腾格尔"，认为它掌管着一切猎物，它高兴了就会赐猎物予猎民，它不高兴就不会赐猎物予猎民。所以猎民时刻注意着腾格尔的心情，取悦着腾格尔。狩猎成功后还会第一时间祭祀腾格尔表示感恩。对猎民而言他们将所有的狩猎希望都寄托在了腾格尔上，希望腾格尔赐予他们多多的猎物。蒙古族狩猎先民的这种观念与当时的生产条件息息相关。

蒙古人崇拜信仰"长生天"，也有关于"腾格尔""长生天"的一些禁忌。如忌用手指指天或者向天吐唾沫，有这些举动者人们会无比厌恶，并觉得是"丧尽福气"之人，电闪雷鸣是因为天发怒了，雷劈人是因为人干了坏事，雷劈树是因为树上有松鼠等动物。

蒙古人对天不仅有禁忌，还有很多神话传说如新疆卫拉特蒙古人中流传的《麦德尔姑娘开天辟地》、布里亚特的史诗《阿贝格斯尔》、部落祖先神话——《天女之惠》和《冰天大战》等神话。

---

① 《马可·波罗游记》，大陆桥翻译社译，远方出版社2003年版，第36页。

（二）日月崇拜

蒙古族将日月联想为生命的启始、结束，动植物的生长，生活的兴衰。蒙古人之所以崇拜日月是因为它们是宇宙之光，并且认为自己是光的后代。《蒙古秘史》中记载："成吉思汗的十世祖孛瑞察儿就是感日月之光孕育所生。其母阿阑豁阿丈夫死后，每夜日月之光从天窗而入，光浸其腹，怀其此子而生，后孛瑞察儿成为蒙古孛儿只斤氏族的祖先，其后裔则成为光的传人。"①所以在古代蒙古人的意识中，光就是祖先的象征，就是男性的象征，光使蒙古人传宗接代，是他们的先祖。

光芒万丈的太阳，皎洁明亮的月亮，是天空中十分引人注目的天体。在早期的狩猎生活和生产生活中，对天气的阴晴、气候的寒冷等自然现象难以理解，使人们感到神秘莫测，产生无限的幻想，所以人们对它的神奇产生了崇拜之情。

日月之光是蒙古人的先祖，日月带来了光明和温暖，蒙古人都特别崇拜太阳并通过祭祀来表达对太阳的敬畏和崇拜之情。《蒙古秘史》中随处可以看到成吉思汗叩日的记载。如1204年成吉思汗出征乃蛮部落时，就朝着太阳的方向祭过旗。从古至今人们在漫长岁月的生产生活中养成了拜日、祭日的习俗。每日清晨日出之时或正午日照之时祭日，狩猎时，草原干旱，瘟疫肆意蔓延时祭日，求育男婴时拜日，等等。

月光不仅和日光同样可以孕育生命（《蒙古秘史》中的感光受孕之说），同时月光与远古人们的生产生活息息相关。早期先民狩猎，无论是夜间行走还是捕杀猎物完全是依靠月光来识别方向、选择狩猎地点。并对月的阴晴圆缺感到神秘，同时也认为月亮能给人们带来猎物和幸福。祭月时间为每月的月初或月中十五、十六日。得眼疾，祈求生女时也会拜月祭月。祭日、月时的祭礼主要有马奶酒、白酒、鲜奶和全羊。祭日、月时要朝日月方向叩拜、献酒祭礼。

蒙古族崇拜日月，形成了禁忌。"禁忌朝向日月大小便，否则是对日月神灵的亵渎；禁忌朝向日月谩骂或挥动兵器，是一种不尊的行为；禁忌朝向日月泼水或扔不洁之物，也是对神灵的玷污；禁忌用铜镜将日月之光折射于水中，同样是一种邪恶的举动；禁忌睡觉时迎月光而卧，这样睡觉

的人灵魂不得安宁，等等。"①以上禁忌说明，日月是圣洁之物，在日月之下人们要注意自身的言行举止。崇拜日月的观念对规范蒙古人的言谈举止起了教化作用。蒙古先民们认为在狩猎生活中遵守这些禁忌有助于狩猎的成功。

（三）星宿崇拜

蒙古族除了祭祀崇拜带给人们光明温暖的太阳和月亮外，对天空中闪闪发光的星星也是十分崇拜的。狩猎民祭祀崇拜的星宿主要有：北斗星、北极星、三颗星（三犬星）、启明星等。

北斗星即"七老翁"，蒙古语为"道兰·额布根"。这个星宿很神奇，因为一年四季都会有规律地运转。另外北斗七星对于生活在林海中的狩猎民来说还是辨别方向的坐标，是人们夜间辨别方向与预测季节、气候的依据。北极星即"金桩"，蒙古语为"阿勒坦·嘎达斯"。夜幕或者遇到大风大雪迷失方向，找不到路时，会随地跪拜北极星，求指明路，人们称它为方位星。三犬星即"三颗星"，蒙古语为"古尔本·敖敦"。三颗星是测时星，没有钟表的时代人们根据它在天体中的运行位置测量时间（东升西落），起到夜间计时的作用。人们在外出办事或夜间放牧时会祭拜三颗星。

启明星也是蒙古族和狩猎民崇敬的星星。蒙古族在每年正月初七晚上会祭星，以求吉祥。当夜晚星辰布满天空时，会在蒙古包外或院中放上桌子，桌上放香炉，并插上七炷香，放七盏佛灯，一碗清水，一面镜子，七种供品。摆放好后，燃香，点佛灯，全家跪在桌前向四方叩头，然后向空中洒祭酒，全家在清水碗和镜子里观星，这时观看到的每一颗星都颇具寓意。如看到北极星，整年都不会迷路；看到北斗星，人会有好运相伴；看到牛郎织女星，会成婚配等。

在很早以前的蒙古人中就流传着北斗星的祭祀，并留有七翁祭祀经书。经书后变为佛经性质，列入甘珠尔中。一年祭祀十二次北斗星，农历二月到十二月，而且每月有固定的祭日。

《蒙古族萨满祭祀文化》记载："北斗星每年有十一个祭日，每月一次。即二月四日、三月二日、四月二十七日、五月五日、六月二十三日、七月二十日、八月十七日、九月二十日、十月十一日、十一月十五日、十

---

① 波.少布：《蒙古族自然神与自然崇拜》，《黑龙江民族丛刊》1994年第4期。

二月八日。"①先备好干柴，在蒙古包或院子的东北角由西南向东北方向堆起七个代表星星的土堆（星堆），每个土堆和星星一样都有自己的名字，北斗七星出齐时开始在每个土堆上挖小坑放好干柴点燃篝火，向篝火中投入七种祭品，参加祭祀的人们按西南向东北方向跪成一列，叩拜七次。

因为蒙古先民崇拜星宿，所以会有各种禁忌和传说俄罗斯学者恩·额·普塔恁记述了这样一个故事："据说，六颗星过去有七颗来着，而现在的七颗星在过去是六颗来着，现在的七颗星中的第三颗星是一颗光不好的小星星说是被偷了的星。"②这则故事现在在卫拉特人中依然流传着，在很早以前人们征战或者是去掠夺时要用公牛来祭祀七颗星（北斗七星）。③因此在狩猎和征战中禁忌用手指指着数星星或者否定被云遮住的看不见的那一两颗星星。这样忌讳的原因是人们会联想到"用手指，指北斗星或否定北斗星存在的话，牲畜会招来小偷，大战中会遇到绊脚石"。塔塔尔传说中把七星叫作"七个小偷"估计与此有关。

卫拉特蒙古一直崇拜六颗星，说："这六个走的时候就到了夏天。"因此这六颗星回来的前几天尤其禁忌将大肉、大油放进火里；禁忌吃羯羊的头尾。因为这六颗星越临近要走或回来的日子就会生气，甚至凶狂怒吼。六颗星在农历的三月二十左右走，它走的时候气候变暖牲畜开始长膘长劲，所以牧民们视六颗星走是春天来了的信号。

蒙古人的天体崇拜产生于人类的童年，逐渐地形成了天体崇拜的多种文化要素，这些要素带有明显的狩猎文化特点，流传至今。

二 大地崇拜

土地是人类生存的根基，是万物生长的本源，人及万物离不开土地。古人自然而然就会更加关注它，因为不了解土地的奥秘，故而蒙古先民展开了丰富的想象，将土地神格化，创造了土地神形象，产生了祭祀和禁忌以及相关的神话传说，并在其基础上形成了土地崇拜。

---

① 胡日查巴特尔、乌吉木：《蒙古族萨满祭祀文化》，内蒙古文化出版社1991年，第228页。

② 乌丙安：《神秘的萨满世界》，上海三联书店1989年版，第24页。

③ 僧格：《蒙古民间文化研究》，民族出版社2016年版，第108页。

（一）土地崇拜

对大地的崇拜和对苍天（长生天）的崇拜一样，都是从远古时期传承而来的自然崇拜的内容之一。认为自然界的一切现象，万事万物都是天地的产物。"世界是由混沌的气团构成的，其清气上升漂浮形成腾格里（天），其浓重气下降沉淀形成嘎扎（地）。"[1]这说明天地是由气演变而来的。蒙古人认为天是慈祥仁爱的父亲，大地是乐善好施的母亲。"人在天地之间，是天帝恩赐并养育的。天作为阳性之源，是'慈善仁爱的父亲'，恩赐了人的生命；地作为阴性之源，是'乐善好施的母亲'，抚育了人的形体；野兽也是'天地所生的'。"[2]这再一次说明了天是万物之父"额其格·腾格里"，地是万物之母"额赫·嘎吉热"或"额和德勒黑"（意为大地母亲），认为天赋予生命，地赋予形体。天是世间万事万物的缔造者，地是子女、五畜、五谷的保护者（女神）。地神崇拜与天神崇拜相呼应、相结合。二者都是人们敬畏和崇拜的神，蒙古先民把地作为一种神秘的自然力量来崇拜，这和蒙古人依赖自然的生活方式密不可分，也源于蒙古萨满教的自然崇拜。

土地神的形象是在土地神观念的基础上产生的，最初古人直接把土地当作神，直接献祭。但"土地广博，不可遍敬"。[3]于是人们开始寻找象征物作为土地的形象。以土丘、石头、树木等作为土地神形象，也有以神牌位做其形象的，后来觉得土地神也是人，所以将它人性化了。

"他们还信奉一种名叫纳蒂盖（Natigay）的神，它的神像是用毡子或其他布匹盖着，家家户户都供奉这种神。他们还替这种神塑造妻儿子女，左边摆妻子，前边摆儿女，俨如一家。他们认为这种神主管地面的祸福，能够保护他们的子女，照顾他们的家畜和谷物的丰歉。他们对这种神十分敬信，每逢吃饭时，总要先夹一块最好的肉放在神像的嘴上擦一擦，然后挨次地擦神妻及神的儿女。他们还要在门外洒一点肉汤，表示祭祀过往鬼神。做完这些仪式后，相信神的全家已经享受了相当的一份美餐了，这时才开始吃饭喝酒，不再搞其他仪式了。"[4]蒙古人祭地的祭品主要用羊肉、

---

① 嘎拉桑：《蒙古诠释》，内蒙古人民出版社1979年版，第751页。
② 扎奇斯钦译注：《蒙古秘史新译并注释》，中国台北：联经出版社1979年版，第449页。
③ 何星亮：《中国自然神与自然崇拜》，上海三联书店1992年版，第170页。
④ 《马可·波罗游记》，大陆桥翻译社译，远方出版社2003年版，第81页。

奶食品、圣酒（而且蒙古人在平日饮酒时也是把酒的德吉献给天地）等祭拜大地，求大地的保佑。在蒙古族喜庆宴会上常常能看到饮酒者用无名指蘸一点杯中酒，向上向下弹拨并往自己额头上涂抹的情景。这是蒙古人的传统敬祝仪式。向上弹敬天、向下弹敬地、点在额头敬祖先。

蒙古人心中有个地神叫"额图根"，祭祀她可以给人们带来人丁的兴旺、五畜的丰收。人们也用牛奶、马奶、奶茶给地神上供，祈求丰收或物质幸福。正月初一在饮早茶前要把茶、肉、奶食品的德吉献给大地，并在自家附近的敖包或土台上磕头。一般在出征前、得胜之后向地神敬献牺牲，以祈求顺遂。天地崇拜对于蒙古族狩猎民而言是早期的信仰，也是延续到今天的一种信仰。认为大地哺育着世间万物包括蒙古先民赖以生存的猎物。而天掌管着大自然中的一切也包括猎物，所以蒙古先民在他们的狩猎生活中、在狩猎的各个过程中一直祭祀着天地。

蒙古人关于大地的禁忌主要有：禁忌将垃圾随意地扔在大地上；禁忌任意挖坑使土地凹凸不平；在离开移牧场时，他们总要把养牧点的土坑填平，好让小草恢复生长。总而言之蒙古族的大地禁忌是蒙古先民具有预见性的一种体现，在生产生活中注意生存环境的保护，一直注意可持续发展这样关乎自己以及子孙后代的问题。

（二）山崇拜

蒙古人十分崇敬大自然，认为人是大自然的产物，大自然孕育着人类。蒙古语的"额赫·努图克"（故乡），"额赫·白嘎力"（大自然），"额赫"即母亲，大自然既是生命的摇篮，又是哺育的土地。早期的猎民、牧民在生产生活过程中在与大自然接触中对大自然有了全面的了解和正确的认识。认为自然为蒙古人提供了生存和繁衍生息的环境，崇拜、尊敬、保护、爱护是蒙古先民对自然的态度。自然中的山山水水、花草树木变成了人们保护的对象、崇拜的神灵。

山林是蒙古先民生活的摇篮，生活在山林中的百姓经过漫长的人生之旅对这里的一切都十分熟悉，有着深厚的感情。山林就是他们的家，林中古树参天，野兽成群，果实丰硕，风声鸟声各种声音交织在一起如诗如画，同时山中也有毒草、猛兽等残害着人们。面对如此复杂的自然，蒙古先民们既有神秘又有恐惧之感。靠山生活，"以山为中心"的蒙古先民认为山上的一切均富有神灵，山中的神灵掌控着野兽和一切，所以人们就崇拜山，敬畏山，祭祀山。

古代猎民生活在原始山林，所以对山林非常崇拜。猎民在山林野餐时将第一口食物敬献给山灵。

蒙古先祖成吉思汗，年少时被蔑儿乞惕部追杀，在不峏罕合勒敦山避难后，开始祭祀不峏罕合勒敦山。这一史实在《蒙古秘史》中有记载。"铁木真方下不峏罕合勒敦山，椎其胸曰……将不峏罕合勒敦山，每朝其祠之。我子孙之子孙其宜省之。言讫，问曰，挂其带于劲，悬其冠于腕，以手椎膺，对日九跪，洒奠而祷祝焉。"①这一记载形象地说明了圣主成吉思汗祭山祈祝的具体内容。蒙古人在成吉思汗前就有祭山、拜山的习俗。成吉思汗通过这次避险事件，要求他的后裔，世世代代祭祀不峏罕合勒敦山，从此，蒙古世世代代，无论是王宫贵族还是普通百姓，将祭山的风俗延续至今。祭山不是祭祀所有的山，而是祭祀大家公认的神山。蒙古族各部落不仅有共同祭祀的神山（不峏罕合勒敦山、阿尔泰山、阴山等），各部落地区又有各自祭祀的神山（红山、大青山、日月山等）。

敬山习俗经过长期的演变，猎民在祭祀山林中的诸多神灵的同时，也形成了人格化的山神观念和山神形象（山神形象的出现是先人思维意识里宗教观念走向成熟的标志）。把山中猎物想象为山神的畜牧，能否捕获到猎物要靠山神的恩赐。每次出猎都要带上酒、肉等祭品祭祀山神，如果打到猎物就认为是山神高兴了，赐猎物予猎人。

生活在山林中的猎民，在行猎中遇到陡峭山崖、粗壮的古树、奇怪的石头等都怀有崇敬和敬畏之情，恭恭敬敬地走过，认为在这奇形怪状的山岭中隐藏着很多动植物，有种神秘感，所以崇拜祭祀它。

蒙古先民的山神禁忌有：禁忌猎民在山上大声喊叫说脏话，如果大声喊叫说脏话动怒了山神会得到山灵的惩罚；禁忌坐在老树墩上（认为老树墩上也会有神灵的缘故）；禁忌乱砍山中树木，乱折树木枝条；乱砍树木既破坏猎人和野生动物的生存环境，又认为会惹怒山神，会得到惩罚。

民间有不少山神形象的传说，如科尔沁右翼双和尔山的山神为带十三头崽子的金母猪，库伦旗的嘎亥（蒙语"猪"之意）山，因有十二只崽子

---

① 道润梯步新译简注：《蒙古秘史》第二卷，内蒙古人民出版社1979年版，第59页。

的金母猪而成为嘎亥山，并称山神是金母猪。科尔沁左翼后旗的满斗苏木的《许鲁思台（有猞猁之意）山的传说》中，南北连贯的十座山里有只千年的猞猁，它娶九个狐狸作为它的妻子，它们各占一座山。①科尔沁地区的这些山神形象反映出早期狩猎生活和文化，先民的狩猎工具都非常简单，石头、棍棒是他们追杀猎物的工具，野猪对他们来说都是难以捕捉到的庞然大物，据说发狂的野猪会造成猎人生命危险。而像猞猁、狐狸等野兽蒙古人认为它们活过千年后会修成一定的道行。先民崇拜这些野兽是因为敬畏，为了避免野兽带来的灾难，采用一种宗教仪式祭祀它们。

（三）河水崇拜

《蒙古民族通史》记载：蒙古部的最早居住地可能是蒙古山、蒙古河、海拉尔河、额尔古涅合答地区。这个地区有肥沃的草原、河流、森林，是发展畜牧业理想的地方。②

额尔齐斯河流域、叶尼塞河上游和贝加尔湖周围被森林覆盖。古代这里的居民被称为"林木中百姓"。他们有的以畜牧为生，但多数还是以狩猎为生（包括捕鱼）。所以河流对他们来说是世世代代哺育滋养着先民的生命源泉，也是先民重要的生活来源——牲畜和野兽赖以生存的重要物质。河流在春夏多雨的季节往往会出现山洪暴涨、一泻千里的景象。洪水往往会把牛羊等牲畜冲走，人们由此产生恐惧心理。在这种复杂的情感下便产生敬畏之情，把江河看作神灵去祭祀，并称它们为"哈腾郭勒"（母亲河）、"阿尔山宝力格"（神泉）、"额吉淖尔"（母亲湖）等。

布里亚特蒙古人祭祀伊敏河。每年春季，布里亚特人要把新鲜的手把肉、奶食品等食品投入伊敏河中，祭祀这条河中的神灵，希望保佑他们的牲畜肥壮、生活幸福美满。据当地传说，伊敏河水有神奇的消炎、治愈伤口的疗效，牛羊受了伤主人会把它们牵到伊敏河畔用河水清洗其伤口，没过几天伤口就会痊愈。

青海蒙古人每年秋季八月择日祭青海湖，这一天，牧民聚集在湖边，焚香、叩头，向湖里洒马乳，将9只活羊抛入湖中，祭祷。傍晚会在湖边点燃篝火，饮酒狂欢。据说在1252年和1254年蒙哥汗曾两次召集蒙古王

---

① 包.那孙主编：《哲理木地名传说》（蒙古文），内蒙古文化出版社2010年版，第363页。

② 孟广耀等撰：《蒙古民族通史》，内蒙古大学出版社2002年版，第48页。

公祭祀青海的日月山和青海湖。祭祀青海湖和日月山的习俗从帝王到普通百姓，这种全民性的祭祀已然成为一种习俗流传至今。

如果没有大的河流、湖泊蒙古人还会祭祀家乡的神泉。水对生命的意义不言而喻，保护水资源也是蒙古先民义不容辞的责任。体现在禁忌上便是：禁忌损坏河边的树木，植物；禁忌在河水里洗脏衣物；禁忌将带血的衣物在河水中清洗或不能将鲜血流入河流中；初夏两季"禁止在河中洗澡、洗手，或者用金银器皿汲水，也不能在原野上晒洗过的衣服"。[①]对水的崇拜和禁忌能保持水的清洁，避免水资源污染，体现了蒙古先民的环保意识，保护自然界原有的平衡观。并再一次体现蒙古先民视水为生命的源泉，倍加珍惜和爱护水是每一个人应遵守的行为准则。

蒙古先民们以丰富的想象力创造了水的神话传说。通过故事显露水的神奇，用夸张的手法表达了水的神奇性和人们对它的崇敬之情。

三　火崇拜

火的发明使人类文明进步了一大步。自从先民掌握了击石燃火后，生活发生了巨大的变化，以生吃猎肉、生喝猎血为生的蒙古先民开始食用烤或煮的食物，用火取亮、取暖，享用着火带来的一切便利和改变。但火也给人们带来灾难（发生火灾顷刻间会把森林草原及在森林草原上生活的野兽、牲畜烧毁）。人们无法捉摸"火神"这变化无常的脾气，唯有崇敬、崇拜它。

蒙古族非常崇敬火，祭火的习俗渗透在日常生活中。蒙古人要将奶块、茶、好的食物等的第一口献给火，出门打猎、找牲畜要烧香祭火，叫额都仁嘎勒（日火日）。每月的初一、初二有小祭，叫作萨仁嘎勒（月火日）。蒙古族共同的隆重的祭火日是农历十二月二十三日（腊月二十三日），叫吉嫩嘎勒（年火日）。在这天人们一定要把庭院、房屋和家具都打扫擦拭干净，准备好祭火物品。到了黄昏，星星出齐时在庭院或者炉灶前点燃一堆火。摆好祭品（把祭品装入盘子中），包括全羊、炒米、枣、黄油、糖、奶食品等。再把羊胸脯剔下来装入盘中，每人一份。长者托着装入祭品的盘

---

① 〔波斯〕志费尼：《世界征服者史》，何高济译，内蒙古人民出版社1980年版，第241页。

子站在大门前，面向日出方向，从左向右转动，行招福仪式，口中呼喊："呼来！呼来！呼来！"后转过身，面朝后方再作一次同样的动作。把盘中的祭品投入火中，祭祀火神。男性跪在前面，女性跪在后面，全家向火磕头，长者致祭火词祈求火神保佑全家人丁安祥、五畜兴旺、五谷丰登、风调雨顺。祭辞结束，全家一起吃火神赐的饭，叫"嘎勒·因·巴达"，就是祭火时的供品。牧区在煮肉的汤中作粥，放点大枣、奶油，粥里不放盐，味道鲜美。农区吃黏的黄米饭，煮饭时加上大枣和红糖，味道也很好。把篝火要烧得旺旺的，象征着日子红红火火，被称为兴旺之火。

"蒙古"是永恒之意，"嘎勒"是火，"蒙古勒"是永恒之火的意思。蒙古猎民和牧民无论怎样迁徙，都会把火种带在身边，认为人走到哪里火种就会跟到哪里，永不熄灭。认为断火种是极为不吉利的事。《蒙古秘史》中记载，当铁木真用箭射别克贴尔时，别克贴尔说："不要毁灭我的火盘，不撇弃别勒古台。"[①]"火盘"是祖传的，必须要保护好火盘，继承下去。

在蒙古婚礼中有个仪式，新郎将新娘娶到家后，首先要举行拜火仪式，新人要向燃起的篝火跪拜叩头，只有跪拜了火才算真正意义上的夫妻。《蒙古风俗鉴》中说："男女结婚时，要给火神磕头后确认夫妻关系。"[②]象征着火能赐福于人养儿育女、繁衍后代，婚礼中所拜的火为繁衍之火。

蒙古人非常重视每个新生命的诞生，在蒙古产俗中，有燃火仪式，随着新生命的诞生，门外立刻燃起一堆篝火，这个火被称为是"生命之火"，预示着新生婴儿的生命像火一样旺盛。

蒙古族的葬俗中，蒙古王公、诺颜、上层喇嘛、德高望重者仙逝，要火葬，认为"灵魂不灭"，人的灵魂要随着烟火归天，人虽不在人间了，但会去另一个世界生存（上天），火化尸体的火就是"归天之火"，被称为"永生之火"。

在蒙古人看来火是神圣、纯洁的，所以有用火净化一切污秽的风俗。在接受别人的赠物时要举行火净仪式，"蒙古汗国时期，外国使臣以及赠送朝廷的贡品都需经过火净仪式，才能觐见皇帝"。[③]普通人家有客来访

①　扎奇斯钦译注：《蒙古秘史新译并注释》，台北：联经出版社1979年版，第82页。

②　罗伯桑悫丹：《蒙古风俗鉴》，内蒙古人民出版社1981年版，第69页。

③　波·少布：《蒙古族的自然神与自然崇拜》，《黑龙江民族丛刊》1994年第4期。

时，主人会拿着火把站在门口，双方在火把前握手问候，让火把来证实双方间的诚心诚意和友好往来。外出远行返回的蒙古人，在进屋前要绕事前燃起的火堆三圈，用火洗身驱邪后才能进蒙古包或屋里。出门在外的人会遇到各种事情，在进屋前净身可免除将不幸带入家中，给家庭带来灾难。如果家中有病人，所有来客都要经过火净化方能进入屋内。通过火净化，消去他们身上被施了的巫术、带着的晦气或有毒有害的物品。

蒙古人对火有崇拜之情，赋予了火各种象征意义，但也有各种禁忌来约束自我。

忌将不洁之物、腐烂之物投入火中；忌将削弱火力削弱火光的东西扔向火中；忌往火里泼水、吐痰；忌用刀挑火或将刀插入火中；忌用刀子在锅里取肉或拿取其他食物；忌在火旁用斧子砍东西或砍火的头；忌在火堆上跨过；忌对着火指手画脚；忌用水灭火或脚踩火；狩猎宿营时禁忌烧易带进火星的木柴，否则火星四溅会酿成火灾[①]；猎民在野外点燃篝火后，不能采取任何灭火措施，只能等其自然熄灭，猎人才能离开；在猎杀貂与黄鼠狼等小动物或引火做饭时禁忌烧长木头，否则野兽会跑得很远而且不易猎取，出猎的日子也会相应拖长，所以，他们不乱伐树木做柴烧，多捡拾死的树枝树干。这样做既是对火神的敬重，又可以避免出猎引起的山火，达到森林防火的成效。[②]

有狩猎民认为火就是一位女神，人们崇拜她会得到保佑，如果蔑视她也会得到相应的报应，并通过丰富的想象力创作了传说流传于民间。生活在北方草原的狩猎、游牧民族都认为家火是不能灭的，要薪火相传。

蒙古族的自然崇拜作为重要的文化现象，渗透在社会生活的每一个角落，贯穿在狩猎生活的整个过程中。蒙古先民的自然崇拜对狩猎民而言就是有力的精神支柱，他们认为自然的力量无比的强大，如果在生产生活中不顺从自然，不讨好自然就会受到各种惩罚，小到捕不到猎物、大到遭遇各种自然灾害。为了满足最基本的生存需要猎民们在自己的认知范围之内做着一切使自然高兴的事情，以此来维持自己以及后世的生存。蒙古族的自然崇拜对古代哲学的形成，对古代的政治、经济、军事、文学艺术、生死观念、生活方式等都产生过重大影响。

---

① 王丙珍等：《鄂伦春族狩猎禁忌的生态文化意识》，《文化研究》2012年第2期。
② 王丙珍等：《鄂伦春族狩猎禁忌的生态文化意识》，《文化研究》2012年第2期。

第二节　蒙古族狩猎仪式中的文化

古代的蒙古先民处在狩猎生活的初始阶段，狩猎对猎民而言经验不足，没有完备的狩猎工具（主要是把木棍削尖刺杀猎物，或用石头击打猎物），捕获到的猎物甚微，有时甚至好几天都捕不到猎物，猎民的生活得不到最基本的保障，生存也常常受到威胁。蒙古先民难以找寻和理解生产力低下的真正原因。在不安、痛苦、恐惧、绝望中将一切归因于万物有灵的观念，认为对于猎物来说也有掌管它们的神灵。这些神灵便是动物栖息生活的自然环境，自然之神——包括山峦、树木、江河等。山野中的一切飞禽走兽都会受到山峦、树木、江河之神的管辖，是动物的主宰神。蒙古人认为，猎人只有在神灵的允许下才能捕猎到野生动物，所以在狩猎的整个过程中举行狩猎仪式，祭拜神灵祈求神灵保佑，祈祷狩猎顺利、丰收是必不可少的一个环节，因而形成了一系列的狩猎仪式即狩猎习俗。狩猎习俗是在长期的狩猎实践中形成的，是蒙古人适应自然，合理地运用动物于生活，缓解人与人之间关系的一种文明行为。狩猎习俗更是蒙古人遵守自然规律、适应自然的一种体现，更是遵循自然法则、努力做到人与动植物平衡发展的一种自然观。这种自然观便是蒙古先民长期从事游猎经济过程中形成的文明作风。

蒙古族是一个仪式感非常强烈的民族。就连演唱史诗《江格尔》前都会有相应的仪式，更何况满足先民衣、食、住、行的狩猎活动怎能缺少仪式呢？蒙古族的狩猎仪式贯穿于狩猎的整个过程中。狩猎仪式具体体现在狩猎前、狩猎中和狩猎后。

一　狩猎前仪式

蒙古人在狩猎前要举行一些仪式，包括祭祀、唱颂词和器物的净化。

（一）祭祀、唱颂词

猎民狩猎出发前要祭祀长鹿角的画像。将长鹿角当作神灵祭祀，向长鹿角祈求，赐予猎物，使狩猎获得丰收。除此祭祀仪式外，西部蒙古兀良合部落的猎手在出猎的前一天晚上，要请专门的说唱艺人演唱"阿尔泰山颂"。这一仪式是通过对阿尔泰山的赞颂愉悦神灵，祭奠神灵，使其赐福予人类的一种观念的体现。有时猎人甚至会带领艺人出猎，在狩猎不顺时，在中途咏诵赞词。布里亚特蒙古人在狩猎前也会专门请民间艺人、狩猎经验丰富的猎手或长者来唱颂词，愉悦神灵。

青海蒙古人打猎前要进行占卜算卦（骨卜、炮绳卜、指卜等）来看方位方向，预知收获，根据占卜的结果来安排狩猎活动，出行前要举行煨桑念经，煨桑时用香柏、白蒿、青稞炒面揉捏成丸放在火上，念"昂根仓"（天神地灵的祈祝词）。①在海西州乌兰县的"昂根仓"中有一段内容是这样的：

> ……／长生不衰的／十三个天神地灵啊！／请赐我／十枝鹿角／肥壮的野牛／……／绸色青天／富裕的"路斯"啊！／请赐我／肥的走不动路／老的吃不了草／大的抬不起头（角）的（动物）／……②

青海蒙古人出猎前举行的占卜、煨桑念经、昂根仓等都是具有宗教色彩的，并且是萨满教万物有灵观念的一种体现。"煨桑时最常用的长青草木——香柏和白蒿，这是一种生命崇拜的方式。"③认为要捕的野生动物是被天地之神掌管和控制的，只有祈求天地之神开恩，赐福给猎人，才能捕获到猎物。

无论是演唱颂词祭祀万兽之王，还是昂根仓念经都是祈求、祈祷神灵保佑、恩赐猎物予猎人，希望狩猎获得丰收，满足猎人日常生活所需的一种朴素的愿望。

（二）器物的净化

古代蒙古人信仰萨满教，萨满巫师在人们心目中像神一样无所不能，所以在狩猎前蒙古猎人就会用一种超自然的法术和语言的魔力来消除狩猎

---

① 仁增：《青海蒙古族狩猎文化刍议》，《青海民族研究》2000年第4期。
② 《柯柯旗志》，内蒙古人民出版社1988年版，第343页。
③ 瓦·赛音朝格图：《蒙古人的生命崇拜》，内蒙古人民出版社1988年版，第521页。

中的各种不利因素，希望获得狩猎丰收。

蒙古人认为出猎最吉利的时间是清晨拂晓之时。因此，猎人在天亮前就会举行一系列的出征仪式。

1. 甘吉嘎仓

祭祀马鞍梢索，即马鞍上系拴猎物的绳索的仪式。这种咏唱仪式叫"甘吉嘎仓"。"甘吉嘎"指马鞍鞍翘前后部两侧的皮绳，俗称"梢绳"。它是用来拴系猎物的，对猎人来说它象征着狩猎的丰收。蒙古人出猎都希望能够"甘吉嘎都容"，在梢绳上拴满猎物，带着喜悦之情满载而归。为此，在祭祀时边往梢绳上涂抹动物血或油，边吟唱"甘吉嘎仓"，向山神和猎神祈祷：

> 把那叉角公羊满满地系在正侧，把那竖耳狐狸满满地系在反侧，把那白嘴母盘羊满满地系在正侧，把那弯角公盘羊满满地系在反侧。让那八条梢绳沾满猎物的鲜血，让那细条梢绳浸透猎物的油迹；让我那长袍后摆被猎物撑开，让我那长袍前襟被猎物鼓胀。①

人们祈祷，希望狩猎者"甘吉嘎都容"而归，在八条鞍梢绳上都系满猎物，沾满猎物的油迹血迹，长袍的前襟后摆都被鼓胀和撑开。这一出猎前的颂词形象地道出了"甘吉嘎都容"应有的模样。

蒙古狩猎民也有专门掌管猎物的猎物之神"马尼罕—腾格里"（苍天），在蒙古人的意识形态里，猎神应该是位白发老人，他掌管、拥有着所有的野生动物，非常富有，所以，也叫他为"巴颜—马尼罕"或"巴颜—查干—额布根"，即"富有的马尼罕"或"富有的白发老人"。民间还流传着"马尼罕腾格里仓"这样的狩猎习俗。顺序应该是先呼唤马尼罕，再祈求马尼罕赐猎物。呼唤猎神马尼罕的祭词：

> 天塑的银身，千万野兽的主人马尼罕！天塑的金身，山狍野鹿的主人马尼罕！天塑的玉身，所有野兽的主人马尼罕！箭囊之

---

① 荣苏赫等编：《蒙古族文学史》，辽宁民族出版社1994年版，第145页。

血还没来得及拭净，就赐我一二十头猎物的马尼罕！

　　弓箭之血还未来得及擦净，就赐我二三十头野牲的马尼罕！①

祈求猎物的词：

　　把那锅里放不下的——大头野物赐给我吧！把那门里进不来的——大角野兽赏给我吧！把那不能放牧的——驼鹿赶到我面前吧！把那不听召唤的——苍狼让我猎获吧！把那不好牵拉的——红狐准我猎捕吧！我的马尼罕！②

就这样一边呼唤马尼罕—腾格里，一边祈求把那锅里放不下的、把那门里进不来的、把那不能放牧的、把那不听召唤的、把那不好牵拉的动物赐给我吧。猎人向马尼罕—腾格里祈求捕获的猎物的要求并不高。给马尼罕—腾格里带来不便和麻烦的猎物都可以赐给我们猎人。

　　2. 阿米拉古鲁呼

狩猎前对狩猎所用的弓箭、猎枪、布鲁、夹子等工具都要进行修检，在所有猎具上涂抹动物的鲜血和油脂，念着祝词。在所有猎具上涂抹动物鲜血和油脂叫作"阿米拉古鲁呼"即"激活猎具"。其实这就是模仿和再现用猎具捕获到猎物的情景，具有象征意义，猎人们相信只要将猎枪等猎具"复活"猎具就会变得异常锋利，狩猎时就会百发百中，能见血、沾油，这对猎人来说是好兆头，预示着狩猎成功。激活的猎具要放在高处，忌狗闻嗅，忌妇女触碰。当时的人们认为狗嗅、妇女触碰猎具会使其丧失魔力，影响狩猎战果。

　　"在鄂尔多斯地区，每逢大年初七，猎户都会杀一只野鸡或野兔等小动物，用其血涂抹猎具，用其肉喂养猎狗，称之为'昂根·莫日·嘎日嘎呼'（为出猎开路之意）。"③科尔沁部也在出猎前举行一种以血涂抹猎枪口

---

　　① 荣苏赫等编：《蒙古族文学史》，辽宁民族出版社1994年版，第147—148页。

　　② 满都呼：《萨满教与蒙古族狩猎习俗》，《内蒙古师大学报》（哲学社会科学版）1998年第3期。

　　③ 《蒙古学百科全书》编委会编：《蒙古学百科全书》（民俗卷），内蒙古人民出版社2015年版，第244页。

的狩猎仪式，该部人将此举称之为"阿米拉那"（意为新生）。[1]

猎人们一边往猎具上涂抹鲜血、油脂，一边念咒语祝福：

> 你的杆子像狮身，你的声音似雷鸣，你的弹丸如星辰，你的
> 火花像闪电，威力无比的火枪！充满福运的猎枪！把逃窜的野兽
> 给赶回来，把遇到的艰险变福分！[2]

猎人们不仅相信这样一种仪式，更加相信在这种仪式中语言的魔力，人怎么说，事就会怎么成，所以唱咏、祝词都是一些吉利的话语，祈祷、预祝狩猎丰收。

通过狩猎前的"阿米拉古鲁呼"再现狩猎场景，通过咒语祝福等语言的魔力，祈求神灵保佑，助猎人狩猎成功。可以避开猎物带来的灾难，是远古蒙古人的幼稚思维的体现。

3. 火净化

猎前祭祀结束后，在蒙古包或者庭院前燃烧以白蒿、松枝为柴的两堆篝火，对猎犬、猎人进行净化，蒙古人称这一风俗为"火净化"。在蒙古族的自然崇拜一节我们提到了火崇拜，并讲道火是圣洁之物，具有能净化一切的功能。狩猎前的"火净化"是求祛除狩猎无获之晦气或者不祥的。"火净化"又分为猎犬"火净化"和猎人"火净化"两种。猎犬"火净化"就是在平地上燃起两堆篝火（两堆篝火间有几步远的距离），猎犬在两堆篝火间穿过，用带刺枝条轻轻鞭打猎犬的嘴巴鼻端，并燃焦少许猎犬的尾巴尖毛。猎人"火净化"是"先让猎人穿过两堆篝火中间，由其子女或妻子手拿一种叫作'小叶锦鸡儿'的树条紧追其后，口喊'温都塔必'（意为祛除晦气）数声并用那枝条鞭打猎人袍子下摆处"。[3]显然，这种仪式来自于远古蒙古人的火崇拜习俗。狩猎前的火净化仪式是为了通过净化猎手或猎犬，提振运气，从而在狩猎中满载而归。

狩猎前的所有仪式结束后以蒙古包的北面为起点，以顺时针方向绕蒙

---

① 扎格尔：《蒙古族狩猎习俗》，《内蒙古师范大学学报》2002年第1期。

② 胡日查巴特尔、乌吉木：《蒙古萨满教祭祀文化》（蒙古文），内蒙古人民出版社1991年版。

③ 扎格尔：《蒙古族狩猎习俗》，《内蒙古师范大学学报》2002年第1期。

古包三匝后出发。

"狩猎前咏诵的祭词、吉祥词和猎杀动物后所说的推脱词等民俗现象，是古代蒙古族相信语言具有神奇魔力的蒙昧观念的体现。这类口述仪式以向山水神表达祈求原谅之意，担心由于猎杀动物而带来灾难，从而掩盖狩猎行为或转移重点等方式进行。"①

如果说，狩猎前的器物净化等仪式是猎民为了战胜自然力量，争取获得更多猎物，为了取得狩猎成功而采取的办法的话，那么狩猎的禁忌可以理解为，是为了躲避狩猎不利因素而采取的自我约束。当猎民在强大的自然力面前以积极的方法，遇到依然不能解决的难题时，就会靠禁忌或回避的方式来解决，这就是狩猎禁忌。猎民在出猎前要请民间说唱艺人咏颂山水，并要祭火。不能让任何人知道猎人将要去打猎的事情，禁忌在火旁说有关狩猎的任何事，包括狩猎的时间、地点都不能说，原因是为了防止嘴不好的火神（蒙古人认为火神的嘴比较快，爱传话）将猎人狩猎的事情传给山水之神，山水之神将猎物转移，影响狩猎成果。

二　狩猎过程中的仪式与禁忌

猎人全部到达狩猎地点互相问候后，在长者的带领下要咏唱《山水颂》和举行一些仪式。狩猎长者宣布狩猎纪律，特别注意人、马、犬的安全。猎人们一般以马粪球做证或用星宿之称以隐语相告围猎的时间、地点。不许说对狩猎不吉利的言语及粗话，如"没有猎物""打不到猎物""空手而归"等不吉利的话，也不能互相争吵。忌直呼野兽之名，认为动物听见猎人谈论自己的名字就会受惊逃跑，不利于狩猎活动的正常进行。如把鹿叫"庞大的"，驼鹿叫"扁角兽"，野猪叫"黑圆鼓"，狼叫"著名的厉害"，狐狸叫"帽子""巧尾巴"，而"狼的别称最多，如'天狗'，'野狗'，'灰狗'，'大嘴'，'大尾巴'，'不可说'等不一而足"。②猎民认为杀鹿会降福，所以不说猎鹿，而说"去惩罚庞大的"等暗语来表达。根

---

①　《蒙古学百科全书》编委会编：《蒙古学百科全书》（民俗卷），内蒙古人民出版社2015年版，第244页。

②　《蒙古学百科全书》编委会编：《蒙古学百科全书》（民俗卷），内蒙古人民出版社2015年版，第244页。

据地势、猎物规模等来定具体的狩猎方法和每个猎人的职责并宣告不遵从组织安排的惩罚办法。将本次围猎的地点、聚集地、宿营地等商讨后安排下去。对于第一次参加狩猎的少年，长者耐心地向他们讲述狩猎的规矩，介绍遇见的猎物，猎场的山势情况、地名，动物的种类、习性等与狩猎相关的知识。

在狩猎途中，根据遇见的猎物种类不同，预测此次出猎的吉利与否。如遇见狼、虎、鹿认为是大吉，遇见狐狸并未能猎杀视为凶，不吉利。

狩猎过程中的注意事项：猎人忌讳带枯木、领伤狗、骑驴去打猎；忌捕老虎，因为虎被称为"山之王""猛兽之王"。如果非猎杀不可的话要祭祀并手捧哈达磕头，并解释申辩说："虎是怎样危害人和动物，人们是在哪个王、哪位官人的命令下合法地将它捕杀的。"还有的地区，"如果猎人偶然遇到了老虎，为了自身安全而杀害它的话，事后要去庙里磕头或者长者用羽毛鞭子敲打猎人降威。据说杀虎的人的胆子会变得异常大，什么都不怕很有威风，人们就摆出要戳他眼睛的样子来吓唬猎人压降其威风"。[1]在猎捕鹿时，鹿倒地时鹿角朝上认为是大吉，如鹿角朝下插入土中，认为是不吉利，猎杀鹿后猎人要叩拜鹿双角三下，并口中默诵咒语。猎鹿时还要注意不能将其皮损坏，并要将无损的鹿皮挂在树枝上。猎获熊时，也要将熊头挂在朝猎人住所的反方向的树枝上。返程时，路中间横放三根树枝，并向熊头虚开三枪后才可踏入归途。

行猎必须选择三、五、七、九等奇数的日子，认为这些日子是吉日。初一、十五、二十五日禁打猎。在春夏时节不搞围猎，皇帝和王公组织的大型围猎外禁止去外地外国打猎，禁止去封了的山上打猎，防止在森林、别人家损害牲畜，在山上或原野中禁用火箭射杀猎物。这是为了预防用火箭猎杀动物在森林或草原上发生火灾。

蒙古人不打哺乳期的动物、怀胎的动物、孵卵的动物和幼小的动物。忌全窝猎杀。忌用毒药毒死动物。忌猎取受伤的动物、交媾的动物、在生死间挣扎的动物。天鹅的血虽可入药，但忌猎杀天鹅，一般从内地购买。两只大雁如猎杀一只另一只会孤单所以忌杀大雁。不猎杀鹤、丹顶鹤、喜鹊、燕子等。忌破坏鸟窝、掏鸟蛋和小鸟，招惹迁徙之鸟。[2]还有的地方

① 萨仁格日勒：《蒙古民俗文化探源》（蒙古文），民族出版社2011年版，第148页。
② 萨仁格日勒：《蒙古民俗文化探源》（蒙古文），民族出版社2011年版，第149页。

忌猎打鸟，在新疆卫拉特地区，"如果谁无意中抓回空中飞翔的动物，就会被训斥道'看不到好东西影子的你！'。如果吃了不该吃的雪鸡的肉，不能把这件事告诉给任何人，因为吃了雪鸡的肉又不告诉给他人这肉就会成药"。①估计这药疗效奇特，也许可以治百病。忌用梢绳系死在野外的动物。忌捡他人猎打到的猎物。忌行走在野外有狐狸朝你呼叫，这应该不是什么好兆头，预示狩猎不会太成功。忌在山坡上两个敖包间遇到狐狸，见到敖包要添加石头祭祀。祈求神灵保佑丰收、顺利。老鸹从空中掉下（打到老鸹）预示永远打不到猎物，打到刺猬预示一年打不到猎物，所以蒙古人忌讳打到老鸹和刺猬。行猎途中忌讳遇见喇嘛、尼姑、空袋子、空车，认为这是预示狩猎的不成功，打不到猎物。最忌讳遇到秃了的枣红马。蒙古族不食蛤蟆、昆虫、蛤蜊等，所以不猎杀。乌龟又称金龟，所以蒙古人不招惹它。

忌用烟熏动物的窝或洞来捕杀猎物，当然除狐狸之外。大忌损坏任何野兽或飞禽的窝（居所）。②蒙古先民生活的呼伦湖、贝加尔湖、克鲁伦河等地区有丰富的水资源，当地人会依靠利用这种资源以捕鱼为生，而且在古代蒙古语中有多种鱼类名称。《蒙古秘史》中提到了各种鱼名，还有一些鱼钩、渔网等捕鱼工具。马可·波罗在忽必烈皇帝时代到了贝加尔湖附近，在描述当地人们的生活时说，"鱼成了家常食物"。③佛教传入蒙古地区后，鱼被尊为特殊动物而坚决禁止捕杀，从此，蒙古人很少食用鱼了。后来卫拉特、喀尔喀部族一直禁吃鱼。④蒙古人在很早前是吃鱼肉的，后来随着佛教传入一些地区才禁吃鱼肉的。

狩猎对先民来说至关重要，认为狩猎无收获是有物在作祟，或是猎人的晦气，或是猎神不高兴了，没将猎物赐予猎人。蒙古人认为神灵也和世人一样爱听故事，他们在行猎时会唱史诗讲故事，神灵听故事高兴了就会赐猎物予猎人。所以猎人在狩猎时特别是无获或者收获甚微的时候就会围坐在地上讲故事，来取悦神灵，得到恩赐。民间有一传说："从前有两个猎人出猎，其中一位是民间艺人，另一位是占卜者。两人打了一天猎，一

① 萨仁格日勒：《蒙古民俗文化探源》（蒙古文），民族出版社2011年版，第149页。
② 萨仁格日勒：《蒙古民俗文化探源》（蒙古文），民族出版社2011年版，第149页。
③ 《马可波罗游记》，葛尔乐朝格图译，黑龙江人民出版社1981年版，第175页。
④ 僧格：《人类学视野下的蒙古狩猎文化》，民族出版社2015年版，第228页。

无所获，便坐下休息。这时那位爱讲故事的民间艺人为了消除疲劳和寂寞，讲起了故事。艺人一开讲就吸引了周围的山神、猎神。有一位瘸腿女神来迟了，没位置了就爬到艺人的鼻梁上，听得过于入神在关键时刻没站稳滑了下来，占卜人看到后禁不住笑了出来，艺人以为是在笑他，心中不悦便停止了讲述。听故事的众神也都很生气，怪罪瘸腿女神，因为她，艺人才停止了讲述。后众神商定将瘸腿女神的唯一的伤眼大鹿赐给两个猎人，第二天两个猎人真的捕到了一只伤眼大鹿。"[①]蒙古族的狩猎过程是有组织、有纪律的集体活动，特别是在大型围猎中更是如此。长者在这里充当着重要的角色，在组织安排整个狩猎过程，确定狩猎方法，布置给每一个猎人任务的同时，也不忘记对少年新生力量的栽培。狩猎是远古蒙古人世代相传的生活方式。

狩猎过程中的各种禁忌，既是对猎人的自我约束，禁止捕杀的猎物即是蒙古族图腾崇拜的一种体现，也是自然崇拜的体现，更是为了维护生态平衡的一种体现。

善良的蒙古猎人对猎物的狩猎方法也是比较讲究的，严禁用比较残忍的办法捕猎，或者损坏动物的窝，对小动物更是倍加珍爱极力保护，有一颗恻隐之心。大型围猎中必须放走一定数量的野兽。猎人将各种野兽视为朋友般对待，保护野生动物，维护生态平衡，使野生动物不遭受灭顶之灾，使动物可以在大自然中繁衍生息。对猎人而言既是对野生动物的一种人道主义关怀，更是超然意识的一种体现。

以上提到的狩猎过程中的动物不仅包含着地上跑的各类野生动物，也包含着天上飞的各类飞禽；不仅包含着远古蒙古人的图腾崇拜，也包含着远古蒙古人的自然崇拜。所以说，蒙古先民的这些具有狩猎生活特色的禁忌，是在漫长的历史长河中形成、传承至今的，这也是蒙古文化的一个重要组成部分。

三　狩猎结束后的仪式

狩猎仪式贯穿于整个狩猎过程中。狩猎结束后还有猎物分享、庆典和

---

① 达·巴图:《兀良哈史诗的产生及说唱故事与青海史诗比较》,《中国蒙古学》2013年第6期。

猎具的摆放等内容。猎物分享是从原始人分吃所杀野兽肉演变而来的。在远古时代生产力低下，工具又简陋，靠一个人的力量是无法捕获到凶猛野兽的，只有靠集体的力量，齐心协力才能有收获，才能共生并存。再加上狩猎经济具有转移性、不稳定性的特点，所获猎物不多，只能填饱肚子，谈不上什么剩余，所以猎物分享是当时的主要分配形式。

狩猎经济的集体性和不确定性决定着猎物分享的习俗的产生和存在。萨满教信仰认为猎物是神灵赐给大家的，不能一个人独吞或者少数人分享猎物，而是要每人都有份，要一同分享猎物。分享"昂根—贺喜格"，"甘吉干—贺喜格"即使个人狩猎所得猎物也要分享给左邻右舍。古代猎人将猎物分享给他人不仅视为是一种美德，更认为这样做还可以得到猎神的更多恩赐，福运会更加旺盛。民间还有猎物分享的传说："从前有一个猎人向天神忏悔自己捕杀了很多猎物，而天神不仅没有惩罚、怪罪猎人，反而说他心地善良，将捕杀的猎物分享给他人，反而赐给他更多的猎物。"[1]从此，有很多人向这个猎人学习，将捕获到的猎物分享给他人，渐渐地分享猎物就成了一种习俗。由此可见，猎物分享信仰上的因素也起到了一定的作用（当然起决定作用的也有生产形式和经济条件）。

分享猎物的类型有："甘吉干好必"一般认为分享猎物精肉或一条腿的份肉；"烧如勒嘎"一词可能源于将猎杀的动物吊起，用篝火烧烤，大家分而食之的古代习俗；"珠勒都"指猎物的头部、下颚、气管、肺等一整块连在一起没有分割的部分。猎物分享的习俗在《蒙古秘史》中也有记载。"成吉思汗的祖先朵奔篾儿干，就曾一人'往脱豁察温都儿名字的山上捕兽去'。他在树林中见到兀良哈部落的在那里杀鹿，'朵奔篾儿干向他索肉，兀良哈的人将这鹿取下头、皮带肺子自要了。其余的肉都与了朵奔篾儿干'。朵奔篾儿干将得到的鹿肉拿回家，在路上用它换了个穷苦的孩子，供自己使唤。"[2]

随着时间的推移，狩猎水平的提高，获取猎物的增多，蒙古人的猎物分享习俗也发生了变化。从最初的平等分配，开始变为按狩猎中的作用贡献分配。如直接射中猎物的人拿第一份，包括"珠勒都"，它代表着猎物

---

[1] 满都呼：《萨满教与蒙古族狩猎习俗》，《内蒙古师范大学学报》1998年第3期。

[2] 《蒙古秘史》总译卷一，内蒙古人民出版社1980年校勘本，第916、917页。

的整体，是猎物的灵魂存在处，认为猎物的福分都在此上，拥有"珠勒都"的人会在狩猎中获得更多的猎物。谁的猎犬、猎鹰捕住就归谁。前后到达猎物旁的人拿什么都有规定。以昭乌达地区分享黄羊为例："第一名要腱骨部分，第二、三名剥皮卸取黄羊的后腿，第四、五名要其前腿，第六、七名取其脊骨，第八、九名取黄羊的四根肋骨，第十名能得到黄羊的肝脏。最后，亲手捕获者取黄羊的头及整张皮子。"如果对谁打中有争议的话，那就把该猎物放在一定距离以外，有争议的双方用自己的武器各击三次，全中者可得此猎物，如果双方都是三次不中，主持官就断给穷猎人。如果无端起争议，就用响鞭责打之。①昭乌达地区就是严格遵守这种习俗来分配猎物的。而科尔沁地区的分配方法是：谁的枪棒先打着就归谁，谁的狗先咬住就归谁。后来分配有了等级，王公贵族拿大份，平民百姓拿小份。就这样猎物分享的习俗在人们的生产生活实践中变化着、流传着。

蒙古人分享猎物时还要答谢神灵的恩赐，用"珠勒都"祭祀神灵，而且这也是祭祀神灵的最佳供品，以此来表达对神灵的敬意，祈祷来日的丰收，寄希望于未来的活动。

狩猎归来后所有猎具都要摆放在固定地点且颇有讲究，"布鲁插入笆缝隙中，将猎枪斜挂在老人卧室的墙壁上，马具和马鞭子要停放在马鞍架上不得乱动，更不准妇人任意拿动。若走进一个猎户家庭如果整齐的停放着各种猎具、马具、马头琴、四胡和蝇甩子（用马尾做成的打蝇的用具），就视为高雅、尊贵、富有的人家"。②蒙古人对猎具的摆放都如此的讲究，可见狩猎工具在狩猎中的位置有多重要，在一个家庭中它又有着怎样的寓意。

无论是狩猎前的准备还是狩猎整个过程的仪式、观念、习俗等，都是蒙古人在长期的狩猎实践中传承发展延续至今的独特现象。狩猎过程中的这些现象不仅丰富了狩猎的内涵而且加深了我们对蒙古人与大自然、蒙古人与野生动物和谐相处的认识，并在实践中得以体现。

以上是狩猎整个过程中的各种仪式与禁忌，通过这些使我们再次了解

① 罗伯桑却丹著：《蒙古风俗鉴》，赵景阳译，辽宁民族出版社1988年版，第128页。
② 白德林：《蒙古族狩猎文化考述》，《内蒙古民族大学学报》2006年第1期。

到猎物作为蒙古先民衣、食、住、行的主要来源，是由蒙古人生活的北方草原这一特殊的环境所致，但蒙古人与动物之间的感情不仅是猎物与猎人之间的关系，更是一种生物链要循环往复，不能使其在某一个环节中断裂，打破固有的平衡，这体现了蒙古人对动物、对自然的原始观念，有些观念看似幼稚却体现出了蒙古人的大智慧。生活在北方草原的蒙古人注重人与动物、人与自然的和谐发展，是蒙古人"天人合一"观念的具体体现。

第三节　蒙古族猎物保护观念与法规

蒙古族先民的主要生活来源是狩猎、渔猎，野生动物解决了先民的衣、食、住、行等基本问题。野生动物是蒙古先民生产、生活的主要来源，是他们赖以生存的物质保障。在那个时代和生产力下野生动物资源的数量和种类关乎到蒙古先民存亡。

独特的自然环境决定了蒙古人的生产、生活方式和自然观。蒙古人在长期的历史发展中形成了具有一定进步性的生态文化。蒙古族的原始生态意识是在萨满教的自然崇拜和神话中体现的。萨满教中对"生命"（阿迷）概念的确定和"天父地母"意识的形成，原始神话的"图腾崇拜"，蒙元以前的"习惯法"，蒙元时期至清代的历代蒙古统治者相继颁布的《阿拉坦汗法典》《喀尔喀七旗法典》《卫拉特法典》《喀尔喀吉如姆》《阿拉善蒙古律则》等一系列生态环境保护的法典，使蒙古族的生态环境保护更加的社会化和规范化，为野生动物保护提供了坚实的屏障和可靠的保障。

远古时期人们对很多自然现象无法做出科学的解释，认为自然物和自然现象具有伟大的力量所以加以崇拜，而且这种观念一直延续至今。原始社会中人的自然野生动物保护意识是一种道德的观念和民俗的认识。

一　猎物保护观念

蒙古先民的生存环境使蒙古人和动物有着不可分割的关系，蒙古人既依赖于动物，又恐惧动物。依赖是因野生动物是蒙古先民的生活主要来源，恐惧是因凶猛力大的野生动物也常常会袭击猎人，甚至使猎人丧失生命。特别是在狩猎工具简单不发达的岁月里猎人如不集体行动是很难保全性命的。所以蒙古人认为动物也和自然现象一样神秘莫测，因而加以神化、加以崇拜、加以顶礼膜拜，也会很自然地将野生动物与自己的群族或者祖先联系起来，产生了各种图腾崇拜。

　　繁衍生息在北方草原上的先民几乎都崇拜狼，在蛮荒的北方草原，狼是非常可怕的野兽。无论是捕食还是对付进犯之敌，只有协同搏斗，才能战胜凶猛而富有灵性的狼。所以，先民由恐惧而敬奉，将狼视为自己的亲属和同类，狼图腾崇拜由此而生。

　　《蒙古源流》卷四记载："岁次丁亥三月十八日，兵行唐古特之便，于杭爱之地方设围，汗以神机降旨云：今围中有一郭翰玛喇勒，有一布尔特克沁绰诺，出此二者勿杀。""郭翰玛喇勒"意为"草荒母鹿"，"布尔特克沁绰诺"意为"仓色狼"。成吉思汗在围猎中特降旨对这两种野兽要放生，可见是作为神兽加以爱护的。[①]还有将帝王的生死与狼的命运相联系的传说。《多桑蒙古史》记云："有蒙古人告窝阔台言：前夜伊斯兰教力士捕一狼，而此狼尽害其畜群。窝阔台以千巴里失购此狼，以羊一群赏来告之蒙古人，人以狼至，命释之，曰：'俾其以所经危险往告同辈，离此他适。'狼甫被释，猎犬群起啮杀之。窝阔台见之忧甚，入账默久之，然后语左右曰：'我疾日甚，欲放此狼生，翼天或增我寿。孰知其难逃定命，此事于我非吉兆也。'其后未久，此汗果死。"[②]从故事中得知，放狼生，可增寿，说明狼是吉祥物，吉祥物被毁，必是凶兆，自己的生命也难以久留人世。把帝王的休数与狼的生死联系起来的看法，可以窥到远古蒙古人对狼的特殊心理。

　　自远古时代起就有神话讲述了狼与人类和谐相处的故事。如狼孩的传说，母狼带领3岁的男孩奔于荒野，被猎人发现，赶走了狼，带回了男孩，男孩后来成了成吉思汗军队中的一员，男孩能够听懂各种动物的语言。一次宿营，男孩听到狼嚎，便告诉头领有洪水之灾，必须异地扎营。夜间果然风雨交加，原营地被洪水淹没。从此，凡夜间宿营，首领便问男孩吉凶。从狼孩的传说中我们可以看到，蒙古人狼图腾崇拜的观念。

　　蒙古萨满认为鹿可以显灵，可以驱魔镇邪，以鹿为图腾神灵。内蒙古

　　① 荣苏赫编：《蒙古族文学史》（1），辽宁民族出版社1994年版，第26页。
　　② ［瑞典］多桑：《多桑蒙古史》（上册），冯承均译，中华书局1962年版，第207—208页。

陈巴尔、察哈尔、科尔沁等地区萨满巫师所带的帽子都用铁皮制成鹿角加以装饰，所用的青铜镜和法鼓也都刻画着鹿的形象。①把鹿作为图腾的民族和地区的人们一般情况下是不会杀它的，除非在食物缺乏的情况下或者鹿等图腾动物特别多的情况下猎人才会按着一些习俗和仪式来适当地捕杀鹿。

熊图腾崇拜，布里亚特人、达尔哈特人、柴达木蒙古人都崇拜熊。如女子与熊交往生下了与熊相似的孩子；熊救女子并与女子相恋，生下了一只熊等故事。在民间有"祭熊仪式"和与熊有关的禁忌习俗。过去人们禁杀熊、禁食熊肉。但是随着时代的变迁、观念的转变、人口的增加、熊数量的增多，人们为了维持生计开始适量的捕杀熊。猎熊、食熊肉的补救办法就是举行"祭熊仪式"。熊崇拜也是原始蒙古人敬畏熊、保护熊的体现。实现人与熊和谐相处，保护生物链的正常运行，最终达成人与自然和谐相处的愿望。

天鹅、鹰崇拜，蒙古高原上曾有许多部落将白天鹅和鹰作为吉祥的象征，甚至奉为神鸟或"翁衮"加以祭祀。所以禁捕、禁杀、禁食天鹅和鹰。

无论是狼图腾、鹿图腾、熊图腾还是天鹅、鹰图腾崇拜都反映出蒙古先民敬畏生命，这些崇拜有效地约束了人们有损大自然的不良行为、对自然的崇拜之情融汇于人们的日常生产生活中，使自然生态保持在自我平衡的状态中。

蒙古人对猎物并非捕光杀尽，而是有意识、有目的地保护猎物，注意狩猎时间、地点和条件，狩猎生产中也有很多禁忌：春不合围、夏不群搜、不准向交配的野兽射击，保护野生动物交配繁殖；入冬下雪之前、春季雪融之后，禁止狩猎；不得捕杀、惊动或怀幼仔的野生动物；不准向正在哺乳的动物射击；每次围猎必须放生所猎各种野生动物至少一雌一雄，幼仔要全部放走；不猎或者少猎雌性动物等。

蒙古族狩猎习俗中的各种禁忌体现了蒙古人的野生动物保护意识的同时，有效地保护了野生动物的持续发展和生态环境的可持续发展。蒙古先民在图腾崇拜以及在长期的狩猎实践中养成的各种狩猎禁忌、习俗中渗透

---

① 满昌译释：《新译注释〈蒙古秘史〉》（蒙古文），内蒙古人民出版社1985年版，第24页。

着蒙古族的野生动物保护观念。而且这种观念要早于许多民族，具有它的先进性，这便是蒙古族意识形态的一种有机反映。在今天全球环境问题、生态问题、野生动物保护中依然值得学习借鉴，对现实具有指导意义的同时保证了人与自然的和谐发展。

二　蒙古族猎物保护的法律法规

蒙古族统治者很早就意识到野生动物保护的必要性。所以蒙古族是最早形成自然保护法律意识和具体法律条文的民族之一，远古时期蒙古人的狩猎禁忌发展到后来的习惯法，再到蒙元之后的法律条文都有野生动物保护的内容。有学者将禁忌、习惯法和法律的关系进行了这样一番的论述："禁忌是习惯法的雏形，习惯法是法律成长的摇篮"，"习惯法是民族风格中具有社会调控作用的核心部分"。①正因为蒙古族有保护野生动物的优良传统，蒙古族的野生动物保护习俗才能绵延不绝直至今日。

狩猎经济无论是在远古时期还是在游牧时期都是生活资料的主要来源。因此，蒙古族特别重视野生动物的保护。蒙古族自古有许多世代相传的习惯法，蒙语称之为"约孙"，意为道理、规矩、缘故。指有法律效力的一种习惯，人们都自觉遵守，具有较强的稳定性。蒙元以后成文法逐渐在蒙古社会中占主导地位。无论是习惯法还是成文法都明确规定要保护野生动物。

成吉思汗时期有大量的野生动物出没，成吉思汗还是劝解人们"即使身边有再多野兽的踪迹，也要从长计议，军人禁追杀，无休止地乱杀野兽"。无论有再多的野兽，蒙古人还是捕猎有度，并有相关的规定："从冬初头场大雪始，到来年牧草泛青时，为蒙古人的围猎季节"。狩猎围猎具有季节性，并定为国家制度依法执行。蒙古统治者认识到狩猎的多项功能，常把围猎作为军事训练的手段，强化军队的作战能力，可见当时的野生动物之多，但对野生动物不作灭绝性的猎杀，而是放走母兽和幼仔，以保证动物的繁殖和维护生态平衡。

元朝统治者已意识到对于野生动物也要有节制地而不是无休止地捕杀，否则会对社会造成危害。正如《元史·本纪》中云："猎将竟，则开

---

① 刘晓明：《论民族习惯法之社会功用》，《贵州民族研究》2004年第2期。

一门，广半里许，俾全兽得以逸去，不然则一网打尽，来岁无遗种矣"。[1]
围猎开猎门时不是对猎物一网打尽而是要广半里许是为了来岁有遗种。

《元史·刑法志》规定："诸职官违例放鹰，追夺当日所服用鞍马衣物
没官。""诸田禾未收，毋纵围猎。"[2]

"宪宗五年正月奉旨，正月至六月令，怀羔野物勿杀，惟狼不以何时
而见，杀之无妨。""正统三年（1262 年）十月，有旨，依旧例（禁地禁
猎）。……惟狼、熊、虎、狐、金钱豹可杀。"[3]蒙哥汗的令旨中明确规定
了在什么季节禁杀什么动物，并明确规定了对危害农牧区的兽害随时可捕
杀之。

《阿拉坦汗法典》中有七项保护野生动物的规定："禁止在非围猎时期
猎杀野驴、野马、黄羊、罕达犴、麝、鹿、野猪、马鹿、青羊、奔狍、
貉、獾、旱獭，违者罚牲畜有差；猎兔满五只也要受罚，惟捕杀小鱼、老
鹰、乌鸦、喜鹊者无罪。"[4]

《阿拉坦汗法典》还规定："偷猎野驴、野马者，罚以马为首之五畜；
偷猎黄羊、雌雄狍子者，罚绵羊等五畜；偷猎雄岩羊、野山羊、麝者，罚
山羊等五畜；偷猎雄野驴者，罚马一匹以上；等等。"[5]

蒙古族自蒙元时期始便有明确的野生动物保护习惯法和法律条文，为
蒙古族野生动物保护提供了法律的保障，也明确规定了在什么季节禁止捕
获什么猎物并且有明确的奖惩规定。

蒙古《卫拉特法典》中规定："从火灾、狼口、泥泞中救出牲畜者给
予奖励。""救骆驼奖三岁母马一匹，救马得羊一只，救羊得箭两只。"[6]对
于捕狼拯救羊群者规定报酬为："百头取上等羊一头或中等羊二头，三十
头取中等羊一头。若羊超百头，亦羊超百头，亦循此例取给。"再如"在
遭狼袭击的羊群中，救出羊十只以上的人，除给他遭狼杀的羊之外，另加
一只健全的羊，作为奖赏。被救出的羊不满十只的，只给予五支箭作为

---

① （明）宋濂等撰：《元史·本纪》卷五，中华书局 1976 年版。
② （明）宋濂等撰：《元史·刑法志》卷四，中华书局 1976 年版。
③ （明）宋濂等撰：《元史》卷三，中华书局 1976 年版。
④ 曹永年撰：《蒙古民族通史》第三卷，内蒙古大学出版社 2002 年版，第 224—225 页。
⑤ 曹永年撰：《蒙古民族通史》第三卷，内蒙古大学出版社 2002 年版，第 228 页。
⑥ 房若愚：《新疆少数民族传统中的生态保护意识》，《新疆师范大学学报》2007 年第 1 期。

奖赏"。①

《卫拉特法典》中做出在各种处境中救出牲畜的规定，说明法律很完善，不仅有明确的处罚条例还有明确的奖赏规定，从而带动人民的积极性，努力地去保护和救助动物，达到人与动物与自然的一种平衡，这是蒙古族可持续发展观的一种具体体现。

通过以上蒙古先民的自然崇拜、图腾崇拜、成文的或不成文的习惯、规定和法律条文中我们可以看到蒙古人民从远古时期就注意野生动物保护并且有了明确的禁忌、"约孙"、习惯法、规定和法律条文。从那时蒙古先民便有了野生动物保护、环境保护意识。并且有明确的奖惩条文，做到了有法可依，调动了人们的积极性。它不仅保护了野生动物，对猎民的行为也起到了约束作用。也体现了蒙古先民的远见卓识，不是破坏后再保护而是自始至终始终注意野生动物保护和环境保护。注意人与动物、人与环境的和谐发展。

第四节　蒙古族狩猎文化与知识积累

蒙古族经过世代实践，积累了相当丰富的狩猎经验，掌握了各种动物的习性和活动规律，熟悉动物的交配、产子时间，各季的活动休息情况，避风躲雨处，觅食的时间地点、路线等。掌握了这些知识可以极大地提高狩猎效率。而且，猎民在长期的狩猎实践中掌握了猎物的食用方法，猎物的肉可吃，皮可用，肝脏可入药，骨头可以制作各种器物或装饰，避免了资源浪费。狩猎有关的自然知识可以从以下几个方面论述。

一　地理知识

猎人狩猎活动的地点不是森林就是山峦，所以猎人对游猎地区的山川地形都比较熟悉，很多猎人从小就跟随父兄在规定的范围内狩猎，所以他们对此范围内的山脉走向、河流分布、哪里分布着什么野兽，都了如指

---

① 　《喀尔喀法典》《卫拉特法典》引文见内蒙古大学蒙古史研究所编《蒙古史研究参考资料》第24集，1982年版。

掌。所以出猎十天半个月也从不会迷路，迷失方向。他们白天可以根据太阳来定向，夜晚根据北斗七星来定向。阴天可以根据山脉、河流的走向来辨别方向。不仅如此他们还有自己的记事方法，例如可以在树上砍一缺口或插一树枝来辨别方向，这些都是猎民的地理常识。

二　历法知识

每种动物都有它的活动规律，在不同的季节，动物的出没也不一样。"四时并田猎"，无论四季的哪个季节都可以猎取野生动物，但是为了保护动物的生育和生长，狩猎一般是在秋冬两季进行。《黑鞑事略》载："围场自九月起至二月止。"①在大汗所有辖地之中，有兽四种，无人敢捕。即山兔、牡鹿、獐鹿是己。此禁仅在阳历三月迄阳历十月之间有之，违禁者罚。愿其臣民忠顺，行于路者。虽见此种兽类卧地，亦不敢惊之。由是繁息甚众，地为之满。大汗取之惟意所欲。惟逾此阳历三月至十月期限之外，渐解其禁，各人得随意捕之。②除此外还有很多文献中也有禁止在春夏狩猎的记载，古代蒙古人之所以规定禁止在春夏狩猎是为了保护野生动物的成长，保障自己的生产生活有一定的来源，使自己和野生动物同样可以持续发展。

蒙古人的狩猎也是有季节性的，在不同的季节里有不同的狩猎方法和猎捕的野兽。在秋冬季集体围猎，因为这两个季节动物的皮毛最好，也不是动物的交配、怀胎、哺乳期，可以大量捕猎。秋冬两季狩猎的主要目的是以求获得交换价值较高的皮张及动物药材。狩猎的对象主要有狐狸、狼、鹿、熊、虎、野猪等。民间还有"九月狐狸，十月狼"的说法。夏季《夷俗记》："夫射猎，虽夷人之常业哉，然亦颇知爱惜生长之道。故春不合围，夏不群搜，惟三、五为朋，十数为党，小小袭取，以充饥虚而已。"夏季个体狩猎，目的以求获肉食。猎杀的对象主要有黄羊、兔、雉等。春季也有捕猎，但规模很小，一般只在水边捕拿鹅、鸭。

---

① 《黑鞑事略》，蒙古史料四种本，第8页下。

② 《马可波罗游纪》，冯承钧译，中国旅游出版社2016年版，第371—372页。

三 动物知识

狩猎不仅是远古蒙古人的谋生手段，在畜牧经济时代狩猎更是作为经济生活的补充而存在，为人类提供了衣食来源。不仅鄂伦春人依靠猎物生存，其他狩猎民也依然如此。正如僧格老师在书中所说："距今1万年以前，在蒙古高原生存的人们用石、木、骨和动物的皮、筋制作了许多大小不同的比较先进的精致器具。"①"用狮子獠牙、鹿犄角等骨质物制作矛、锥、针、镞。"②这些器具的产生定会给猎民的生活带来改变。"他们猎取各种毛皮动物之后，将皮揉至成革，做衣裤被褥、铠甲及某些生产工具，还将稀有动物皮毛当作高价商品和贵重的礼物利用。"③可见随着社会的进步，经济的往来，动物皮毛的利用变得更加多元化的同时，稀有动物的皮毛甚至作为身份的象征供奉给朝廷或者成为高价商品进行交换。

猎物作为先民衣食住行的主要来源，人们无论是对动物习性的了解还是对动物皮毛的利用，总是在生产生活实践的基础上发生着改变并总结出规律性的东西来，再次服务于狩猎实践。

下面就某一动物的习性特点，皮毛内脏、骨头等的利用做些介绍。

（一）皮大肉多的动物

对皮大肉多的动物，先民主要食其肉、衣其皮。这类动物有狍子、鹿、野猪、熊、貂等。狍子主要生活在内外兴安岭，这种动物的听觉和视觉灵敏，而嗅觉相对差些。胆子很小，吃几口草就开始抬头张望，一见有人或者有一点风吹草动就乱跑一阵后站住，东北人民称狍子为傻狍子，忘性大、记性差，今天在这个地方被猎人打过，明天还会故地重游。第二天猎人常会原地等待，等待狍子自投罗网。猎人捕获狍子时也可以根据四季的活动规律找到它。春和冬季绒毛还没脱掉，又长一种叫"翁眠"的皮肤病，所以怕晒太阳，因此一般活动在阴山坡或河边。夏天比较喜欢晒太阳，在阳坡上活动的比较多。秋天是交尾期，雄狍子追雌狍子满山乱跑容易找到。冬天一般在背风的山谷中活动。狍子怕火，打狍子时人们将狍子

---

① 僧格：《人类学视野下的蒙古狩猎文化》，民族出版社2015年版，第121页。

② 蒙古人民共和国科学院历史研究所编：《蒙古人民共和国历史》（一）（上册），内蒙古人民出版社1988年版，第217页。

③ 僧格：《人类学视野下的蒙古狩猎文化》，民族出版社2015年版，第122页。

活动的场所围起来燃篝火，狍子见火就会乱跑，此时围攻的人们用工具猎取即可。猎人们在狍子下崽的5—6月吹用桦树皮制作的狍哨学狍仔叫，雌狍子以为狍仔找不到妈妈了就会第一时间跑到发出叫声的地点，其他动物也会闻风而来想吃掉狍仔，此时猎人出手会猎获多种猎物。

　　捕获到的狍子肉可食，皮可做萨满神衣、皮裤、皮衣，冬天用皮厚毛长的狍子皮做，夏天用薄皮短毛的红杆子皮做。狍皮还可做帽子，狍腿皮还可以做靴子、手套、皮褥。一个狍腿皮褥需要用130条狍腿皮缝制而成，可想一个狍腿皮褥的价值。"猎人常把狍子、黄羊腿（带皮毛）阴干后做马鞭柄，这种马鞭柄不仅自然美观实用，而且冬季出门或狩猎不冰手。"[1]在马鞭柄的制作上猎民将审美观念与实用价值有机结合在了一起，是生产技艺的一种进步。狍皮等动物皮毛还可覆盖居所。蒙古赞词里有：

　　　　用虎狼的皮子做了西面的围子……用狍狼的皮子做了东面的围子……用兽狼的皮子做了后面的围子……[2]

　　蒙古先民的居所内外是用各种动物的皮所围帮的，应此动物皮是人们住所的主要来源。

　　猎人和游牧民在对狍子的习性、本能掌握了解的情况下去捕猎会更加省时省力，甚至是一举多得，捕到的狍子除了食其肉、衣其皮，人们也根据生活所需渐渐地发现了它更多的价值，并运用在生产生活中。

　　马鹿嗅觉灵敏，一闻到异味便逃跑；听觉发达，听到一点动静就逃跑；视觉也比较好，能看到很远，还没等猎人发现它，它就先发现猎人了，在一个地方被打跑几天都不会再来，这一点与狍子恰恰相反；而且马鹿跑的时候还绕着弯跑不让人发现；它的休息地一般是逆风的山坡，走路时也逆风前进，这样可以嗅到异味；而且马鹿很坚强有韧性，被打伤后能跑一步还会坚持跑一步。"鹿秋季交尾，怀胎九个月，翌年5—6月产仔，产1—2只，小鹿一天吃奶一次，7—8个月以后断奶。"[3]

　　鹿春天多在阳坡没有树的地方活动，因为没树的地方容易长草，可以

---

①　白德林：《蒙古族狩猎文化考述》，《内蒙古民族大学学报》2006年第1期。
②　胡日查主编：《蒙古民歌集成》（1），内蒙古文化出版社1991年版，第524页。
③　赵复兴：《鄂伦春族游牧文化》，内蒙古人民出版社1991年版，第45页。

早晚吃。夏天在山坡上舔有咸味的白色石头，特别是雨天。夜里在河边或泡子里洗澡，有时还吃水草。秋天一般在密林深处的山坡上或峡谷长二茬草的地方活动。冬天在山谷或山坡上吃草。"驯鹿主要以食苔藓为生，它还吃蘑菇、树木和灌木的嫩枝，但是没有苔藓它是不能生存的。短时间不吃苔藓就变瘦了，而吃过一个时期质量好的苔藓后就又肥壮起来。"[1]据说后来不养驯鹿的原因是没有苔藓。

马、牛、鹿作为猎民的主要交通工具发挥着重要的作用。像鹿不仅用来骑乘、驮载。室韦人穿戴鹿皮，据史书记载："男女悉衣白鹿皮襦袴。"[2]除此外鹿皮还可做被褥、腰带。角可做工具，"鹿犄角等骨质物制作矛、锥、针、镞。"[3]这些工具的发明制作使猎民不再直接将野兽的皮毛披在身上，而是有了加工改造，融入了先民的审美意识，体现了文明和进步。鹿耳、鹿鞭、鹿尾、鹿心血、鹿坎角均可入药治疗多种疾病。过去打鹿主要是食其肉、衣其皮，自清朝鄂伦春人参加了集市贸易后，凸显了鹿的商品价值，猎民一年四季的狩猎活动都以猎鹿和细毛皮张为中心。"如农历2—3月为鹿胎期，5—6月为鹿茸期，9月至落雪为鹿围期（主要猎狍、鹿、犴为冬季贮存食物），落雪以后为打皮子期。从一年四季狩猎生产看，有三个季节的猎品是作为商品，只有秋季是解决冬季的食物。"[4]琉球人，食以鹿肉，衣以鹿皮，以鹿换酒，以鹿易物，长期过着"捕鹿为生，茹毛饮血，不知稼穑，不辨春秋"的生活。[5]随着狩猎民与外界往来，猎鹿不仅是为了解决衣食，而且是作为与外界沟通的桥梁，获取不同的生产资料，如布匹、烟酒等。但是这种交换常常带有不平等性。

野猪"眼小嘴长，个子比家养的猪小，毛呈棕黄色，它比家猪灵活，跑得快。听觉和视觉差些，但嗅觉灵敏。如果猎人走在它的上冈它闻到异味就会逃跑。一般在树丛中成群的活动，寻找橡子或草根吃"。"野猪10

---

①　[俄]史禄国：《北方通古斯的社会组织》，吴有刚等译，内蒙古人民出版社1985年版，第43页。

②　《魏书》卷一百《室韦传》，中华书局1974年标点本，第2221页。

③　蒙古人民共和国科学院历史研究所编：《蒙古人民共和国历史》（一），内蒙古人民出版社1988年版，第217页。

④　赵复兴：《鄂伦春族游猎文化》，内蒙古人民出版社1991年版，第43页。

⑤　（清）黄叔璥：《台海使槎录》。

月交尾，翌年3月下崽，一胎生5—6只，最多有生10几只的。"①野猪的踪迹特别醒目，猎人可以根据其足迹辨别它的活动情况。秋天膘肥肉嫩是猎捕的好季节，冬天野猪住在用树枝和乱草搭的窝里，秋冬是捕猎野猪的最佳季节。

野猪的皮肉也是很好的物资，但它比较凶猛，野蛮程度不次于狼，公野猪牙齿似刀尖般锋利，发起进攻时速度之快，往往致人于死地。而且它被射伤后会进行反扑，在生产工具较差的年代人们不是极端缺乏食物时是不会猎取它们的。猎民用野猪皮制作皮袄、裤子、被褥。据说野猪的粪炭很神奇，还可治疗胃病。

黑熊"头大眼小，嘴鼻突出，眼露凶光，满口巨齿獠牙，巨掌上尖利的钩爪可伤害人兽的性命"。②夏秋季节食物丰富（它是杂食者，植物、动物、果实都食）时膘肥体壮，严冬季节开始蹲仓。发现熊的树洞后，用树干捅，熊难受就会走出洞，趁机射杀即可。还有一种捕熊法就是趁熊寻找食物不戒备时，击其要害捕杀它，但如果没有击中要害只打伤了凶猛的熊后，它还会进行猛烈的反扑，此时要用扎枪刺杀它。早期猎民不到万不得已的情况下是不会捕熊的。早期狩猎禁忌中有不能直呼其名，甚至禁杀熊的习俗。熊依然属于皮大肉多的动物，可以食其肉、衣其皮，不仅如此其皮还可以做褥子、被子、靴子等，还可以用它的皮与中原人进行商品交换，换取日常用品。"元贾铭《饮食须知·兽类》列有41种，《禽类》列有32种……"如"鹿头汤"，可以"补益，止烦渴，治脚膝疼痛"。还有"熊汤""炒狼汤""攒雁""鹿妳肪馒头"等是作"聚珍异馔"的。"自然都是猎物所获。"③熊胆可治肝疾，是名贵药材，熊掌亦是名贵菜肴。

貂的种类很多，大小兴安岭主产紫貂和黄喉貂。紫貂心灵机警，举止轻盈，不但能攀树爬坡，也善于在水中潜泳，除了捕鼠和遇敌害时上树外，平时都是在地上活动，主要靠捕捉野兔、鼠类和鸟类为食，有时也会用野果和松籽为食充饥。"它过的是昼伏夜出的生活。凶残孤僻，雄雌除在春夏两季发情时有短暂的蜜月生活外其他时间一见面就要斗个你死我

---

① 赵复兴：《鄂伦春族游猎文化》，内蒙古人民出版社1991年版，第48页。

② 赵复兴：《鄂伦春族游猎文化》，内蒙古人民出版社1991年版，第49页。

③ 李幹：《元代民族经济史》，民族出版社2010年版，第510页。

活。雌貂怀胎9个月，第2年4—5月产仔，每胎产2—4只。"①冬天貂在洞穴附近走出很多踪迹，猎人根据这些足迹找寻貂洞。在对貂的习性、特征掌握的基础上猎貂更容易。貂皮作为名贵的物质一直深受人们的喜爱，可将其制成衣物。《蒙古秘史》记载："带貂皮帽子，穿母鹿蹄皮靴子，穿边缘缀以水貂皮的无毛皮衣。"②可见这个男孩的衣、帽、靴都是皮制的。

　　"许多猎获物如貂，其皮不仅是高级礼品、贡品，而且素为重要商品。狩猎还可以取得珍贵的药材和箭翎之类。"③可见人们已经认识到猎物浑身是宝，在生活中得以运用，并作为商品进行交换。中原人和北方民族通过"互市"贸易各取所需，互为补充。"北方民族为获取大量绢帛、茶和手工业品，而中原人为得到军事和农耕所用的牲畜、珍贵皮毛和药材。因为虎、豹、貂、鼠等动物的皮革，一直是中原人极为喜好的。"④不仅如此，蒙古人也会将虎、豹、貂、狐的皮制作成成品，用于馈赠或进贡。《蒙古秘史》："铁木真将孛尔帖夫人的母亲送来的黑貂皮袄献给了王汗。"⑤乞儿吉思诸部的那颜（部落统治贵族、领主）也迪·亦纳勒、阿勒迪额儿、翰列别克的斤来降，带着白海青、白马、黑貂前来拜见拙赤；乞儿吉思人的万户长、千户长及森林部的那颜们，带着白海青、白马、黑貂前来觐见成吉思汗。⑥

（二）细毛皮张的动物

　　这类动物毛皮的使用价值会更高些。所以猎取这类动物人们更多的是利用其毛皮。

　　水獭。水陆两栖动物。一生几乎都生活在水里，食鱼、虾等。只有特别饿的时候才上岸觅食鼠类和小鸟。一般都藏在冰窟窿里。冬天猎取的比较多，因为冬天毛绒多皮子价值较高，而夏天毛细绒少。"每年繁殖两次，雄獭在夜间或清晨衔着雌獭的头在水中交尾，雌獭怀孕50多天，1胎生1—4只。仔獭出生两个月后在水中练习游泳。"⑦捕猎方法："根据它窝藏

---

①　赵复兴：《鄂伦春族游猎文化》，内蒙古人民出版社1991年版，第49页。

②　余大钧译注：《蒙古秘史》第117节，河北人民出版社2007年版。

③　陈高华：《中国风俗通史·元代卷》，上海文艺出版社2001年版，第72页。

④　僧格：《人类学视野下的蒙古狩猎文化》，民族出版社2015年版，第148页。

⑤　余大钧译注：《蒙古秘史》第96节，河北人民出版社2007年版。

⑥　余大钧译注：《蒙古秘史》第237节，河北人民出版社2007年版。

⑦　赵复兴：《鄂伦春族游猎文化》，内蒙古人民出版社1991年版，第49页。

在冰和水之间栖息的特点，把小河下游叠起坝，灌满水，让它无处躲藏，最后只好爬上岸来，匿藏在一边的猎人即可射杀。也可以在它经常活动的小河旁下夹子打。"①商贾们对水獭的皮也是垂涎三尺，掌握和了解其独特性和价值。

猞狸。"头既小又圆，尖耳朵上有一小撮长毛，两颊上长有灰白色长须，尾短钝。冬毛长密，背部红棕色，脊梁正中颜色较深，并有棕黑色纵文和褐色斑点，腹毛黄色，也有深色斑点。"②在树林茂密的高山上居住，喜欢隐蔽在枝繁叶茂的树上，等待小动物路过时突击。行动敏捷，听觉、视觉、嗅觉均很发达。嗅到人味就会逃跑，并且行动敏捷。每年3月末交尾。1胎产2—3只。其皮毛价值高昂，是珍贵的皮毛品种。捕猎方法见到猞狸后先让猎犬追撵，追到无处藏身便会爬到树上，猎犬便在树下狂吠，等待猎人前来射杀。

灰鼠。前腿比后腿长，爪子尖利，耳朵直立，尾巴粗大，相当于体长的2/3。喜欢居住在针叶林和阔针叶混交林中，常在立木的洞穴里或树上用树枝，苔藓编巢。"它农历正月交尾，2—3月产仔，产2—3只。灰鼠喜食吃松、杉等针叶树籽，也吃橡实和榛子，夏天主要吃蘑菇、浆果和嫩树枝芽，有时也偷雏鸟和鸟蛋吃。"③打法：找到灰鼠的树洞后，一是用树枝摩擦树干，灰鼠以为黄鼠狼上树来吃它，就会钻出树洞，猎人借机射杀。二是如不出洞，就将树放倒，用烟熏其洞，熏出后射杀。而捕获到的毛绒的灰鼠皮则做袄来穿。《魏史》中说鲜卑人鞣制貂皮、黄鼠皮，缝制世界著名的裘皮大衣。这类动物的皮毛的价值很高。

蒙古人在长期的狩猎实践和生活实践中掌握了各种野兽的肉、油、角、胎、血和部分内脏能够治疗疾病的作用。二月二前猎获的野鸡肉可治体虚，獾子油可治水烫伤，狼油可祛痰，兔子心治心脏病，黄羊角可治肺积热，天鹅羽毛能止血。这些既是天然也是疗效显著的药材。

狩猎既要掌握地理知识、历法知识。还要掌握和了解猎取动物的习性、本能以及皮毛、骨架的利用等内容。只有掌握了这些内容才能够根据时节和地理环境捕获到不同的猎物。根据捕获的不同猎物，或食其肉、喝

---

① 赵复兴：《鄂伦春族游猎文化》，内蒙古人民出版社1991年版，第49页。
② 赵复兴：《鄂伦春族游猎文化》，内蒙古人民出版社1991年版，第50页。
③ 赵复兴：《鄂伦春族游猎文化》，内蒙古人民出版社1991年版，第50页。

其血，或衣其皮、用其毛。总之这是为了猎物更好地发挥其作用为人们所用。

最早人们狩猎是为了满足日常生活所需，渐渐地随着狩猎工具的改进和社会的进步、商品的交换，狩猎已不再是单纯地为了解决猎民的衣、食、住、行等问题，特别是稀有动物的皮毛更是深得统治阶级和商贾的喜爱，成为了贡物和交换的商品。而虎骨、熊掌、熊胆、狼胃、狼胆、麝香、鹿茸等作为名贵药材而备受青睐。动物浑身都是宝，这需要对动物进行全面的了解后才能够捕猎到进而更好地利用其价值。

第五节　蒙古族狩猎文化与娱乐活动

蒙古族向来能歌善舞，善于在单纯的生活环境中找寻生活乐趣。猎民们也为自己的生活方式感到自豪，认为："没有比这更美好的生活，也没有比他们更快活的人。"所以狩猎对他们而言既可以满足生活所需，又可以在狩猎的过程当中训练军队，还可以消遣娱乐。

成吉思汗以"什么是男人最大快乐"为专题，令群臣展开讨论。大家积极热烈地表达了自己的观点。孛翰儿出说："带着冬季羽毛脱掉、现在重新长满羽毛的灰鹰，骑着养肥的好马，穿着好衣服，在初春时去猎取灰头鸟，这就是极大的快乐。"孛罗忽勒说："放出鹰鹘，看它从空中用爪子击落灰鹘抓走，这是男子汉的最大快乐。"忽必烈的儿子们说："打猎时放鹰，是人生最大的快乐。"[1]"狩猎活动是勇与力、胆与识的凝聚。在骑马纵驰中获取猎物，这是一场表演，也是一场娱乐，一种姿意的享受。它是蒙古族的幸福观、价值观、审美观的生动体现，所以蒙古民族热衷于狩猎，狩猎成为蒙古民族世代相传的习俗。"[2]蒙古人在这样的幸福观、价值观、审美观及意识形态下衍生出了各种各样与狩猎相关的游戏并世代相传，时至今日。

猎民通过狩猎既可以获取生活资料，又可进行军事训练，还可以开展

---

① 　[波斯]拉施特编：《史集》第一卷（第二分册），余大均译，商务印书馆1983年版，第261—262页。

② 　邢莉：《游牧文化》，北京燕山出版社1995年版，第61页。

文体娱乐活动。狩猎是一种竞技，是人与猎物的一种角逐；狩猎又是一种游戏，是人与猎物的智斗；狩猎更是一种生活，是人与猎物的共生。狩猎作为远古的生活方式，随着社会的发展进步，它的意义变得更加多样化，内涵更加丰富化。狩猎竞技具体如下：

一　骑马、射箭、摔跤

　　蒙古族作为马背上的民族，骑马、射箭、摔跤对蒙古汉子而言是必备之技。今天蒙古族男子的三项竞技的产生也是有渊源的。源于蒙古先民的狩猎生活。狩猎中，骑马、射箭、摔跤三项竞技都能表现出来，在辽阔的原野上骑马追赶猎物，互相角逐；用弓箭射杀猎物；与凶猛的野兽搏斗。完美地诠释了三项竞技在狩猎中的具体体现。

　　蒙古族的男孩三岁开始学习骑马，认为第一次骑马意义非凡，要去左邻右舍院落中绕一圈，邻家老人还要蘸奶于孩子的额头和马头上并要送上美好的祝福，祝福孩子也像骏马一样奔驰在辽阔的草原上。蒙古男孩很小也开始学习射箭，马技和射箭技术达到一定程度就会跟随大人去猎场出猎，并举行首猎礼。《多桑蒙古史》中记载："1224年夏冬二季，成吉思汗全在道中。其二孙忽必烈、旭烈兀，即后来君临两国之君主也，自叶密立河附近，及乃蛮、畏吾儿旧日分界之地来见。忽必烈时年十一，射获一兔，旭烈兀九岁，获一鹿。蒙古俗儿童初猎者，应以肉与脂拭中指，兹成吉思汗亲为二孙拭之。复行至不哈速赤忽之地，设宴赏其军。1225年二月还其斡耳朵。"

　　蒙古族男孩第一次参加狩猎的意义非同寻常，出猎成功，要举行一种仪式——拭血之仪，并设宴庆祝，祝愿他们成为一个好猎手、好骑士。说到骑马、射箭想必很多人会想到蒙古男子三大竞技：骑马、射箭、摔跤。

　　这三项竞技承载着蒙古男子的智、力、勇。蒙古族是马背上的民族，蒙古人不仅善骑还善射，在各种那达慕、祭敖包等活动中蒙古人民总是会举办骑马、射箭、摔跤比赛。

　　《新疆图志》记载："祀毕年壮子弟相与贯跤、驰马以角胜负。……驰马者，罨年少子弟选善走名马，数十里外待命斗胜负。整橛饰齐月题治鞍筴，恐其蹶于蹄也；为之刻其甲，欲以轻其足以；为之剔其毛，虑其笃于行也；为之饿其腹，缓之、骤之、控之、纵之，闻角声起争叱马鞭，其后疾驰趋鄂博，先至者为之夺彩，其赏亦列五等，各得银布有差。"①

这里对驰马比赛做了比较详细的描绘，从对马的选择，为了使其在十里路程中得胜，对鞍、甲、毛、腹等有讲究的同时，骑在马上的少年也要用马鞭控制着马努力地驰至鄂博，并且分出五等进行嘉奖。驰马要马与主人合作才能夺彩的。

蒙古人在13世纪建立起横跨亚欧的蒙古帝国与马有着不可分割的关系，马作为当时最快的交通工具，保证了军队的机动性。而今天骑马作为一种竞技在各种那达慕或者马术比赛中呈现。蒙古人在长期与马接触饲养马的过程中对马有了比较深的了解，所以在骑马比赛中根据不同的马的力气、承受力等特点制定了不同的比赛方式和规则。骑马比赛是蒙古人热衷的传统那达慕，是对多年的游牧实践做了比较科学的总结。在具有娱乐性质的骑马比赛中根据参赛马的年龄、牙口、赛程、路线等不同也有不同的分类。赛马结束后根据比赛情况分出等级并且奖赏，奖品由骑马人领取，而且每次或每个地方的比赛奖品也不尽相同。

"康熙五十一年四月初六日。是日，原厄鲁特国王鄂奇尔图车臣汗之妻系阿玉奇汗之妹，名多尔济拉布坦，邀请作乐筵宴。令其蒙古人相角抵，请二新满洲射箭。观之咸称善。"②在康熙年间，射箭作为一种娱乐形式深得人们的称赞。

射箭在蒙古族形成时期和蒙古帝国、元朝、明朝时期是重要的军事技术。射箭比赛分静射和骑射两种，弓箭的式样、轻重、长度、拉力均不限。一般规定每人射9箭，分三轮射完，以中靶箭数多者为胜。

摔跤蒙古语称为"搏克"，是蒙古族的一种传统体育活动。摔跤手为搏克·巴依勒德呼。摔跤早在13世纪时已经盛行于北方草原。既是体育活动，也是一种娱乐活动。

《春融堂集》记载：（相扑）相扑之戏，蒙古最重，筵宴时必陈之。本朝亦以是练习健士，谓之布库，蒙古语谓之布克。脱毛短裤，两两相角以搏之，仆地为分胜负。

---

① （清）袁大化修、王树枏等纂：《新疆图志》，民国十二年东方学会增补校正本，中国台湾文海出版社影印。

② （清）图理琛撰：《异域录》，据《小方壶舆地丛钞》本。

一人突出张鹰拳，一人昂首森貙肩。欲搏未搏意飞动，广场占立分双甄。猛虎掉尾宿莽内，苍雕侧翘秋云巅。须臾忽合互角觝，挥霍掀举思争光撝虚时时见蹴踏，扼吭往往愁倾颠。壮心终拟作后劲，努力宁肯输先鞭。三禽三纵逾拗怒，再接再厉纷腾骞。曳柴伪遁陋狡狯，举鼎绝膑犹喧阗。要使一厥不复振，如鸟蹋翅鱼投筌。胜者昂藏作山立，命酒饱食黄羊鲜。相叉相扑出法华经虽小技，较艺亦足威穷边。岂如翘关拔河戏，仅资喡嚎夸轻儇。①

《春融堂集》中对"博克"的当朝之称、蒙古人之称以及对蒙古人的重要性，装扮姿势等整个游戏过程做了介绍的同时，还描写了胜者应摆出山立式姿势，并且要以酒肉庆祝。

狩猎的这种游戏形式延续至今，成为那达慕中比赛的项目。蒙古男子的三项竞技延续至今，是今天各种那达慕中不可缺少的活动。由狩猎演变而来的这些技能一直深得人们的喜爱。而且不仅是蒙古人，其他民族或游客来到蒙古人居住的地方也一定要观看比赛，更有游客还要亲身体验一下这些传统娱乐形式。今天这三项竞技甚至已成为世界性的竞技，各国也培养了无数专业的骑手、博克手和射手，并且参加各类比赛使这一竞技发扬光大。

二 投掷布鲁

布鲁本是狩猎工具，后来成为少年们练习和比较臂力的重要方式。投掷布鲁的具体要求：

一是投准。在距投射线30米的地方，放三个圆木柱，每个相距10厘米。比赛时，投掷者在投掷线上，用手握住布鲁（木棒），用力将布鲁投出去，把自己前方的圆木柱击倒。每人投三次，击中一次记三分，两次记六分，三次记十分。比赛的胜负要根据每个人击中的次数和分数来裁决。

另一种是投远。参赛者可多可少，人们站在同一条投掷线上，尽力把木棒投向远方，可投一至三次，最后最远者为第一名，次之第二名，以此类推，排出优劣。

---

① （清）王昶撰：《春融堂集》，嘉庆四年序刻本。

三　棋艺竞技

"鹿棋"是一种智力游戏，蒙古语称："包根吉日格。"把草原和山林有机结合成一个具有蒙古族狩猎特色的游戏棋盘，很像在森林和草原中鹿和猎犬斗智斗勇的互相拼杀。"鹿棋"是一项高雅的娱乐项目。"鹿棋棋盘呈长方形，两端各有一座山连接。棋盘由五条经线五条横线和四条斜线交叉成几何图形方格，四条斜线和中经线直通到两座山山顶。共三十五个布点。棋子分鹿和猎犬两种，鹿子两个，猎犬子二十四个。鹿棋由二人对弈，鹿和猎犬都可以进入两端的山林中互相展开角逐拼杀。鹿把猎犬基本杀光（吃掉）或猎犬把鹿圈的无路可走为胜负。"①

四　"嘎拉哈"

"嘎拉哈"是蒙古族地区普遍流行的一种儿童游戏。这种游戏也伴我度过了童年。小学时课间小朋友们都玩这种游戏。"嘎拉哈"是猎获的狼、狍子、黄羊、野猪等猎物的髁骨，将肉骨上的肉吃掉或剔干净磨成的精美玩具。有大小之分，不同的猎物髁骨的大小不一，羊的小，猪的大些，都是长方形，有正反面之别，上下左右不同。玩法是把五个或者更多的嘎拉哈撒在平地或桌子上，拾起不一样的那一颗抛向空中趁落地之前根据撒下嘎拉哈的上下左右四个面的同一类形拿在手中去接空中的嘎拉哈，以不碰别的嘎拉哈并且全部握在手中为胜，不同的地区有不同的玩法。

第六节　蒙古族狩猎文化与歌舞艺术

狩猎歌舞伴随现实生活出现，它以一种艺术的方式体现着、揭示着人们的劳动、生活，以生动具体的艺术形式反映着人们的思想性情。《诗·大序》曰："诗者，志之所之也。在心为志，发言为诗，情动于中而形于言。言之不足，故嗟叹之。嗟叹之不足，故咏歌之。咏歌之不足，不知手之舞之足之蹈之也。"不仅汉族的古代舞蹈如此，这一形容也适用于蒙古

---

① 白德林：《蒙古族狩猎文化考述》，《内蒙古民族大学学报》2006年第1期。

族古代舞蹈。

蒙古人在漫长的岁月中创造了自己辉煌的历史的同时，也创造了灿烂多彩的民间文化。其重要组成部分便是民间歌舞，这些歌舞虽然没有以文字的形式记载下来，但在古代岩画、民间文学、流传的习俗中保留着。而且这些民间艺术形式融汇了草原民族特有的豪放雄健的风格，并且描绘出了远古狩猎生活的真实画卷。

一 狩猎歌

蒙古族是个能歌善舞的民族，在日常生活中特别是在节日、喜庆的日子里更是喜欢唱歌跳舞。正如人们所说："蒙古人生活的地方便是歌的海洋，在重大的节日庆典上常常唱三天三夜都不会重复。"而这些音乐歌曲来源于人们的生产生活，加上蒙古先民丰富的想象力和创造力。"蒙兀室韦人以及后来的'室韦—鞑靼人'，长期在大兴安岭山脉中生存，创造了独具特色的山林文化。其音乐体裁有原始狩猎歌舞曲、英雄史诗唱曲以及萨满歌舞曲。这三种不同的音乐形式，其曲调简短，节奏急促，多采用领唱和齐唱，具有粗犷有力、稚拙古朴的时代风格。"[①]"蒙古的民间音乐，无论是民歌、说唱音乐、歌舞音乐还是民族乐器，都具有鲜明的民族风格：一是歌曲曲调简短、节奏鲜明，有狩猎时期的特点；二是音调高亢辽阔，旋律优美，节奏自由，有草原牧歌的特点。狩猎音乐是最先发展起来的音乐体裁。"[②]这些音乐是在狩猎文化土壤中开出的艺术之花，以鲜明的民族特色著称于世，并源远流长。

狩猎歌曲的内容丰富，既有反映狩猎生产生活的，又有描绘自然风光，怀念家乡亲人和赞美劳动的，还有憧憬美好生活和恶势力作斗争的。演唱时有固定的曲调，根据曲调即兴编唱，想什么唱什么。而且演唱形式有独唱、合唱和对唱等形式。既灵活又活泼，往往边朗诵、边唱歌、边跳舞，诗、乐、舞一体。

说到音乐必然会产生相应的乐器。最早的乐器是猎民手举火把或击打

---

① 袁炳昌、冯光钰编：《中国少数民族音乐史》（上册），中央民族大学出版社1998年版，第128页。

② 僧格：《人类学视野下的蒙古狩猎文化》，民族出版社2015年版，第155页。

某种器具来吓唬防范野兽或者围堵野兽，这或许是打击乐的起源。早期蒙古人除了制造打击乐器外还制作了模仿野兽飞禽吼叫的乐器。如鄂伦春人用木头或树叶制作的吹器"鹿笛"，吹出鹿鸣，模仿狍子幼崽的叫声，引诱大狍子甚至其他动物。匈奴有乐器"冒顿潮儿"（胡笳）、灰鼓。汉学家解释为："笳者，胡人卷芦叶吹之以作乐也。"[①]艺术的产生源于生活，乐器亦如此。古代的猎人在深山老林行猎时也会用芦苇、树叶制作模仿各类动物鸣叫的乐器，用以消遣解闷。

除此之外，还有蒙古族最历史悠久的音乐形式"呼麦"。它是古代狩猎文化的产物。是蒙古语 khuumai 的汉文音译，蒙古又名"浩林潮尔"为"喉音"，是借助喉咙而同时唱出高低不同声音的高超咏唱技术。"高如登苍穹之巅，低如下瀚海之底，宽如于大地之边"，声乐家这样形容呼麦，它被世界音乐界称为"天籁之音"，轰动了国际乐坛，吸引了各个学科专家学者的目光并引起高度重视。音乐理论家吕骥先生指出："蒙古族就有一种一个人同时唱两个声部的歌曲"这一外人无法理解的歌曲，就其产生蒙古人有个奇特的说法："古代先民在深山中活动，见河汉分流，瀑布飞泻，山鸣谷应，动人心魄，声闻数十里，便加以模仿，遂产生了呼麦。"[②]"从其音乐风格来说，呼麦以短调音乐为主，但也能演唱些简短的长调歌曲，此类曲目并不多。从呼麦产生的传说，以及曲目的题材内容来看，'喉音'这一演唱形式，当是蒙古山林狩猎文化时期的产物。"[③]聆听着蒙古呼麦便能感受到林海茫茫的狩猎生活景象。著名的呼麦曲目《阿尔泰山颂》便是阿尔泰山给予人类的珍贵礼物。

还有一些专门的狩猎歌：狩猎斗智歌、海青拿天鹅、放驼歌、崩博莱、崩博尔江等。

无论是狩猎歌还是乐器的制作产生都是狩猎生活的产物，都反映了人们的内心和情感，是先民生活态度的体现。有地域性、民族性，同时也有集体性、丰富性、全面性的特点。这些音乐和乐器既产生于狩猎生活，又诠释和解读着狩猎文化，还有消遣娱乐愉悦性情的一面。

---

① （宋）李防等编撰：《太平御览》卷五百八十一。
② 僧格：《人类学视野下的蒙古狩猎文化》，民族出版社2015年版，第161页。
③ 僧格：《人类学视野下的蒙古狩猎文化》，民族出版社2015年版，第161页。

二 狩猎舞蹈

勤劳智慧的蒙古先民，创造了富有民族特色的绚丽多彩的舞蹈，在蒙古族艺术宝库中闪耀着夺目的光彩。狩猎舞是蒙古族最早的舞蹈。或模仿和再现野生动物的动作神态或再现猎民的狩猎动作。表演时间上或是军事活动前夕，或是帝王下达某项任务后，或庆祝狩猎丰收，或在喜庆节日里集体手舞足蹈载歌载舞欢庆。蜿蜒的阴山岩画中有许多野生动物形象以及原始人的舞蹈，蒙汉文献中也可以看到原始蒙古人关于狩猎舞蹈的记载或描述。《蒙古秘史》中称的"迭卜先"有顿足、踏足之意，是原始舞蹈的动作。蒙古人举行庆典时有围绕着大树集体舞蹈的风俗，这便是原始的舞蹈。狩猎舞缘于狩猎生产生活，狩猎实践创造了狩猎舞蹈。

狩猎舞蹈主要有：黑山鸡舞、雷鸡舞、白海青舞、海青舞、雄狮舞、熊舞、天鹅舞、食火鸡舞、山羊舞、马舞、公驼舞等。

黑山鸡舞。主要流行于西伯利亚布里亚特蒙古人中间。俄国旅行家伊万诺夫描写道："黑山鸡舞用弹舌作响，吹口哨，学鸡叫等伴奏。表演者一边舞蹈，一边模仿求雌的黑山鸡的动作和叫声。"[1]这段文字对黑山鸡舞作了很具体的描写，从舞蹈的内容和形式上可以看到它是模仿黑山鸡而跳的舞蹈。

雷鸡舞。流行于西伯利亚布里亚特蒙古人中间。俄国旅行家罕加洛夫在游记中只作了简单的介绍，说："雷鸡舞中，两个舞蹈者模仿雌雄二雷鸡。"[2]除此之外没有任何描写。

白海青舞。海青（蒙古语为"升豁儿"），作为凶猛迅捷的飞禽，古代狩猎民主要用它猎取名贵的天鹅。后来也有人专门驯养海清。蒙古人崇拜白海青，成吉思汗出生的乞牙惕部落以白海青为"苏勒德"——部落的精神图腾，《蒙古秘史》中记载：成吉思汗的父亲也速该·把阿秃儿，在其带着九岁的铁木真去往翰勒忽纳兀惕部求婚时，途中遇见翁吉剌部的德·薛禅老人。他对也速该·把阿秃儿说："我今夜得一梦，梦白海青握

---

① ［苏联］符.阿.库德里亚夫采夫、格.恩.鲁缅采夫等：《布里亚特蒙古史》（上册），格.恩.鲁缅采夫著，高文德译，中国社会科学出版社1978年版，第80页。
② ［苏联］符·阿.库德里亚夫采夫采夫、格.恩.鲁缅采夫等：《布里亚特蒙古史》（上册），格.恩.鲁缅采夫著，高文德译，中国社会科学出版社1978年版，第80页。

日月二者飞来落我手上矣。……所以有此梦者，盖汝乞乐惕百姓之祖灵神来告知也。"①白海青是吉祥的象征，梦见白海青必有喜事将至。这段文字从侧面记载了蒙古族白海青崇拜。

蒙古族狩猎舞蹈中的白海青舞有着浓厚的萨满教色彩。科尔沁部的萨满教中，有个"查干额利叶"的教派，即白色的鹰，也就是白海青，在女萨满身上附体。蒙语叫"亦都罕"，"亦都罕"在神灵附体前要跳白海青舞，身着白色长袍，两手持白色稠巾，翩然起舞，由慢到快，在舞蹈的过程中会将白海青的各种神态动作惟妙惟肖地模仿出来。白海青舞是"查干额利叶"的教派中女巫们所跳的舞，是乞牙惕部落母系社会的图腾崇拜产物，这种古老的模仿动物的舞蹈经过千年而不绝，一代代的女巫们在继承的基础上赋予了新的内涵。

海青舞。白海青舞是女性舞蹈，而海青舞则是男性舞蹈。今天在各种那达慕上举行摔跤比赛时，看到选手出场都要跳舞入场。个个平伸双肩，抖动手臂，曲膝碎步，那是模仿海青展翅翱翔于蓝天绿草之间的动作。蒙古族崇拜海清，视它为凶猛、勇敢的化身，而摔跤比赛出场时的这段舞蹈，向人们展现了每一位选手的凶猛、勇敢的同时，也表明选手们也在向神祈祷着在竞赛中脱颖而出、取得胜利之意。

雄狮舞。也是蒙古摔跤手在出场仪式上跳的舞蹈，只不过它是元代以后的事情。之所以产生这般变化的原因是忽必烈入主中原后，蒙古人前所未有地接触汉文化加快了封建化的进程，从崇拜海青舞到被象征帝王权威的雄狮舞所取代。后来的摔跤仪式在雄壮的歌声中"摔跤手们颈上佩戴着红缨，身穿缀满铜锭的牛皮坎肩和肥大的彩色稠裤，右脚和右手同时高高扬起，以此模仿着雄狮的动作，跳着威严的舞蹈进入场地"。②今天我们看到的便是明清以后定型了的摔跤仪式上的舞蹈。之所以产生这样的变化是因为中原文化对狩猎游牧文化产生的影响所致。诗言志，舞蹈同样也有政治教化的功能。

熊舞。模仿熊的舞蹈便称作熊舞。古代蒙古人有将自己的祖先视为熊。所以崇拜熊也是祖先崇拜的一种体现。在布里亚特蒙古地区游历过的

---

① 道润梯步：《蒙古秘史·新译简注》卷一，内蒙古人民出版社1979年版，第28—30页。

② 乌兰杰：《蒙古族古代音乐舞蹈初探》，内蒙古人民出版社1985年版，第32页。

尼翰拉兹先生，对熊舞作过描述："布里亚特之萨满能模拟借助于各种动物体中之精灵，当模拟熊时其动作即与熊完全一致。四足匍匐，而口嗅列席之人。全身起立以手拟熊掌之叩击状。若有人以布片投拂其身，则可立激其怒而袭持布片之人，将该人按倒于小舍入口之门坎上，作啮咬状。"[①] 尼翰拉兹先生对熊舞的动作神态等也作了具体的描述。熊舞也再现了熊的凶猛和扑击性，细致入微地模仿了熊的各种动作。

原始社会生产力低下，只有靠氏族部落的集体力量，团结协作才能生存，他们面对的不仅是恶劣的自然环境还有异族的敌对部落的威胁，人离开集体、组织便无法生存。对组织怀有崇拜依赖之情下，创造了大型的集体舞蹈，来塑造无敌的群体力量。大型围猎的场景便是这般壮观。这种舞蹈形式不仅在阴山岩画中有反映，而且保留在今天的萨满舞、安代舞、萨瓦尔登舞和"胡米亚"（合围）舞中。

蒙古族狩猎舞蹈不仅内容丰富，形式也是多样的。狩猎舞蹈按表演形式可分为集体舞、双人舞和单人舞。双人舞，是表现狩猎劳动舞蹈，在内蒙古潮格旗布尔罕哈达峰顶的一幅岩画中有一对手牵手的舞者，舞者的对面还有一扁角鹿形，想必这是在欢庆狩猎胜利的舞蹈。《依哈嫩》《追猎斗智歌舞》《海青拿天鹅舞》都属于双人舞。这类舞蹈一般是通过拟人化的手法表达猎人与猎物，猎禽与猎物之间的矛盾冲突与搏斗的。单人舞，模仿野生动物的舞蹈，像《白海青舞》《熊舞》等是体现古代图腾崇拜的舞蹈。而《天鹅舞》《山羊舞》等劳动技艺性舞蹈是猎民在长期的狩猎过程中对这些动物的习性、活动行动规律有所掌握的基础上产生的舞蹈。

由此可知，蒙古族狩猎舞蹈源于猎民的日常生活生产实践，猎物对原始人民来说是衣食父母、艺术创造的源泉。狩猎舞蹈也体现出了原始蒙古猎民的宗教及信仰、萨满教和动物崇拜。随着生产生活方式的改变，不同文化的交融必会赋予蒙古族狩猎歌舞以新的思想内涵，并且不断持续发展。

---

① 乌兰杰：《蒙古族古代音乐舞蹈初探》，内蒙古人民出版社1985年版，第33页。

参考文献

一、文献资料

司马迁：《史记》，中华书局1959年版。

班固：《汉书》，中华书局1999年版。

魏收：《魏书》，中华书局1974年版。

魏徵：《隋书》，中华书局1973年版。

刘昫：《旧唐书》，中华书局1986年版。

司马光：《资治通鉴》，中华书局1956年版。

欧阳修：《新唐书》，中华书局1975年版。

《契丹国志》，上海古籍出版社1985年版。

脱脱等：《辽史》，中华书局1974年版。

《契丹国志》，中华书局2014年版。

彭大雅：《黑鞑事略笺证》，载《王国维遗书》第13卷，上海古籍书店1983年影印本。

耶律楚材：《湛然居士文集》，中华书局1986年版。

李志常：《长春真人西游记》，党宝海译注，河北人民出版社2001年版。

道森编：《出使蒙古记》，吕浦译，周良宵注，中国社会科学出版社1983年版。

志费尼：《世界征服者史》，何高济译，内蒙古人民出版社1980年版。

拉施特主编：《史集》，余大钧、周建奇译，商务印书馆1983年版。

巴雅尔标音注释：《蒙古秘史》，内蒙古人民出版社1980年版。

额尔登泰、乌云达赉：《蒙古秘史》，内蒙古人民出版社1980年校勘本。

道润梯步：《〈蒙古秘史〉新译·简注》，内蒙古人民出版社1978年版。

赵珙：《蒙鞑备录》，载《王国维遗书》，上海古籍书店1983年影印本。

《元文类》，上海古籍出版社1993年版。

宋濂：《元史》，中华书局1976年版。

忽思慧撰：《饮膳正要》，上海古籍出版社1990年版。

《元典章》，天津古籍出版社2011年版。

周密：《癸辛杂识》，上海古籍出版社2012年版。

《马可波罗行纪》，冯承钧译，商务印书馆2012年版。

萧大亨撰：《夷俗记》，载薄音湖、王雄编《明代蒙古汉籍史料汇编》第二辑，内蒙古大学出版社2006年版。

二、论著

《多桑蒙古史》，冯承钧译，中华书局1962年版。

符·阿·库德里亚夫采夫、格·恩·鲁缅采夫等著：《布里亚特蒙古史》，高文德译，中国社会科学出版社1978年版。

秋浦：《鄂伦春族社会的发展》，上海人民出版社1978年版。

Б.Я.符拉基米尔佐夫：《蒙古社会制度史》，刘荣焌译，中国社会科学出版社1980年版。

菲利普斯：《草原上的骑马民族国家》，载《蒙古史研究参考资料》第十二辑，内蒙古大学蒙古史研究室编印，1980年版。

江上波夫：《北亚西亚的史前时期》，载《蒙古史研究参考资料》第十二辑，内蒙古大学蒙古史研究室编印，1980年版。

吕光天：《北方民族原始社会形态研究》，宁夏人民出版社1981年版。

《喀尔喀法典》《卫拉特法典》，载《蒙古史研究参考资料》，内蒙古大学蒙古史研究室编印，1982年版。

阿·马·波兹德涅耶夫著：《蒙古及蒙古人》，刘汉明等译，内蒙古人民出版社1983年版。

南京大学历史系元史研究室编：《元史论集》，人民出版社1984年版。

萧启庆：《元代的宿卫制度》，载《元代史新探》，台湾新文丰出版公司1983年版。

杨堃：《民族学概论》，中国社会科学出版社1984年版。

史禄国：《北方通古斯的社会组织》，吴有刚等译，内蒙古人民出版社

1984年版。

《准噶尔史略》，人民出版社1985年版。

内蒙古自治区编辑组：《达斡尔族社会历史调查》，内蒙古人民出版社1985年版。

乌兰杰：《蒙古族古代音乐舞蹈初探》，内蒙古人民出版社1985年版。

杨堃：《原始社会发展史》，北京师范大学出版社1986年版。

盖山林：《阴山岩画》，文物出版社1986年版。

张森水：《中国旧石器文化》，天津科学技术出版社1987年版。

达·迈达尔：《蒙古包》，内蒙古文化出版社1987年版。

赵复兴：《鄂伦春族研究》，内蒙古出版社1987年版。

F. 普洛格、D. G. 贝茨：《文化演进与人类行为》，吴爱明、邓勇译，辽宁人民出版社1988年版。

田继周：《先秦民族史》，四川人民出版社1988年版。

罗布桑却丹：《蒙古风俗鉴》，赵景阳翻译，管文华校订，辽宁民族出版社1988年版。

C. 恩伯、M. 恩伯：《文化的变异——现代文化人类学通论》，杜杉杉译，辽宁人民出版社1988年版。

蒙古人民共和国科学院历史研究所编：《蒙古人民共和国历史》（一），内蒙古人民出版社1988年版。

乌丙安：《神秘的萨满世界》，上海三联书店1989年版。

盖山林：《乌兰察布岩画》，文物出版社1989年版。

林耀华：《民族学通论》，中央民族学院出版社1990年版。

古伯察：《鞑靼西藏旅行记》，耿昇译，中国藏学出版社1991年版。

贡格尔：《喀尔喀史》（下册），民族出版社1991年版。

满都尔图：《达斡尔族》，民族出版社1991年版。

白翠琴：《瓦剌史》，吉林教育出版社1991年版。

胡日查巴特尔、乌吉木：《蒙古萨满教祭祀文化》（蒙文），内蒙古人民出版社1991年版。

胡日查主编：《蒙古民歌集成》（1），内蒙古文化出版社1991年版。

赵复兴：《鄂伦春族游牧文化》，内蒙古人民出版社1991年版。

何星亮：《中国自然神与自然崇拜》，上海三联书店1992年版。

那旺：《古代蒙古历史文物》，内蒙古人民出版社1992年版。

梁钦：《江源藏俗录》，华艺出版社1993年版。

周良霄、顾菊英：《元代史》，上海人民出版社1993年版。

周伟洲：《敕勒与柔然》，上海人民出版社1994年版。

释迦编：《蒙古语词详解辞典》，民族出版社1994年版。

荣苏赫等：《蒙古族文学史》，辽宁民族出版社1994年版。

邢莉：《游牧文化》，北京燕山出版社1995年版。

雷纳·格鲁塞：《蒙古帝国史》，龚钺译，翁独健校，商务印书馆1996年版。

史卫民：《元代社会生活史》，中国社会科学出版社1996年版。

呼日勒沙：《蒙古神话新探》，民族出版社1996年版。

田广金、郭素新编：《北方文化与草原文明》，载《内蒙古文物考古文集》第二辑，中国大百科全书出版社1997年版。

袁炳昌、冯光钰主编：《中国少数民族音乐史》，中央民族大学出版社1998年版。

张久和：《原蒙古人的历史：室韦—达怛研究》，高等教育出版社1998年版。

陈喜忠：《中国元代经济史》，载《中国全史》第13卷，人民出版社1999年版。

张旋如、陈伯霖、谷文双等编著：《北方民族渔猎经济文化研究》，吉林人民出版社1999年版。

阿岩、乌恩：《蒙古族经济发展史》，远方出版社1999年版。

苏秉琦：《中国文明起源新探》，生活·读书·新知三联书店1999年版。

王幼平：《旧石器时代考古》，文物出版社2000年版。

杜金鹏、杨菊华编：《中国史前遗宝》，上海文化出版社2000年版。

乔万尼.卡拉达等：《史前的奥秘》，王滨滨等译，明天出版社2001年版。

《亦邻真蒙古学文集》，内蒙古人民出版社2001年版。

陈高华、史卫民：《中国风俗通史》（元代卷），上海文艺出版社2001年版。

宋兆麟：《中国风俗通史》（原始社会卷），上海文艺出版社2001年版。

孟广耀：《蒙古民族通史》，内蒙古大学出版社2002年版。

曹永年：《蒙古民族通史》，内蒙古大学出版社2002年版。

李朝旺：《石屏彝族民俗》，中国文联出版社2002年版。

《北方民族史与蒙古史译文集》，余大均译，云南人民出版社2003年版。

包玉山：《内蒙古草原畜牧业的历史与未来》，内蒙古教育出版社2003年版。

韩有峰、都永浩、刘金明：《鄂伦春族历史、文化与发展》，哈尔滨出版社2003年版。

张建华：《经济学——入门与创新》，中国农业出版社2005年版。

拉铁摩尔：《中国的亚洲内陆边疆》，唐晓峰译，江苏人民出版社2005年版。

汪国钧撰：《蒙古纪闻》，玛希、徐世明校注，内蒙古人民出版社2006年版。

僧格：《蒙古民间文化研究》，民族出版社2006年版。

吴雅芝：《最后的传说——鄂伦春族文化研究》，中央民族大学出版社2006年版。

《蒙古秘史》，余大钧译注，河北人民出版社2007年版。

林幹：《匈奴史》，内蒙古人民出版社2007年版。

莉·列·维克托罗娃：《蒙古民族形成史》，陈弘法译，内蒙古教育出版社2009年版。

内蒙古自治区编辑组《中国少数民族社会历史调查资料丛刊》修订编辑委员会编：《鄂温克族社会历史调查》，民族出版社2009年版。

齐木德道尔吉、乌云格日勒：《清朝世宗朝蒙古史料抄》（三），内蒙古大学出版社2009年版。

扎格尔主编：《蒙古学百科全书·民俗卷》（蒙古文），内蒙古人民出版社2010年版。

包·那孙主编：《哲里木地名传说》（蒙古文），内蒙古文化出版社2010年版。

李幹：《元代民族经济史》，民族出版社2010年版。

布赖恩·费根：《世界史前史》，杨宁等译，世界图书出版公司2011年版。

史仲文、胡晓林编：《中国全史》，中国书籍出版社2011年版。

杨圣敏主编：《中国民族志》，中央民族大学出版社2011年版。

C. N. 鲁金科：《匈奴文化与诺彦乌拉巨冢》，孙危译，中华书局2012年版。

刑莉：《内蒙古区域游牧文化的变迁》，中国社会科学出版社2013年版。

僧格：《人类学视野下的蒙古狩猎文化》，民族出版社2015年版。

《蒙古学百科全书》（民俗卷），内蒙古人民出版社2015年版。

敖其：《蒙古族传统物质文化》，内蒙古大学出版社2017年版。

李荣：《河套人与河套文化》，载《内蒙古文物古迹散记》，内蒙古人民出版社1987年版。

三、论文

祁国琴：《内蒙古萨拉乌苏河流域第四季哺乳动物化石》，《古脊椎动物与古人类》1975年第4期。

张秉铎：《内蒙古地区原始牧业经济研究》，《中国农史》1984年第5期。

安志敏：《海拉尔的中石器遗存——兼论细石器的起源和传统》，《考古学报》1978年第3期。

刘志雄：《内蒙古北部地区发现的新石器》，《考古》1980年第3期。

孟和巴图、莫日根迪、巴图宝音：《鄂伦春族狩猎经济概述——兼论鄂伦春族解放前没有进入阶级社会的原因》，《内蒙古社会科学》（汉文版）1981年第5期。

韩有峰：《鄂伦春族狩猎生产资料和组织形态》，《黑龙江民族丛刊》1982年第2期。

田广金：《鄂尔多斯式青铜器的渊源》，《考古学报》1988年第3期。

杨晶：《旅游狩猎业规划》，《华东森林经理》1988年第1期。

韩有峰：《鄂伦春族的传统狩猎方法》，《黑龙江民族丛刊》1989年第3期。

于学斌：《论鄂伦春族狩猎文化的特点及其局限性》，《北方文物》1990年第3期。

马瑞江：《蒙古草原畜牧起源和发展的若干问题初探》，《中国农史》1990年第4期。

唐纳德·L.哈德斯蒂：《生态人类学的理论源流——〈生态人类学〉导论》，郭凡译，《民族译丛》1991年第5期。

黎虎：《北魏前期的狩猎经济》，《历史研究》1992年第1期。

马瑞江：《蒙古草原家畜驯化与畜牧起源方式探讨》，《农业考古》1993年第1期。

呷呷尔日：《凉山彝族狩猎琐谈》，《凉山民族研究》1993年第1期。

陈淳：《最佳觅食模式与农业起源研究》，《农业考古》1993年第3期。

波·少布：《蒙古族的自然神与自然崇拜》，《黑龙江民族丛刊》1994年第4期。

杨佐琴、殳红：《黑龙江省森林旅游狩猎业》，《林业科技》1994年第5期。

僧格：《蒙古人的飞禽崇拜》，《西北民族研究》1997年第2期。

王玫、谷双文、张明明：《蒙古族狩猎经济述略》，《黑龙江民族丛刊》1999年第2期。

扎格尔：《蒙古族狩猎习俗》，《内蒙古师范大学学报》2002年第1期。

王俊敏：《重说狩猎——鄂伦春族发展问题的生态—经济人类学研究》，《广播电视大学学报》2003年第1期。

僧格：《蒙古族狩猎名称及其分类研究》，《西北民族大学学报》2004年第2期。

僧格：《古代蒙古族的狩猎组织》，《蒙古语文》2005年第1期。

卫奇：《萨拉乌苏河旧石器时代考古史》，《文物春秋》2005年第6期。

白德林：《蒙古族的狩猎文化考述》，《内蒙古民族大学学报》2006年第2期。

麻国庆：《开发、国家政策与狩猎采集民社会的生态与生计——以中国东北大小兴安岭地区的鄂伦春族为例》，《学海》2007年第1期。

王其格：《红山诸文化的"鹿"与北方民族鹿崇拜习俗》，《赤峰学院学报》2008年第1期。

陈高华：《元朝赈恤制度研究》，《中国史研究》2009年第4期。

韩国玺：《弓箭杂谈》，《现代兵器》2009年第7期。

王永志：《中国狩猎旅游现状与可持续发展研究》，《贵州民族研究》2010年第6期。

查干姗登：《狩猎采集社会研究述评》，《学术研究》2010年第5期。

耿之矗：《清帝围猎活动探讨》，《中国市场》2010年第10期（总第39期）。

僧格：《古代蒙古宗教仪式与"只勒都"、"主格黎"祭祀》，《世界宗教文化》2011年第3期。

王丙珍等：《鄂伦春族狩猎禁忌的生态文化意识》，《文化研究》2012年第2期。

僧格：《"失罗勒合"与古代蒙古狩猎文化》，《西北民族研究》2013年第3期。

查干姗登：《黎族的狩猎生计及其变迁》，《广西师范大学学报》2015年第1期。

方征：《鄂伦春族狩猎文化变迁的人类学反思》，《昌吉学院学报》2016年第1期。

后　记

　　这部《蒙古族狩猎经济概论》一书是本人主持的内蒙古自治区社科规划特别项目"内蒙古民族文化建设研究工程"子项目的最终研究成果。

　　狩猎经济是蒙古族早期经济的主要形式，由于独特的地理、气候和特殊的自然环境及生产方式，经历了漫长的历史时期，直至19世纪中期其在偏远地区仍为辅助经济来源之一。21世纪的今天，狩猎，这种人类原始时期谋生的主要生产方式早已成为历史文化遗产。然而我们不应该遗忘历史，遗忘我们祖先曾经走过的道路。鉴于国内外尚未出现关于蒙古民族狩猎经济的系统研究著述，产生了本课题的研究。然而，撰写过程十分困难，主要有两个方面：一是缺少相关研究，即使专门研究蒙古族狩猎经济的著作，如《蒙古族经济史》（中国社会科学出版社，2016）、《蒙古族经济发展史》（远方出版社，1999）等都没有对蒙古族狩猎经济的描述；二是当下没有可以实地调查的狩猎社会，除了查干湖冬捕之外，也没有可以直接观察的猎民的生产生活方式。所以，我们对这一历史现象的描述与研究，只能靠考古学、历史文献、民族学史料和不久前尚保留狩猎经济方式的地区的访谈资料来完成的。

　　本书采取纵向和横向研究方法，以期对蒙古民族狩猎经济状况有一个整体认识。在纵向研究方面，厘清蒙古民族狩猎经济发展的历史线索，总结其自身发展的动态特征：蒙古族狩猎经济发展经历的狩猎为主，狩猎游牧并存，游牧为主、狩猎为辅的发展阶段；通过横向究方法，希望更为明晰地把握研究对象在社会历史发展过程中的独有特征，即草原狩猎型、山林狩猎型和河谷渔捞型三种类型。在此基础上，通过对蒙古族狩猎经济的运行，即生产（制作狩猎工具、狩猎组织、狩猎技术等）、消费、分配、交换的探讨，对蒙古族狩猎经济社会发展中的社会组织与社会关系做了比较全面论述。同时，对蒙古族狩猎经济构成要素、狩猎社会制度、宗教信仰、风俗习惯等整个社会历史文化现象进行了分析和描述。

本书是集体劳动的结晶，共分八章（包括绪论），各章节写作分工如下：绪论，第一章，第五章第一、二、四节、第六章第二节三、四参考文献由僧格执笔；第二章由彭博（云南省社会科学院研究员）执笔；第三章由杨惠玲（上海理工大学教授）；第四章由王彦龙（西安财经大学讲师）执笔；第五章第三节，第六章第一、第三节由李柏桐（西北民族大学语言文学部博士研究生）执笔；第六章第二节一、二由王倩（西北民族大学语言文学部博士研究生）执笔；第七章由图雅（西北民族大学讲师）执笔。

全书由僧格主持策划，制定各章节写作内容，提供部分文献资料，并做了统稿工作。彭博做了个别章节内容调整和文字统稿工作，在此表示感谢。本项目从立项到结项过程中，得到内蒙古社会科学院的关心和支持，尤其是得到了内蒙古社会科学院副院长金海研究员的大力支持，科研处的白图亚、赵知微老师，以文相交，沟通情愫，在此表示深深的谢意。向本书付出辛勤劳动的中国社会科学出版社的责任编辑宫京蕾老师，表示崇高的敬意。

书中不妥与讹误之处，恳求方家不吝赐教。

僧 格

2021年5月14日